Bekanntmachungen

DMK
Jahrbuch 1 des Departements Medien & Kunst, hgkz

Bekanntmachungen

Eine Publikation zur Ausstellung
*Bekanntmachungen. 20 Jahre
Studiengang Bildende Kunst SBK
der Hochschule für Gestaltung
und Kunst Zürich, hgkz*

12. November 2005 – 8. Januar 2006
Kunsthalle Zürich

Herausgegeben vom
Studienbereich Bildende Kunst /
Departement Medien & Kunst, hgkz
und der Kunsthalle Zürich

Inhalt

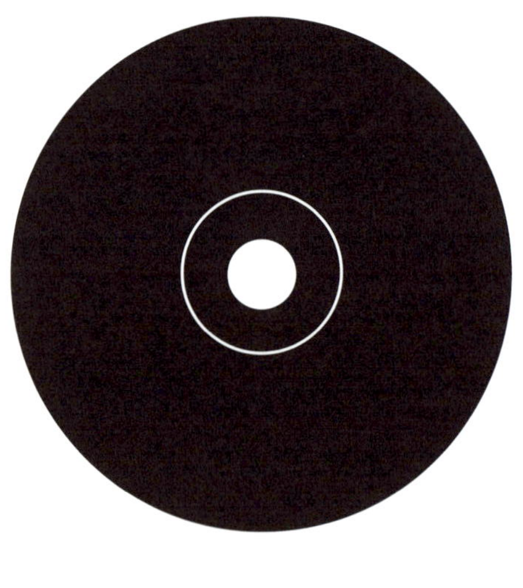

Bekanntmachungen

Unter dem Titel *Bekanntmachungen* wird vom 12. November 2005 bis 8. Januar 2006 in der Kunsthalle Zürich das 20-Jahr-Jubiläum des Studiengangs Bildende Kunst SBK der hgkz mit Ausstellungen und Veranstaltungen gefeiert. Sowohl die Ausstellungen wie auch die Symposien und Vorträge thematisieren auf vielfältige, einander überlagernde, kommentierende und ergänzende Weise wichtige Fragen rund um das zeitgenössische Kunstschaffen, den Kunstbetrieb und vor allem die Lehre und Ausbildung. Sie machen künstlerische Arbeitsprozesse und ihre Repräsentation, die Privatheit des Studios und die Veröffentlichung in einer Ausstellung, die Lehre, Selektion und Kuratierung als konstruierte, aber auch konstruktive Felder erfahrbar.

Während der ganzen Dauer von *Bekanntmachungen* finden in einem unbespielt gelassenen und mit «Arena» bezeichneten Raum Symposien, Tagungen, Diskussionen, Performances und Videopräsentationen statt. Eine repräsentative Auswahl aus den Referaten und Vorträgen ist hier publiziert.

Vorworte

Hans-Peter Schwarz
Rektor hgkz
(S. 7)

Giaco Schiesser
Leiter Departement
Medien & Kunst, hgkz
(S. 9)

Beatrix Ruf
Direktorin / Kuratorin
Kunsthalle Zürich
(S. 10)

Christoph Schenker
Leiter Institut für
Kunst und Medien, hgkz
(S. 12)

Zum Geleit

____

— Prof. Dr. Hans-Peter Schwarz
Rektor hgkz

Kunst und Hochschule – das ist schon so eine Sache: Kann man Kunst überhaupt lehren? Eine alte Frage, eine Frage, die wir uns an der Hochschule für Gestaltung und Kunst Zürich vielleicht nicht täglich, aber in Zeiten der ständigen Reformen immer häufiger stellen – wobei wir bevorzugen nicht zu fragen, ob man Kunst lehren kann, sondern wie. Da zum Thema des Wie in dieser Publikation noch genügend gesagt wird, erlauben Sie mir als Kunsthistoriker, der ich ja neben meiner Eigenschaft als Rektor auch noch bin, einige Überlegungen zur Frage, ob man Kunst denn überhaupt lehren kann.

Die Legenden vom Künstler, wie sie in der ersten Hälfte des 20. Jahrhunderts von Ernst Kris und Otto Kurz gesammelt wurden, ähnlich wie die Biografien genialischen Grenzgängertums, die Margot und Rudolf Wittkower in ihrer Studie über Künstler als Aussenseiter der Gesellschaft vorstellen, geben eine deutliche Antwort: Nein, kann man nicht! «Nullo doctore nobilis fuit», fasste schon Plinius der Ältere diesen Gemeinplatz zusammen. Das Genie ist ohne Lehrer in der Kunst nobilitiert genug. Ein Gemeinplatz des Künstlerlobes, der sich durch alle Jahrhunderte gehalten hat, noch in den Selbstbegründungsschriften der genialisch autodidaktischen Avantgarden des 20. Jahrhunderts aufscheint und auch heute in den heissen Diskussionen, die mit der Bologna-Reform einhergehen – wenn auch meist unbewusst –, herbeizitiert wird, wenn es gilt nachzuweisen, dass künstlerische Innovationen nur ausserhalb etablierter Institutionen entstehen und sich entwickeln können.

«Die früheren Freiheiten sind weg: Das Korsett ist enger geworden», zitierte jüngst die *Zürcher Wochenzeitung (WOZ)* einen Artikel über den Bologna-Prozess an Kunsthochschulen – subjektiv mit einigem Recht. Aber, um ein zeitlich nahe liegendes Beispiel zu gebrauchen, schon die Maler der Romantik von Jacob Asmus Carstens bis zu den nazarenischen Lukasbrüdern oder die Präraffaeliten sahen ihr ganzheitliches Selbstbewusstsein als Künstler in den modularen Lehrplänen der Akademiker nicht mehr abgebildet, wie man heute sagen würde. Modul 1 – Gipse zeichnen; Modul 2 – Antike studieren; Modul 3 – Bronzen abzeichnen: Das reichte ihnen nicht mehr.

Die zahlreichen Sezessionen, die seit Courbets Realistenaufstand das kunstakademische Leben des 19. und 20. Jahrhunderts bestimmten, legen ein farbiges Zeugnis davon ab, wie Künstler immer wieder versuchten, die Kunstausbildung und ihre Institutionen zu revolutionieren – aber sie alle endeten mehr oder weniger als Akademiker, selbst dann noch, als die Kunst als Vergegenständlichung einer normativen Ästhetik von der Moderne endgültig verabschiedet wurde. Die Geschichte der Ausbildung von Künstlerinnen und Künstlern ist denn auch als Spannungsbogen zu beschreiben zwischen dem Anspruch, Regeln für die Lehre und neuerdings auch für die Forschung zu finden, und der Vorstellung, die Hochschule als freie Sozietät autonomer Künstler zu begreifen, wie es der jüngst verstorbene Rektor der Berliner Universität der Künste, Lothar Romain, ausgedrückt hat.

Zwischen Regelsetzung und Freiheitsdrang, zwischen individueller Autonomie und kollektiver Reglementierung durch das Betriebssystem changieren denn auch die Ausbildungskonzepte an Schweizer Hochschulen, wobei bekanntermassen die

Schweiz ein Sonderfall ist und die Kunstausbildung in der Schweiz ein Sonderfall des Sonderfalls. Ausser der Ecole des Beaux Arts in Genf und einigen kleineren, kurzlebigen privaten Zeichenschulen gab es bis vor etwa zwei Jahrzehnten keine eigentliche Kunstausbildung, wie wir wissen. Die Regeln für die Kunstausbildung, die in den diversen Typen der Kunstgewerbeschulen gewissermassen subversiv, aber durchaus mit Sprengkraft, wie wir in Zürich gut wissen, vermittelt wurden, kamen parallel zu den Regeln für die diversen Sparten der Gestaltung von aussen, von der Wirtschaft, waren gesteuert von den Bedürfnissen der Ökonomie. Nicht erst seit heute wurde die Berufsqualifizierung verlangt – was immer das damals und heute heisst. Und die Vorgeschichte der hgkz schwankte immer zwischen kunstakademischen Ansprüchen und berufsqualifizierenden Notwendigkeiten. Studiert man die Quellen, kann man sehr gut erkennen, welche Seite jeweils gewann.

Das konnte bis zum Ausschluss ganzer Fachbereiche gehen – eine Entwicklung, die zur Gründung der privaten F + F Schule für Gestaltung in Zürich geführt hat. Künstlerinnen und Künstler hatten es nicht immer leicht in den Vorgängerinnen der hgkz.

Umso höher ist die Hartnäckigkeit von Peter Emch, Berndt Höppner, Thomas Müllenbach und Christoph Schenker zu schätzen, die gemeinsam mit vielen anderen, die ich hier nicht nennen kann, den Studiengang Bildende Kunst an der hgkz zu seiner heutigen Blüte geführt haben, die nicht nur durch die zahlreichen Preise, mit denen unsere Absolventinnen und Absolventen ausgezeichnet wurden und werden, nachgewiesen ist, sondern auch durch die Ausstellung *Bekanntmachungen* und die vorliegende Publikation. Und ich sage nicht zu viel, wenn ich behaupte, dass die Zürcher Hochschule der Künste, deren Gründung kurz bevorsteht, auch und nicht zuletzt durch die Bedeutung, die die Kunstausbildung im Verhältnis zur Designausbildung in den letzten Jahrzehnten auch in der Schweiz hinzugewonnen hat, befördert worden ist. Durch die Hochschule der Künste wird es einen deutlichen Paradigmenwechsel geben, und was noch vor einiger Zeit am Rande stand, wird zukünftig im Zentrum stehen; die Bildende Kunst wird mit Musik, Tanz, Theater und Film und dem Design ein neues gemeinsames Dach bekommen. Dann wird den Künsten endlich auch hierzulande ein komfortables, transdisziplinäres, international vernetztes und spannungsreiches Experimentierfeld in Lehre und Forschung bereitet sein.

Zum Jahrbuch 1 / 2006,
Departement Medien & Kunst, hgkz

— Prof. Giaco Schiesser
Leiter Departement Medien & Kunst, hgkz

Eigen- und scharfsinnige Autorenschaft, Arbeit am und mit dem Eigensinn der Medialität, Kunst als Methode – diese drei Leitideen umreissen das Profil des 2002 gegründeten Departements Medien & Kunst (DMK) der hgkz mit seinen beiden Studiengängen Film und Medien & Kunst. Die 2005 im Rahmen der europaweiten Neustrukturierung der Hochschulausbildung vorgenommene, weitreichende Umgestaltung der Curricula von eingliedrigen Diplomausbildungen auf das zweigliedrige Bachelor- und Mastersystem wird vom DMK als Chance begriffen, um die bisher in fünf stark eigenständige Bereiche aufgefächterten Ausbildungsgänge Film, Bildende Kunst, Fotografie, Neue Medien und Theorie in zwei neue Studiengänge zu fassen: in den Studiengang Film einerseits und in den Studiengang Medien & Kunst mit vier «Vertiefungsrichtungen» andererseits.

Ziel dieser Neugestaltung der Curricula ist der – spannende, weil zukunftsorientierte – Versuch der Quadratur eines Kreises: den Studierenden ein Curriculum anzubieten, das ihnen zugleich das In-die-Tiefe-Gehen und eine breite Vielfalt für ein weitgehend selbst bestimmtes, individuelles Studium ermöglicht. Diese Vielfalt des Angebots und die enge, nicht aber einengende Vernetzung der Bereiche Bildende Kunst, Film, Fotografie, Neue Medien und Theorie-Studien zur Medien-, Kunst- und Designpraxis nehmen Kollegen und Kolleginnen aus dem In- und Ausland mit grösstem Interesse und Neugier zur Kenntnis, steht in ihren Hochschulen inhaltlich wie strukturell doch meist noch das Trennende dieser unterschiedlichen Medien- und Kunstbereiche im Vordergrund.

Das hier vorgelegte Jahrbuch 1 des Departements Medien & Kunst für das Jahr 2006 versucht, dem Profil und der angestrebten Quadratur Rechnung zu tragen. Es will weder altbacken jährlicher Diplomkatalog noch mainstreamig schnelle Sammlung der «Best of ...» sein. Es verschafft Einblicke in Wege und Erfahrungen, in Queres, Abseitiges, Erfolgreiches, in Transformationen und Subversionen, die über mehrere Jahre gemacht und erlebt wurden. Kurz: Es zeigt das Profil des Departements in den konkreten Handschriften künstlerischer, medialer Arbeiten.

Den Beginn macht die Vertiefungsrichtung Bildende Kunst mit der vorliegenden Publikation zur Ausstellung *Bekanntmachungen. 20 Jahre Studiengang Bildende Kunst* in der Kunsthalle Zürich. Die vorliegende Publikation steht paradigmatisch für die Idee des Jahrbuches des DMK: Jede Vertiefungsrichtung und alle Cross-Over-Richtungen, die es – so bleibt zu hoffen und ist abzusehen – geben wird, erhalten alle vier bis fünf Jahre das Jahrbuch als Carte Blanche. Art und Weise der Publikation ist weder formal noch inhaltlich vorgegeben. Ich bin überzeugt, dass dies eine adäquate Form ist, der angestrebten Perspektive des Departements mit Form zu geben: Einheit durch Vielfalt und durch mannigfaltige Transformationen.

Jahrbuch 2 / 2007 erscheint Ende 2006
und gibt Einblick in die Arbeit der Vertiefungsrichtung
Fotografie. Umfassende Informationen zum DMK:
http://dmk.hgkz.ch

— Beatrix Ruf
Direktorin und Kuratorin Kunsthalle Zürich

Es scheint nahe zu liegen, das 20-jährige Jubiläum eines Studiengangs, der sich der Ausbildung von Studierenden zu bildenden Künstlerinnen und Künstlern widmet, als Feierlichkeit zu begehen. Im Jahr 1985 wurde an der damals noch Schule für Gestaltung genannten Hochschule für Gestaltung und Kunst Zürich (hgkz) der erste Studiengang für Bildende Kunst eingerichtet, nachdem sich 1979 aufgrund des Fehlens einer solchen Ausbildungsmöglichkeit mit der F+F Kunstschule in Zürich bereits eine private Initiative für die so genannte freie Kunstausbildung etabliert hatte. Seit 1985 haben nun 96 Künstlerinnen und Künstler diese Ausbildung abgeschlossen. Man hätte also leicht eine Ausstellung ausrichten können, die in einer «Best of»-Leistungsschau der letzten 20 Jahre die Ergebnisse und Erfolge derjenigen Kunstschaffenden präsentiert, die zu den entscheidenden, die lokale, nationale und internationale Kunstszene massgeblich mitgestaltenden Figuren zählen.

Das Ausstellungsprojekt *Bekanntmachungen. 20 Jahre Studiengang Bildende Kunst SBK der Hochschule für Gestaltung und Kunst Zürich* wollte aber gerade nicht den anscheinenden Gegensatz von institutionellem Kontext als Auswahlinstrument und qualitativer Legitimierungsmaschine versus Hochschule / Ausbildung als kreativem Freiraum bestätigen, sondern wir wollten einer Vielzahl von Fragen nachgehen, die sowohl die Lehre von Kunst als auch den institutionalisierten Kunstbetrieb betreffen und bestehende Vorurteile zu konstruktiven Initialen des Projektes werden lassen. Die kuratorische Konstruktion des Projektes ging deshalb zunächst von Fragen aus: Wie funktioniert Lehre und was bedeutet sie für die Studierenden und die diplomierten Künstlerinnen und Künstler? Wie verhält sich der so genannte Freiraum des Studiums zum Kunstbetrieb und insbesondere zur Repräsentation von Kunst in einer Ausstellungsinstitution? Was legitimiert und bedeutet Selektion und Repräsentation im Kunstbetrieb? Wie wird Selektion im Lehrbetrieb konstruiert und was bewirkt sie? Was bedeutet Kritik in den beiden ‹Systemen› und wie wird sie konstruktiv? Und viele Fragen mehr.

Die Kunsthalle schlug deshalb als Grundkonzept für die Ausstellung unterschiedliche Ausstellungsmodelle und Präsentationsgefässe vor, die zeitlich parallel wie auch überlagernd stattfanden und von ebenso vielen Versionen des Diskurses und der öffentlich gemachten Fragestellungen an Kunst, Ausbildung und Ausstellung begleitet wurden. Diese machten über den Ausstellungsverlauf eine immer wieder neue Gesamtausstellung sichtbar.

Integraler Bestandteil und zentraler Raum der Ausstellung war dabei eine ‹Leerstelle›, die so genannte «Arena», in der zahlreiche temporäre theoretische und performative Veranstaltungen dem wechselnden Charakter der Ausstellung zusätzliches Gewicht verliehen. Jedes einzelne Ausstellungsgefäss wurde in der Folge in engster Kooperation und mit den kuratorischen Vorschlägen der Lehrenden und Studierenden des Studiengangs Bildende Kunst realisiert. Die einzelnen Ausstellungsräume kreisten in diversen Ansätzen um Modelle der Auswahl, der Kooperation und der Repräsentation. Die Ausstellung wuchs als temporäre Akademie wie temporäre Ausstellung auf mehreren Ebenen und in mehreren Dimensionen sowohl im zeitlichen als auch im gedanklichen und materiellen Verlauf. Die Schnittstellen zwischen Prozess und Repräsentation, Lehre und Selektion, Privatheit des Studios und Veröffentlichung in einer Ausstellung, die Diskurse von Ausbildung und Kuratierung sollten als Zwischenräume, aber auch als konstruktive Felder des Konflikts erfahrbar gemacht werden.

Der Studiengang Bildende Kunst —
Seine Entwicklung und Leitideen

— Prof. Christoph Schenker
Leiter Studiengang Bildende Kunst 1999 bis 2005,
heute Leiter Institut für Kunst und Medien, hgkz

Vor 20 Jahren wurde an der damaligen Schule für Gestaltung Zürich die Vorläuferin
des heutigen Studiengangs Bildende Kunst eingerichtet, marginal und als einzige künstlerische Disziplin im Kontext der Berufsausbildungen für Gestalter, Gestalterinnen
und Zeichenlehrer und -lehrerinnen. Über all die Jahre wurde die Kunstausbildung
stetig auf- und ausgebaut, und auch die Schule hat sich insgesamt stark verändert.
Heute, mit der Perspektive auf die Zürcher Hochschule der Künste, ist es allem Anschein
nach die Kunstausbildung, die der Hochschule ihr entscheidendes Profil verleiht.

1983 hatte Hansjörg Budliger, der Rektor der Schule für Gestaltung, wie sie damals
hiess, den Künstlern und Dozenten Peter Emch und Berndt Höppner den Auftrag
gegeben, ein Konzept für eine Kunstklasse auszuarbeiten. Zwei Jahre später wurde
der Kurs «zeichnen und Bilder» ins Leben gerufen. Er war auf zwei Jahre angelegt und
wurde von neun Studierenden besucht. In den darauf folgenden Jahren traten die
Künstler Aldo Walker und Thomas Müllenbach sowie der Kunsttheoretiker Christoph
Schenker ins Leitungsteam ein. Dieses bildete fortan auch den festen Kern des Lehr-
körpers. Das Team entwickelte die «Weiterbildungsklasse Bildende Kunst» (1989)
innerhalb der inzwischen in Höhere Schule für Gestaltung Zürich umbenannten
Schule. Das Studium dauerte vier Jahre, und vorerst wurden auch jetzt noch nur
alle zwei Jahre neue Studierende aufgenommen. Während die sechs Studenten und
Studentinnen der zweijährigen Grundausbildung über Arbeitsplätze an der Schule
verfügten, arbeiteten die Fortgeschrittenen in ihren privaten Ateliers und wurden
von Mentoren und Mentorinnen begleitet. Die wöchentlichen Seminare in Philosophie der Kunst waren weiterhin Pflicht.
 Im Zuge der Reform der Fachhochschulen wurde die Höhere Schule 1999 zur
Hochschule für Gestaltung und Kunst umgebaut. Das Leitungsteam verfasste eine
neue Studienordnung und überarbeitete das Ausbildungskonzept für den nun so
genannten «Studiengang Bildende Kunst». 2004 wurde der Studiengang als erster
künstlerischer Ausbildungsgang von der Schweizerischen Konferenz der kantonalen
Erziehungsdirektoren (EDK) auf Bundesebene anerkannt. Bei erfolgreichem Studien-
abschluss erlangen die Absolventinnen und Absolventen den Titel «Dipl. Künstler / in
hgkz, Studiengang Bildende Kunst (Fine Arts)».
 Der Wandel und Ausbau des Studiengangs bedeuteten zum einen eine Diversi-
fikation und Verbesserung des Studienangebots in allen Bereichen der Praxis, der
Theorie und der Pragmatik, zum andern bedeuteten sie eine markante Zunahme
an Studierenden, eine Vergrösserung der Dozentenschaft und eine Erweiterung der
Infrastruktur. Seither beginnen alljährlich rund 18 Studierende die Ausbildung im
Studiengang Bildende Kunst, während insgesamt 14 ständige Dozenten und Dozentinnen in neun verschiedenen Lehrfeldern unterrichten. Das Verhältnis von Praxis,
Theorie und Pragmatik ist heute ungefähr 3:2:1. Auch hat sich über all die Jahre
das Kompetenzprofil der neu eintretenden Studentinnen und Studenten stark verschoben. Das hat einerseits damit zu tun, dass sich die Kunstausbildung in der

Schweizer Hochschullandschaft zu etablieren begonnen hat und damit die Option, Kunst zu studieren, für breitere Kreise zunehmend attraktiver wird. Andrerseits hat es damit zu tun, dass seit 1999 die Matura oder ein vergleichbarer Abschluss eine Zulassungsbedingung bildet (von der, in begründeten Fällen von «ausserordentlicher künstlerischer Begabung», allerdings auch abgesehen werden kann).

Gemeinsam mit den Studienbereichen Fotografie, Film, Neue Medien und Theorie der Gestaltung und Kunst bildet der Studiengang Bildende Kunst seit 2001 neu das Departement Medien & Kunst. Da ein zunehmender Teil der Studenten und Studentinnen der anderen Studienbereiche sich zwar in einem spezifischen Medium, dennoch aber in der Disziplin Kunst ausbilden will, stellen die Kunststudierenden den grössten Teil des Departements dar. Seit rund zwei Jahren nun ist die Hochschule im Rahmen der Bologna-Reform an der Planung und Umsetzung des Bachelor- und Master-Systems. Darüber hinaus wird sie sich 2007 mit der Hochschule für Musik und Theater zur Zürcher Hochschule der Künste zusammenschliessen. Bis 2005 haben an der Hochschule für Gestaltung und Kunst Zürich 111 Studierende ihre Ausbildung am Studiengang Bildende Kunst abgeschlossen. Über 150 Gastdozenten und -dozentinnen aus dem In- und Ausland, vom CERN-Physiker Dr. Hans Bruno Anderhub bis zum Künstler Lawrence Weiner, haben seither hier gelehrt. Ebenso wurde im Studiengang Bildende Kunst 2001 das erste Forschungsprojekt im Feld der Kunst realisiert, das mit Forschungsgeldern des Bundes unterstützt wurde.

Die Entwicklung des Studiengangs Bildende Kunst über die letzten zwei Jahrzehnte muss, unter anderem, in Interaktion gesehen werden mit der Entwicklung einer international bedeutenden Kunstszene und allgemein der Kulturwirtschaft in Zürich. Vieles, was in den 1980er Jahren als Alternativkultur begonnen hatte, gilt inzwischen als etablierter Standortfaktor, als kreativer wie lukrativer Teil von Zürich als «Global City». Die wirtschaftliche und gesellschaftliche Wertschätzung von Kultur und Kunst begünstigte die Einsicht in die Notwendigkeit einer entsprechend professionellen Ausbildung. Umgekehrt waren und sind es etliche Studierende, ehemalige Studenten und Studentinnen sowie Dozenten und Dozentinnen des Studiengangs Bildende Kunst, die über die Hochschule hinaus direkt und indirekt die öffentliche Sphäre der Kunstszene Zürich prägten und noch prägen – ob sichtbar in Ausstellungen der Galerien und Institutionen, als Autorinnen, Kritiker und Preisträgerinnen, oder ob unsichtbar im Hintergrund als Initianten, Gründerinnen und Kuratoren von Freiräumen und Institutionen, als Verlegerinnen und als Mitglieder von Gremien.

Die künstlerische Bildung ist geprägt von subjektiven Interessen und individueller Entfaltung, von Obsessionen und Eigensinn. Dem kann nur ein Studienplan Rechnung tragen, der offen und flexibel angelegt ist. Die Studentinnen und Studenten gewichten ihr Studienprogramm selber, sie eignen sich die Kompetenzen an, die aus der Perspektive ihrer Arbeit notwendig erscheinen. Sofern es der Logik der Arbeit entspricht, erwerben sie Wissen und Erfahrungen auch ausserhalb der Disziplin Kunst, das heisst ausserhalb des Studiengangs Bildende Kunst und der Hochschule für Gestaltung und Kunst Zürich. Künstlerische Ausbildung ist eine genuin transdisziplinäre, polytechnische Ausbildung. Sie orientiert sich wesentlich an der künstlerischen Produktionsmethode. Künstlerisches Arbeiten ist ein ganzheitlicher, vernetzter, komplexer, integrierter Prozess. In der wechselbezogenen und übergreifenden Aneignung und Entwicklung von unterschiedlichen Problemstellungen bedingen und durchdringen sich die traditionellen Ausbildungsbereiche und

Studieninhalte gegenseitig. Selbst wenn ein Student, eine Studentin ausschliesslich im Feld der Malerei oder des Video tätig ist, mögen, gemäss Werkgehalt und künstlerischer Taktik, Wissen und Methode beispielsweise der politischen Philosophie oder der Humangeografie von entscheidender Bedeutung sein.

Während des Kunststudiums gilt die besondere Aufmerksamkeit der Entwicklung originaler, künstlerischer Ideen. Damit in enger Beziehung stehen die Förderung der Sensibilität sowie die Aneignung künstlerischer Grundlagen im methodischen, medialen, technischen wie im theoretischen Bereich. Die Grundlagen werden folglich – mit Ausnahme hauptsächlich der Theorie – nicht fächermässig vermittelt. Die Materialisierung der Imagination, die Medialität des Werks wird methodologisch von den ideellen Voraussetzungen her bestimmt. Dieser Grundsatz einer medienübergreifenden Ausbildung, die nicht dem Medium, sondern der konzeptuellen Verfasstheit von Kunst Priorität einräumt, widerspiegelt ein post-mediales Verständnis von Kunst und ihrer Problemstellungen. Das künstlerische Problem generiert sich nicht aus der Beschäftigung mit dem Medium, nicht aus der Auseinandersetzung mit den ihm zugrunde liegenden, spezifischen und physischen Eigenheiten. Ginge man davon aus, würde das bedeuten, im Medium, im Material eine Essenz, ein Wesenhaftes oder Wesentliches vorauszusetzen. Dem Medium ist aber nicht etwas wesentlich. Jacques Derrida stellte in Abrede, dass Architektur an sich einen Sinn haben müsse, dass ihr etwas Eigentliches inhärent sei. Vergleichbar lässt sich vom Medium sagen, dass das, was als sein Wesen, seine Spezifität behauptet wird, an sich Attribute sind, Normen äusseren Ursprungs, die es von aussen her beherrschen. Das Medium und sein Gebrauch sind eine komplexe Struktur zusammenhängender und voneinander abhängiger technischer Träger und einander überlappender Konventionen. Es ist konstitutiv heterogen. Eine post-mediale Ausbildung heisst deshalb, zu erkennen und zu bedenken, mit welch verschiedenen Tätigkeiten und Inhalten das Medium verknüpft ist und Verwendung findet, und zu kritisieren lernen, welche äusseren Ideologismen die Medien verwalten. Eine post-mediale Kunstpraxis ist ein Operieren mit kulturellen Begriffen, das implizit die Spezifitäten des künstlerischen Prozesses – nicht in medialen Kategorien – differenziert.

Die Kunstausbildung steht in einem antagonistischen Verhältnis zur Tradition. Sie versteht sich nicht als Vermittlung eines Kanons. Sie besteht vielmehr darin, die geltenden Regeln und Paradigmen des Kunstsystems beziehungsweise des Konzepts «Kunst» einem kritischen Diskurs zu unterziehen. Damit wird auch die Kunstausbildung selber, die ein Glied dieses Systems ist, ständig und in allen Teilen von einem kritischen Diskurs begleitet. Die Tradition künstlerischer Problemstellungen ist eine Tradition ihrer eigenen permanenten Kritik, und der Kunstausbildung ist diese Antinomie wesentlich inhärent. Jener Kritik sind die Freiräume zu verdanken, die für die Existenz des Imaginären unabdingbar sind. Dem heutigen Verständnis von Fortschritt liegt nicht mehr das chronologische, lineare Verlaufsmodell zugrunde. Die Ausbildung wird vielmehr von einer synchronistischen, topologischen Struktur geprägt. In pragmatischer Hinsicht bedeutet dies nicht nur eine Entgrenzung der Disziplinen; für eine Institution heisst dies ebenso, dass sie ihre Ausbildungsstruktur nicht an Professoren – im Sinne von Meistern – orientiert. Im Zentrum stehen die Studierenden. Hochschule und Ausbildung sind Laboratorium und Forum, wo Leute mit ähnlichen oder gemeinsamen Interessen in Austausch stehen. Sie mögen über unterschiedliche Dinge begeistert, über unterschiedliche Dinge unzufrieden sein und unterschiedlichen Obsessionen nachgehen: Im Grundsätzlichen aber haben alle das Interesse – und bilden die Fähigkeit aus –, im Gebiet des Unwägbaren, im Gebiet der Werte und Bewertungen (dem nicht-ratioiden Gebiet, würde Musil sagen) zu experimentieren. Es ist ein Bereich, mit dem der Künstler, die Künstlerin nie fertig werden wird: der Bereich der Beziehungen der Menschen zu Menschen und der Beziehungen von Menschen zu den Dingen. Es ist der Bereich, in welchem Kunst sinnfällig wird, es ist das Gebiet – vereinfacht gesagt – der Ästhetik und der Ethik. Einer Ästhetik und Ethik aber, die immer in Bezug zur Gegenwart, zur Politik, zum Körper, zur Öffentlichkeit, zur Arbeit, zum Imaginären stehen. In den Versuchsanordnungen, für welche die Hochschule den Freiraum stellt, werden damit die Funktionen der Kunst in ihren Zusammenhängen überprüft und verändert. Die künstlerische Arbeit ist nicht nur eine Arbeit an Produkten, sondern zugleich eine Arbeit an den Mitteln, Taktiken und Kontexten der Produktion, eine Arbeit mithin an unserer Lebensform.

Arena

Während der ganzen Dauer von *Bekanntmachungen* finden in einem leer gelassenen und mit «Arena» bezeichneten Raum Symposien, Tagungen, Diskussionen, Performances und Videopräsentationen statt. Eine repräsentative Auswahl aus den Symposiumsbeiträgen und Referaten ist im Folgenden publiziert.

S.

17 – 128

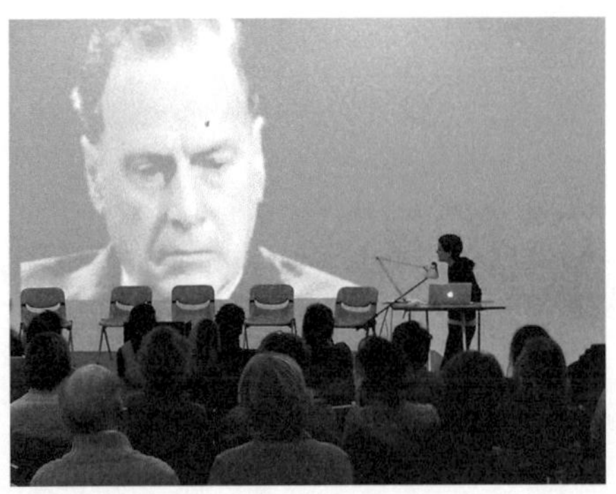

1

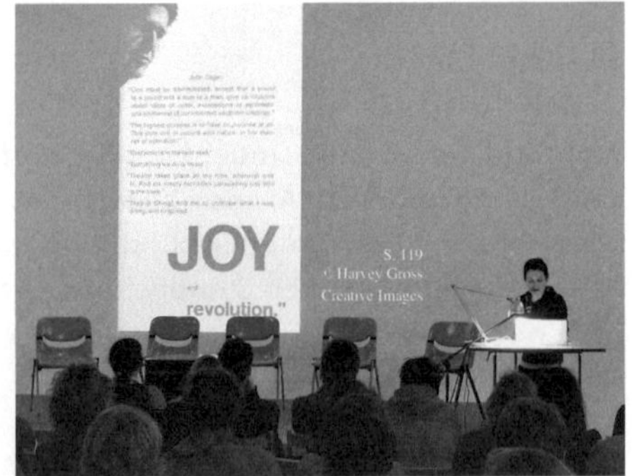

2

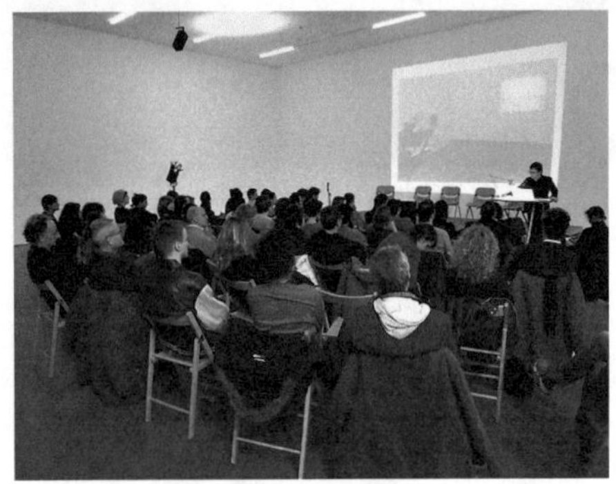

3

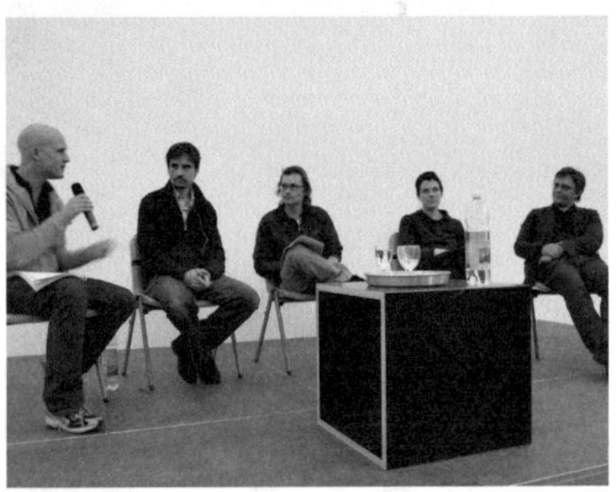

4

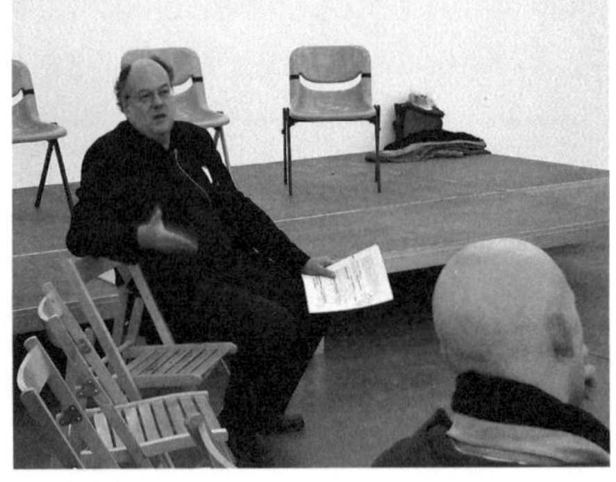

5

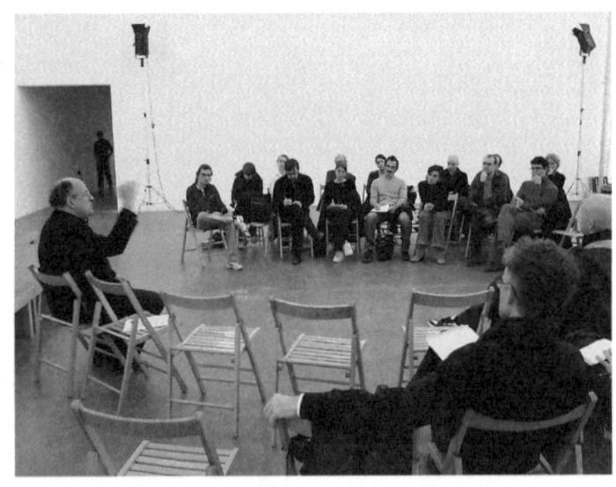

6

Im Kontakt mit dem Medium

Die Kunst der Gegenwart beschäftigt sich intensiv mit Medien – den Medien, in welchen sie sich selbst verwirklicht, und den Medien, die andere Lebenszusammenhänge prägen. Alltägliche Gegenstände werden dabei ebenso reflektiert wie komplexe, bereits medial mehrfach – von einem Medium in ein nächstes – transformierte Inhalte. Am Symposium wurde unter anderem die Frage diskutiert, welche substantielle Dynamik unter der medialen Oberfläche zu finden ist.
Mit dieser Thematik im Zusammenhang steht das Kolloquium *Medialität in der Kunst* mit Hans Ulrich Reck, Professor an der Kunsthochschule für Medien Köln.

Referent: Ralph Ubl, Kunsthistoriker, Laurenz-Professur für Zeitgenössische Kunst, Universität Basel
Referentin: Cathérine Hug, Kunsthistorikerin, wissenschaftliche Mitarbeiterin Kunsthaus Zürich
Diskussionspartner: Berni Doessegger, Student SBK, Christian Ratti, Künstler, Zürich
Moderation: Tim Zulauf, Künstler und Autor, Zürich

1, 2 — Referat von Cathérine Hug, *Überlegungen zur Rezeption von Marshall McLuhans Theorien*
3 — Referat von Ralph Ubl, *Das Medium und die Künste*
4 — Im Gespräch: Tim Zulauf, Christian Ratti, Berni Doessegger, Cathérine Hug und Ralph Ubl
5, 6 — Kolloquium mit Hans Ulrich Reck zu *Medialität in der Kunst*

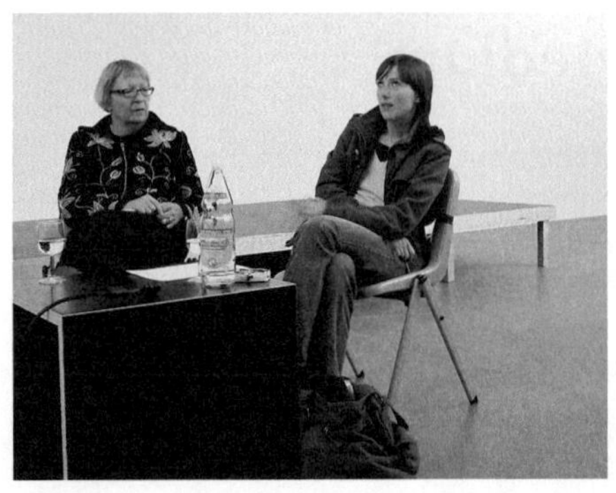

1

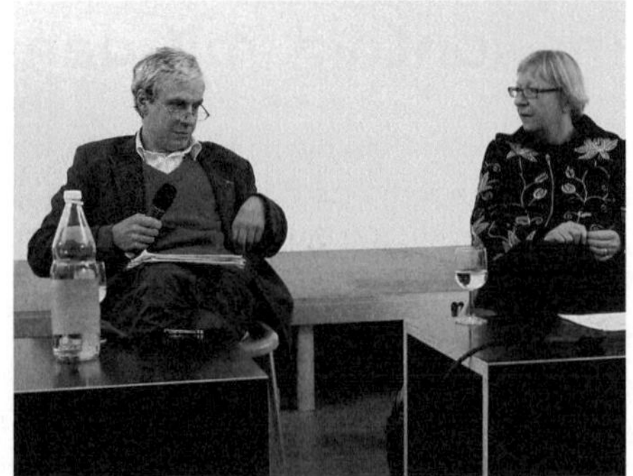

2

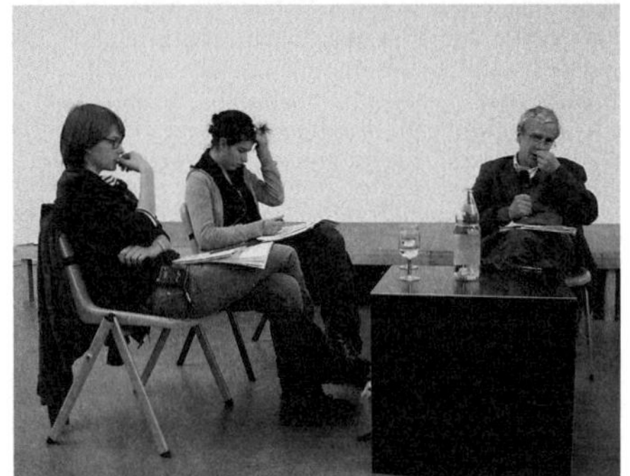

3

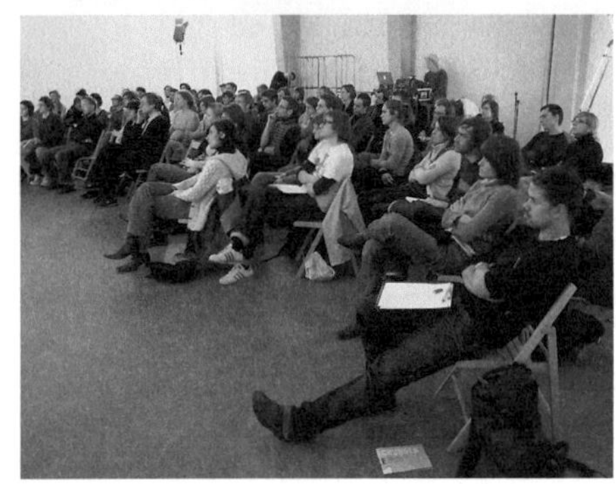

4

Subversion oder Engagement — Zur Möglichkeit des Politischen in der Kunst heute

Das Symposium ging der Frage nach, mit welchen Taktiken sich Subversion künstlerisch vollziehen lässt – und ob dies überhaupt noch möglich sei. Sind gesellschaftliche oder symbolische Ordnungen noch kritisierbar? Läuft Subversion als implizite Charakteristik der Kunst nicht ins Leere? Welche Konsequenzen hat engagierte Kunst heute zu vergegenwärtigen?

Finger weg von der Politik!
— Edith Krebs

S. 51

Zur Möglichkeit des Politischen in der Kunst heute — Eine Auswahl wichtiger Beispiele
— Silke Wagner

S. 55

Hauptreferentin: Silke Wagner, Künstlerin, Frankfurt / Main
Koreferentin: Edith Krebs, Kunstkritikerin, Redaktorin *WOZ Die Wochenzeitung*, Zürich
Diskussionspartnerinnen: Annatina Caprez, Künstlerin, Zürich, Yeliz Palak, Studentin SBK
Moderation: Conradin Wolf, Philosoph, Dozent hgkz

1 — 4 *Subversion oder Engagement*, mit Edith Krebs, Silke Wagner, Conradin Wolf, Annatina Caprez und Yeliz Palak

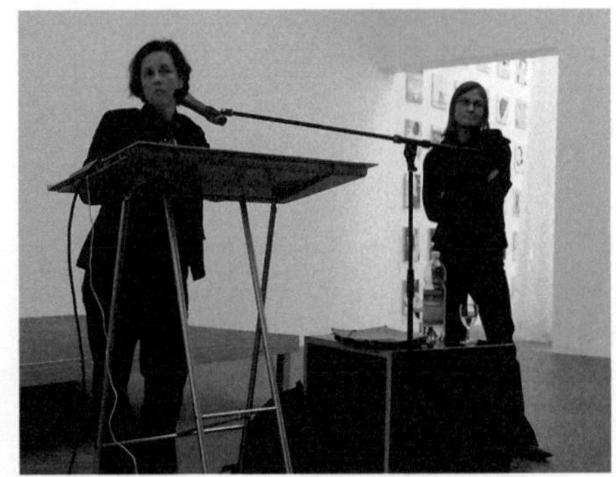

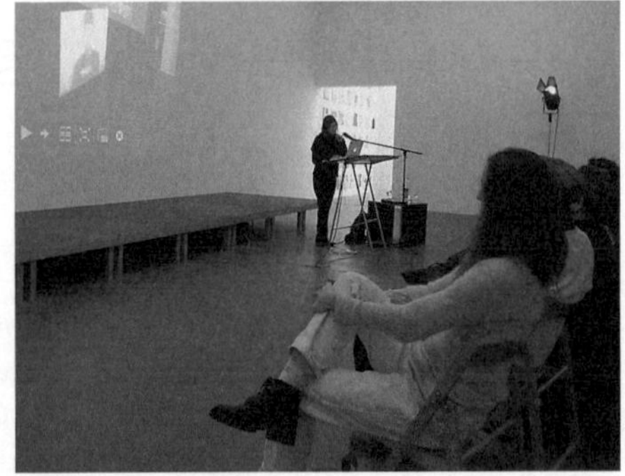

1

2

Ästhetik des Realen

Ursula Biemann und Yvonne Volkart beschäftigen sich in ihren Vorträgen mit der *Ästhetik des Realen*, mit der Möglichkeit, gesellschaftliche und politische Bedingungen mit Kunst zu reflektieren.

Das erweiterte Handlungsfeld künstlerischer Praxis im globalisierten Kontext. Zwei Videoprojekte.
— Ursula Biemann

S. 62

Ästhetik des Realen
— Yvonne Volkart

S. 67

Referentinnen: Ursula Biemann, Künstlerin und Kuratorin, Zürich
Yvonne Volkart, Kultur- und Medientheoretikerin, Zürich

1, 2 — Vorträge zu *Ästhetik des Realen*, Ursula Biemann und Yvonne Volkart

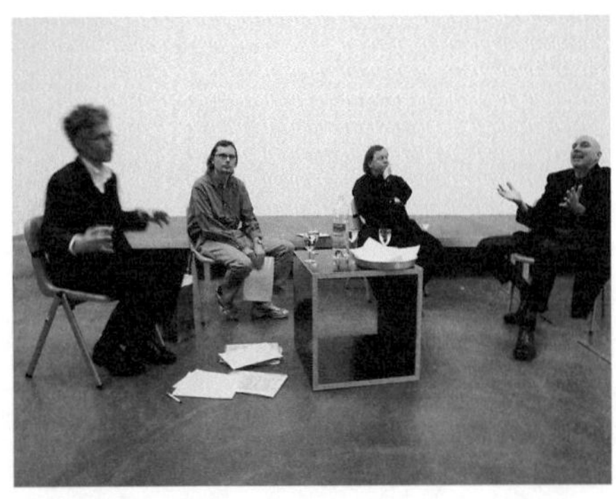

1

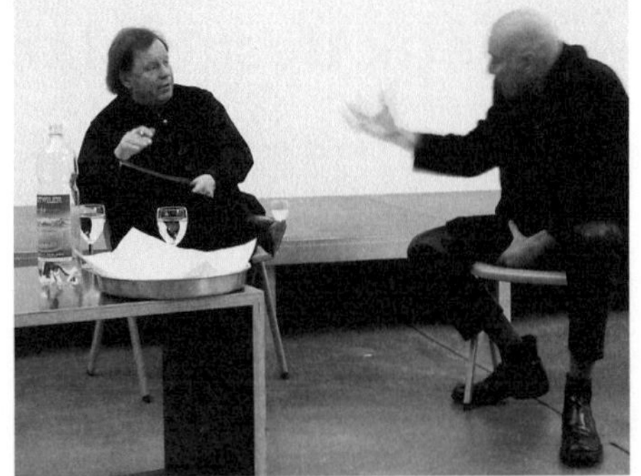

2

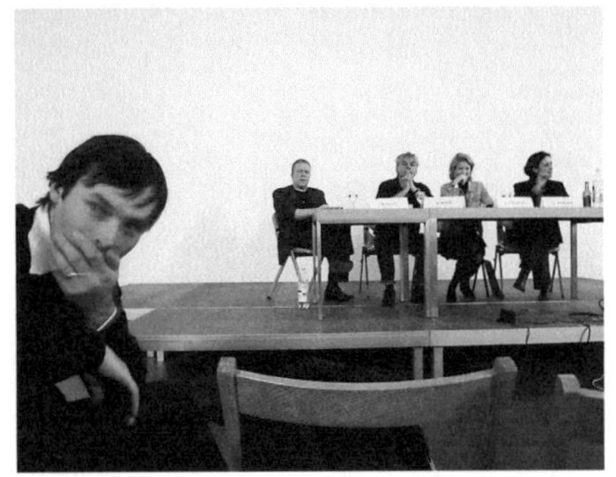

3

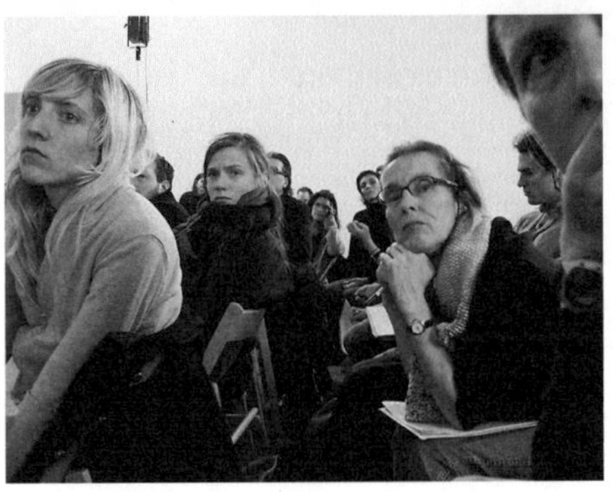

4

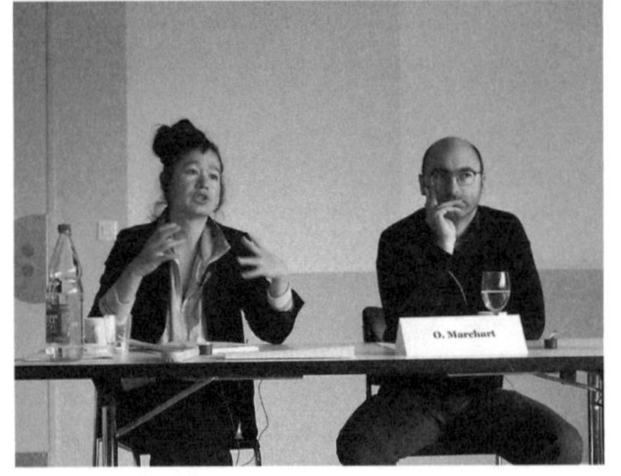

5

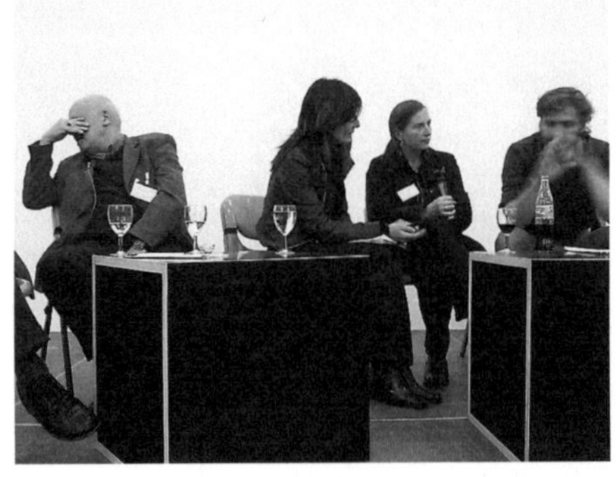

6

Reflexionen über / als Künstlertheorien

Die Reflexion ist ein integrierender Teil künstlerischer Arbeit, die Theoriebildung Teil der künstlerischen Forschung und einer eigenständigen, künstlerischen Erkenntnistheorie. Worin liegt das Spezifische der Künstlertheorie, was leistet sie im Kontext künstlerischer Mikrologien und worin unterscheidet sie sich von der Kunsttheorie? Das Symposium fokussiert auf das in der Kunstwissenschaft vernachlässigte, für die künstlerische Forschungspraxis jedoch bedeutsame Thema.

Reflexionen über / als Künstlertheorien
— Michael Lingner

S. 71

Hauptreferent: Michael Lingner, Prof. Staatliche Hochschule für Bildende Künste, Hamburg
Koreferent: Adrian Schiess, Künstler, Mouans-Sartoux, Frankreich
Diskussionspartner: Berni Doessegger, Student SBK
Moderation: Christoph Schenker, Leiter des Instituts für Kunst und Medien, hgkz

Kunst Öffentlichkeit Zürich

Die Tagung *Kunst Öffentlichkeit Zürich* steht im Zusammenhang mit dem gleichnamigen Forschungsprojekt, das sich der Kunst in den öffentlichen Sphären der Stadt Zürich widmet. Während der erste Teil der Veranstaltung sich – auch in übernationaler Perspektive – mit der Öffentlichkeit als Konfliktmanagement in der Demokratie befasst, thematisiert der zweite Teil die spezifischen Bedürfnisse der Stadt Zürich im Zusammenhang mit Kunst im öffentlichen Raum. Die Tagungsbeiträge aus den Bereichen Kunst, Wissenschaft, Wirtschaft, Politik und Stadtverwaltung erscheinen in der gesonderten Publikation *Kunst Öffentlichkeit Zürich* (2006, www.stadtkunst.ch). Der Beitrag von Beatrice von Bismarck ist einer von drei Einführungstexten zum Thema *Kunst und Demokratieverlust*.

Die Kunsthochschule als Spiel im Spiel
— Beatrice von Bismarck

S. 87

Beatrice von Bismarck ist Professorin für Kunstgeschichte und Bildwissenschaft und Prorektorin für Lehre und Forschung an der Hochschule für Gestaltung und Buchkunst Leipzig.

1 — Zu *Reflexionen über / als Künstlertheorien* diskutieren Christoph Schenker, Berni Doessegger, Michael Lingner und Adrian Schiess
2 — Michael Lingner und Adrian Schiess
3 — *Kunst Öffentlichkeit Zürich.* Diskussion zu *Kunst und Demokratieverlust*, Martin Heller, Boris Buden, Beatrice von Bismarck, Ursula Biemann
4 — Publikum
5 — Hito Steyerl und Oliver Marchart
6 — *Kunst Öffentlichkeit Zürich.* Diskussion mit Jean-Christophe Ammann, Ingrid Wildi, Gabriela Christen und Daniel Robert Hunziker

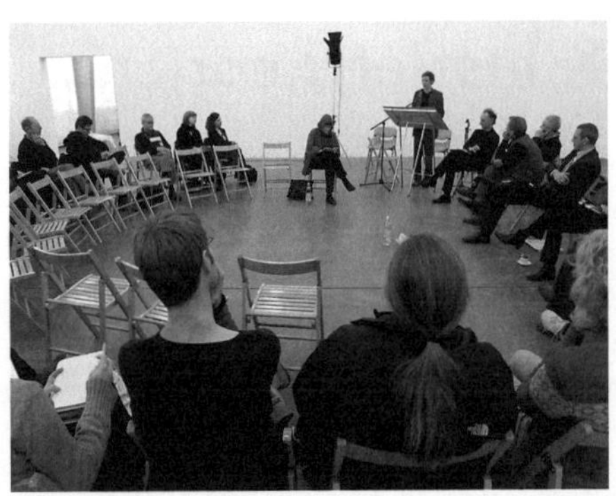

1

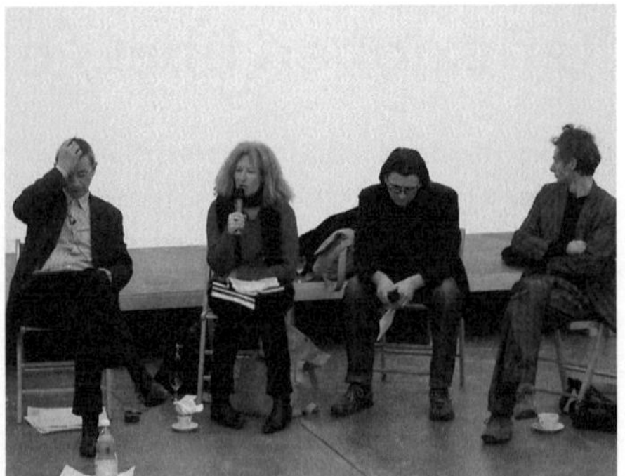

2

Rules & Choices — Bologna-Reform und Kunstausbildung

Die Hochschulausbildung ist in den letzten Jahren – insbesondere durch die Bologna-Reform und die New Economy – in einem starken Veränderungsprozess begriffen. Im Hinblick darauf, «Europa zum wettbewerbsfähigsten und dynamischsten Wirtschaftsraum der Welt» zu machen, hat man jedoch kaum an die Geisteswissenschaften oder Hochschulen der Künste gedacht. Da es nicht nur um die formale Anpassung der Studienstrukturen geht, sondern um eine grundlegende, inhaltlich-didaktische Neuausrichtung, beschäftigt sich die Tagung mit der Frage, was die Bologna-Reform für die Kunstausbildung konkret bedeutet.

Kunst – Kontext – Credit Points
— Katharina Jedermann

S. 91

Genies und Spezialisten in Bologna
— Andreas Spiegl

S. 99

Referentin: Katja Jedermann, Künstlerische Lehrbeauftragte am Institut für Kunst im Kontext, Universität der Künste Berlin
Referent: Andreas Spiegl, Kunsthistoriker, Vizedirektor für Forschung und Lehre an der Akademie der Bildenden Künste Wien
Statements von: Sibylle Omlin, Leiterin Abteilung Kunst Medienkunst, HGK Basel; Patrick Müller, Leiter Curriculumentwicklung, HMT Zürich; Anselm Stalder, Leiter Studiengang Bildende Kunst, HKB Bern; Peter Stobbe, Leiter Studiengang Kunst, HGK Luzern; Berndt Höppner, Dozent SBK
Moderation: Giaco Schiesser, Leiter Departement Medien & Kunst, hgkz

1 — Tagung *Rules & Choices — Bologna-Reform und Kunstausbildung*
2 — Im Gespräch: Anselm Stalder, Sibylle Omlin, Patrick Müller und Andreas Spiegl

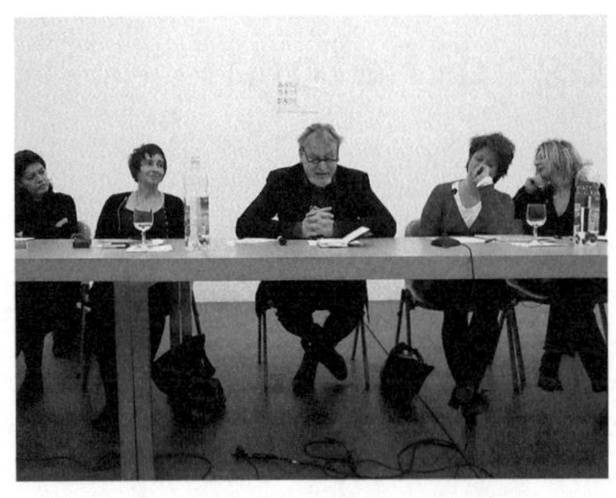

1

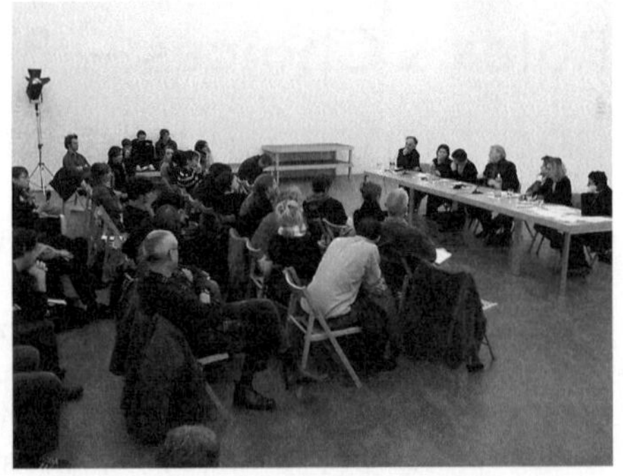

2

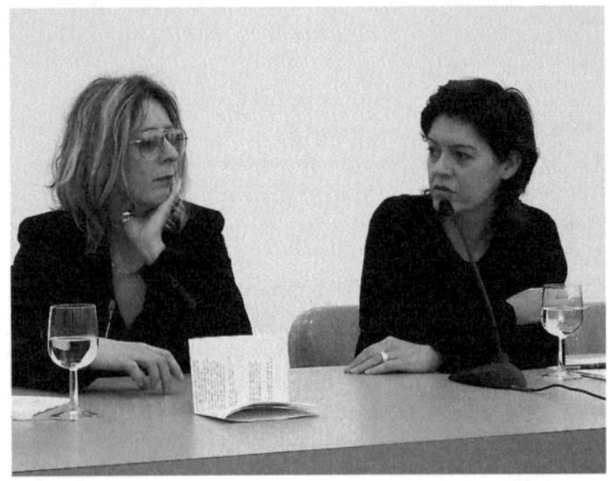

3

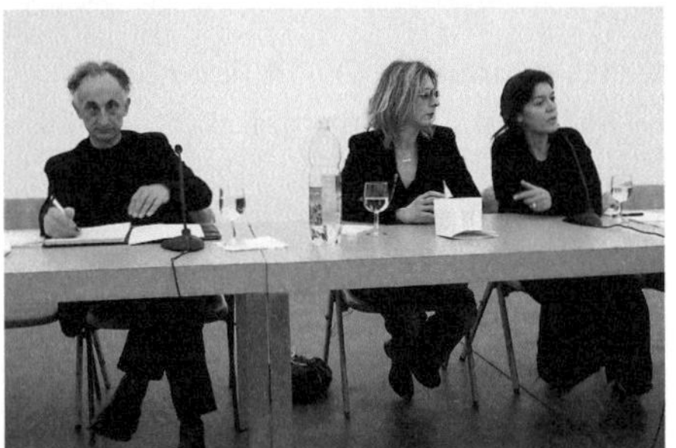

4

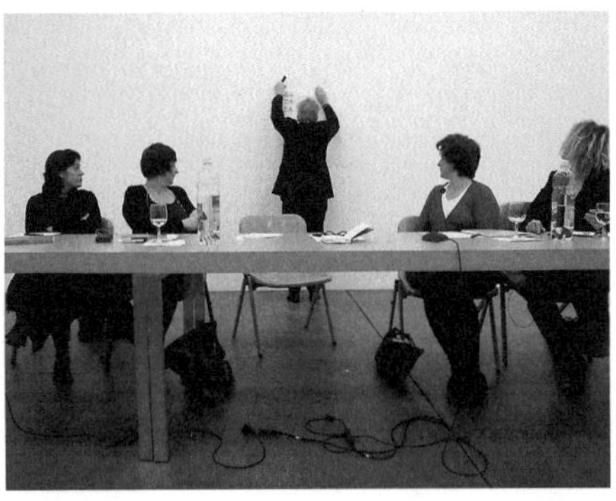

5

Bekanntmachungen — Schnittstellen des Kunstsystems

Am Abschlusssymposium diskutieren nationale und internationale Protagonisten und Protagonistinnen der Kunstszene über die Schnittstellen des Kunstsystems.

Was ist «Knowledgeproduction»?
Aktuelle Ansätze künstlerischer
Hochschulbildung
— Ute Meta Bauer

S. 105

Zur Zukunft der Kunstausbildung.
Zehn Thesen anlässlich 20 Jahre
Studiengang Bildende Kunst
(1985 – 2005)
— Giaco Schiesser

S. 110

Die Wände, die Köppe und das
Monster Master
— Monica Bonvicini

S. 113

Das Programm
— Esther Schipper

S. 116

Sie liebt mich, sie liebt mich nicht,
sie liebt mich …
oder Kunstkritik als Selektion
— Claudia Spinelli

S. 118

Referentinnen und Referenten: Ute Meta Bauer,
Associate Professor und Director des Visual Arts
Program am Architekturdepartement des MIT,
Cambridge, USA
Monica Bonvicini, Künstlerin und Professorin an
der Akademie der bildenden Künste Wien, Berlin
Giaco Schiesser, Leiter Departement Medien & Kunst,
hgkz
Esther Schipper, Galeristin, Berlin
Hans-Peter Schwarz, Rektor hgkz
Claudia Spinelli, freie Kunstkritikerin und
Kuratorin, Basel
Moderation: Beatrix Ruf, Direktorin und Kuratorin
Kunsthalle Zürich

1 — 5 *Bekanntmachungen — Schnittstellen des Kunstsystems* mit
Ute Meta Bauer, Claudia Spinelli, Hans-Peter Schwarz,
Giaco Schiesser, Esther Schipper und Monica Bonvicini

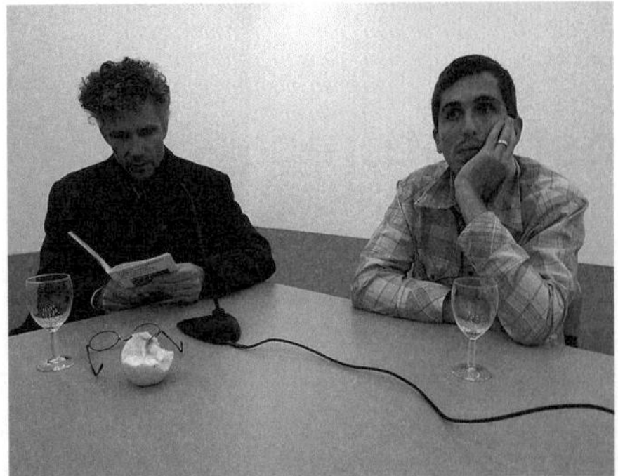

1

Off Space

Das unendliche Karussell
— Daniel Kurjaković

S. 120

Von 15 h bis zum letzten Wort
— San Keller

S. 126

1 — San Keller, *Von 15 h bis zum letzten Wort.*
  Lesung von San Keller und Christoph Schenker

Das Medium und die Künste – Überlegungen ausgehend von Tacita Deans *The Green Ray*

— Ralph Ubl

Noch immer oder immer wieder gilt: Medienspezifität ist eine Qualität. Welche Bedeutung dieser Forderung heute zukommt, ist jedoch alles andere als evident. Ihr eigenes Profil gewinnt sie erst vor dem Hintergrund einer kunsttheoretischen Tradition der Moderne, für die es selbstverständlich war, dass Kunst nur durch die Reflexion auf ihre Medialität bestehen kann. Wer Kunst mit Reflexion verband – mit einer Reflexion, die in der Kunst stattfindet, nicht als Motiv oder Thema, sondern im Produzieren und/oder im Erscheinen des Werks –, der meinte zumeist auch, dass sich diese Reflexion auf das der Kunst eigene Medium beziehen müsste.

Was könnte mit dieser Forderung gemeint sein, wenn sie zum Beispiel angesichts von Tacita Deans *The Green Ray* aus 2001 erhoben wird, einem 16-mm-Film, der in einem etwas abgedunkelten Ausstellungsraum – nicht in einer Black Box – als Loop projiziert werden soll: Der Besucher sieht das ausgesprochen artifizielle, unter den gegebenen Lichtverhältnissen aber etwas flaue Bild eines Sonnenuntergangs, der sich immer wieder von neuem (exakt: alle zwei Minuten) wiederholt; er sieht und hört ebenso den Projektor, der – anstatt in einem Vorführraum verborgen – mitten im Ausstellungsraum steht. Eine erste Antwort auf die Frage, worin die Medienspezifität dieser Arbeit besteht, könnte daher lauten: Die medienspezifische Reflexion findet insofern statt, als die technische Apparatur mitausgestellt wird. Der Projektor ist die in der Regel verborgene Bedingung des filmischen Bildes. Hier wird sie uns vor Augen geführt, so dass wir sehen können, wie das filmische Bild entsteht.

Eine solche Medienreflexion muss, um ihre ganze Eindringlichkeit entfalten zu können, mit einer ideologiekritischen Begründung versehen werden, die ungefähr so lauten würde: Als Ausstellungsbesucher verfallen wir nicht jener Illusion, die uns in der Dunkelheit des Kinos in ihren Bann schlägt, dass nämlich ein Bild, losgelöst von jedem materiellen Träger, dieselbe Unmittelbarkeit und Exklusivität ausstrahlt, die wir unseren Fantasien zuschreiben. Anstatt eine solche Identifikation zu erzeugen, stellt uns die Künstlerin das mediale Dispositiv vor Augen und Ohren, das im Kino schalldicht versteckt bleibt: einen Projektor und auch den ratternd hindurchlaufenden Filmstreifen. Der Apparat, der die Macht des filmischen Bildes begründet, wird seinerseits sichtbar und zugleich entmächtigt, das filmische Bild damit auf seine materiellen und technischen Bedingungen, mithin auf seine Medialität zurückgeführt.

Ein solches Verständnis von medienspezifischer Reflexion setzt voraus, dass «Medium» auch für «Materialität» stehen kann. Medienreflexive Kunst wäre dann eine solche, die ihre materiellen Voraussetzungen nicht einfach effektiv nutzt, sondern sich ausdrücklich auf sie bezieht, sie ausweist, verfremdet und markiert, um auf diese Weise die Unmittelbarkeit des Bildes zu brechen und seine Mittelbarkeit, sprich Medialität, hervorzukehren. Diese Vorstellung lässt sich auf eine kunsttheoretische Position zurückführen, die im Gebiet der bildenden Künste mit dem Namen Clement Greenberg (genauer: mit dem frühen Greenberg) verbunden ist. Greenberg entwarf in seinen beiden ersten Hauptschriften *Avantgarde and Kitsch* (1939) und *Towards a Newer Laokoon* (1940) das Programm einer Kunst, für die «medienspezifisch» heisst, dass sie ihre materiellen Grundlagen entdeckt oder, genauer formuliert, exemplifiziert:

> «Die Künste sind also auf ihr jeweiliges Medium zurückgeworfen und dort isoliert, konzentriert und definiert worden. Dank ihres Mediums ist jede Kunst einzigartig und ganz und gar sie selbst. Um die Identität einer Kunst wiederherzustellen, muss die Opazität ihres Mediums betont werden. In den bildenden Künsten entdeckt man die Physikalität des Mediums.»[1]

1 — Clement Greenberg, *Die Essenz der Moderne. Ausgewählte Essays und Kritiken.* Übers. von Christoph Hollender. Dresden 1997, S. 72.

Warum aber beschreibt Greenberg diese Hinwendung zur spezifischen Materialität des Mediums als eine Bewegung, die «die Identität einer Kunst wiederherzustellen» verspricht? Eine solche Rettung der Kunst durch das Medium wurde, so Greenberg, erst in der modernen, vom Kapitalismus geprägten Kultur notwendig, da unter deren Bedingung die Kunst stets der Gefahr ausgesetzt ist, mit dem Kitsch, also den Produkten der Unterhaltungsindustrie, verwechselt zu werden. Die Rückkehr zum eigenen Medium ist also eine Abkehr von den Medien und ihren Trugbildern, die sich allzu oft der Verfahren der Kunst bedienen, aber ausschliesslich zu kommunikativen, das heisst ideologischen Zwecken und ohne die Opazität des Mediums selbst zur Geltung zu bringen.

Eine Neudeutung Greenbergs, die auf die seit den sechziger Jahren grundlegend veränderte Lage eingeht, wonach die bildende Kunst nicht mehr einfach mit Malerei und Skulptur zu identifizieren ist, versucht Rosalind Krauss in einem neueren Beitrag.[2]

2 — Rosalind Krauss, «Reinventing the Medium», in: *Critical Inquiry* 25, 1999. – In meinem Referat unterschlage ich, dass Krauss Cavell und auch Fried zu verarbeiten versucht, die Greenbergs Medienbegriff bereits einer überzeugenden Kritik unterzogen haben. Nach Cavell und Fried steht ein Medium nicht primär für ein bestimmtes Material, auch nicht für einzelne Anschauungsformen (wie in Lessings Unterscheidung zwischen Raum- und Zeitkünsten), sondern resultiert aus der Verbindung dieser Bestimmungen mit historisch jeweils relevanten künstlerischen Konventionen. Damit ist ein «harter» Begriff des Mediums, der diesem eine primordiale Bedeutung für die Erscheinungsweise von Kunst zuweist, aber auch schon aufgegeben und der Begriff der Kunst bzw. einer Pluralität von Künsten aufgewertet.

Ihre Argumentation lässt sich kurz in zwei Punkten zusammenfassen: Dass die Künstlerin ihr Medium erstens nicht einfach vorfindet, sondern selbst konstruieren muss, und dass sie sich zweitens bei dieser Konstruktion bevorzugt solcher Medien bedienen sollte, die gerade veralten und damit eine besondere Einsicht in die historische Dynamik des Kapitalismus versprechen. Hier bemüht Krauss Walter Benjamin, in dessen Geschichtsdenken dem Veralteten bekanntlich die Funktion zukommt, unabgegoltene Versprechen zu vergegenwärtigen. Jede neue Technologie wird bei ihrem Erscheinen von einer Reihe von Verheissungen begleitet, die mit ihrem Veraltern nicht sogleich verschwinden, sondern persistieren und auf die Tatsache verweisen, dass sie uneingelöst geblieben sind. – Wenn dem so ist, dass das Veraltete ein Korrektiv zur geschichtslosen Aktualität des jeweils Neuen enthält, dann liesse sich die bisher gewählte Deutungsperspektive von *The Green Ray* weiter vertiefen. Die kinomatografische Installation wäre dann nicht nur als Exemplifikation der medialen Vorbedingung des Kinobildes zu begreifen, sondern ebenso als Evokation jenes Versprechens, das mit dem Film einst verbunden war und das heute, da der Film als Technologie grundlegende Veränderungen durchzumachen scheint, noch einmal ins Bewusstsein tritt. Eine solche Interpretation kann sich auf einen Text der Künstlerin stützen, der von der Entstehung der Arbeit erzählt und, en passant, auch den Titel erläutert: Beim grünen Strahl handelt es sich um das seltene atmosphärische Phänomen, dass der letzte Strahl der untergehenden Sonne grün erscheint. Sichtbar wird dieser Abschiedsgruss allerdings nur über dem Meer bei völlig wolkenloser, möglichst trockener Witterung. Die Künstlerin begibt sich daher mit ihrer 16-mm-Kamera an einen Strand und filmt den Sonnenuntergang, ohne jedoch den grünen Strahl zu bemerken. Hat sie ihn verpasst? Als Gegenprobe studiert sie das digitale Video, das zwei andere Filmer am selben Ort und am selben Tag aufgenommen haben. Es bestätigt ihre Befürchtung, dass tatsächlich kein grüner Strahl zu sehen war – jedenfalls nicht für das nackte Auge und auch nicht für das digitale Aufnahmegerät. Zu Hause, nachdem ihr eigener 16-mm-Film aus dem Labor zurückgekommen ist, entdeckt sie indes auf einem einzigen Filmkader das grüne Leuchten.[3]

Tacita Dean, *The Green Ray,* 2001
16mm, Farbe, ohne Ton, 2 Min. 30

Courtesy die Künstlerin, Frith Street Galerie, London und
Marian Goodman Galerie, New York und Paris

3 — Tacita Dean, «The Green Ray», in: *Tacita Dean. Écrits choisis.*
Ausst. Kat. ARC / Musée d'art moderne de la Ville de Paris.
Paris 2003.

Ehe wir uns von Tacita Deans Text in einer technologie- und mediengeschichtlichen Lesart bestätigt glauben, die voraussichtlich in einer nostalgischen Feier des alten, ratternden, analogen Mediums münden würde, wäre zweierlei zu bedenken: dass Deans Text alle Merkmale einer allegorischen Erzählung aufweist und dass der grüne Strahl selbst nicht nur als Naturphänomen, sondern vielmehr als Chiffre zu deuten ist – als Chiffre für ein Glücksversprechen, das mit dem Film verbunden ist. Aber um welches Versprechen des Films, das noch einmal wie der grüne Strahl unversehens aufleuchtet, könnte es sich denn genau handeln?

Als der Film als siebte Kunst seinen Anspruch formulierte, in den Kreis der Musen aufgenommen zu werden, verlangte er mehr als die Erlaubnis, als letztes Glied des Reigens mittanzen zu dürfen; er entwarf vielmehr, wie Hubert Damisch überzeugend argumentiert hat, eine ganz neue Choreografie, die das Verhältnis der verschiedenen Künste verändern sollte. Der Film liess die Einteilung der Künste nach ihren je unterschiedlichen medialen Grundlagen, die bereits durch das Hinzukommen der Fotografie in Unordnung geraten war, nicht mehr gelten, weil er selbst nur zu einer Kunst werden konnte, indem Musik, Theater und Tanz, Architektur, Malerei, Plastik und nicht zuletzt Fotografie zusammenwirkten. Sie wirken jedoch weder als *Medien* noch auch in *einem* Medium zusammen, sondern als je verschiedene Künste, deren Verhältnis in und dank einer neuen Kunst (dem Film) neu verknüpft wird. So wenig es den Film als Kunst auszeichnet, dass er sich auf ein bestimmtes Medium zurückführen lässt, so wenig ist diese Reduktion den anderen Künsten zuzumuten, die ebenso sehr und vermutlich sogar viel stärker durch ihre historischen und aktuellen Bezüge untereinander charakterisiert werden als durch ihren Rückzug auf vorgebliche medial-materielle Voraussetzungen. Wenn aber das, was eine einzelne Kunst ausmacht, sich in ihrem gegenwärtigen Verhältnis zu den anderen Künsten – in der momentanen Lage, die sie im Geflecht der Künste gerade einnimmt – zeigt, so wäre zugleich zu betonen, dass damit noch nicht ausgemacht ist, wie viele Künste es gibt und welche Namen sie tragen. All dies dürfte nur angesichts des einzelnen Werks, das den Knoten der Künste auf seine Art schürzt, zu entscheiden sein. Das einzelne Werk würde sich damit einer Aufgabe stellen, die, Hubert Damisch zufolge, der Film vorgeübt hat, dass nämlich eine einzelne, in ihrer Identität ungefestigte Kunst die anderen Künste ineinander verflechtet.[4]

4 — Vgl. Hubert Damisch, *Fixe Dynamik. Dimensionen des Photographischen*. Berlin 2004, S. 161ff.; ders. «Topology Incorporated. Laocoon au cinéma», Vortrag gehalten im Museum moderner Kunst, Wien, am 21. Oktober 2005.

Fragen wir noch einmal nach dem Versprechen, das mit dem Film als Kunst verbunden war und das nun, in seiner Spätzeit, noch einmal vernehmbar sein soll, so bietet sich folgende Antwort an: Der Film hat die allzu einfache Vorstellung verabschiedet, dass eine Kunst durch ihr Medium bestimmt wäre und sich nur durch Rückbezug auf dessen materielle Bedingungen retten könnte – und zwar deswegen, weil der Film selbst nur zu einer Kunst wurde, indem er das Verhältnis zu und zwischen den anderen Künsten in seiner Geschichte immer wieder neuen Bestimmungen unterzogen hatte. Das Paradigma des Films lehrt auch den anderen Künsten, dass sie ihre Eigenart und Lebensfähigkeit nicht ihren vorgeblichen medialen Spezifika oder gar Transzendentalia verdanken, sondern ihrer Verbindung mit den anderen Künsten, welche – und das muss noch einmal festgehalten werden – nicht anders existieren und nicht anders identifizierbar sind als in ihrer gegenseitigen Verflechtung oder Verknotung.

An *The Green Ray* wäre abschliessend noch kurz darzulegen, wie ein einzelnes Werk, von dem selbst alles andere als klar ist, welcher Kunst es angehört – nennen wir es eine kinomatografische Installation –, eine Verflechtung oder Verknotung der verschiedenen Künste vollzieht. Seinen Titel teilt es mit einem Buch Jules Vernes aus dem Jahr 1882, einer Installation Marcel Duchamps von 1947 und einem Spielfilm Eric Rohmers von 1986. In jedem einzelnen dieser Werke steht der grüne Strahl für ein spezifisches Verhältnis der Künste zueinander. In Jules Vernes Erzählung verspricht der grüne Strahl eine Farberfahrung, die kein Maler vermitteln könnte und um deren bezaubernde Wirkung, die eng mit dem Liebesglück der Protagonistin verbunden ist, Wissenschaft und Literatur streiten. In Duchamps Installation, von Friedrich Kiesler nach

36

telefonischen Angaben des Künstlers eingerichtet, verwandelt sich eine Gattung der Malerei, das Seestück, in eine optische Installation, die, durch ein Bullauge hindurch, den Blick auf das von Neonlicht grün gefärbte Meer freigibt. In Rohmers Film, der von Délphines schwieriger Partnersuche während ihres Sommerurlaubs erzählt, ist der grüne Strahl eine Chiffre für das Glück, das sich nur im Kino findet, dort aber nur mit Hilfe von Musik und Malerei herzustellen ist. Die in unserem Zusammenhang entscheidende Szene bildet das Ende des Films. Délphines Sommer- urlaub war bislang ein einziger Versuch, der mit dieser Jahreszeit und ihren sozialen Ritualen verbundenen Erwartung auszuweichen, endlich einen neuen Freund zu finden. Zu den wenigen Hoffnungszeichen zählt, dass sie Zeugin eines Gesprächs zwischen ein paar Rentnern wird, das vom grünen Strahl handelt: Wer ihn sieht, vermag seine eigenen Gefühle wie auch die der anderen zu lesen, das heisst zu lieben. In der letzten Szene sitzt Délphine zusammen mit dem Mann, den sie knapp vor ihrer versuchten Abreise in der Bahnhofshalle getroffen hat, am Ufer, blickt über das Meer und wartet auf den Sonnenuntergang, der unzweideutig als Filmphänomen erkennbar ist. Mit dem Erscheinen des grünen Strahls wird die Handlung des Films von der Atlantikküste in das Kino verlegt und auch der Zu- schauer von der Welt des Films in die des Kinos versetzt, da der Film nun, nachdem die letzten Tränen auf und vielleicht auch vor der Leinwand vergossen wurden, zu Ende geht. Diese Macht des Films, uns zu Tränen zu rühren, liegt nicht nur im Bild, auch nicht nur im Dispositiv des Kinos, sondern ebenso sehr in der Musik, die den Sonnenuntergang und auch den darauf folgenden Abspann begleitet – übrigens der einzigen Filmmusik, die Rohmer bis dahin in seinen Filmen zugelassen hatte. Aber die Macht der Musik reicht nicht aus, den grünen Strahl erscheinen zu lassen; denn als er aufleuchtet, setzt sie für einige Augenblicke aus. Im Abspann lesen wir denn auch, dass ein eigener Spezialist engagiert werden musste, um, vermutlich durch einige Retuschen, die wiederum die Malerei ins Spiel bringen, den grünen Strahl auf dem Film zu fixieren.

L iteratur und Malerei bei Jules Verne – ein Bullauge, das durch Foto- grafie, Collage und Neonlicht ein Gemälde inszeniert, bei Duchamp – Film, Literatur, Musik und Malerei bei Eric Rohmer: Nur durch diese verschiedenen Verflechtungen tritt der grüne Strahl in Erscheinung. Tacita Dean nun schürzt den Knoten der Künste noch einmal und erneut anders. Ihre Instal- lation ist in einem Ausstellungsraum platziert, sie spricht daher eine räumliche und motorische, damit auch körperlich situierte Wahrnehmungsweise an, die an die Erfahrungsform der bildenden Künste, zumal in der Moderne, anschliesst.[5]

5 — Zur Erfahrungsästhetik der kinematografischen Installation grundlegend: Juliane Rebentisch, *Ästhetik der Installation*. Frankfurt am Main 2003.

Diese Erfahrungsform, die von der des Kinofilms und der Literatur, aber auch von Duchamps optischem Apparat grundlegend unterschieden ist, öffnet sich dennoch auf diese anderen Formen des Ästhetischen, sowohl auf die erzähle- rische Dimension, die Dean durch ihren eigenen Reisebericht zu *The Green Ray* weiterspinnt, als auch auf die phantasmatische Absorption des Kinos, der sich jeder Besucher so weit hingeben kann, als ihn die Erwartung des grünen Strahls zu bannen vermag. Eine solche Interpretation, die das Werk als Figur – als sich verknotende Figur – der Künste begreift, kann den Kontakt mit dem Medium lösen, jedenfalls zu einem Medienbegriff, der das Medium als den präformierenden und regenerativen Grund, als die eigentliche Produktivkraft der Kunst voraussetzt.

Materielle, technologische, mediale Faktoren sind keineswegs belangslos, sie bilden nicht das opake Innere, die geheime Cella oder Black Box, die das Heilige oder den Schaltkreis der Kunst enthält. Was die einzelne Kunst tut, erschöpft sich nicht in einer Archäologie ihrer eigenen materiellen Voraussetzungen, sondern ist eine topologische Vorführung der Künste, einer jeweils noch unbekannten Verzweigung ihrer Pluralität.[6]

6 — Weiterführend über «die Kunst und die Künste»: Theodor W. Adorno, *Ohne Leitbild. Parva Aesthetica*. Frankfurt am Main 1967, S. 168–191; Thierry De Duve, *Kant After Duchamp*. Cambridge / Mass. 1993; Jean-Luc Nancy, *Les Muses*. Paris 2001; vgl. auch die kritischen Anmerkungen in Rebentisch, *Ästhetik der Installation* (wie oben).

Ralph Ubl ist Laurenz-Professor für zeitgenössische Kunst an der Universität Basel.

Überlegungen zur Rezeption von Marshall McLuhans Theorien

— Cathérine Hug

Zum Zeitpunkt seines Todes 1980 war Marshall McLuhan insbesondere in akademischen Kreisen in Misskredit geraten. Dass er selbst von dem System instrumentalisiert wurde, welches er untersuchte, haben ihm schon früh viele Kritiker vorgeworfen – so etwa der Land-Art-Künstler Robert Smithson oder in jüngerer Zeit der Zeichner Raymond Pettibon. Beide hätten sich in Anbetracht der von ihnen genutzten Produktionsmaterialien nicht auf eine Theorie der neuen Medien berufen müssen.[1]

1 — Siehe dazu: Smithson, Robert. *Gesammelte Schriften.* Köln (Walther König) 2000. Weiter auch Raymond Pettibons Zeichnung *Untitled (Shocked to Death / Elegy for McLuhan)*, 1982. Courtesy of Georg Kargl, Wien.

Die plötzliche Medienpräsenz des Kanadiers ist vor allem dadurch zu begründen, dass sein 1964 veröffentlichtes Buch *Understanding Media: The Extensions of Man* augenblicklich ein Erfolg war und ein Jahr später sogar Anlass für die *McLuhan Festivals* in San Francisco und British Columbia (Kanada). Der Werbefachmann Howard Gossage hatte das Potenzial dieser Schrift erkannt und deren Autor dazu ermuntert, die visionären, aber auch von technologischem Determinismus durchzogenen Thesen zu verbreiten. McLuhans Medienpräsenz wuchs daraufhin in kurzer Zeit enorm. Bereits 1965 publizierten *Harper's Bazaar* und das *New York Times Magazine* Porträts, und allein im Jahr 1967 erschienen 27 Artikel in Zeitschriften von *Fortune* über *Vogue* und *Playboy* bis *Newsweek*, bei letzterem gar mit einer Fotografie auf der Titelseite. Zudem nahm McLuhan an zahlreichen Fernsehdiskussionen teil und trat sogar in Woody Allens preisgekröntem Film *Annie Hall* (1977) auf. Die Medienstimmen waren bei weitem nicht nur zustimmend, aber das machte nichts aus: McLuhan war als «Messiah of New Media» ins Bewusstsein der Leute gedrungen.[2]

2 — Rutheford, Paul. «McLunacy?» In: Ders. *When Television was Young: Primetime Canada 1952–1967.* Toronto (University Press) 1990, S. 26–38, 34.

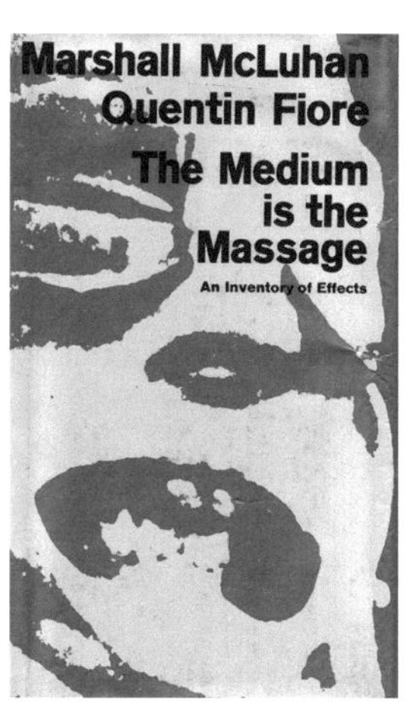

Marshall McLuhan,
The Medium is the Massage,
New York 1967

Statt mich auf Marshall McLuhans Hauptwerk *Understanding Media: The Extensions of Man* (1964) oder andere viel diskutierte Abhandlungen wie *The Mechanical Bride: Folklore of Industrial Man* (1951), *The Gutenberg Galaxy: The Making of Typographic Man* (1962), *War and Peace in the Global Village* und *Through the Vanishing Point: Space in Poetry and Painting* (beide 1968) zu beziehen, möchte ich sein nach wie vor umstrittenstes Buch *The Medium is the Massage* (1967) mit Anschauungsbeispielen ins Visier nehmen. Dieses Buch, häufig mit dem Aufsatz *The Medium is the Massage* von 1964 verwechselt, möchte ich hier als visuelle Umsetzung seiner Theorie vorstellen. McLuhan hat seine Aussagen im Übrigen gar nie wirklich als «Theorien» bezeichnet, sondern mit dem

Namen «Probes», das heisst Sondierungen, Untersuchungen, umschrieben. McLuhan hat hier versucht, eine Lösung für sein Dilemma zu finden, dass sich nämlich das Medium Buch nicht in jedem Fall zur Vermittlung dessen eignet, was die theoretische Grundlage des Fernsehens darstellt. Nicht zufällig hat McLuhan darum auch versucht, so häufig wie möglich das Fernsehen selbst als Sprachrohr zu benutzen. Neben dem Begriff «Probe» benutzte McLuhan auch den Begriff «Exploration» und war auch Herausgeber der Zeitschrift *Explorations*, welche er zusammen mit dem von 1973 – 1981 am Basler Völkerkundemuseum tätigen Anthropologen Edmund Carpenter von 1953 – 1959 herausgab.

Zeitgenössische Kritik an Marshall McLuhan

Bei einem Medientheoretiker verwundert die Terminologie von «Explorations» und «Probes» nicht, wenn man bedenkt, dass er seine Thesen nie empirischen Überprüfungen unterzogen hat. Obwohl Paul F. Lazarsfeld und das von ihm gegründete *Bureau for Applied Social Research* an der Columbia University in New York immerhin bereits zwanzig Jahre vor McLuhan Untersuchungen zur Wirkung von Massenmedien vorgenommen hatten, stellten die Medienwissenschaften in den 1960er Jahren kein ausgeprägtes akademisches Forschungsfeld dar. Weiter hatte man seit den 1930ern die Herausbildung so genannter Nachrichtenfaktoren seitens der Medienproduzenten beobachten können – Stichwort *Modern News Reporting Usersguide* von 1934 –, welche 1965 empirisch von Johan Galtung und Mari H. Ruge untersucht und als Frequenz, Schwellenfaktor, Eindeutigkeit, Bedeutsamkeit, Konsonanz, Überraschung, Kontinuität, Variation, Bezug auf Elite-Nation und / oder -Person, Personalisierung und Negativismus identifiziert wurden.[3]

3 — Noelle-Neumann, E. / Schulz, W. / Wilke, J. (Hrsg.). *Fischer Lexikon für Publizistik und Massenkommunikation.* Frankfurt a. M. (Fischer Verlag) 1996, S. 330–31.

Die optimale Kombination dieser zwölf Faktoren sei es, welche eine Information überhaupt zur massenmedialen Nachricht werden liesse, egal ob fürs Fernsehen oder die Zeitung. Auf den ersten Blick scheint dies völlig der Aussage, dass das Medium die Nachricht sei, zu widersprechen. Andererseits hat aber genau dieser Formalisierungsgrad von ursprünglich auf den Medieninhalt gemünzten Nachrichtenfaktoren zugenommen: Die Medienproduktion hat sich den Bedingungen ihres Mediums angeglichen, insbesondere unter dem Handlungs- und Selektionsdruck des so genannten Nachrichten-«Marktes». Die Botschaft passt sich bei wachsender Konkurrenz unter den Anbietern den Produktionszwängen ihres Mediums an.

Electricity – Extension of our nervous system

Technologische Errungenschaften im Bereich der Kommunikationstechnologien wurden schon früh als Mittel betrachtet, den «sozialen Körper» zu ergänzen. Bereits in den 1830er Jahren hatte nämlich der Vater der Telegrafie, Samuel Morse, die Analogie zwischen einer vitalen Körperfunktion – dem Nervensystem – und seiner weltbewegenden Neuerung vor dem Kongress hergestellt, wie der Medienhistoriker Daniel J. Czitrom schildert:

> Morse was telling the Congress that through electro-
> magnetic telegraphy humankind would be able to
> create an artificial nerve system to ‹diffuse, with the
> speed of thought, a knowledge of all what is occuring
> throughout the land; making, in fact, one neighbor-
> hood of the whole country›.[4]

4 — Zit. nach Czitrom, Daniel J. *Media and the American Mind:
From Morse to McLuhan.* Chapel Hill (Univ. of North Carolina Press)
1982, S.177. Morse machte diese Bemerkung 1838 am 25. Kongress
des U.S. House, Commitee on Commerce. Seine Erfindung wurde
erstmals 1844 mit Erfolg getestet.

Später hörte sich der amerikanische
Arzt und Dichter Oliver Wendell Holmes sehr ähnlich an. So meinte dieser 1861 in
einem Artikel für den *Atlantic Monthly*, dass die Einführung der Telegrafie und der
Eisenbahn dem Land gleichermassen eiserne Nerven und Muskeln verliehen hätte:

> And this instant of diffusion of every fact and fee-
> ling produces another singular effect of equalizing
> and steadying of public. We may not be able to say a
> month ahead of us; but as to what has passed, a week
> afterwards it is as thoroughly talked out and judged
> as it would have been in a whole season before our
> national nervous system was organized.[5]

5 — Holmes, Oliver W. «Bread and the Newspaper». In: *Atlantic
Monthly,* September 1861. Zit. nach Altschull, J. Herbert
From Milton to McLuhan. The Ideas Behind American Journalism.
New York (John Hopkins University) 1990, S. 13.

Der Autor meint metaphorisch alle die Verteilung beschleunigenden und
unterstützenden Techniken, wenn er vom «nervous system» spricht. Das Attribut
«national» bezieht sich dabei weniger auf die Besitzverhältnisse – Telegrafenlinien
und Eisenbahnrouten waren damals noch mehrheitlich in privaten Händen – als auf
die geografische Ausdehnung des neuen Verkehrssystems. Man war sich allgemein
einig, dass diese Möglichkeiten, insbesondere nach den Wirren des Sezessions-
krieges in den 1860er Jahren, den Amerikanern und ihrem Konzept von Demokratie
nur zu Gute kommen würden.

Aufstieg von McLuhans Popularität

Marshall McLuhan fasste sein Kunstverständnis in Bezug auf die jeweilige
Zeit ihrer Entstehung prägnant im Aufsatz *Art as Anti-Environment* zusammen und nahm dafür das Beispiel der Pop Art auf:

> When electric technology enveloped the mechanical
> one, we were plunged into the world of the machine as
> an art form. Abstract art and functional architecture
> took over as mimetic repeats of the old environment.
> Pop Art is part of the same technological fugue.[6]

6 — McLuhan, Marshall. «Art as Anti-Environment». In:
Art News Annual, Vol. XXXI, Mai 1966. New York 1966, S. 57.

Die «technological
fugue» folge immer dem gleichen Ablauf von [environment $\longrightarrow$ content of environment

$\longrightarrow$ art form]. Nun, im August 1965, tauchte die wichtigste Figur zur Förderung von Marshall McLuhans Popularität auf: der Publizist Tom Wolfe. Dieser suchte McLuhan in San Francisco auf, wo die Werbefachmänner Gerald Feigen und Howard Gossage gerade dabei waren, ein McLuhan-Festival zu veranstalten. Aus dieser Begegnung sollte eine wichtige Freundschaft werden, wie die rege Briefkorrespondenz über die Zeitspanne von 1965 bis 1978 bezeugt. Tom Wolfe veröffentlichte 1965 den Aufsatz *What If He Is Right?*[7], welcher zur meistzitierten Sekundärliteratur über McLuhan gehört.

7 — Erstmals unter dem Titel «The New Life Out There» in: *Herald Tribune*. 21. November 1965. Wiederabdruck in: Wolfe, Tom. *The Pump House Gang.* New York (Farrar, Straus und Giroux) 1968. Deutsche Erstausgabe: Ders. Was, wenn er recht hat? In: *Das Silikongespritzte Mädchen.* Reineck bei Hamburg (Rowohlt Taschenbuch Verlag) 1976, S. 97–124.

Neben Tom Wolfe gab es besonders Ende der 1960er zahlreiche so genannte «Promoter» von McLuhans Gedankengut, die heute als weniger einflussreich erscheinen mögen, aufgrund der Vielfalt ihrer Massnahmen aber erwähnenswert sind. Jerome Agel etwa veröffentlichte in seiner Monatszeitschrift *Books* im September 1965 ein vierseitiges Porträt von McLuhan und gab 1967 eine LP-Version von *The Medium is the Massage* heraus, auf welcher der Autor Auszüge zu musikalischer Begleitung liest. Weiter war da Jonathan Miller, Redaktor und Direktor des dritten Programms bei BBC, sowie der Journalist Frank Kermode. Jonathan Miller interviewte Marshall McLuhan bereits im September 1964 in der Sendung *Monitor*. Eine dementsprechende thematische Orientierung lässt sich auch in ihrer Korrespondenz verzeichnen, wie dem folgenden Briefauszug zu entnehmen ist:

Since sending you my note on technology as new environment I have seen meditating on anti-environments. Technologies tend to be unconscious as much in their origin as in their effects. A new technology enjoys a brief reign as an anti-environment. Then it becomes environment in turn. The need for the anti-environmental seems deeply grounded, as with dream and sleep. [...] Art as anti-environment awakens perception of the environment.[8]

8 — Brief an Jonathan Miller, datiert vom 8. Januar 1965. In: Molinaro / McLuhan / Toye 1987, S. 317.

Man darf angesichts des Datums des Briefes an Miller davon ausgehen, dass McLuhan dem britischen Journalisten praktisch als einem der Ersten von seiner neuen dialektischen Kunstauffassung, wie sie dann im Aufsatz *Art as Anti-Environment* (1966) beschrieben wird, erzählt haben muss. Fünf Jahre später dann, im Januar 1971, griff Jonathan Miller den kanadischen Gelehrten in seiner Abhandlung *McLuhan*[9] allerdings scharf an – ein sichtbarer Gesinnungswechsel seit seinem ersten Kontakt mit McLuhans Schriften im Jahr 1960.

9 — Miller, Jonathan. *McLuhan.* Glasgow (Fontana / Collins) 1971.

Millers Kritik umfasste hauptsächlich drei Punkte: Zum einen wunderte er sich über McLuhans kulturelle Nostalgie der 1940er Jahre und den plötzlich auftauchenden Enthusiasmus für den technologischen Vormarsch nach *The Mechanical Bride* (1951); weiter kritisierte Miller McLuhans methodischen Ansatz des «mosaic approach», durch welchen sich der Leser wegen des fehlenden objektiven Beobachtungsstandpunktes zu verlieren droht; zuletzt möchte Miller McLuhans gemeinhin als bahnbrechend eingestufte Erkenntnisse wieder den eigentlichen Urhebern zuweisen, von denen sich der Medientheoretiker stark inspiriert haben soll, das heisst insbesondere Harold Innis und Teilhard De Chardin. Diese Aussagen waren Anlass einer in der Zeitschrift *The Listener* heftig ausgetragenen Kontroverse zwischen Miller und McLuhan.[10]

10 — Jonathan Millers Stellungnahmen wurden am 15. Juli und am 9. September 1971 in *The Listener* veröffentlicht, diejenigen von Marshall McLuhan wiederum am 26. August und am 28. Oktober 1971. Millers Kritikpunkte sind in diesen Stellungnahmen in gekürzter Form nachzulesen.

Ein weiterer Grund, weshalb McLuhans Popularität zu bröckeln begann, ist auf die Heterogenität seiner Leserschaft zurückzuführen. Der Autor hatte Bewunderer wie Feinde in den unterschiedlichsten Kreisen, darunter auch bei den Aktivisten der 68er-Bewegung. Er tat sich schwer, im gleichen Atemzug wie William Burroughs, Abbie Hoffman, Timothy Leary und sogar Karl Marx genannt zu werden. Dabei hätte es genug Motive gegeben, den kanadischen Literaturprofessor statt dessen zur Gegenfigur zu machen, insbesondere weil er kein erklärter Gegner des Vietnam-Krieges war und ein katholisch-konservatives Glaubensverständnis hatte. Dennoch war McLuhan dem Aufbruchsgeist dieser Generation grundsätzlich positiv gesinnt.

The Nation asked me to do an essay on William Burroughs.[11] Looking at his *Naked Lunch* (1959 / 1962) and *Nova Express* (1964) I discover right off that they are anti-Utopias. He is very much aware of media as anti-environmental. He insists upon the hard drugs and despises the hallucinatory drugs like L.S.D. It would seem that the latter belonged to the old technology of the movies [...] Burroughs open up a whole new range of possibilities for our cliché and archetype.[12]

11 — Erschienen in: *The Nation,* Dezember 1964, S. 517–519.
12 — Brief an Wilfred Watson, datiert vom 11. November 1964. In: Molinaro / McLuhan / Toye 1987, S. 312. Wilfred Watson, Autor von *Friday's Child* (1955) und Englischprofessor an der University of Alberta, war von 1968–69 Mitarbeiter an McLuhans Centre for Culture and Technology in Toronto und hat an seiner Publikation *From Cliché to Archetype* (1970) kollaboriert.

Zu Nam June Paiks Frühwerk

Die erste Einzelausstellung in den Vereinigten Staaten respektive in New York machte der gebürtige Koreaner Nam June Paik in der Galeria Bonino unter dem Titel *Electronic Art* (23.11. – 11.12.1965). Für den Katalog zur Ausstellung hatte John Cage den Katalogtext «A Diary» verfasst.

Five year guaranty on your Paik TV? Is that what you want? And since it's art, which art is it? Change your mind or change your receiver (your receiver is your mind). Enjoy the commercials, that is to say, while you still have them. Global village: we are not here to stay. I replied things were funny even though I didn't set out to make them so.[13]

13 — Cage, John. «A Diary». In: *Nam June Paik* (Ausst.-Kat. Galeria
Bonino New York, 23.11.–11.12.1965). Abgedruckt in: Cage, John.
A Year from Monday. Middletown / CT (Wesleyan University Press)
1969, S. 89–90.

Aus früheren Angaben zu Paiks Biografie wissen
wir, dass der Künstler ein grosser Bewunderer von John Cage war. Umso mehr
musste er sich geschmeichelt gefühlt haben, dass der bekannte Musiker eigens
einen Katalogbeitrag verfasste. Zwei Themenbereiche, auf die Cage hier eingeht,
interessieren uns besonders: jener der Werbung und jener des «global village».
Obschon Paik damals noch keine Videos mit Einsatz der unverkennbaren Werbe-
streifen aus Korea gemacht hatte, scheint Cage in dieser Textpassage ein Thema
vorwegzunehmen, das den Videokünstler in den 1970er Jahren stark beschäftigen
wird. Nam June Paik sollte nämlich später die Gewohnheit haben, in seinen Filmen –
wie beispielsweise *Global Groove* (1973) – koreanische Werbespots, unter anderem
von Pepsi Cola, einzublenden.

Neben der künstlerischen Produktion war Nam June Paik schon früh
daran interessiert, seine Arbeit mit theoretischen Texten zu ergänzen.
In vielen Fällen hatten diese aber auch einen ganz eigenständigen
Charakter, wie beispielsweise *Half-Time*[14] (1964) oder *Cybernated Art*[15] (1966).

14 — Partitur zu «Half-time» publiziert in Wolf Vostells
Zeitschrift *décoll / age*, Nr. 4, 1964.
15 — Publiziert in: Higgins, Dick / Williams, Emmett (Hrsg.).
Manifestos, A Great Bear Pamphlet. New York
(Something Else Press) 1966.

Im Text *Electronic Pictures* (1967) hat Paik sich eingehend über die Verschränkung
von Naturwissenschaften und Technik – insbesondere der im Vormarsch begrif-
fenen Computertechnologie – mit der bildenden Kunst geäussert. Er versuchte
seinen schon damals bemerkenswerten Erfolg damit zu begründen, dass er recht-
zeitig für das Potenzial dieser synergetischen Beziehungen offen gewesen war.

The main reason for the quick success of my electronic
art was that I gave up early the production of video-
signals (information quantity: 4 million bits per second),
in order to concentrate my efforts on the creation of
unusual scanning patterns (very manageable information quantity: 15 000 and 50 bits per seconds). [...]
Pure scientific research: The new possibility of drawing every kind of form from abstract pattern to re-
alistic image via every grade of mixture of both, will
be helpful in the research of Gestalt psychology in its
whole sphere, namely sensory organization.[16]

16 — Publiziert in: *Fylkingen Bulletin International,* Edition Stockholm,
Nr. 2, 1967, S. 38. Abgedruckt in: Herzogenrath, Wulf. *Nam June Paik
Fluxus / Video* (Ausst.-Kat. Kunsthalle Bremen, 14.11.1999–
23.1.2000). Bremen 1999, S. 114.

Ein wichtiger Themen-
bereich in Paiks Texten machte dabei das Bildungspotenzial des Mediums TV sowie
der Aufzeichnungs- / Wiedergabegeräte Videokamera und -player aus. Die Entstehung von Aufsätzen mit selbstredenden Titeln wie *Expanded Education for the
Paperless Society*[17] (1971), *Medienplanung für das nachindustrielle Zeitalter*[18]
(1974) oder *La Vie – Satelliten*[19] (1984) sind in diesem Zusammenhang zu sehen,

und Paik versuchte selbst, dieses Bildungspotenzial auch mittels Fernsehkollaborationen zu vermitteln; ab 1968 beispielsweise mit der Fernsehgesellschaft WGBH-TV und Fred Barzyk in Boston.

17 — Publiziert in: *Interfunktionen*, Heft 7, September 1971, S. 63–64. Abgedruckt in: Herzogenrath, Wulf. «Nam June Paik Fluxus / Video» (Ausst.-Kat. Kunsthalle Bremen, 14.11.1999–23.1.2000). Bremen 1999, S. 148–149.
18 — Publiziert für die Rockfeller Foundation im Jahre 1974. Abgedruckt in: Herzogenrath, Wulf. «Nam June Paik Werke 1946-1976» (Ausst.-Kat. Kölnischer Kunstverein, 19.11.1976–9.1.1977. Köln 1976, S. 155–166.
19 — Publiziert in: *Tokio Metropolitan Museum* (Hrsg.). «Nam June – Mostly Video» (Ausst.-Kat.). Tokio 1984, S. 12–14. Abgedruckt in: Decker, Edith (Hrsg.). *Niederschriften eines Kulturnomaden.* Köln (DuMont Verlag) 1992, S. 156–160.

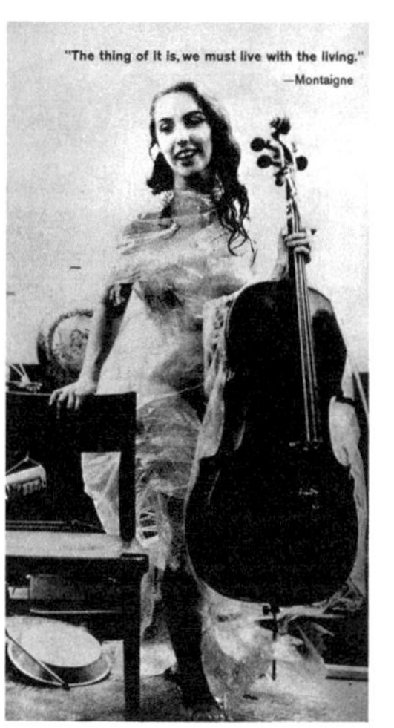

Marshall McLuhan,
The Medium is the Massage,
New York 1967

Ende der 1960er Jahre begannen auch grosse Institutionen wie das Museum of Modern Art (MoMA) in New York, sich des Einzuges und des enormen künstlerischen Potenzials des Mediums Fernsehen in Kombination mit Video bewusst zu werden. Dieses Bewusstsein ging sogar so weit, dass man von einem neuen Zeitalter sprach und dies auf kunsttheoretischer Ebene auch empirisch zu festigen bestrebt war, wie insbesondere die Ausstellung *The Machine As Seen at the End of the Mechanical Age* beweist. Die Künstlerliste zeigt auf, dass es dem schwedischen Ausstellungskurator K. G. Pontus Hultén weniger um die Etablierung neuer Wertmassstäbe als um das Situieren und Abschiednehmen eines obsolet gewordenen Maschinenverständnisses im elektronischen Zeitalter ging; Nam June Paik war dort mit der Arbeit *McLuhan Caged* (1967) vertreten.

Wie für Nam June Paik scheint auch für Pontus Hultén Marshall McLuhan ein klarer Orientierungspunkt an der Schwelle zwischen dem ausklingenden Maschinenzeitalter und der ungewissen Zukunft zu bilden. Pontus Hultén ging offenbar so weit, den kanadischen Medientheoretiker nicht mehr vorzustellen, sondern vielmehr als unanfechtbarer Erklärungsversuch in Bezug zur Medienwahl und -nutzung beizuziehen:

Tatlin's reliefs were very roughly made, and their materials were crudely stuck together. His effort was to move from the abstract to the real and leave aesthetics behind. The materials themselves – wood, iron, glass, and concrete – were chosen because of their symbolic associations with building. In Tatlin's completely original theory, the expressive importance of these materials lay not in their form, but in their actual substance. Whereas Marshall McLuhan was later to proclaim that ‹the medium is the message›, Tatlin was saying ‹the material is the message›; he studied materials in a way similar to McLuhan study of media.[20]

20 — Ebd., S. 108.

1969 zeigte Howard Wise in seiner New Yorker Galerie, wo bisher vorwiegend Licht- und Zero-Kunst zu sehen war, erstmals in der Kunstgeschichte eine ausschliesslich dem Speichermedium Video gewidmete Ausstellung unter dem Titel *TV as a Creative Medium* (28.9. – 14.6.1969). Paik war darin mit zwei Arbeiten vertreten. Im Faltblatt zu seiner Ausstellung teilte Wise die Ansicht Pontus Hulténs, wonach es sich hier um ein neues Zeitalter handle – im Unterschied zum Kurator am MoMA allerdings in einer euphorischen und nicht in einer nostalgisch dem Maschinenzeitalter nachtrauernden Argumentationsweise:

> Ever since Marshall McLuhan has become a houselod name, people have become aware of the tremendous force, both actual and potential, that TV is having and will have in their lives. The machine is obsolescent. Magazines, books, newspapers and other publications making use of written word as we have known it are threatened. The relationsships of nations, classes, generations and individuals are deeply affected. Education will be revolutionized, schools transformed if not eliminated (why interrupt your child's education by sending him to school?). TV is at the cause, of all these changes that are transforming our civilization.[21]
>
> 21 — Wise, Howard. Faltblatt zur Ausstellung *TV as a Creative Medium* (28.9.–14.6.1969). Abgedruckt in: Herzogenrath, Wulf. «Nam June Paik Fluxus / Video» (Ausst.-Kat. Kunsthalle Bremen, 14.11.1999 – 23.1.2000). Bremen 1999, S. 132.

1971 sollte Howard Wise den Vertrieb für Künstlervideos *Electronix Arts Intermix* gründen, der heute weltweit führend ist.

————

Cathérine Hug ist Kunsthistorikerin und seit 2000 wissenschaftliche Mitarbeiterin am Kunsthaus Zürich.

Medialität in der Kunst

— Hans Ulrich Reck

Exposition des Kolloquiums
mit Hans Ulrich Reck:

«Medialität in der Kunst» ist ein sehr weit gefasstes Thema. Zunächst sei der Akzent auf «Medien» gelegt. Man hätte früher nicht gesagt, dass sich die Kunst mit der Frage der Medien beschäftigt, man hätte eher von Gattungen, Anliegen, Intentionen gesprochen. Es gibt im Übrigen immer noch Medientheoretiker, die die Künste in die eben erwähnten «Aufschreibesysteme» umbenennen, genauer: sie diesen, spurlos getilgt, unterwerfen und einverleiben wollen, obwohl der früher prägende Exponent dieser Theorie, Friedrich Kittler, mittlerweile die Künste als solche, in sich und aus sich heraus rehabilitiert hat. Man muss demnach erst recht stetig reflektieren, was die Rede vom Medium wirklich bedeuten soll.

Gehen wir von einer Beobachtung aus. Zunächst: Wir leben in einem Zeitalter der Mediophilie und der Massenmedien. Die erwähnten medientheoretischen Diskurse sind auch Reflexe auf eine durch globale Synchronkommunikation standardisierte Welterfahrung. Das markiert den grossen Zusammenhang und erklärt, wieso man in den Künsten die Aufmerksamkeit der Frage des Mediums und Medialen schenkt. Klar bleiben muss aber, dass, wenn wir über Kunst reden, die Medienfrage völlig sekundär ist. Denn Kunst ist all das, was in einer Gesellschaft zu einer bestimmten Zeit als Kunst verstanden und gehandelt wird – auch symbolisch. Das Spezifische der Kunst ist nicht von einem spezifischen Mediengebrauch bedingt, sondern all das, was gerade unspezifisch ist in Bezug auf das Medium.

Wenn nicht solches die Kunst charakterisiert, hätte man früher schon von «Pigmentkunst», «Ölkunst» oder «Steinkunst» gesprochen. Wenn man traditonell von Kunst spricht, meint man damit meistens Bilder und Gemälde, vorrangig aber die musealisierten Kunstwerke. In der Tat ist das, was Kunst ist, gerade nicht abhängig vom medialen Gebrauch. Dennoch zeigt die Rede von einer «Medialität der Künste» etwas Wichtiges an. Es kommt hierbei aber nicht auf allgemeine Analogien oder Behauptungen an, sondern auf die spezifische Art und Weise , wie künstlerische Prozesse sich mit Fragen von Medialität verbinden.

Aber jeder besondere Gebrauch eines ästhetischen Medienbegriffs bewegt sich in einer auferzwungenen Defensive. Und eben dies sichert einer intellektuell hochgezüchteten, aber uneingestandenen Kunstfeindschaft eine Möglichkeit des ungebändigten Agierens, die nicht den Umweg über eine Schamempfindung – und sei sie prometheischen Ausmasses – gehen muss. Das gilt auch für die so harmlos wirkende Rede von den «Medien der Künste». Denn von vorneherein ist dieser Diskurs ausgeliehen und richtet ein bisher nach innen

Gegliedertes an einem äusseren Gesichtspunkt oder Widerpart aus. Wenn heute von Medien die Rede ist, dann meint man dementsprechend die Vorherrschaft der Massenmedien, von Informations- beziehungsweise Desinformationsmedien. Man meint, über bestimmte Aufbereitungen von Informationen zu verfügen, sie als Informationspolitik einsetzen zu können. Doch kaum jemand kann kontrollieren, was das Objekt seines Wissens ist – das ist der Normalfall. Nicht-Zugänglichkeiten werden über die Behauptung von Nachrichten zugänglich gemacht.

Wir wissen, in welch grossem Ausmass und welch gezielter Weise auch heute wieder Information ein Synonym für Desinformation sein kann und dass mediale Politik eine Manipulation ist oder – vorsichtiger gesagt – eine Konstruktion: Medien stellen her, was sie sich als «Objekt» vermeintlich zu Grunde gelegt haben. Alles, was als Evidenzbezug erscheint, ist grundsätzlich medial konstruiert. Man kann das im Einzelnen nachweisen. Beispielsweise wird ein einschlägig ausgezeichnetes Objekt «fotografiert» oder es werden am Computer Lagerschuppen gezeichnet zum Zwecke einer nachfolgenden und äusserst folgenreichen Behauptung: Hier lagern die Massenvernichtungswaffen von Hussein und deshalb muss Krieg geführt werden im Irak. Die mediale Frage wäre dagegen eher die: Was bedeutet es, dass es in dieser medialen Konstruktion keine Unterscheidung mehr gibt zwischen Fiktion und Wahrheit, zwischen Fälschung und Wahrheit? Das Medium wäre dann nicht mehr als das beschreibbar, was es selber sein möchte, nämlich Agentur für Wahrheit, sondern nur noch als eine äusserst parteiliche Organisation seiner normalerweise verdeckten, in Glaubwürdigkeitsbeteuerungen ritualisierten Voraussetzungen, die nun ungewollt als Konsenserzwingung mittels synchronisierter Aufmerksamkeit und Beeinflussungspolitik durchsichtig werden.

Damit kann im Hinblick auf die Wirkungsmächtigkeit medial ausgezeichneter Kunst natürlich nichts Wesentliches ausgesagt werden. Wenn man heute von Medialität in den Künsten spricht, gibt es diesbezüglich vorrangig zwei verschiedene Bereiche zu erwähnen. Der erste bezieht sich auf die metatheoretische Ebene. Die Kunst versucht, die Konstruktionsprinzipien, mit denen sie arbeitet, selber zum Thema, zum Material oder zum Objekt zu machen. Sie öffnet damit die Verfahrensweisen, mit denen etwas erzeugt wird, und macht diese damit zugänglich. Das wäre in etwa das, was man historisch einen Manierismus genannt hat: Malen in der Art von …, jedoch so, dass das Neue in Abweichung zum demonstrierten Alten sichtbar wird und die Bilder als gemachte Bilder in Hinblick auf schon gemachte Bilder lesbar werden, weil sie nicht mit diesen identisch sind, sondern in der grössten Nähe zu diesen sich gerade das unverwechselbare Neue, Einmalige, noch nie Dagewesene erweist.

Der zweite Bereich bezieht sich auf die entschieden utopische Frage, wie weit die Künste oder künstlerischen Praktiken noch einmal eine wirklich lebensweltlich bedeutsame und starke Utopie formulieren oder entwerfen sollen. Wäre das heute eine andere als die Utopie einer Intervention in die Medien? Jedenfalls stellte eine künstlerische Transformation von Massenmedien oder ganzen Medienapparaten, die als Steuerungsapparate zu verstehen sind, eine veritable, auf das Ganze greifende Utopie dar. So könnte man aufzeigen, dass der normale Gebrauch von Apparaten zur Steuerung von Apparateverbänden, die wiederum andere Operationen steuern, politisch, ideologisch, gesellschaftspolitisch hochgradig ausgeformt und geprägt ist.

Ob «Medialität in den Künsten» so zu verstehen ist, dass man dezidiert künstlerische Praktiken mit den majorisierenden Apparaten, die die Lebenswelt formen, in Verbindung bringt, ist wohl utopisch und damit für Fortsetzung und Aktualität einer bestimmenden entwerfenden Dimension der Künste die entscheidende Frage. Das würde die Diskussion um Stichworte wie «Public Access», also die Freiheit des Zugangs zu Apparaten in der normierten «Weltsynchrongesellschaft» aufgreifen, aber auch die weltweite Nutzung von Netzzugängen und die Frage von Öffentlichkeit und Gegenöffentlichkeit thematisieren.

Man kann nun die Medialitätsfrage auch mit der Frage «Was hat es generell mit den Artefakten auf sich?» verbinden. Ist für die Natur des Menschen die Bildung von Artefakten notwendig? Die Antwort kann nur sein: ja, und zwar schon sehr früh. Das ist allerdings kein origineller Gedanke. Viele Anthropologen haben das bereits in dieser Weise formuliert. Die Geschichte wäre dann ein Projekt der Transformation von Artefakten, weshalb man von Medien sprechen kann, nämlich von Verkörperungen. Benützt man den Medienbegriff der historischen Anthropologie, dann ist die Frage der Inkorporation entscheidend, welche mit den Künsten zu verbinden wichtig, originär und auch originell ist.

Man erinnert sich auf diesem Hintergrund einer Zeit, in der bereits in entschiedener und ausdrücklicher Weise der Medienbegriff, allerdings mit anderem Beispiel und Ziel, benutzt worden ist, zum Beispiel durch Augustinus. Damals beschäftigte man sich mit Engeln, wovon auch Michel Serres in seinem Buch über Kommunikation handelt im Nachweis, dass Engel eigentlich Medien sind, nämlich instantane Verkörperungen von Gedanken jederzeit und an jedem Ort ohne eine Materialität, die damit notwendig einhergehen müsste. Engel wie Kommunikationsmedien heute haben nicht nur definitorisch einen gemeinsamen historischen wie spekulativen Grund. Im Mittelalter hat man eingehend über Medien als Zwischenwelten diskutiert. Das Motiv ist leicht zu verstehen. Man tat dies, weil es keine substantialistische Auffassung gab von der Existenz des Menschen. Der Mensch selbst war immer dazwischen oder «ein Dazwischen», weshalb man die Selbstempfindung im Mittelalter kulturell allgemein als medial modellierte bezeichnen kann, ging es doch um die Aufgabe der Lebenserfüllung und die Einrichtung seiner praktischen Bewältigung im Sinne eines Medialen zwischen einem uneigentlichen irdischen Leben und etwas anderem, das danach kommt und das, nach all dem Leiden, endlich und entschieden besser sein wird: eben das heilsgeschichtlich befreite, das «wahre» Leben.

Der modernistisch festgeschriebenen Verkürzung der Metaphysik auf Ästhetik und dieser auf Kunst folgend meinen wir heute natürlich in erster Linie technische Informations(kommunikations)medien, wenn wir von Medien sprechen. Wir verstehen darunter die formierenden Apparate, die eine Weltöffentlichkeit erzeugen im Sinne einer hergestellten, regulierten geschlossenen Weltinnenpolitik. Es ist naheliegend und gewiss nicht falsch zu sagen, diese sei mittlerweile totalitaristisch geworden. Tatsache ist, dass die Kommunikationsmedien und die technischen Apparaturen eine solche geschlossene und eng normierte symbolische Weltinnenpolitik konstituieren. Deshalb bekämpfe ich auch eine Redeweise wie «In der heutigen medialen Situation ist allen alles zugänglich» heftig. Das ist die grösste Lüge, die es heute gibt. Die zweitgrösste Lüge ist die Immaterialitätsversprechung, der gemäss wir uns im Reich des Virtuellen angeblich von den Gesetzen der Physik befreien können. Wie man allerdings auf die Idee kommen kann, dass die Ästhetik des Immateriellen nicht mit Radiowellen verbunden ist, sondern mit Computernutzungen, bleibt vollkommen schleierhaft. Kennzeichnenderweise erfordert die Summe der «neuen» Geräte ein Volumen – und zwar ein physikalisches, materielles Volumen –, das man mit Immaterialität nun wahrlich nicht in Verbindung bringen kann.

Solche Unterscheidungen und Phänomene erwägend, ergibt sich die Notwendigkeit weiterer Differenzierungen. Es stellt sich für jede Konzeption und in jeder Hinsicht einer poetologischen oder ästhetischen Argumentation bezüglich «Medialität in den Künsten» die Frage: Was interessiert an einer solchen? Wie geht man als Künstlerin oder Künstler vor, wenn man zur Hypothese folgenden Arbeitsplan macht: Mein Objekt seien die technischen Apparate der Weltinnenpolitik? Nicht die Expressivität, die mit Stift auf Papier zu bringen ist, nicht das Zelluloid, mit dem ein Film realisiert wird, markiert das Ziel, sondern dieses verschmilzt sich mit der einzigen Vorgabe, die schlechterdings die Gewalt der formierten globalen Medienapparaturen zum Rohstoff und zu transformierenden Objekt als Problem und zur Aufgabe nimmt. Wenn Kunst sich so entwirft und sich die technischen Apparate der standardisierten Weltkommunikation zum Material wie zur Aufgabe, also zum Problem nimmt, dann erweist sich die Medialitätsfrage im Sinne einer spezifischen inhaltlichen Konzeption als entscheidend. Wesentliche Kunsterfahrung ist aber auch hier, was Anlass gibt zur relativierenden Skepsis und einem Misstrauen auch gegen die jeweilige nächste, eben jetzt gerade eingenommene Meta-Ebene, die unweigerlich zum Paradox auf einer nächsthöheren Ebene der Betrachtung wird: Nichts lässt sich sinnvollerweise im Hinblick auf die künstlerischen Praktiken generalisieren.

Daraus ergibt sich als leitende These, dass es eine allgemeine Medientheorie der Kunst gar nicht gibt und dass eben deshalb die Medienfrage der Künste in entscheidendem und intimem Sinne Bestandteil eines methodischen Verfahrens der Künste bleibt. Die Abwägung. Einrichtung und Modellierung dieser Methoden verbindet die Erfahrungen der Mediatisierung mit dem offenen Prozess einer artikulierten Kreativität, welche nicht auf ein Erzeugen beschränkt bleibt, sondern die ästhetischen Qualitäten der Kunst in konzeptueller Hinsicht in diesem offenen Prozess diesseits der Werkfetische immer wieder von allen möglichen Seiten betrachtet und abwägt.

———

Transkription Berni Doessegger;
vom Autor revidierte Fassung.

Hans Ulrich Reck ist Professor für Kunstgeschichte im medialen Kontext an der Kunsthochschule für Medien Köln.

Finger weg
von der Politik!

— Edith Krebs

Um das Begriffspaar Kunst und Politik respektive politische Kunst ranken sich zahlreiche Missverständnisse und Vorurteile. Die gängigsten Meinungen sind folgende: «Jede Kunst ist politisch» oder «Kunst und Politik schliessen sich gegenseitig aus». Auch wenn es auf den ersten Blick scheint, dass die beiden Aussagen völlig entgegengesetzt sind, im Grunde zielen beide in dieselbe Richtung: Finger weg von der Politik! Wenn jede Kunst politisch ist, dann ist auch ein gemalter Blumenstrauss oder eine pastorale Landschaft politisch. Dieses Politikverständnis ist bis zur Unkenntlichkeit verwässert – und damit nichtssagend.

Die zweite Aussage hingegen suggeriert zwei vollständig voneinander getrennte gesellschaftliche Sphären, die sich nie annähern oder gar überlappen können. Vor allem aber ist diese zweite Aussage – «Kunst und Politik schliessen sich gegenseitig aus» – streng genommen ein Verbot und verträgt sich somit schlecht mit der so genannten Autonomie respektive Freiheit der Kunst, die auch in der Schweiz gesetzlich verankert ist und eines der Fundamente der Kunstauffassung in demokratischen Gesellschaften bildet. Diese Vorstellung von zwei getrennten sozialen Systemen – Kunst hier und Politik da – ist nicht haltbar.

Im letzten Jahrhundert wurden immer wieder von einem System aus in andere interveniert und umgekehrt: so in der Kunst der Avantgarde, die ja das Leben selbst, die Gesellschaft und damit auch die Politik verändern wollte. Umgekehrt hat der Staat verschiedentlich ins System der Kunst interveniert, etwa im Nationalsozialismus, aber auch in der Sowjetunion, wo der «sozialistische Realismus» als einzig genehme Kunstform galt. Und in der Schweiz hatten wir ja kürzlich durch Thomas Hirschhorns Pariser Ausstellung auch ein hübsches Beispiel, wie der Staat in die «Autonomie» der Kunst eingriff, selbst wenn das «nur» über eine Subventionskürzung lief.

Auch die Systemtheorie interpretiert soziale Systeme – dazu gehören zum Beispiel Wirtschaft, Politik, Recht, Wissenschaft und Kunst –, zwar als autonom, oder – wie Niklas Luhmann sagt – als autopoietische Systeme. Als Ausgangspunkt zur Ausbildung sozialer Systeme nennt Luhmann die grundlegende Differenz von System und Umwelt, das heisst, alle Systeme sind strukturell an ihrer Umwelt orientiert und können ohne sie nicht bestehen. Zwar gibt es also eine Grenze zwischen System und Umwelt, aber diese ist nicht hermetisch abschliessend, sondern lässt Ausseneinwirkungen zu. Diese Ausseneinwirkungen werden von den Systemen so aufgenommen, dass sie als «Bestimmung zur Selbstbestimmung» wirksam werden, ohne die Strukturgesetzlichkeit des Systems zu beseitigen. Ohne diesen Einbezug der Umwelt in das System wären selbstreferentielle Prozesse des Systems tautologisch und damit sinnlos, weil weitere Anschlussoperationen verunmöglicht würden.

Zwischen Kunst und Politik – oder auch zwischen Kunst und Wirtschaft – finden also durchaus Austauschprozesse statt, und es ist damit sinnvoll, in das eine oder andere System zu intervenieren, um es zu beeinflussen. Wenn also Kunst in das Feld der Politik eingreift, dann kann dies zu einer Veränderung des politischen Systems führen.

Es ist wichtig, die spezifischen gesellschaftlichen und politischen Rahmenbedingungen im Auge zu behalten, wenn man über bestimmte Entwicklungen und Tendenzen in der Kunst spricht. Als Beispiel kann hier die amerikanische Kunst der 80er Jahre erwähnt werden, als es im Umfeld von AIDS und dem Versagen der Reagan-Adminstration, auf diese neue Krankheit zu reagieren, zu Protesten und zu einer Politisierung der Kunstszene kam, wie Silke Wagner in ihrem Beitrag auch erläutert. Im Zusammenhang mit der Repolitisierung der deutschen Kunst in den 90er Jahren spielen die zunehmende Fremdenfeindlichkeit und der Rassismus Anfang der 90er Jahre eine wichtige Rolle; grundlegend dafür aber ist ohne jeden Zweifel das Ende der Berliner Mauer im Herbst 1989. Denn in der Nachkriegszeit, vor allem während des Kalten Krieges, wurde die abstrakte Malerei (zum Beispiel die amerikanische Colorfield-Malerei) – im Gegensatz zum sozialistischen Realismus – zum Ausdruck des ‹freien Westens› hochstilisiert und damit indirekt politisch vereinnahmt. Erst mit dem Ende des Antagonismus zwischen Ost und West wurde eine politisierte Kunstpraxis im Westen wieder denk- und annehmbar.

Die Zürcher Shedhalle gehörte in den 90er Jahren zu den profiliertesten Orten der neuen politischen Kunst, wie sie sich in Deutschland entwickelt hatte. Ihr Drama war, dass sie allein auf weiter Flur stand und im Schweizer Umfeld keine Partner fand. Im Gegenteil, während der ganzen 90er Jahre wurde die Shedhalle von der Schweizer und insbesondere der Zürcher Kunstszene zuerst argwöhnisch beobachtet und bald ganz ignoriert. Das Programm spielte sich in einer Art luftleerem Raum ab, und nur wer eine der vielen Veranstaltungen oder Symposien besuchte, bekam mit, welch radikale Ansätze dort entwickelt wurden und wie hoch stehend der theoretische Diskurs war, der dort gepflegt wurde.

Nicht nur das weitgehend apolitische Klima in der Schweiz – auch in der Kunstszene – liess die Shedhalle zu einem Fremdkörper werden, sondern ihr theoretischer Fokus. Die Kunstwissenschaft an den Schweizer Universitäten pflegte damals immer noch die traditionellen Methoden der Ikonografie und der Stilgeschichte und nur am Rande, etwa in Veranstaltungen von Gastdozenten, gab es etwas Semiotik zu schnuppern. Auch an den damaligen Kunstschulen war neben klassischer Kunstgeschichte von Theorie noch kaum die Rede.

In den letzten Jahren hat sich das Umfeld stark gewandelt: Viele Schweizer und Schweizerinnen sind durch die Anschläge vom 11. September 2001, die zunehmende wirtschaftliche Globalisierung und den Aufstieg von Blochers SVP aus ihrer politischen Lethargie aufgewacht. Und mit rund zwanzig Jahren Verspätung haben nun auch Disziplinen wie die Gender und Cultural Studies in die Hochschulen Einzug gehalten.

Trotzdem: Eine explizit politische Kunstpraxis, wie sie etwa Silke Wagner ausübt, ist hierzulande eigentlich nicht anzutreffen. Wir haben Christoph Büchel, Gianni Motti, Fabrice Gygi und Relax, die subversive (Motti), klaustrophobisch-existenzielle (Büchel), skulpturale (Gygi) oder analytische (Relax) Ansätze pflegen. Oder Thomas Hirschhorn, der mit aufwändigen Materialschlachten nette oder weniger nette Geschichten collagiert. Alle diese Zugänge verorten sich auf der symbolisch-reflexiven Ebene. Direkte Interventionen in die soziale Praxis, wie sie etwa die österreichische Künstlergruppe *WochenKlausur* oder das Hamburger Projekt *Park Fiction* unternahmen, sind hierzulande nach wie vor nicht auszumachen.

Als Barbara Basting im Frühling 2005 im *Tages-Anzeiger* eine Kunstdebatte lostrat, indem sie sich über den Hang zu harmlosen Ausstellungen ausliess, erwiderte Daniel Hauser von Relax, dass die Kunst nicht mehr dort sei, wo man sie vermutet. Ja, wo ist sie denn? Mit etwas gutem Willen könnte man eine Aktion wie Shantytown im Sommer 2005 in Zürich als eine Art Kunstaktion interpretieren. Da hat eine Gruppe junger Leute, unter ihnen etliche Kunstschaffende, unter grossem Medienecho am Ufer der Sihl eine Barackensiedlung aufgebaut, um gegen die aktuelle Stadtentwicklung und das herausgeputzte «Global Zurich» zu protestieren. Offenbar war die Kommunikation mit der Stadtpolizei und den Medien von allem Anfang an hervorrragend. Man hat den ganzen «subkulturellen» Event sozusagen mit diesen beiden Partnern inszeniert und generalstabsmässig bis zum letzten Detail geplant. Das Ganze war gerade so subversiv oder politisch, dass es niemandem weh tat.

Zwar gibt es aktivistische Szenen, die erfolgreich Anleihen bei künstlerischen Strategien machen. Zum Beispiel der *Pink Block,* der mit karnevalesken Elementen die Medienaufmerksamkeit auf sich zu ziehen vermag und wegen seiner scheinbaren Harmlosigkeit mitunter an Orte vordringen kann, die dem *Schwarzen Block* verwehrt blieben. Oder die *Reclaim-the-Street*-Bewegung, die mit Strassenpartys für eine Rückeroberung des öffentlichen Raumes kämpft.

Irritierend ist aber, dass der Einfluss dieser Aktionen auf das Kunstsystem, an denen junge Kunstschaffende eine aktive Rolle spielen, gleich null sind. Da lassen sich durchaus Parallelen zu Künstlern wie Gottfried Honegger ziehen, der zwar als engagierter Zeitgenosse immer wieder pointiert Stellung zu gesellschaftlichen Themen bezogen hat, aber als Künstler eine konkrete Malerei pflegte, in der man heute beim besten Willen keine politische Intention mehr erkennen kann.

Am Symposium *Kunst Öffentlichkeit Zürich* hat sich der an der Universität Basel lehrende Philosoph und Medienwissenschaftler Oliver Marchart der Frage gewidmet, was denn das Politische sei an der politischen Kunst. Er ist zum Schluss gekommen, dass politische Kunst Öffentlichkeit schaffen müsse, sonst sei sie eben nicht politisch. Öffentlichkeit wiederum entstehe nur dort, wo es zu Antagonismen, zu konfliktuellen Auseinandersetzungen komme. Öffentlichkeit sei selbst das Medium, sei der performative Akt, der Aufprall selbst.

In diesem Sinn ist Silke Wagners Arbeit *Schutzehe* politische Kunst. Ebenso die Pariser Installation von Thomas Hirschhorn oder die Spraybilder von Harald Nägeli. Sie alle haben konfliktuelle Auseinandersetzungen provoziert.

Zwar wirkt diese strenge Definition von politischer Kunst äusserst stringent, aber sie schliesst viele politische Kunstformen aus, die keine Öffentlichkeit in diesem emphatischen Sinn schaffen. Dazu kommt, dass man hinter die Qualität der Arbeiten von Nägeli oder Hirschhorn durchaus ein Fragezeichen setzen kann. Problematisch ist aber vor allem, dass nach dieser strengen Definition symbolpolitische Kunstformen, die auf Analyse und Kritik beruhen, nicht politisch sind. Hier wird ein Antagonismus geschaffen, der kontraproduktiv ist. Denn ein künstlerisch-reflexiver Rahmen steht nicht im Widerspruch zu anderen, handlungsorientierten Kunstpraxen, sondern bildet im Gegenteil deren notwendige Voraussetzung. Wenn am Schluss nur noch jene Kunst, die einen Skandal, einen öffentlichen oder medialen Disput auslöst, als politisch gilt, dann wird es sogar ziemlich bedenklich. Denn Skandale lassen sich kalkulieren: Ein bisschen Sex, ein bisschen Religion, eine Prise Politik – süffig gemixt ist der Cocktail garantiert provokativ; Beispiele gibt es genug. Und gerade Thomas Hirschhorn zeigt, dass sein Politikverständnis und seine politische Haltung nicht über alle Zweifel erhaben sind. Trotz zahlreicher Helfer und Assistenten, die an seinen exzessiven Installationen mitarbeiten, wird alles unter dem Namen Hirschhorn präsentiert. Dasselbe geschieht, wenn er an der Documenta in Kassel in einem vorwiegend von Türken und Türkinnen bewohnten Viertel eine Bibliothek und einen Imbissstand aufbaut. Nicht die Bewohner des Quartiers interessieren ihn in erster Linie, so ist zu vermuten, sondern das kunstverständige Publikum, das er in einem alten Mercedes persönlich vom Stadtzentrum zu seiner «Installation» chauffiert.

Ein Vorschlag für eine andere Definition politischer Kunst könnte lauten: Nicht am Einzelwerk, das vielleicht einen Skandal oder zumindest einen Konflikt provoziert, lässt sich die politische Dimension eines Künstlers, einer Künstlerin oder einer künstlerischen Arbeit festmachen. Sondern in der längerfristigen Stimmigkeit im Agieren auf institutioneller Ebene, in der Übereinstimmung zwischen inhaltlicher Aussage sowie der Art und dem Ort der Präsentation. Ein solcher Fokus, der weniger die Wirkung, den Eclat, den Skandal im Auge hat, sondern die langfristige Überzeugungskraft einer künstlerischen Arbeit, ist einer rein funktionalen Definition, wie sie Oliver Marchart präsentierte, vorzuziehen.

———————

Edith Krebs ist Kunsthistorikerin
und Kulturredaktorin der
WOZ Die Wochenzeitung in Zürich.

Zur Möglichkeit des Politischen in der Kunst heute – Eine Auswahl wichtiger Beispiele

— Silke Wagner

Ausgelöst durch AIDS und den diskriminierenden Umgang der Reagan-Regierung mit der Krankheit, kam es in den USA der 1980er Jahre zur Verknüpfung der Kunstszene mit einer zielgerichteten Protestbewegung und damit zur Entwicklung einer dezidiert politisch agierenden Kunstszene. Zu dieser gehörten sowohl feministisch orientierte und agierende Künstlerinnen wie die 1985 gegründeten *Guerilla Girls*, die Sexismus und Diskriminierung von Frauen im Kunstbetrieb anklagten, als auch Kollektive wie *Gran Fury* (1988 – 1993) und *Group Material* (1979 – 1996), die sich dezidiert politisch äusserten und mittels wildem Plakatieren, Flugblättern oder grossformatigen Zeitungsanzeigen in Erscheinung traten.

Mit der im März 1987 in New York gegründeten ACT-UP-Bewegung (AIDS Coalition to Unleash Power) gegen die Diskriminierung von HIV / AIDS-Infizierten entstand eine weltweit agierende, alternative politische Bewegung. Von Anfang an bestand eine enge Verbindung von ACT-UP mit der Kunstwelt durch die Beteiligung von Kunstschaffenden, Theoretikern und Theoretikerinnen. Es handelte sich bei ACT-UP um einen der wirkungsvollsten Versuche, eine Gegenöffentlichkeit zu organisieren, die eigenen Ziele in den Medien zu lancieren und damit die Berichterstattung über HIV und AIDS zu steuern.

Sculpture Chicago, ein Kunst-im-öffentlichen-Raum-Programm, entstand 1992 / 93 unter dem Titel *Culture in Action* und präsentierte die Umwelt erforschende und gesellschaftspolitisch motivierte künstlerische Projekte. Die Künstlergruppe *HaHa* (John Ploof, Wendy Jacob, Laurie Palmer, Richard House) entwickelte für *Culture in Action* das Projekt *Flood* (1993 – 1995), ein Gartenmodell als selbst organisierte Nachbarschaftsinitiative. Aus der Erkenntnis heraus, wie wichtig saubere, das heisst bakterienfreie Ernährung für HIV-Infizierte ist, leitete *HaHa* die Idee ab, in einem leer stehenden Laden einen Innenraum-Garten auf Hydrokultur-Basis einzurichten. Dieser konnte sowohl zur Nahrungsversorgung als auch als therapeutische Einrichtung, Sozialzentrum und Infopool zum Thema HIV / AIDS genutzt werden. Unter dem Titel *Flood* organisierte sich ein erweiterter Kreis von Betreuern und Organisatoren, die sich die Arbeit im Garten und zum Thema HIV / AIDS teilten. Die Künstler selber waren Teil des von ihnen initiierten Netzwerkes, definierten aber vor allem das Konzept und den Rahmen des Projektes. *Flood* fällt sicherlich unter die im deutschsprachigen Raum gehandelte Bezeichnung «Soziale Praxis als Kunst», die hier unter einem politischen Gesichtspunkt zu betrachten ist.

Ein wichtiger Impulsgeber für politisch-künstlerische Praxisformen der 1990er Jahre war *Town Meeting*, ein Projekt von *Group Material* und Martha Rosler in und mit der Dia Art Foundation in New York. Von September 1988 bis Juni 1989 wurden dort die beiden Veranstaltungsblöcke

Democracy und *If You Lived Here ...* realisiert. *Democracy*, ein Projekt von *Group Material*, bestand aus vier aufeinander folgenden Ausstellungen zu den Themengebieten Erziehung, Wahlpolitik, kulturelle Partizipation und AIDS, die sich alle auf die jeweilige Differenz zwischen der Staatspolitik und den basisdemokratischen Gestaltungsbedürfnissen konzentrierten. Es fand eine Zusammenarbeit zwischen Künstlern, Künstlerinnen, diversen politischen Gruppierungen und Fachleuten statt, durch die spezifische Rollenzuschreibungen vermieden werden konnten: Künstlerische Produktionen, journalistische Dokumentationen und theoretische Kontextualisierungen standen als gleichberechtigte Teile innerhalb der Ausstellungen nebeneinander.

Der zweite Projektblock *If You Lived Here ...*, von Martha Rosler konzipiert, war ebenfalls ein kooperatives Projekt und bestand aus drei Ausstellungen und vier öffentlichen Diskussionsrunden zu den Themen Obdachlosigkeit, Wohnungsbeschaffung, Stadtplanung, Architektur und Urbanismus. Hier kamen Obdachlose, Künstler, Künstlerinnen, Hausbesetzer und -besetzerinnen, politische Repräsentanten und Repräsentantinnen, Autoren, Autorinnen und andere Aktivisten und Aktivistinnen zu Wort und stellten ihre Arbeit vor.

Democracy und *If You Lived Here ...* wurde in den 1990er Jahren zu einem Referenzmodell für politisch-künstlerische Praxisformen im deutschsprachigen Raum.

Die 1990er Jahre im deutschsprachigen Raum

Die 1990er Jahre gelten im deutschsprachigen Raum als eine Dekade, in der es zu einer deutlichen Re-Politisierung der Kunst gekommen ist. Im Vergleich zum Bilder- und Objektboom der 1980er Jahre schienen nun institutionskritische, kontextualistische und ortsspezifische Arbeitsformen im Vordergrund zu stehen und die früher gewohnte Leitdichotomie «schön / hässlich» schien gegen das Begriffspaar «relevant / nicht relevant» ausgetauscht worden zu sein. Es wurde mit Bezeichnungen wie «Interventionskunst», «Soziale Praxis als Kunst», «Partizipationskunst», «Kontextkunst» etc. gehandelt.

Die Auseinandersetzung mit künstlerischen Begrifflichkeiten lag nun eher wieder – vergleichbar mit den Objektnegationen der Konzeptkunst der 1970er Jahre – ausserhalb der traditionellen Kategorien.

Fremdenfeindlichkeit und Rassismus in Deutschland

Anfang der 1990er Jahre wurden in Deutschland die vier Städtenamen Hoyerswerda, Rostock, Mölln und Solingen zu Synonymen für Fremdenfeindlichkeit und Rassismus. Hier kam es, teilweise unter dem Beifall tausender Schaulustiger, zu Brandanschlägen und Übergriffen auf Migranten und Migrantinnen, was zahllose Lichterketten, Mahnwachen und Demonstrationen in deutschen Städten auslöste – den so genannten «Aufstand der Anständigen». Hier wurde jedoch häufig die Tragweite und Komplexität des Phänomens ausser Acht gelassen oder verschleiert. Glaubt man, Rassismus existiere nur «durch» einzelne Rassisten, bleiben die rassistischen Reproduktionsstrukturen der Moderne ausserhalb des Denkens.

Als Reaktion auf die zunehmende Fremdenfeindlichkeit und den wachsenden Rassismus in Deutschland bildete sich Anfang der 1990er Jahre Widerstand im kulturellen Bereich. Es entstanden die *Wohlfahrtsausschüsse (WAs)* in Hamburg, Köln, Düsseldorf, Frankfurt und München. In ihnen organisierten sich sowohl Kritiker und Kritikerinnen als auch Kulturschaffende aus den Bereichen Kunst und Musik sowie Aktivisten, Aktivistinnen aus Autonomen-Zusammenhängen zu antirassistischen Allianzen. Die Aktivitäten der *WAs* können als Initialzündung eines sich in den Jahren 1993 – 1995 in grösserem Massstab bildenden, linken Zusammenhangs in Deutschland interpretiert werden, der sich flexibel zwischen den Bereichen Kunst, Musik, Politik und Theorie bewegte. Sie dürften auch an dem sich im Kunstsystem ausprägenden Trend zur politisch-künstlerischen Praxis beteiligt gewesen sein. Die Überzeugung, dass eine Kunst des Schöngeistigen den Erfordernissen der Zeit nicht mehr genügt, setzte sich zwischen New York und Berlin, Los Angeles, Köln und Wien durch.

Die Sozialisierungstendenzen der künstlerischen Produktion führten zur Gründung von Künstlerkollektiven (*minimal club* in München, *Büro-Bert* in Düsseldorf, *Bismarc Media* in Berlin), von interdisziplinären Produktionsstätten (Botschaft in Berlin, Friesenwall 120 und Friesenwall 116a in Köln) und von Fanzines wie *Artfan* in Wien, *A.N.Y.P.* in München / Berlin und *Dank* in Hamburg.

Neben der Shedhalle in Zürich, in der gesellschaftspolitische Fragen erheblich Vorrang vor ästhetischen hatten, und der Neuen Gesellschaft für Bildende Kunst (NGBK) in Berlin, die basisdemokratisch organisiert, ausgerichtet ist auf Kunst im Kontext sozialpolitischer Entwicklungen, sind weitere Institutionen zu nennen, die durch ihre Ausstellungsprogrammatik die Herausbildung politisch-künstlerischer Zusammenhänge befördert haben, etwa das Künstlerhaus Stuttgart unter Ute Meta Bauer, später unter Fareed Armaly, und der Münchner Kunstverein unter Helmut Draxler.

Für die Projekt-Kunst der 1990er Jahre war die Frage nach ihrem Kunststatus scheinbar unwichtig. Nicht mehr die Erweiterung des Kunstbegriffs stand im Vordergrund, sondern es ging um eine Neubestimmung der Identität Künstler, Künstlerin. Durch die Nutzung der Infrastruktur und der finanziellen Mittel der Institution Kunst wurde ein Handlungsraum eröffnet, in dem ein Dialog mit der Öffentlichkeit zu konkreten Problemen und Fragestellungen geführt werden konnte.

In Österreich steht *WochenKlausur* für sozial engagierte Aktionen von Künstlern und Künstlerinnen, die sich um lokale Fragestellungen kümmern und deren Umsetzung vorantreiben. *WochenKlausur* ist eine Gruppe von Künstlern und Künstlerinnen, die seit 1993 zielgerichtete, soziale Interventionen von der institutionellen Basis des Kunstbetriebs aus unternimmt. Ihr erstes Projekt, das in der Wiener Secession statttfand, war die Intervention in die medizinische Versorgung von Obdachlosen. Während der Dauer der Ausstellung gelang es der Gruppe, einen mobilen Ärztebus zur medizinischen Betreuung für Obdachlose zu organisieren und als dauerhafte Einrichtung zu etablieren. Seither führte *Wochen-Klausur* in wechselnder Besetzung eine Reihe weiterer sozialer Interventionen in verschiedenen Ländern Europas durch. Wie kaum eine andere politisch-künstlerische Gruppe der 1990er Jahre im deutschsprachigen Raum hat *WochenKlausur* konsequent die damals in den USA bereits viel besprochene Form der «Community-based Art» übernommen. Dort hatten allerdings Projekte wie *Culture in Action* und ihre Kategorisierung als «New Genre Public Art» Mitte der 1990er Jahre zu bedenklichen

Veränderungen in der US-amerikanischen Kunstförderungs- und Ausstellungspolitik geführt. Es wurden von Geldgebern nun vor allem funktionale, kommunal nützliche und dadurch konsensfähigere Kunstprojekte bevorzugt. In Europa wurde deshalb befürchtet, dass es, ausgelöst durch *WochenKlausur*-Projekte, zu ähnlichen kulturpolitischen Entwicklungen kommen könnte. Doch das wurde der Initiative grundlos vorgeworfen.

Eine künstlerische Praxis, bei der die Inhalte der Projekte gleichzeitig im politischen und ästhetischen Feld verhandelt werden, ist verstärkt der Gefahr ausgesetzt, auf Karrierismus oder Lobbyarbeit reduziert zu werden. In solch einer Situation – wie die zweite Hälfte der 1990er Jahre sie zeigte – rückte deshalb das Spekulieren über die Glaubwürdigkeit der Akteure und Akteurinnen ins Zentrum. Es kam zu einer Gegenüberstellung von «Kulturlinken» (bzw. «Poplinken») und «Politiklinken», in deren Folge sich Diskussionen darüber entzündeten, welche Kritikformen angemessen, effektiv, glaubwürdig, zulässig oder veraltet seien. Die Frage, ob Kunst überhaupt politisch sein könne oder solle, wurde mit der Gegenfrage gekontert, ob Kritik denn auf realpolitische Konsequenzen fixiert bleiben dürfe.

Aber jede Kulturproduktion darf und muss Eigeninteressen verfolgen, künstlerische wie private. Symbolpolitik wird weder durch einen damit verbundenen, individuellen Erfolg (sprich: die Karriere), noch durch das Nicht-Einlösen ihrer Vorstellungen auf realpolitischer Ebene notwendigerweise entkräftet. Auch darf sie nicht allein deshalb schon als affirmativ interpretiert werden.

Während in der ersten Hälfte der 1990er Jahre Kommentare und theoretische Überlegungen zum Politischen in Kunstprojekten ihrer Tendenz nach eher konstruktiv und perspektiv waren, wurde mit dem Kritisieren von politisch-künstlerischen Projekten und den entsprechenden Künstlern und Künstlerinnen nun eine Richtung eingeschlagen, in der man sich gegen das eigene Umfeld wandte. Die Beschäftigung mit Fehltritten oder Sackgassen sowie das Zurückweisen von Verortungen der eigenen und das Festlegen fremder Positionen schien immer wichtiger zu werden. Es machte den Eindruck, als würde man politisch-künstlerischer Praktiken überdrüssig werden, und man begann, sie mit der Forderung «Wo bleibt die Kunst?» zurückzuweisen. Kunstprojekte wurden nun auf einmal nach jenen Qualitätsmerkmalen bemessen, die man zuvor so leidenschaftlich abgelehnt hatte.

Als sich der Kunstmarkt zum Ende der 1990er Jahre erholt hatte und das Interesse an kontextualistischen und kritischen Projekten nachzulassen begann, wurde es immer wichtiger, sich selbst zu positionieren. Deutlich wurde dies 1998 anhand der Entsolidarisierung in politisch-künstlerischen Zusammenhängen, als Dierk Schmidt bei der Ausstellung *Brusholder Value – Soll Haben Schein Sein*, einer Ausstellung des Westfälischen Kunstvereins zusammen mit der Siemens-Kulturstiftung, von den Kuratoren ausgeschlossen wurde. Schmidt hatte Strategien und Tätigkeitsfelder des Siemens-Konzerns in seinen Bildern kritisch analysiert und bestand auf einer Offenlegung der von den Kuratoren geplanten Streichungen an seinem Katalogbeitrag. Dies führte zu seiner Ausladung wenige Tage vor der Ausstellungseröffnung.

Seine Kollegen und Kolleginnen unternahmen damals keine Versuche, Schmidts Zensurierung zu verhindern oder öffentlichkeitswirksam anzuprangern. Der Tiefpunkt der Entsolidarisierung wurde dann mit jenen Stimmen erreicht, die mutmassten, dass Schmidt seinen eigenen Rauswurf möglicherweise selbst gezielt provoziert haben könnte, um durch den Vorwurf der Zensur und des damit provozierten Skandals sich und seine Arbeit ins Zentrum der Presseberichte zu manövrieren.

Häufig verdeutlichen so genannte kritische Ausstellungsprojekte von Institutionen den oben beschriebenen Graben zwischen tatsächlich politisch-künstlerischen Interventionsversuchen und der Verpackung «politische Kunst».

Zum Projekt *Schutzehe — Heiraten zum Zweck der Aufenthaltssicherung*

In meinem Projekt *Schutzehe – Heiraten zum Zweck der Aufenthaltssicherung*, das ich in seiner ersten Form als Broschüre für den Kunstverein Wolfsburg entwickelte, wird Heirat als eine Möglichkeit dargestellt, einen Menschen vor Abschiebung zu schützen und ihm / ihr so zu einem dauerhaften Aufenthalt zu verhelfen. Heirat also aus Gründen der Solidarität und der Unterstützung von Flüchtlingen, Migranten und Migrantinnen. Die Texte bieten eine Einführung in die Thematik der «Schutzehe» und sollen all denen Hilfestellung geben, die eine Schutzehe in Erwägung ziehen. Die Broschüre wurde Anfang 2002 im Rahmen des Jahresprojektes *exotika Projekte im öffentlichen Raum* für den Kunstverein Wolfsburg produziert. Die Ausstellungsreihe sollte den Fragen von gesellschaftlichen Ausgrenzungsmechanismen und alltäglichen Exotismen nachgehen. Mein Beitrag für die Ausstellung bestand in der kritischen Auseinandersetzung mit der aktuellen Migrationspolitik. Den inhaltlichen Schwerpunkt hatte ich auf die Thematisierung von so genannten Scheinehen gelegt und meine Recherchen in Form einer Broschüre gebündelt. Die Broschüre sollte verbunden mit einer Diskussion der Kuratorin und mir im Kunstverein präsentiert werden. Gleichzeitig sollte sie in Wolfsburg ausgelegt und bundesweit an Institutionen, Verbände, Interessensgruppen und Infoläden verschickt werden. Doch schon 24 Stunden nach der ersten Verteilung der Broschüren in Wolfsburg erhielt der Kunstverein einen Anruf von der Stadt, der darüber informierte, dass die ausgelegten Broschüren eingezogen wurden. Gleichzeitig wurde die Kuratorin zum Rückzug der Broschüre aufgefordert, da diese nach Meinung der Stadt zu einer Straftat anstifte – Aufruf und Unterstützung von Scheinehen –, und die Rechtsabteilung der Stadt wies auf rechtliche Konsequenzen hin.

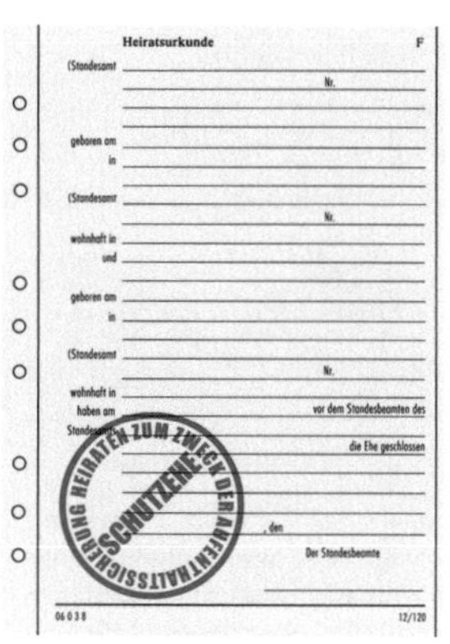

Broschüre *Schutzehe – Heiraten zum Zweck der Aufenthaltssicherung*, 2002. 17 x 13 cm, 28 Seiten und Umschlag, Off-Set Druck

Der Kunstverein zog auf Grund dieser Widerstände die gesamte Auflage der Broschüre zurück. In der von der Kuratorin des Kunstvereins, Doris Berger, versendeten Pressemitteilung hiess es:

> Als von der Stadt geförderter Verein sieht sich der
> Kunstverein Wolfsburg nun in einer «Schach-Matt-Stellung» zwischen Geldgeber und künstlerischer Freiheit.
> [...] Wissend, dass der Kunstverein vom Wohlwollen
> der Stadt abhängig ist, wurde deshalb die Konsequenz
> gezogen, die gesamte Auflage zurückzuziehen.

Ohne diese offizielle Erklärung von Seiten des Kunstvereins wäre es zu keiner öffentlichen Diskussion in Wolfsburg über den Sachverhalt gekommen. Im weiteren Verlauf der Auseinandersetzung distanzierte sich der Vorstand des Kunstvereins aber nicht nur vom Projekt, sondern auch von seiner Kuratorin Doris Berger, denn er nahm zurück und widersprach sogar dem, was sie in der oben zitierten Pressemitteilung erklärte. Die Broschüre wurde von zwei verschiedenen Anwaltskanzleien auf eventuelle Rechtswidrigkeiten überprüft, die beide zu dem Ergebnis kamen, dass kein strafrechtlich relevanter Inhalt vorlag. 2003 wurden die Texte der Broschüre dann in sechs Sprachen übersetzt und im Rahmen der Ausstellung *niemand ist eine insel* in Bremen als Webseite www. schutzehe.de veröffentlicht. Die Webseite ist bis heute abrufbar, denn die Arbeit wurde nicht an das Ende der Ausstellung gekoppelt.

Umso stärker die politisch arbeitende Kunstszene Themen von allgemeiner Bedeutung beschäftigen, desto mehr schottet diese sich erstaunlicherweise ab. Dabei haben inhaltliche Arbeit, Kritik und das Herstellen von Öffentlichkeit für unterdrückte Fakten und unkenntliche Zusammenhänge nichts an Notwendigkeit eingebüsst. Im Kunstbetrieb scheint es im Moment jedoch so zu sein, dass zwar grosszügig Freiheit der Themen und Strategien angeboten wird, aber nur, um sie dann besser kontrollieren und entkräften zu können.

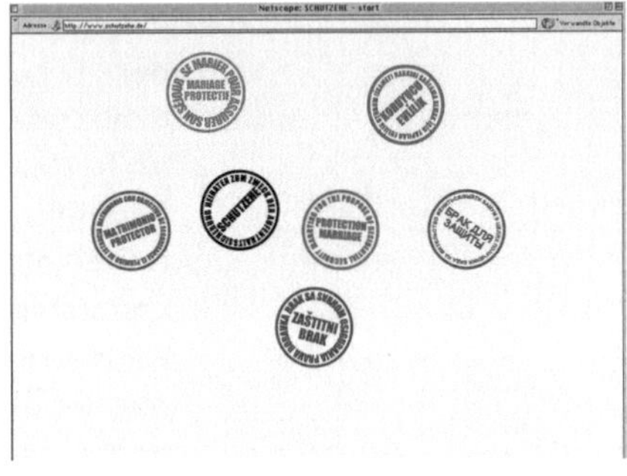

Webseite *Schutzehe – Heiraten zum Zweck der Aufenthaltssicherung*, 2003, www.schutzehe.de Mehrsprachige Webseite (deutsch, englisch, französisch, kroatisch, russisch, spanisch, türkisch)

Damals wie auch heute finden Praxisformen, die explizit politisch angelegt sind und offensiv Repressionen und deren Symbole angreifen, Machtdiskurse zerlegen und Mitsprache einklagen – sowohl im Kunstsystem als auch bei aktuellen gesellschaftspolitischen Themen, bei kostenintensiven Ausstellungsprojekten grösserer Institutionen –, kaum Einlass. Kritisches und Politisches in der Kunst scheint nur dann erwünscht zu sein, wenn bestimmte Akteure und Akteurinnen ein bestimmtes Themenfeld bearbeiten und dabei Projekte anbieten, die repräsentativ und symbolisch bleiben. Widerspenstigere Praxisformen, die konkrete Politika anvisieren, finden dort nur selten ein Operationsfeld. Also bleibt ihnen mit Ausnahme weniger Institutionen nur der subkulturelle Bereich des Kunstbetriebs.

Zu den Institutionen, die versuchen dem entgegenzuarbeiten, gehörte sicherlich ausser den oben bereits erwähnten wie NGBK und Shedhalle auch die von 2001 – 2003 im Essener Norden gelegene Kokerei Zollverein | Zeitgenössische Kunst und Kritik und das Depot in Wien.

Im Oktober 2000 fand im Museum of Contemporary Art in Barcelona eine Serie von Workshops zum Thema «Direkte Aktion als eine der schönen Künste» statt. Aus diesen Workshops gingen mehrere politische Projekte hervor, wie zum Beispiel das 2001 von *kein mensch ist illegal* veranstaltete Grenzcamp am Südzipfel von Spanien, dem Ankunftsort vieler Flüchtlinge aus Afrika. *Indymedia Barcelona* wurde gegründet, und es entstand eine Gruppierung, die sich an den Protesten gegen das geplante und dann abgesagte Weltbanktreffen beteiligte. Bei solchen Anlässen entstehen oft Projekte, die Formen und Methoden der Kommunikationsguerilla anwenden. Es sind Formen, die zur Aneignung künstlerischer Methoden in der politischen Arbeit ebenso anregen können wie zum politisch effektiven Einsatz von künstlerischen Potenzialen.

Dies ist nur über eine Sprache denkbar, die Sprache nicht als Medium der Macht und des Ausschlusses benutzt, sondern die schon in ihrer Form versucht, die bestehenden Verhältnisse aufzubrechen, das heisst niemanden durch eine bestimmte Fachsprache von vornherein auszuschliessen. Wird dies in die intellektuelle und künstlerische Praxis stärker einbezogen, kann sich unter anderem auch eine unterhaltende Wissensübermittlung und Gesellschaftskritik entwickeln, die sich nicht ausschliesslich an die Professionellen der «Szene» wendet.

In der Selbstbeschreibung von *kein mensch ist illegal* heisst es, die Kampagne «verbindet radikalen politischen Anspruch mit taktischem Medienverständnis und einer Präsenz im Kunstdiskurs». Diese Praxis verbindet Kunst, Medien und Politik. *kein mensch ist illegal* wurde 1997, während der documenta X in Kassel, als antirassistisches Netzwerk gegründet. Seit Beginn arbeiten in der Kampagne politische Aktivisten, Theoretikerinnen, Medienleute, bildende Künstler und Künstlerinnen, Musiker oder Designerinnen zusammen. Aus dem Zusammenspiel der aus den unterschiedlichen Zusammenhängen eingebrachten Erfahrungen und dem jeweiligen Spezialwissen entsteht die Bedeutung von *kein mensch ist illegal*.

Häufig wird Sinn und Zweck von Kunst im Kontext des politischen Aktivismus mit dem Argument akzeptiert, hier könne Rückendeckung im Kunstbetrieb gesucht oder finanzielle Unterstützung gefunden werden. Die Problematik dieses Ansatzes liegt in der fehlenden und verweigerten Auseinandersetzung mit den Inhalten ästhetischer Produktion und den Bedingungen des Kunstbetriebs. Diese Form der Argumentation setzt eine Trennung von Kunst und Politik voraus. Deshalb war es immer wieder Ziel der hybriden Praxis von *kein mensch ist illegal*, Identitäten nicht zu befestigen, sondern ganz im Gegenteil nach Schnittmengen, Übergängen, Auflösungen, taktischen Gemeinsamkeiten – oder zumindest nach produktiven Missverständnissen zu suchen.

Fazit: Jede Kulturproduktion bietet die Möglichkeit für kulturindustrielle Verwertung und Mainstreameffekte, gleichzeitig erbringt jede Verwertung aber auch Öffentlichkeit und damit die Voraussetzung für politische Prozesse. Solange für breitenwirksame Symbolpolitik jenseits der Kulturindustrie keine Alternative in Sicht ist, gibt es keinen Anlass, sie grundsätzlich zu negieren. Je mehr jedoch die Lebenswelt an politischer Bildhaftigkeit und sozial verdichteter Gestalt verliert, desto wichtiger werden Orte der kulturellen Produktion, wo Informationen vermittelt, soziale Integration gepflegt, Selbstorganisation angeregt und politische Artikulationsformen gefördert werden.

— Holger Kube Ventura, *Politische Kunst Begriffe – in den 1990er Jahren im deutschsprachigen Raum*, edition selene, Wien, 2002.
— Marius Babias (Hg.), *Im Zentrum der Peripherie. Kunstvermittlung und Vermittlungskunst in den 90er Jahren.*, Verlag der Kunst, Dresden, 1995.
— Stella Rollig, «Das wahre Leben – Projektorientierte Kunst in den neunziger Jahren», erschienen in *Die Kunst des Öffentlichen – Projekte / Ideen / Stadtplanungsprozesse im politischen / sozialen / öffentlichen Raum*, Hg. Von Marius Babias und Achim Könneke, Amsterdam-Dresden, 1998.
— Brigitte Franzen, *Die vierte Natur – Gärten in der zeitgenössischen Kunst*, Walther König, Köln, 2000.

— Autonome A.F.R.I.K.A. Gruppe, «Kommunikationsguerilla – Transversalität im Alltag» erschienen in *Transversal – Kunst und Globalisierungskritik*, Hg. Gerald Raunig, Turia + Kant, Wien, 2003.
— Ralf Homann, «Immerwährender Neustart. Zur hybriden Praxis von kein mensch ist illegal», erschienen in *Transversal – Kunst und Globalisierungskritik*, Hg. Gerald Raunig, Turia Kant, Wien, 2003.
— Florian Waldvogel, «Glück auf!», erschienen in *arbeit essen angst*, Hg. Marius Babias, Florian Waldvogel, Kokerei Zollverein, Essen 2001.

Silke Wagner ist Künstlerin und lebt in Frankfurt und Rotterdam.

Ästhetik des Realen – Das erweiterte Handlungsfeld künstlerischer Praxis im globalisierten Kontext. Zwei Videoprojekte

— Ursula Biemann

Meine Kunstpraxis dreht sich um die Geopolitik der Globalisierung und unternimmt den Versuch, eine ästhetische Form zu entwickeln, die den zentralen Themen von Migration und Grenzbewegungen in realen wie digitalen Landschaften gerecht werden könnte. Mit diesem Vorhaben steht meine Videoarbeit in einem Kontext von dokumentarischen Darstellungsformen, die in den vergangenen Jahren im Kunstbereich zunehmend an Bedeutung gewonnen haben. Es ist nicht zu übersehen, dass die dokumentarische Ästhetik das Erscheinungsbild von Biennalen und Themenausstellungen prägt und den Anspruch erhebt, in der Kunst die soziale Wirklichkeit verschiedener Gesellschaften darzustellen und auf diesem Wege, wie der Kunsttheoretiker Jan Verwoert in seinem Text zum erweiterten Arbeitsfeld dokumentarischer Produktion meint, ein globales, politisches Bewusstsein zu erzeugen.[1]

1 — Jan Verwoert, *Das erweiterte Arbeitsfeld dokumentarischer Produktion,* Ausstellungskatalog «The Need to Document», Kunsthaus Baselland, Hg. Sabine Schaschl-Cooper und Bettina Steinbrügge, 2005.

Die dokumentarische Ästhetik ist zu einer Art «Lingua franca» geworden, einer global verständlichen visuellen Sprache, die medienkritische Diskurse gleich mit sich führt und sich durchaus positiv auf die Erweiterung des Handlungsfeldes künstlerischer Praxis auswirkt.

Die beschleunigte Migration seit der Wende 1989 und die Regulierung dieser Bewegungen durch Grenzmechanismen sind zwei eng verknüpfte Globalisierungsmerkmale, welche die Selbstdefinition Europas in höchstem Masse mitbestimmt. Deshalb sind Migration, Grenzregime und die damit einhergehende Verbreitung transnationaler Zonen seit einigen Jahren zum Gegenstand meiner künstlerischen Forschung geworden. Sie beleuchtet insbesondere die genderspezifische Ausprägung der Ökonomie globalisierungsbedingter Bewegungen. Aus unterschiedlicher Sicht befassen sich meine Videoessays mit Grenzräumen, Freihandelszonen, ausgelagerten Arbeitsgettos, Militär-Unterhaltungsdistrikten, Enklaven und Touristenressorts: Orte der Ausnahme, die sich den lokalen kulturellen, sozialen und gesetzlichen Strukturen entziehen. In Kontrast zu den kursierenden Bildern und dem ungehemmten Fluss von Information und Kapital in der globalen Weltordnung habe ich mich den Orten der Begrenzung zugewandt.

Das erste Projekt, das ich hier vorstelle, ist das in Zusammenarbeit mit der visuellen Anthropologin Angela Sanders 2003 entstandene Video *Europlex.* Es untersucht die unterschiedliche Benutzung des iberisch-marokkanischen Grenzraums und setzt sich mit der vielfältigen Notwendigkeit der Mobilität auseinander. Erst durch die Durchquerung erhält dieser Raum seine kulturelle Bedeutung: durch die Containerschiffe aus Westafrika auf ihrem Weg ins Mittelmeer, die prekären nächtlichen Bootspassagen der Einwanderer, die patrouillierenden Helikopter der Grenzpolizei, die saisonalen Wanderungen der Plantagenarbeiter, die für den EU-Markt Gemüse ernten, durch das Pendeln der «domesticas», die Busfahrten der Marokkanerinnen, die in holländischen Fabriken in Tanger die eingeflogenen Crevetten schälen, die Piraten, die auf dem Schwarzmarkt in den Enklaven ihre Ware verkaufen, die Schmuggelfrauen, die sie unter ihre Röcke schnüren und in die Medina tragen. Dies ist die Mobilität, mit der wir uns beschäftigten, die ganz alltägliche und lokal gelebte. Sie erzeugt komplex ineinander verzahnte Mikrogeografien, die zugleich globale Dimensionen abbilden.

Wir nennen die videografischen Grenzaufzeichnungen «Border Logs». *Europlex* ist strukturiert in einen Prolog, drei Borderlogs und den Epilog. Der Begriff des Loggens verknüpft das Logbuch von Ethnografen und Ethnografinnen und Navigatoren mit der Praxis des Videoschneidens, in der das Loggen, das heisst die zeitlich-inhaltliche Eintragung des gedrehten Materials, als unerlässliche Vorbereitung für die Montage gilt. Das Video macht so den eigentlichen Beobachtungsprozess sichtbar.

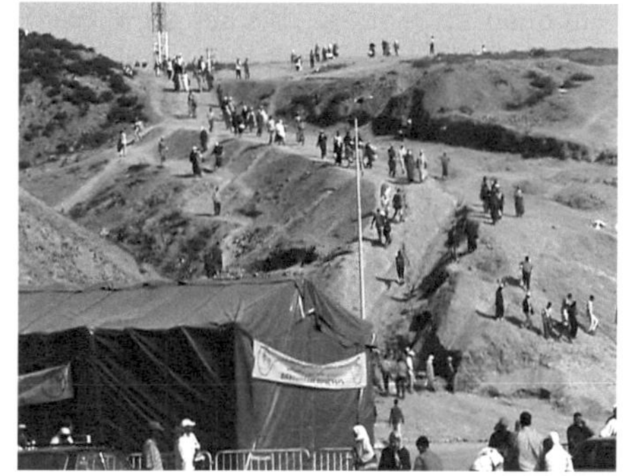

Smuggler Hill

B*order Log I* ist eine genaue Aufzeichnung der Schmuggelaktivitäten rund um die Grenze zu Ceuta. Das Filmen ist dort strikt untersagt, sodass Bilder nur unter ständigen Störungen mit versteckter Kamera oder aus der Distanz gemacht werden können. Der Betrieb beginnt um sechs Uhr früh, wenn sich die Tore den ungeduldig wartenden Marokkanern und Marokkanerinnen öffnen, und zieht sich den ganzen Tag hin. Schmuggeln findet hier bei Tageslicht vor den Augen der Grenzwächter statt und ist integraler Bestandteil der Alltagskultur. Die Schmugglerinnen binden sich Tücher und Kleider um den Körper, Schicht um Schicht, bis sie ihr Körpervolumen verdoppelt haben. Das scheint eine Technik zu sein, die nur Frauen benutzen. Jedes Stück wird ihre Gewinnmarge vergrössern. Die ökonomische Logik schreibt sich in jede Schicht des mobilen, weiblichen Körpers ein.

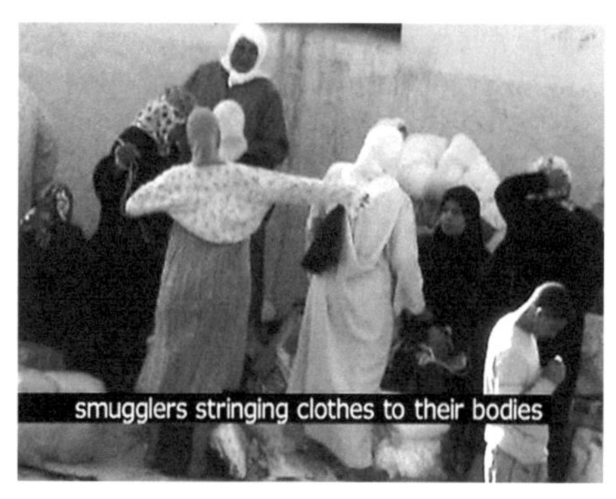

Smuggling Stringing

B*order Log II* folgt den Hausangestellten auf ihrem täglichen Arbeitsweg von der marokkanischen Stadt Tétuan nach Ceuta. Es richtet den Brennpunkt nicht auf die erschwerten Bedingungen, mit denen sich junge Frauen, die in die europäische Arbeitswelt einsteigen, abmühen müssen. Uns geht es vielmehr um die ungewöhnliche Tatsache, dass die Arbeiterinnen täglich zwischen der

marokkanischen und der europäischen Zeitzone pendeln. Da die aneinander gren-
zenden Territorien in unterschiedlichen Zonen mit zwei Stunden Differenz liegen,
wird ein Hausmädchen zur permanenten Zeitreisenden. Ihr Lebensrhythmus ist
«off beat», er vollzieht sich in abwechselnder Verzögerung und Beschleunigung zu
ihrem sozialen Umfeld. Zeitverschiebung wird zum Modus ihrer kulturellen Posi-
tionalität.

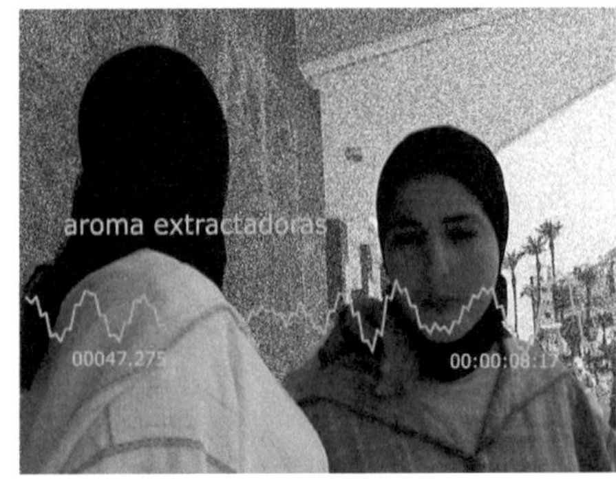

Trans Aroma

Border Log III begibt sich in die transnationale Zone bei Tanger, wo Marokkanerinnen Produkte für europäische Zwischenhändler fertigen. Die Grenze, die diese Frauen
täglich überschreiten, ist weniger sichtbar als die
befestigte von Ceuta, welche von den Schmugglerinnen und Hausangestellten täglich passiert wird.
Beim Eintreten in die transnationale Zone kommt
es dennoch zu einer markanten Abspaltung der Arbeiterin von ihrem kulturellen Umfeld. Bildtechnisch
umgesetzt wird dieser Vorgang in den Porträts der
Arbeiterinnen durch das brüske Einfrieren des Bildes
und des sich graduell, bis zur grobkörnigen Unkenntlichkeit auflösenden Hintergrunds, während Gesicht
und Blick scharf bleiben. Die Präsenz der Arbeiterin ist dekontextualisiert, ihr Körper
vollends technologisiert.

Diese Loghefte beschreiben drei unterschiedliche Praktiken, die den
erweiterten Grenzraum in eine translokale Realität verwandeln. Was
mit den Grenzaufzeichnungen bewirkt und aufgezeigt werden soll,
ist nicht die Festigung einer nationalen Einheit, sondern deren Durchlässigkeit und
konstante Subversion. Das tun Fernsehreportagen über klandestine Bootspassa-
giere auch, aber entscheidend ist, dass die schattenhaften und teils subversiven
Umstände dieser Grenzpassagen nicht gleich ins Imaginäre einer disziplinierten,
nationalen Ordnung assimiliert werden, in der eingreifende Staatskräfte die Haupt-
rolle spielen, sondern ein alternatives Imaginäres kultivieren können, das auf translokalen Existenzen und ihren kulturellen Praktiken beruht. Der Fokus liegt nicht
auf den Global Players, nicht auf einer Dekonstruktion von Macht, sondern auf
der genauen Beobachtung von Gegen-Geografien und unterfliessenden Praktiken,
meist halblegal, oft unsichtbar. Es geht also darum, Wissen über den Verlauf und
den Sinn dieser Grenzkreisläufe zu generieren und zu verstehen, wie sie sich diskursiv wiederholen und wie die in den *Border Logs* beschriebenen Grenzgänger
und -gängerinnen den Raum, den sie bespielen, durch ihre Praxis markieren und
ihm Bedeutung geben.

Auch in der zweiten Arbeit, von der hier die Rede ist, geht es um Migration im Untergrund und die Versuche, sie durch raffinierte Technologien unter Kontrolle zu bringen. *Contained Mobility* ist eine für die
Liverpool International 04 konzipierte Videoinstallation, die das Innenleben und
die Navigationsrouten von Schiffscontainern verfolgt. Der paradoxe Titel setzt
sich aus der Widersprüchlichkeit zweier Begriffe zusammen: *Containment*, ein-
dämmen, fassen, in Kontrolle bringen, und *Mobility*, Beweglichkeit, Freizügigkeit.
In diesem Spannungsfeld, wie mir scheint, operieren die Grenzregimes in Europa
und anderswo. Um Dinge zu regieren, müssen sie erst sichtbar gemacht werden. So
wurden in den letzten Jahren gewaltige Summen investiert, um legale und illegale

Bewegungen von Gütern und Menschen auf Land- und Seewegen zu visualisieren. Die Videoarbeit setzt sich kritisch mit aktuellen Formaten von Reality TV sowie diesen neuen Formen von Bildgenerierungsverfahren auseinander. Es ist bezeichnend für Dokumentarvideos, die im Kunstkontext auftauchen, dass sie die medienkritischen Diskurse in sich eingeschrieben haben. Und zwar nicht nur jene, die sich auf Fernsehgenres beschränken, sondern alle, die Bild produzierende Institutionen mit einbeziehen.

In zwei parallel zueinander laufenden Videosträngen zeigt *Contained Mobility* zum einen den maritimen Überwachungsraum digitaler Navigations- und Verkehrssysteme und zum anderen den versteckten Lebensraum illegaler Passagiere in gestapelten Gütercontainern. Letzteres basiert auf der Inszenierung eines weissrussischen Flüchtlings, Anatol Zimmermann, in einem eigens dafür eingerichteten Container. Zimmermanns reale und hoch komplexe Fluchtgeschichte von seiner Geburtsstätte im Arbeitskonzentrationslager (Gulag) bis zur Flüchtingsunterkunft in Liverpool haben wir gemeinsam in einer Reihe von Gesprächen nachkonstruiert. Aus seiner Biografie wird ersichtlich, dass sich die heutigen Migrationsgeschichten nicht mehr in der herkömmlichen Folge von Auswanderung, Niederlassung und Gemeinschaftsbildung abspielen, sondern sich in einem permanenten Vorwärtsbewegen entfalten, einem Nie-Ankommen. Herkömmliche Theorien der Identitätsbildung greifen bei diesem Migrationsmodell nicht mehr. Anatol steht für den «Itinerant Body», den herumziehenden Körper, der unzählige Territorien durchquert und doch nie ans Ziel kommt. *Contained Mobility* beschäftigt sich mit diesem suspendierten Zeit-Raum der translokalen Existenz, die vom sozialen und kulturellen Kontext isoliert ist. Das Video blickt auf die Bedingungen, die sich durch die Regulierung der Bewegungen ins «Schengenland» abzeichnen und sich seit dem 11. September 2001 nur noch verstärken. Theoretisch halten die europäischen Länder am Menschenrecht auf Asyl der Genfer Konvention fest, einem der fundamentalen Verträge der humanistischen Kultur. Es hat sich meines Wissens bis jetzt keine der Nationen öffentlich von der Menschenrechtskonvention distanziert oder gar losgesagt. De facto werden aber vielerorts gesetzliche und praktische Massnahmen durchgesetzt, die den Zugang zu diesen Rechten immer unmöglicher machen

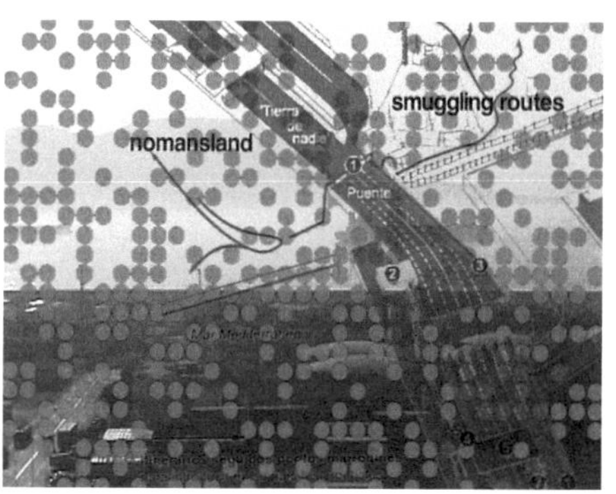

Digital Border Routes

und den Vertrag brechen. Die jetzigen Grenzbedingungen der EU sind als post-human und post-humanistisch zu verstehen. Das Vorhaben von *Contained Mobility* besteht allerdings nicht darin, Menschen auf ihren Status festzunageln oder über ihr Schicksal zu lamentieren. Es geht vielmehr darum, den transformativen Moment zu erfassen und die Kräfte und Konflikte der Autonomie der Migration zu verstehen. So richtet die künstlerische Arbeit den Blick auf die raffinierten Methoden und Technologien, die sich auf beiden Seiten entwickelt haben: Seitens der Staatsgewalt ist es der Versuch, die Bewegung von Menschen und Dingen zu disziplinieren, und seitens der Passagiere, die Beschränkungen zu überwinden und somit Mobilität und Sicherheit zu erlangen. Es gibt ein ständiges Ringen zwischen der Disziplinierung von Mobilität und dem Begehren nach Selbstbestimmung. *Contained Mobility* beschreibt die zwei Situationen und stellt sie in gegenseitige Wirkung zueinander.

Der Schiffscontainer wird darin zum Symbol für die widersprüchlichen Begriffe, da sowohl die eindämmende Qualität, die der Container aufweist, impliziert ist als auch dessen systematisierte, weltweite Mobilität. Es ist die Inszenierung eines selbstbestimmten Migrationsversuchs des translokalen und höchst informierten Subjekts, das sich derzeit ausmachen lässt.

Ursula Biemann ist Künstlerin
und Kuratorin, Zürich.

Ästhetik des Realen

— Yvonne Volkart

Ursula Biemann und ich haben diesen Abend unter das Motto Ästhetik des Realen gesetzt, weil wir beide aus unterschiedlichen Perspektiven für eine künstlerische Auseinandersetzung mit dem Realen plädieren. Das Reale meint nicht die Realität. Aus einer psychoanalytischen Perspektive, vor allem aus der von Jacques Lacan, bedeutet es das, was sich jeglicher Repräsentation entzieht. Das Reale ist das, was einbricht in unsere Realität und wofür wir noch keine Zeichen gefunden haben. Es ist jenseits von Sprache und Bild, die Rohheit des Fleisches, das absolut Wirkliche jenseits von dessen Symbolisation.

Immer wieder geschehen solche Einbrüche des Realen in unsere Realität. Sie sind furchtbar, gewaltig und erschütternd: Terroranschläge, Ökodesaster oder Naturkatastrophen. Das sind Ereignisse, die zumeist verdrängt werden. Sie sind unangenehm und fordern zu viel an Handlung. Aber das Reale lässt sich nicht verdrängen, so wie das Unbewusste kehrt es wieder. Viele kulturelle Produktionen kreisen um dieses Reale. Sogar Mainstreamkultur tut das, der Hollywoodfilm ist voller Ökodesaster und Terroristen. Ursula Biemann und ich meinen, dass sich vor allem auch die aktuelle Kunst um diese Auseinandersetzungen mit dem Realen kümmern muss. Denn es liegt in ihrer spezifischen Kompetenz, eine Ästhetik des Bezeugens und Adressierens zu entwickeln, die jenseits von Banalisierung und Ironie Existenzielles anspricht und politische und wirtschaftliche Kontexte mitbenennt. Im Folgenden möchte ich zwei Ausstellungen vorstellen, die auf beeindruckende Weise gegen die dominante Kultur des Verdrängens und Vergessens eine Ästhetik der Anteilnahme und Präsentmachung des Realen setzen.

«Während der Moment des Verschwindens und das aktuelle Leiden noch zum millionenfach gesendeten Medienspektakel werden, schenken die Medien den Vorgeschichten und Spätfolgen, den alltäglichen Dramen und schleichenden Verlusten wenig und schon bald gar keine Aufmerksamkeit mehr»,

schreiben die Kuratorinnen der Ausstellung *vom Verschwinden. Weltverluste und Weltfluchten*, Inke Arns und Ute Vorkoeper, im gleichnamigen Katalog. Damit benennen sie nicht nur das Thema ihrer Ausstellung im Hartware MedienKunstVerein in der Phoenix Halle Dortmund, sondern sie bringen damit auch auf den Punkt, wo sich Kunst, die Relevanz beanspruchen will, ansiedeln und von wo aus sie sprechen muss: in und aus den Lücken und Löchern, Leerstellen und Zwischenräumen menschlicher Erfahrungen, die trotz oder gerade wegen der permanenten Informationsfluten in immer neuen Varianten entstehen.

vom Verschwinden. Weltverluste und Weltfluchten ist eine visuell akzentuierte Ausstellung voller elektronischer und immateriell wirkender Bilder, die an Erfahrungen, Realitäten und Fiktionen von heute anknüpft. «Welt» wird dabei zur Metapher für In-der-Welt-Sein, für menschliche Existenz auf einer kollektiven und historischen Ebene. Weil dieser Weltbegriff so fundamental ist, müssen und können dabei auch so unterschiedliche Themen wie Vertreibung, Migration,

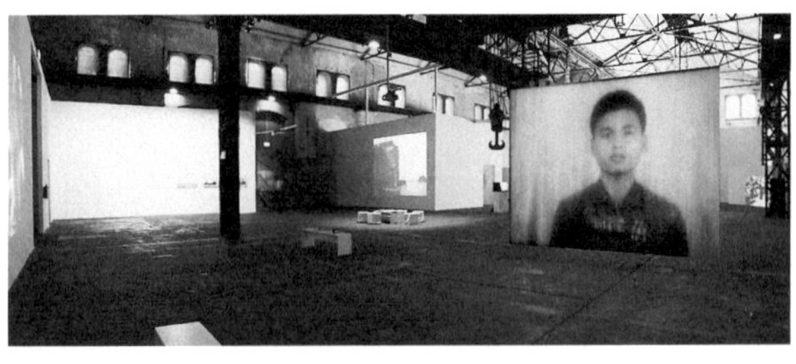

vom Verschwinden. Weltverluste und Weltfluchten.
Ausstellungsansicht, Fotografie: www.laborb.de

Genozid, Terrorismus, Fundamentalismus, Drogenexzesse oder Börsencrashs verhandelt werden, ohne ins Relativistische oder politisch Hyperkorrekte abzudriften. Die Ausstellung und ihr Präsentationsort – ein stillgelegtes, einst monumentales Stahlwerk im Ruhrgebiet – konfrontieren uns auf radikale Weise mit der Frage, wie wir in einer Welt leben können und handeln wollen, die so gut und so schlecht geworden ist, wie sie heute ist.

Beim Betreten der Halle sehen wir uns mit einer leeren Mitte konfrontiert, an deren Rändern Projektionen von Bildern und Filmen geheimnisvoll flackern. Die Kuratorinnen haben als Lesehilfe ineinander greifende Ausstellungszonen geschaffen, die sie «Haltlosigkeit», «Vernichtung», «Zeitsprünge» und «Terrain vague» nennen. Auf Haltlosigkeit, aber eben auch auf den Einbruch des Realen verweist die Videoarbeit *Middlemen* (Zwischenhändler) von Aernout Mik, die mit Schauspielern den totalen Börsencrash und die völlige Demoralisierung von Brokern re-inszeniert. Daneben die Vernichtung: das Panorama *Untitled* von Wolfgang Staehle, das mittels zweier Videokameras die Skyline von Manhattan 24 Stunden live dokumentiert.

Obwohl Staehle anlässlich einer Galerieausstellung Anfang September 2001 zufälligerweise die Attacke auf das WTC aufnahm und wohl deren umfassendste Dokumentation liefern könnte, scheut er, so wie alle anderen in der Ausstellung, das Spektakuläre und Medienträchtige. Gezeigt wird ein vordergründig «schönes» digitales Landschaftsbild vom 18. September 2001 – ein Bild danach –, das jedoch Zeugenschaft beansprucht und die Frage nach der Wirkungsmacht von Bildern in einer Zeit des Medientaumels stellt.

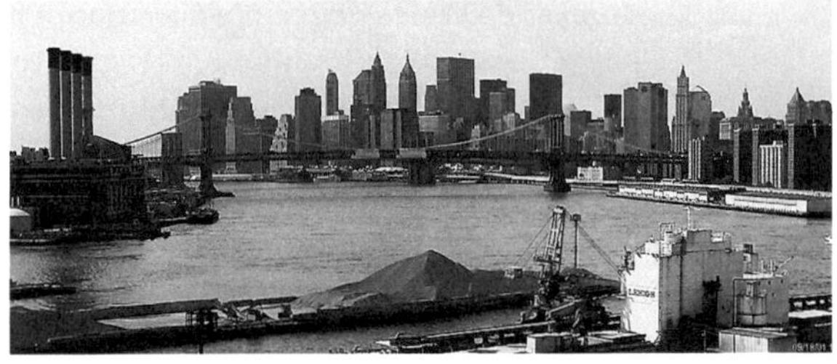

Wolfgang Staehle, *Untitled*, 6.9. – 6.10.2001. Projektionen von Archivaufnahmen der ursprünglichen Livecam-Übertragung.

Viele der gezeigten Werke fallen durch Leere, Stillstand und eine Art «temporäre Ewigkeit» unspektakulärer Momente auf, Momente des Danach. Diese Leeren sind nicht unschuldige Zonen, sondern historisch gewachsenes Gelände, das am Ende angekommen ist. Da ist etwa die bosnische Künstlerin Maja Bajavic, die auf einer grünen Wiese herumspaziert und uns lebhaft gestikulierend und erzählend das verschwundene Haus ihrer Grosseltern vor Augen führt. Gerade weil diese heruntergekommenen Räume ihre historische Kontamination nicht leugnen, sondern durcharbeiten, sind sie auch Hoffnungsräume: Im Eingedenken an Tod und Verderben, Ausbeutung und Ungleichheit stellen sie Möglichkeiten für neue Weltentwürfe dar – eine Möglichkeit, die auch die leer gelassene Mitte im Ausstellungsraum bereitstellt. Die besondere kuratorische Leistung dieser Ausstellung besteht darin, dass sie gezielt Kollisionen schafft und Brüche stehen lässt und dadurch Annäherungen an das Reale über das einzelne Werk hinaus schafft.

Während in *vom Verschwinden. Weltverluste und Weltfluchten* die immateriellen Bilder und der leer wirkende Ausstellungsraum einen solchen offenen Möglichkeitsraum symbolisieren, setzt die Installation *Hole* des Schweizer Künstlers Christoph Büchel in der Kunsthalle Basel auf körperliche und psychische Durcharbeitung. Dass es um etwas Extremes geht, wird bereits zu Beginn der Ausstellung unangenehm deutlich. Die breite Treppe ist gesperrt, nur ein manipulierter Fahrstuhl, den man selbst mit einem Schlüssel in Betrieb setzen muss, gibt den Weg frei. Extrem verlangsamt, dauert die Fahrt unendlich lange. Oben angekommen, tritt man in ein Wartezimmer. Auf einer Überwachungskamera läuft ein absurdes Video über einen Gefangenen, der sich in seiner Zelle erschiesst. Eine weitere Türe führt in die «Innereien» der Kunsthalle – Hunderte von Kabeln hängen wie tot aus Steckern heraus –, die andere führt in eine Art Behandlungszimmer eines Psychiaters. Nachdem man von dort aus durch ein dreckiges Loch in der Wand gekrochen und eine senkrechte Metallleiter hochgeklettert ist, landet man – abermals durch ein enges Loch – neben einer WC-Schüssel in einem gekachelten Bad. Hier riecht es wie in einer Autogarage, und tatsächlich geht es über eine weitere Treppe hinunter in einen riesigen Saal, in dem ein zerbombter und ausgebrannter Reisebus, notdürftig zusammengebastelt, steht.

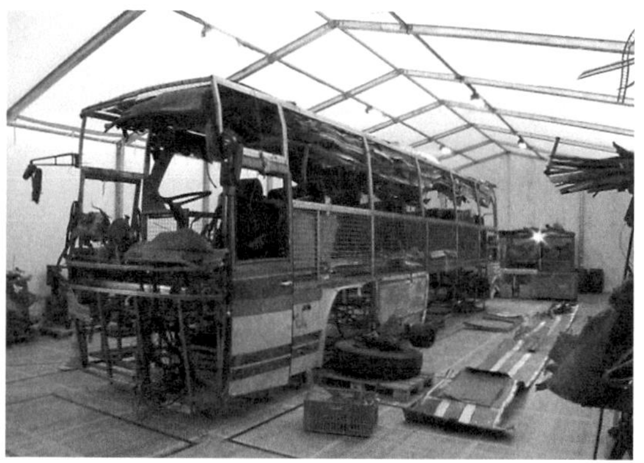

Christoph Büchel, *Hole*, 2005. Installationsansicht
der gleichnamigen Installation in der Kunsthalle Basel.
Foto: Christoph Büchel © Kunsthalle Basel

An den Wänden entlang stehen Dutzende von Gestellen, in denen irgendwelche Metallteile, Säcke und anderes kaputtes Zeug lagern – ein Archiv der säuberlich gehorteten und geordneten Teile, die nutzlos geworden sind oder eventuell noch der genetischen Bestimmung dienen. Das Durchschreiten dieses riesigen Raumes ist wie das Durchstreifen einer Todeszone, am Ende angekommen und wie weiter? Durch die viel zu engen, viel zu steilen, viel zu gefährlich wirkenden Löcher zurück, stinkend, schwitzend, froh darüber, heil herausgekommen zu sein. Der Reisebus, den wir aus Fernsehbildern aus Palästina oder anderen Kriegszonen kennen, hat sich in all seinen tausend Einzelteilen materialisiert. Die zu einer Endzone umfunktionalisierte, kurz vorher schön renovierte alte Kunsthalle wird damit zu einer Zone des Verweilens und Eingedenkens. Durch deren Durchquerung werden die ansonsten weit entfernten TV-Bilder zu unseren eigenen, körperlich erlebten Alpträumen, Toden und Erinnerungen: Ich bin Teil des Reisebusses, ich setze mich auf einen der ausgebrannten Sessel und verharre, vergleiche mich mit den Säcken und Metallteilen und abwesenden toten Körpern. Wo liegt da noch eine Differenz? Wie

kann ich diese tausend Teile, diesen Gestank und diese grausigen Lücken einordnen? Stimmt das angebotene System der Archive und Gestelle, Psychiatrieräume
und Gefängnisse? Es bleibt offen – ein Loch –, wo man sich in diesem System der
Löcher und Gänge, Lücken und Ordnungssysteme positioniert.

Auch in der hiesigen Ausstellung *Exotik des Realen* in der Kunsthalle
Zürich finden solche künstlerischen Strategien einer Ästhetik des
Realen statt: Sie findet sich in Ingrid Wildis letztlich vergeblichem
Versuch, der «Wahrheit» ihrer Mutter auf die Spur zu kommen. Was sie findet, sind
immer nur Erzählungen, Möglichkeiten, Perspektiven, und das Video setzt diesen
Prozess des Suchens unmittelbar um. Sie findet sich in der Arbeit von Eve Bhend,
die eine Frau mit einer Bewusstseinsstörung interviewt und deren verschobenen,
fragmentierten, anders gearteten Blick mittels ihrer Installation zu symbolisieren
sucht: Auch wir schauen für einen kurzen Moment so wie diese Frau, die wir gleichzeitig sprechen hören.

Wenn es etwas gibt, das diese unterschiedlichen Ausstellungen eint,
dann sind es nicht nur die Ansätze der Durcharbeitung des Realen
und der Anteilnahme am Leben der anderen, sondern auch der
Wunsch, mit Kunst andere Möglichkeiten aufzuzeigen als die, die sowieso schon
vorgegeben sind.

Teile dieses Textes wurden publiziert unter dem
Titel «Schwarze Löcher, weisse Flecken» in *springerin.
Hefte für Gegenwartskunst*, 1 / 2006, S. 18 – 21.
Die Ausstellung *vom Verschwinden. Weltfluchten und
Weltverluste* war von 27. August bis 30. September
2005 im Hartware MedienKunstVerein in der Phoenix
Halle Dortmund zu sehen. Im Revolver-Verlag
erschien dazu ein Buch. Die Ausstellung *Christoph
Büchel – HOLE* in der Kunsthalle Basel dauerte
vom 18. September bis 6. November 2005,
Projekt Migration in Köln vom 30. September 2005
bis 15. Januar 2006, letztere ebenfalls mit gleichnamiger Publikation.

Yvonne Volkart ist freie Autorin, Kuratorin und
Dozentin für Kunst- und Medienheorie an den
Hochschulen für Gestaltung und Kunst Aarau und
Zürich.

«*Dass ich leicht ein theoretischer Künstler werden könnte, ... das thäte nichts.*» P.O. Runge, aus *Hinterlassene Schriften.*

Reflexionen über / als Künstlertheorien

— Michael Lingner

Die Entstehung des Phänomens der Künstlertheorien in der Moderne liegt wesentlich darin begründet, dass sich nach der Französischen Revolution die Kunst in der Romantik als ein ganz neuartiger, eigengesetzlicher Erfahrungsbereich in der aufkommenden bürgerlichen Gesellschaft ausdifferenziert. Dass die Kunst dabei so autonom wie nie zuvor wird, geht indes nicht in erster Linie auf ihren immer schon bestehenden Unabhängigkeitsdrang zurück, sondern auf die der Romantik vorhergehenden revolutionären gesellschaftlichen Veränderungen. Denn auch wenn die französische Revolution mit ihren sozial-politischen Zielsetzungen zunächst scheiterte und ihre aufklärerisch-humanistischen Ideale selbst grausam verriet, war die frühere weltliche und geistige Vorherrschaft von Adel und Klerus endgültig gebrochen. Der weitgehende Verlust dieses angestammten Bezugsrahmens und weniger die Stärke ihres eigenen Freiheitsstrebens hat wesentlich die Autonomisierung der Kunst befördert.

Jedenfalls kann und will die ihrer klerikalen und feudalen Fesseln entledigte Kunst dann im beginnenden bürgerlichen Zeitalter der Säkularisierung und Demokratisierung nicht länger mehr als ein Instrument der göttlichen Sinnordnung oder eines herrschaftlichen Ordnungssinns fungieren und scheidet darum aus dem Kreis der nützlichen Künste aus.[1]

1 — Vgl. M. Warnke: «Die Künste sind autonom geworden nicht so sehr, weil sie es immer gewollt [...] hätten, sondern wahrscheinlich deshalb, weil sie in den herkömmlichen Rollen nicht mehr gebraucht wurden.» M. Warnke: *Kunst unter Verweigerungspflicht.* In: Katalog: «Kunst im öffentlichen Raum. Skulpturenboulevard Kurfürstendamm». Berlin 1987. S. 29.

Ihrer Funktion etwa als Altarbild oder Herrscherporträt entkleidet, können Bilder überhaupt nur noch Sinn machen und erst recht Wert haben, wenn sie sich ganz und gar *als Kunst* behaupten können. Die funktionslos gewordene Kunst hätte «wie andere Handwerke auch [...] daraufhin aussterben können», so der Kunsthistoriker Martin Warnke,[2] wenn sie es nicht verstanden hätte, gerade die *Zweckfreiheit* als Voraussetzung der höchsten Entfaltung ihrer ästhetischen Qualitäten zu behaupten.

2 — M. Warnke, a.a.O., S. 29.

Die Befreiung, welche die *gesellschaftliche* Autonomie, das heisst die grössere funktionale, institutionelle und ökonomische Unabhängigkeit, einerseits der Kunst bringt, hat für sie auf der anderen Seite ein hohes Mass an Bestimmungslosigkeit zur Folge. Der einstigen geistigen Autoritäten wie finanziellen Fundamente beraubt, erweisen sich alle zuvor von aussen an die Kunst gerichteten Ansprüche als unverbindlich und letztlich haltlos. Derart losgelöst von traditionellen Bindungen und Notwendigkeiten muss nun in der Kunst alles, was sie sein und werden will, allein aus ihr selbst heraus erfunden und begründet werden. So macht jene durch die revolutionären politischen Veränderungen ermöglichte gesellschaftliche Autonomie der Kunst es erforderlich, dass die ihr zugefallene formelle und zunächst bloss abstrakte Freiheit nun auch inhaltlich durch die Selbstbestimmung der künstlerischen Entscheidungen konkretisiert wird.

In den Jahrhunderten zuvor war den Künstlern das «Was» der Kunst weitestgehend vorgegeben, und es stand allenfalls das «Wie» im Rahmen der Tradition zur Disposition. Um die dann bald in den staatlichen Verfassungen rechtlich verbürgte Freiheit der Kunst auch auszufüllen, entstand nun die Notwendigkeit, sowohl die *Inhalte* als auch die *Formen* der Kunst selbst und gleichsam aus dem Nichts zu kreieren und darüber hinaus auch noch Sinn und Wert dieses Tuns zu rechtfertigen. Mit einer trefflichen Beschreibung dieser Situation des modernen Künstlers leitet Theodor W. Adorno seine *Ästhetische Theorie* ein:

> «Zur Selbstverständlichkeit wurde, dass nichts was
> die Kunst betrifft, mehr selbstverständlich ist, weder
> in ihr, noch in ihrem Verhältnis zum Ganzen, nicht ein-
> mal ihr Existenzrecht.»[3]

3 — T.W. Adorno: *Ästhetische Theorie*. Gesammelte Schriften 7. Frankfurt 1970, S. 9.

Es ist leicht nachzuvollziehen, dass Künstler einen mit Existenzangst gepaarten, derart hohen Innovationsdruck und Begründungszwang nicht mehr in ihrem angestammten Metier glaubten bewältigen zu können und auf gedankliche Operationen im dafür leistungsfähigeren Medium der Sprache verfallen sind. Angesichts der Komplexität der Problematik, vor der sie sich sahen, haben sich dann unter zunehmendem Einsatz der Vernunft ihre Überlegungen zwangsläufig zu mehr oder minder theorieförmigen Konstruktionen ausgewachsen. *Das Phänomen der Künstlertheorie in seiner neuzeitlichen Ausprägung war geboren* und hat auf unterschiedliche Weise das Schaffen der allermeisten bedeutenden modernen und avantgardistischen Künstler und Künstlerinnen[4] beeinflusst.

4 — Zumindest einmal sei ausdrücklich betont, dass der Begriff «Künstlertheorie» selbstverständlich geschlechtsübergreifend verwendet wird. Gleichwohl könnte es ein interessantes Thema der Genderforschung sein, ob und in welchen Hinsichten sich Künstler- und Künstlerinnentheorien unterscheiden liessen.

Aber auch ihr Leben blieb davon nicht unberührt, da das Theoretisieren auch als ein Instrument fungierte, um sich von den nun neuerlich an Kunst und Künstler gerichteten gesellschaftlichen Ansprüchen und Erwartungen, das heisst den bürgerlichen Konventionen, zu emanzipieren. Da sich Autonomie freilich nie anders als in einem Prozess der «Selbstgesetzgebung durch Vernunft»[5] verwirklichen lässt, musste sich fortan in der Kunst umso stärker eine rationale und begriffliche Struktur entwickeln, je grösser ihre Autonomie wurde. Einmal begonnen, sich selbst zu denken, gibt es aus diesem Prozess kein Entrinnen mehr, weil die Vernunft wegen des ihr eigenen Hanges zur Universalisierung und Selbstreflexivität gar nicht anders kann, als immer wieder auf alles, sogar auf sich selbst, Bezug zu nehmen. Dass die Vernunft eben diese tyrannische[6], von Adorno als totalitär[7] kritisierte Struktur hat, verdammte die Kunst zur andauernden ästhetischen Autonomisierung.

5 — J. Ritter: *Historisches Wörterbuch der Philosophie*. Darmstadt 1971. Bd. 1, S. 707.
6 — Wohin die Vernunft treibt, wenn das Gefühl sie verlassen hat, beschreibt G. Forster am 16.4.1793: «[...] die Herrschaft, oder besser die Tyrannei der Vernunft, vielleicht die eisernste von allen, steht der Welt noch bevor.» Mit diesem Gedanken erweist sich Forster gleichsam als Frühromantiker. Nach W. Hofmann: *Wahnsinn und Vernunft*. In Katalog: Europa 1789. Kunsthalle Hamburg 1989.
7 — T. W. Adorno, a.a.O., S. 24.

Diese übt ihrerseits einen neuerlichen Zwang zur weiteren Intellektualisierung auf die Kunst aus, so dass sich ästhetische Autonomisierung und die Rationalisierung des Ästhetischen gegenseitig bedingen und wechselseitig verstärken. Insofern war die ultimative Konzeptionalisierung, das heisst Verbegrifflichung der Kunst in der so genannten Concept Art der 70er Jahre nur logisch. Oder um es mit einem Zitat aus der in Sachen Künstlertheorie einschlägigen Habilitationsschrift des leider früh verstorbenen Künstlers / Theoretikers Thomas Lehnerer zu formulieren:

«Der Grad der gesellschaftlichen Autonomie von Kunst
ist proportional zur gedanklichen Grundsätzlichkeit
der zugehörigen Künstlertheorien.»[8]

8 — T. Lehnerer: *Die Methode der Kunst*. Habilitation, Wuppertal 1992, S. 23.

Die Plausibilität dieser These hat sich nicht zuletzt auch dadurch bestätigt, dass es – um ein wenig vorzugreifen – mit Beginn der Postmoderne in den 80er Jahren zum Niedergang der Künstlertheorien kommt. Das paradoxerweise noch ganz der Logik der Moderne verhaftete Programm der Postmoderne, sich autonom, das heisst unabhängig von dem bisherigen, auch gegenüber der eigenen (Kunst-) Geschichte gepflegten, avantgardistischen Autonomisierungs*zwang* zu machen, hat zur Verringerung des von Künstlern gefühlten Grades an Innovationsdruck, Begründungszwang und Existenzangst geführt. Auch wenn diese Faktoren als künstlerische Produktionsbedingungen objektiv nach wie vor fortbestanden, gaben sich die Künstler der Illusion hin, diese durch permanente Ironisierung oder Ignorierung vollends überwinden zu können. Insofern schienen sich nun alle weiteren künstlertheoretischen Anstrengungen als Bewältigungsstrategien der Risiken moderner Kunstproduktion zu erübrigen, und die Äusserungen der Künstler begannen weniger der Selbstreflexion als der Selbstvermarktung zu dienen.

Allgemeine Aspekte

Der im vorab beschriebenen Autonomisierungsprozess der Kunst entstandene Typus von Künstlertheorie ist mit einem Begriff von Wolfgang Welsch als eine Form des «ästhetischen Denkens» zu verstehen; als ein Denken also, das im Idealfall nach seinem *Inhalt* und *Zweck,* aber auch in seiner *Form* ästhetisch geprägt ist und das die einem «Werk» zugrunde liegende «Kunstkonzeption» erschliessbar macht. In jedem Fall gehören seit der Romantik Künstlertheorien zu den impliziten oder expliziten Voraussetzungen künstlerischer Praxis und sind insofern, zumindest für die Kunst der Moderne und Avantgarde, zu einem wesentlichen *Produktivfaktor* geworden. Als in produktiver Absicht auf die eigene künstlerische Praxis gerichtete, also durchaus *pragmatisch* orientierte, begriffliche Überlegungen lassen sich Künstlertheorien denn auch verallgemeinernd bestimmen. Sie sind insofern theorieförmig, als sie mehr oder minder diskursiv einen Aussagenzusammenhang bilden.

Dabei können Künstlertheorien sich etwa im Grad ihrer Reflektiertheit, Systematik und Intersubjektivität erheblich unterscheiden, so dass «theorieförmig» nicht unbedingt «theoretisch» im Sinne von «wissenschaftlich» bedeuten muss. Sehr wohl aber können sich Künstlertheorien aus dem Fundus wissenschaftlicher Erkenntnisse bedienen, ohne doch die Wissenschaftlichkeit der eigenen Aussagen zu beanspruchen. Wobei ja selbst die Wissenschaftstheorie inzwischen davon ausgeht, dass die Wahl der Kriterien für das, was als wissenschaftliche Rationalität gilt, letztlich ästhetischen Optionen unterliegt.[9]

9 — Vgl. W. Krohn / G. Küppers: *Die Selbstorganisation der Wissenschaft*. Frankfurt 1989, S. 18.

Als Mindestkriterium für jeden theoretischen Anspruch aber gilt, dass die Äusserungen sich nicht nur im Deiktischen (Hinweisenden) oder Deskriptiven, Appellativen oder Apodiktischen und Rhetorischen oder gar Redundanten erschöpfen – um einige Gefahren des üblichen künstlerischen Sprachgebrauchs zu charakterisieren. Und selbst zu einem sehr weit gefassten Theorie-Begriff gehört die erkennbare Absicht und Bereitschaft des theoretisierenden Künstlers, sich dabei auch auf etwas *Allgemeines* einzulassen.

Naturgemäss neigen Künstler allerdings eher dazu, das Besondere, Einmalige, ja Einzigartige ihrer Ideen, Kunstentwürfe oder persönlichen Leistung hervorzuheben. Im Unterschied zu den Klassikern der Moderne, die nicht selten sogar mit teilweise fatalen absoluten Setzungen operierten, fällt es vielen späteren Künstlern schwer, sich auf eine Form der Auseinandersetzung einzulassen, die das ihrem Werk zugrunde liegende Allgemeine, zum Beispiel ihren Kunstbegriff, zum Gegenstand hat. Deshalb bleiben künstlertheoretisch ambitionierte Äusserungen, auch wenn ihre Verfasser ihnen durch weltanschauliche, lebensphilosophische, ideologische oder auch wissenschaftliche Rückversicherungen den Anschein der Objektivität zu verleihen suchen, inhaltlich und der Form nach nicht selten dem Subjektivismus verhaftet. Der subjektivistische, bekenntnishafte Charakter künstlertheoretischer Äusserungen ist ein Hauptgrund dafür, dass gegen sie verschiedene Vorbehalte bestehen. Das Spektrum reicht vom landläufigen Verdacht, sie dienten den Künstlern ausschliesslich zur Propagierung des eigenen Werkes, bis hin zu dem wissenschaftlichen Zweifel, ob sie nicht als ein vom Werk völlig unabhängiges, eigenständiges Parallelphänomen anzusehen sind, welches – so Hans-Georg Gadamer – möglicherweise genauso interpretationsbedürftig wie das Werk selbst ist. Das Resultat solcher Skepsis ist ein gegenüber den Selbsterklärungen der Künstler verbreiteter Widerwille beim Laienpublikum und vorherrschende Ignoranz bei den Experten. Zumeist übergeht etwa die akademische Philosophie Künstlertheorien gern als blosse «Surrogatformen der Ästhetik»[10], und von der akademischen Kunstgeschichte werden sie meist relativiert als eine unter vielen anderen verfügbaren historischen Quellen.

10 — R. Bubner: «Über einige Bedingungen gegenwärtiger Ästhetik». In: *neue hefte für philosophie* nr. 5 / 1973, S. 39.

Nicht zuletzt dieser Umstand ist mitverantwortlich für das von Dieter Henrich formulierte Fazit, dass es der philosophischen Ästhetik

«bisher nicht gelungen [ist], auf der Höhe des philosophischen Bewusstseins der Zeit und dennoch nicht im Widerspruch zum Selbstbewusstsein ihrer Künstler zu sein»,[11]

11 — D. Henrich: «Kunst und Kunstphilosophie der Gegenwart.
Überlegungen mit Rücksicht auf Hegel». In: W. Iser (Hrsg.):
Immanente Ästhetik – Ästhetische Reflexion. Lyrik als Paradigma.
München 1966, S. 524.

was für die meisten kunsthistorischen Interpretationen
aktueller Kunst allemal gilt. Gerade diese leiden oft an der Merkwürdigkeit eines
latenten Konkurrenzverhältnisses zu dem, was sich in der Künstlerschaft selbst
sprachlich formuliert. Dass es in der Gegenwart kaum noch eine kunstwissen-
schaftlich geschärfte Kunstkritik, sondern vor allem marktkonforme und profilie-
rungssüchtige Abarten davon gibt, gehört sicher auch zu den Folgen akademischer
Desinteressiertheit und Unkenntnis gegenüber dem künstlerischen Denken. Und
dass sich dieser intellektuellen Anstrengung dann die Künstlerschaft der Nachmo-
derne umso weniger überhaupt noch unterziehen mag, ist eine durchaus verständ-
liche Reaktion darauf.

Da aber aus Einsicht in die andauernde Notwendigkeit des Theoretisierens
von Künstlern es heute allemal unverzichtbar ist, dieses als einen entscheidenden
Faktor künstlerischer Produktivität weiter zu betreiben, werden die folgenden von
Adorno aufgestellten Anforderungen umso wichtiger:

«Sind die Künstler zur permanenten Reflexion genötigt,
so ist diese ihrer Zufälligkeit zu entreissen, damit sie
nicht in beliebige und amateurhafte Hilfshypothesen,
Rationalisierungen von Bastelei oder in unverbindliche
weltanschauliche Deklarationen über das Gewollte
ausarte.»[12]

12 — T. W. Adorno, a.a.O., S. 507 f.

Um das künstlertheoretische Denken vor solchen Defi-
ziten zu bewahren und stattdessen weiter zu kultivieren, möchte ich vorschlagen,
einen Gedanken des Kunsthistorikers Hans Belting aufzugreifen. Er fordert den
mit aktueller Kunst befassten Wissenschaftler auf, dass er als «Partner zum historischen Organ des Künstlers wird [...] (und) Teilfunktionen des Künstlers übernimmt».[13]

13 — «Der Kunsthistoriker soll Partner, zum historischen Organ des
Künstlers werden; der Künstler soll gleichsam sein Auftraggeber
werden. Es fehlt an diesem Konzept (von H. Belting: *Das Ende der
Kunstgeschichte.* München 1983) nur ein kleiner Schritt zu dem
Schluss, dass der Kunsthistoriker selbst Künstler wird oder
wenigstens Teilfunktionen des Künstlers übernimmt». Aus: Martin
Warnke: «Ästhetik. Eine Kolumne». In: *Merkur* Heft 5 / 1984, S. 566.

Es könnte sich dann unter bestimmten methodischen und menschlichen
Voraussetzungen ein neuer, *kooperativer* Typus von Künstlertheorie entwickeln,
wenn es etwa im Dialog gelänge, die Künstleräusserungen unter Wahrung ihrer
Authentizität in einer Weise auszuformulieren und / oder aufzuarbeiten, dass sie
als verlässliche Quelle für die Erschliessung der jeweiligen Kunstkonzeption wirklich brauchbar werden. Zusammen mit dem Künstler F. E. Walther habe ich 1985
den wohl erstmaligen als Buch erschienenen Versuch unternommen, in direkter
Kooperation zwischen Künstler und Kunstwissenschaftler eine Künstlertheorie zu
formulieren, die diesem Anspruch genügt.[14]

14 — M. Lingner: *Zwischen Kern und Mantel.* F. E. Walther und
M. Lingner im Gespräch über Kunst. Klagenfurt 1985.

Dass dieses Buch unter Walther-Interessierten als «Bibel» gilt, charakterisiert Erfolg wie Misserfolg unserer damaligen Unternehmung gleichermassen.

In einer möglichen weiteren wissenschaftsförmigen Steigerung kann die Künstlertheorie auch zu einer Form und zugleich Grundlage künstlerischer *Forschung* werden, wenn sie das jeweils künstlerisch Neue in seiner substantiellen ästhetischen Differenz zur Tradition kenntlich und somit real – nicht nur nominal – *als Kunst* identifizierbar macht. Soll Kunst – ob im modernen oder postmodernen Verständnis – vor allem *zeitgenössisch* sein, reichen die überkommenen künstlerischen Tradierungsmethoden wie die «Nachahmung» meisterhafter Vorbilder oder die an vorbildlichen Meistern orientierte «Nachfolge» nicht mehr aus. Gleichwohl bleibt dann erst recht ein bestimmtes Mass an entwicklungsgeschichtlicher Kontinuität und historischer Referenz unabdingbar. Nur so sind die künstlerischen Innovationen davor zu bewahren, lediglich modische beziehungsweise abstruse Novitäten oder blosse Zeugnisse des Zeitgeistes zu sein oder als solche wahrgenommen zu werden.

Erst aus seiner historischen Positionierung heraus kann der Künstler eine eigenständige Ideen-Setzung leisten, die nicht hinter den entwickeltsten Positionen in der Geschichte der ästhetischen Ideen zurückbleibt. Dazu hat er anhand der überlieferten Kunstentwicklungen und Einzelwerke zumindest die Umrisse einer *Problemgeschichte* der für ihn und seine Arbeit relevanten ästhetischen Ideen zu rekonstruieren. Soll dieser notwendig subjektive Rekonstruktionsversuch nicht von vornherein der Rationalität und Validität entbehren, hat der Künstler seine Überlegungen *forschungslogischer Disziplin* zu unterziehen. Denn nur dann, wenn die geschichtliche Entwicklung der ästhetischen Ideen mit genügender Strenge analysiert und ihre Bedeutung an den Ansprüchen der Gegenwart kritisch gemessen wird, lassen sich eigene ästhetische Ideen auch als solche ausweisen und sind vom Vorwurf freizusprechen, dass sie subjektivistisch beliebig und historisch unangemessen seien.

Die derart gewonnenen und zur künstlerischen Konzeption präzisierten ästhetischen Ideen können dann als spezifische Hypothesen für den weiteren individuellen künstlerischen Forschungsprozess dienen. Ihre in unterschiedlichen Materialisierungsweisen gezielt vorgenommene Erprobung verdient dann zu Recht den Namen einer *experimentellen* Kunstpraxis. Der naheliegende Einwand, keine konkrete künstlerische Materialisierung könne je mit der mentalen zuvor formulierten hypothetischen Kunstkonzeption auch nur annährend kongruent sein, verkennt deren vor allem inspirierende Funktion und die Eigenart *künstlerischer* Forschung. Es sei daran erinnert, dass bereits Marcel Duchamp gerade die Differenzen zwischen der künstlerischen Absicht und ihrer materialen Verwirklichung zum «Kunst-Koeffizienten» und Grösse wie *Art* der Abweichung zum entscheidenden Qualitätsmerkmal eines Werkes erklärt hat. Von ihm sind derartige strukturelle Differenzen nicht mehr als etwas Singuläres und vor allem Defizitäres angesehen, sondern für grundsätzlich gegeben und sogar für höchst produktiv gehalten worden. Vor allem aber hat er es riskiert, sich insbesondere bei den Ready-mades mit seiner eigenen künstlerischen Forschungspraxis darauf einzulassen.

Wechseln wir die Perspektive und betrachten zuletzt die Künstlertheorie selbst als Gegenstand wissenschaftlich-analytischer Erforschung und untersuchen einzelne ihrer Ausprägungen im Detail, so begeben wir uns eindeutig auf das Feld der *Kunsttheorie*. Sie sollte sich besonders mit folgenden Gesichtspunkten und Fragestellungen auseinander setzen:

1 — Sind in der jeweiligen Künstlertheorie
überhaupt ein Kunstbegriff und eine eigene
Kunstkonzeption erkennbar?
2 — Wie stringent und stimmig wird in der
jeweiligen Künstlertheorie argumentiert?
3 — Wird in der jeweiligen Künstlertheorie eine
historische Positionierung vorgenommen?
4 — Ist hinsichtlich des explizierten oder zu
rekonstruierenden Kunstbegriffs und der
Kunstkonzeption eine historische Differenz
zu entdecken?
5 — Welcher Wert ist dieser historischen Differenz
nach welchen Kriterien beizumessen?

Die Erörterung dieser Fragen kann zum besseren Verständnis und zur fundierteren Beurteilung von Künstlertheorie, Kunstbegriff und Kunstkonzeption führen. Von deren Ergebnis sollte aber weder positiv noch negativ, sondern überhaupt nicht auf die Beurteilung des eigentlichen Werkes kurzgeschlossen werden. Vielmehr bedarf die Bestimmung des Verhältnisses einzelner Werke zur Künstlertheorie einer eigenen Untersuchung. Dabei ist eine mögliche Übereinstimmung zwischen Künstlertheorie und Werk(en) aber nicht unbedingt als Qualitätsmerkmal zu werten – weder für die Künstlertheorie noch für das Werk. Dieses ist vielmehr unter Berücksichtigung der aus der Künstlertheorie gewonnenen Aspekte immer auch einer eigenen immanenten Analyse zu unterziehen.

Gleichwohl wäre die Vorstellung verfehlt, mit einem derart differenzierten Diskurs, wie scharfsinnig er auch geführt werden mag, sei die Qualität von Kunst *beweisbar*. Dass diese aber besser und rationaler begründbar und nicht länger dem persönlichen Belieben überlassen würde, wäre gesellschaftlich von höchstem kulturellen aber auch von erheblichem *methodischen* Wert etwa für die Kunstwissenschaften, von denen dann die Frage der künstlerischen Qualität nicht länger ausgeblendet werden müsste. Dabei bliebe freilich die letztlich unauflösbare Frage zu berücksichtigen: In welches Verhältnis gerät das (wissenschaftliche) Erkenntnisurteil und die sinnliche Erfahrung des konkreten Werkes? – Je weiter man sich auf das Abenteuer dieses Wechselspiels einlässt, desto lustvoller wird die Kunstrezeption und desto adäquater und ertragreicher die Kunstwissenschaft.

Typische Funktionen

Als grundlegende Vorarbeit für das vorab skizzierte *Programm* zur Erforschung spezieller Künstlertheorien konzentriere ich mich im Folgenden auf die generelle Analyse des entwicklungsgeschichtlichen *Typ- und Funktion*swandels von Künstlertheorien an *drei* Beispielen. Zuerst werden an einem Beispiel aus ihrer romantischen Entstehungszeit Grundfunktion und Grundtypus von Künstlertheorien in der Moderne vorgestellt. Besonders geeignet dafür ist der Künstler P.O. Runge (1777 – 1810), von dem zwei Bände *Hinterlassene Schriften* überliefert sind, aus denen der für die Zeit charakteristische künstlerische Umbruch authentisch rekonstruierbar wird.

Der Ausgangspunkt von Runges künstlerischer Entwicklung ist vom Geist klassizistischer[15] Kunstanschauung bestimmt worden:

«Eines der vorzüglichsten Kennzeichen des Verfalls der
Kunst ist die Vermischung der verschiedenen Arten
derselben. Die Kunst selbst sowie ihre Arten sind untereinander verwandt, sie haben eine gewisse Neigung,
sich zu vereinigen, ja sich ineinander zu verlieren; aber
eben darin besteht die Pflicht, das Verdienst, die
Würde des echten Künstlers, dass er das Kunstfach, in
welchem er arbeitet, von anderen abzusondern, jede
Kunst und Kunstart auf sich selbst zu stellen und sie
aufs möglichste zu isolieren wisse.»[16]

15 — Zur Begriffsbestimmung von «Klassik» vgl.
Historisches Wörterbuch der Philosophie. Hrsg. von J. Ritter.
Bd. 4. Darmstadt 1976, S. 854 f.
16 — J.W. Goethe: *In Goethes Werke.* Hamburger Ausgabe
Bd. 12. 1953, S. 49.

In dieser Einleitung zu der 1798
erstmals von ihm herausgegebenen kunstwissenschaftlichen Zeitschrift *Propyläen*
formuliert Goethe damit im Sinne der Neuwerdung antiker Kunst einen seiner
Grundgedanken, denen er mit der jährlich für bildende Künstler ausgeschriebenen
«Weimarer Preisaufgabe» zugleich Geltung im Praktischen verschaffen will. Welche
Bedeutung solche vom Künstler «Natur und Altertum»[17] fordernden Aufsätze in
den Propyläen für Runge haben, wird dadurch offenbar, dass er im Oktober 1801
in einem Brief aus Dresden – also noch nach seiner Kopenhagener Akademiezeit –
auf die Frage seines Bruders Daniel, was er wirklich mit seiner Kunst wolle, ant-
wortet: «Das Gute, welches Goethe durch seine Propyläen zu verbreiten sucht,
auszuüben.»[18]

17 — W. Roch: *Ph. O. Runges Kunstanschauung.*
Strassburg 1909, S. 2.
18 — Ph. O. Runge: *Hinterlassene Schriften.* Bd. 2.
Göttingen 1965, S. 92 (*künftig zit. als: HS I/ bzw. HS II/*).

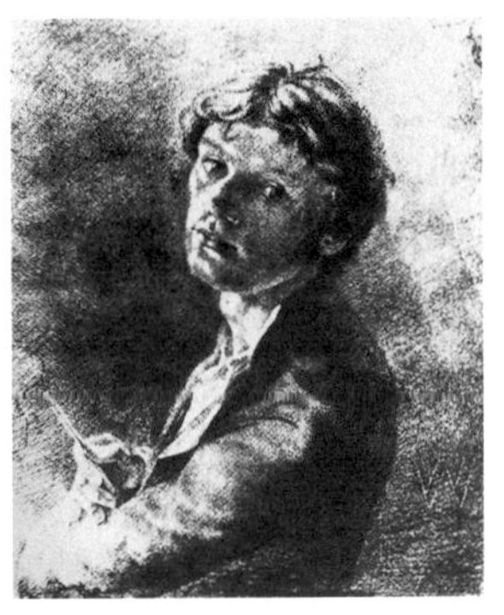

P.O. Runge (1777 – 1810)

Nachdem sich Runge bereits über das Thema der
«Weimarer Preisaufgabe» von 1800 im Stillen Gedanken
gemacht und mit Freuden festgestellt hatte, dass diese
«ziemlich mit denen der besten Concurrenten über-
eingestimmt haben»,[19] erscheint sein 1801 gefasster
Entschluss nur folgerichtig, sich den anerkannten
Massstäben zu stellen und «künftigen Sommer mit um
den Preis zu laufen».[20] *Achill und Skamandros*, seine
Zeichnung zu der dem 21. Gesang der Ilias entnom-
menen Preisaufgabe von 1801, beendet Runge im August
desselben Jahres, nachdem er sich an verschiedenen
Fassungen «fast krank gearbeitet»[21] hat. Die erhoffte

Anerkennung aus Weimar soll ihm und seinem Bruder Daniel, der Runges Künstler-
tum ermöglicht und bis zum Lebensende finanziert hat, Bestätigung sein, dass das,
«worauf unsere Wahl gefallen ist, und wie wir es durch Erfahrung in uns zu berichtigen
gesucht haben, auch würklich etwas richtiges ist».[22]

19 — HS II/S. 63.
20 — HS II/S. 63.
21 — HS II/S. 80.
22 — HS II/S. 63.

Die normative Kraft des durch Goethe repräsentierten klassizistischen Kunstideals hat ihre absolute Verbindlichkeit für Runge jedoch bereits im Februar 1802 knapp sechs Monate nach dem negativen Bescheid aus Weimar verloren[23], der als schmerzhaftes Vorzeichen fungiert[24], unter dem er in der Reflexion auf die historische Bedingtheit der Kunst eine völlige Umwertung vornimmt:

> «Die Kunstausstellung in Weimar und das ganze Verfahren dort nimmt nachgerade einen ganz falschen Weg, auf welchem es unmöglich ist, irgend etwas Gutes zu bewürken [...] Der *Achill und Skamander*, samt den Sachen, wie das nach und nach zur Vollendung gebracht werden soll, ist doch am Ende ein vergeblicher Wunsch; wir sind keine Griechen mehr, können das Ganze schon nicht mehr so fühlen, wenn wir ihre vollendeten Kunstwerke sehen, viel weniger selbst solche hervorbringen [...] Wie können wir denn auf den unseligen Einfall kommen, die alte Kunst wieder zurückrufen zu wollen?»[25]

23 — Im Begleitbrief steht unter anderem: «Wir rathen dem Verf. ein ernstes Studium des Alterthums und der Natur, im Sinne der Alten. Am nöthigsten aber ist ihm die Betrachtung der Werke grosser Künstler aller Zeiten, in Hinsicht auf den Gang ihrer Gedanken.» HS II / S. 514.
24 — HS II / S. 173: «Der Goethe hat mich mit all' dem verfl. Zeug nahe an den Abgrund gebracht.»
25 — HS I / S. 5 f.

Weitere Argumente gegen «all den Schnickschnack in Weimar»[26], für den er freilich weniger Goethe als dessen römischen Freund, den so genannten «Kunstmeyer», verantwortlich macht[27], gewinnt Runge aus einem von Ludwig Tieck angeregten Gedankengang, der die Entwicklungsstufen der Kunst in ihrer Abhängigkeit von der Geschichte der Religionen rekonstruiert[28]:

> «Die Griechen haben die Schönheit der Formen und Gestalten aufs höchste gebracht in der Zeit, da ihre Götter zu Grunde gingen; die neuern Römer brachten die historische Darstellung am weitesten, als die Katholische Religion zu Grunde ging; bey uns geht wieder etwas zu Grunde, wir stehen am Rande aller Religionen, die aus der Katholischen entsprangen [...]»[29]

26 — HS I / S. 14.
27 — HS II / S. 120: «[...] es ist nicht Goethe, der das Falsche will, vielmehr kommt das Gute, was in Weimar ist, gewiss von ihm.»
28 — Vgl. Schlegels «Gemälde-Gespräch» im *Athenaeum*.
29 — HS I / S. 7.

In dem Untergang der alten Mythen erkennt Runge nicht nur, dass eine Wiederbelebung antiker Kunst unmöglich geworden ist, sondern begreift selbst die Verbindung zur christlichen Kunst als abgerissen. Konsequenterweise konstatiert er die Notwendigkeit eines totalen Neuanfangs in der Kunst. Den Bruch mit der Tradition denkt Runge 1802 so radikal, dass er «eben gar kein anderes Mittel» mehr sieht als «einen grossen Krieg, der die ganze Welt umkehren könnte»[30], ja es als ein «grosses Glück für die Kunst» betrachtet – wie Quistorp, der Lehrer C. D. Friedrichs, einen seiner Briefe interpretiert –, «wenn alle vorhandenen Kunstwerke mit einemmale vernichtet würden und die Kunst wieder von vorne anfangen müsste».[31]

30 — HS I / S. 8. Nicht nur hinsichtlich der Kunst, sondern auch in
bezug auf die politischen Verhältnisse zweifelt Runge an der
Tragfähigkeit «alter Formen»: «Wenn die Preussen jetzt noch so
rasend seyn wollen, in ihrer ganzen Wirthschaft die alte Leyer
fortzuspielen und fortzuspielen den Popanz von Militairstaat, wie
sollen die Menschen in einem solchen Staate zur Besinnung kommen
[...] Sollten wir nicht gelernt haben, dass die alte Form nicht mehr
gilt und an allen Enden knackt und zusammenbricht?» HS II / S. 347.
31 — HS II / S. 235.

Die Richtigkeit
dieses Bewusstseins von der Krise der eigenen Epoche erfährt durch die Feldzüge
Napoleons (1805 Schlacht bei Austerlitz, 1806 bei Jena und Auerstedt) und dessen
Sieg über Preussen / Russland, der eine Umwälzung Europas einleitet, auch eine
politische Bestätigung. Seine aus Einsicht in die Unwiederbringlichkeit vergangener
Kunst erwachsene entschiedenste Ablehnung historischer Nachahmung gibt Runge
den entscheidenden Impuls zur Antizipation einer neuen Kunst:

«Ich glaube schwerlich, dass so etwas Schönes, wie
der höchste Punkt der historischen Kunst war, wieder
entstehen wird, [...] es müsste denn auf einem ganz
neuen Weg geschehen, und dieser liegt auch schon
ziemlich klar da, und vielleicht käme bald die Zeit, wo
eine recht schöne Kunst wieder erstehen könnte, das
ist in der Landschaft.»[32]

32 — HS I / S. 14 f.

Der Begriff «Landschaft» dient Runge hier
allerdings lediglich als Arbeitstitel zur Umschreibung seines antiklassizistischen
Programms und bezeichnet nicht die Intention, die traditionelle Landschaftsma-
lerei fortzuentwickeln und ihr als akademischer Gattung einen höheren Rang zu
verschaffen. Denn selbst 1802, als er das Konzept seiner neuen Kunst gerade erst
entwickelt, spricht Runge schon einschränkend von «Landschafterey, wenn man
so will»[33], und davon, dass «wir hier unter Landschaft etwas ganz anderes verstehen»[34] müssen. Danach verwendet er den programmatischen Landschaftsbegriff
überhaupt nicht mehr; dessen Tragweite wird durch die Idee von der Einheit der
Künste übertroffen?[35]

33 — HS I / S. 7.
34 — HS I / S. 16.
35 — Deswegen warnt Ph. O. Runge mit Recht davor, in C.D.
Friedrichs Kunst die Erfüllung der Konzeption Runges zu sehen,
die diesem versagt geblieben sei.

Den entscheidenden Impuls zur romantischen Wende verdankt Runge wohl
aber seiner im November 1801 geschlossenen Bekanntschaft und baldigen Freundschaft mit Ludwig Tieck. Ist auch die persönliche Wirkung Tiecks auf Runge nur unge-
nügend mit authentischen Zeugnissen zu belegen[36], so kann sie in ihrer Bedeutung
allein schon deswegen nicht hoch genug eingeschätzt werden, weil Runge offenbar
durch Tieck die Philosophie der wichtigsten Frühromantiker kennen lernt. Die litera-
rische Wirkung Tiecks ist jedenfalls unbestritten. «Mich hat nie etwas so im Innersten
meiner Seele ergriffen wie dies Buch, welches der gute Tieck wohl mit Recht sein Lieb-
lingskind heisst»[37], schreibt Runge voller Begeisterung an seinen Freund Besser.

36 — Deswegen wird das Verhältnis Runge-Tieck oft widersprüchlich
diskutiert. J. Traeger: *Ph. O. Runge und sein Werk*. München 1976,
S. 18 f. berichtet über drei Versionen.
37 — HS II / S. 9.

Dieses Buch, der bereits zitierte, 1798 erschienene Roman *Franz Sternbalds Wanderungen*, formuliert ebenso wie das von den Gebrüdern Schlegel im selben Jahr erstmals herausgegebene *Athenaeum* wesentliche romantische Ideen und prägt unverkennbar Runges im romantischen Sinn erweiterte Anschauung von der Landschaft, welche sich als Schlüssel zu seiner Abkehr vom Klassizismus erwiesen hat.

«Ich will nicht Bäume und Berge abschreiben, sondern mein Gemüt, meine Stimmung, die mich in dieser Stunde regiert, diese will ich mir selber festhalten und den übrigen Verständigen mitteilen.»[38]

38 — L. Tieck: *Franz Sternbalds Wanderungen*. In: Ludwig Tieck: Werke in vier Bänden. Nach dem Text der *Schriften* von 1828 – 1854 unter Berücksichtigung der Erstdrucke. Hrsg. von Marianne Thalmann. Bd. 1. Darmstadt 1973, S. 894.

Mit diesem festen Vorsatz charakterisiert Tiecks Maler Sternbald eine Haltung, in welcher sich exemplarisch der romantische Begriff von der Landschaft als eines «Kunstwerkes des Geistes»[39] manifestiert, den Runge aufgreift und sich aneignet:

«Wie selbst die Philosophen dahin kommen, dass man alles nur aus sich heraus imaginiert, so sehen wir oder sollen wir sehen in jeder Blume den lebendigen Geist, den der Mensch hineinlegt, und dadurch wird die Landschaft entstehen, denn alle Blumen und die Thiere sind nur halb da, sobald der Mensch nicht das Beste dabey thut; so dringt der Mensch seine eignen Gefühle den Gegenständen um sich her auf, und dadurch erlangt Alles Bedeutung und Sprache.»[40]

39 — H. Rehder: *Die Philosophie der unendlichen Landschaft*. Diss. phil. Heidelberg 1929, S. 144.
40 — HS I / S. 16.

«Ich glaube, dass ich Sie nun ein wenig verstehe, was Sie eigentlich unter Landschaft meynen»[41], teilt Runge Anfang Dezember 1802 Tieck mit, als er mit dieser treffenden Formulierung seines eigenen Landschaftsverständnisses die Perspektive für das Gelingen der romantischen Wende eröffnet. Denn durch die Überformung mit Empfindungen der Landschaft Bedeutung und Sinn zu geben, darin entdeckt Runge die Möglichkeit eines totalen Neuanfangs für die Kunst wie für sich als Künstler:

«Es hat noch keinen Landschafter gegeben, der eigentliche Bedeutung in seinen Landschaften hätte, der Allegorien und deutlich schöne Gedanken in eine Landschaft gebracht hätte.»[42]

41 — HS I / S. 24.
42 — HS I / S. 6.

In weiteren theoretischen Überlegungen verallgemeinert Runge den Landschafts- zum Naturbegriff und findet in dessen Prinzip des «Werdens und Vergehens» sein eigentliches Thema, mit dem er sich in den verschiedenen Versionen seines Hauptwerkes, der *Vier (Tages)Zeiten,* bis zu seinem Lebensende beschäftigt. Die wesentliche und überaus deutlich erkennbare Bedeutung, die Runges Theoretisieren für seine Praxis hat, lässt sich zusammenfassend am besten als «konstitutive Funktion» charakterisieren. Diese ist mehr oder minder ausgeprägt zwar den allermeisten Künstlertheorien der Moderne eigen. Aber bei Runge ist sie nicht nur besonders stark, sondern es liegt zudem noch der gleichsam klassische Fall der absoluten *zeitlichen Vorgängigkeit* der Theorie gegenüber der künstlerischen Praxis vor.

Das zweite, etwa einhundert Jahre spätere Beispiel von Adolf Hölzel (1853 – 1934) ist exemplarisch für eine Position der klassischen Moderne und darüber hinaus noch besonders geeignet, da es sich durch einen umfangreichen, von mir aufgearbeiteten *Theoretischen Nachlass* belegen lässt.[43]

43 — M. Lingner: «Die Praxis der Theorie. Der künstlerische Ursprung von Adolf Hölzels ‹Theoretischem Nachlass› und die Geschichte seiner bisherigen Bearbeitung». In: *Adolf Hölzel – Der kunsttheoretische Nachlass*. Reihe PATRIMONIA 155 / 1998, Staatsgalerie Stuttgart. http://ask23.hfbk-hamburg.de/draft/archiv/ml_publikationen/kt98-1.html

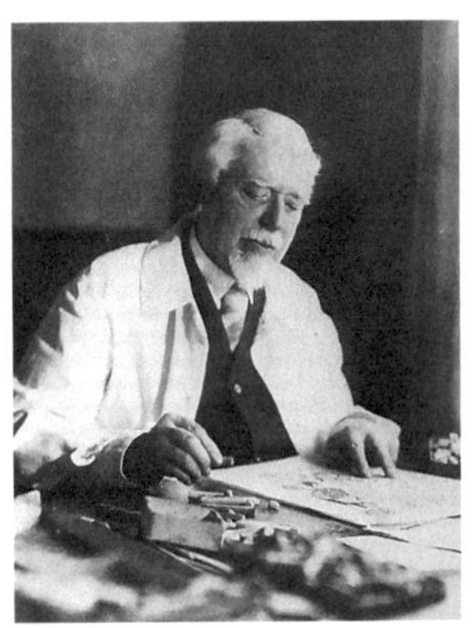

Adolf Hölzel (1853 – 1934)

Hölzel war nicht nur einer der ersten Künstler des konzeptionellen Typus, was seinerzeit als «zu pädagogisch» missverstanden und missbilligt wurde, sondern hat auch überaus authentisch und konsequent eine künstlerische Praxis betrieben, in der manuelle Übungen, zeichnerische und malerische Formfindungen sowie begriffliche Überlegungen sich andauernd und unauflöslich miteinander verbinden und ineinander übergehen. An sich paradox, aber überaus zutreffend haben Hölzel und später Paul Klee diesen Prozess als «künstlerisches» beziehungsweise «bildnerisches Denken» bezeichnet und damit ein über Jahrzehnte gültiges künstlerisches Credo formuliert. Künstlerische Theorie und Praxis sind hier nicht mehr voneinander getrennte Formulierungen, sondern vollziehen sich auf eine besondere Weise gleichzeitig. Wie Hölzel einerseits gefordert hat, das «notwendige Intellektuale (dem Schaffen) vorhergehen»[44] zu lassen, so hat er andererseits gleichermassen die Beherrschung der «künstlerischen Mittel» für eine wichtige Voraussetzung der Kunstausübung gehalten und sich auch mit deren ganz praktischen Aspekten intensiv beschäftigt.

44 — A. Hölzel zit. nach W. Hess: *Zu Hölzels Lehre*. In: C. Haenlein (Hg.): *Adolf Hölzel. Bilder, Pastelle, Zeichnungen, Collagen*. Katalog der Kestner-Gesellschaft Hannover 1982, S. 112.

So begann er über Jahrzehnte sein künstlerisches Tagewerk mit «handlichen Übungen», den «täglichen tausend Strichen», die er mit Pinsel, Feder oder Stift zumeist auf gebrauchtem Papier ausführte. Das von ihm mit den Fingerübungen eines Musikers verglichene Training diente indes nicht nur zur Ausbildung der Kunstfertigkeit seiner Hand. Vielmehr bildet es in den unterschiedlichen Ausprägungen zugleich die Grundlage und gleichsam das Herzstück seiner Kunst: Sowohl seine künstlerische Praxis als – überraschenderweise – auch sein theoretisches Reflektieren haben in dieser schlichten Schulung den gemeinsamen und eigentlichen Ursprung.

Die anfänglich nur in der Absicht manueller Vervollkommnung ausgeführten Exerzitien Hölzels bestanden aus mehr oder minder gleichmässig parallelen, rhythmischen Schwingungen der zeichnenden Hand. Dabei kam es ihm darauf an, sich möglichst organisch in Übereinstimmung mit seiner Anatomie zu bewegen, um durch diese Empfindung «das Seelische der Hand» und damit auch «ganz und gar das Persönliche zum Ausdruck bringen»[45] zu können. Hieraus erklärt sich auch die kathartische Funktion, die er seinen «Kritzeleien» zusprach:

> «Wenn ich mich befreien will von allen weltlichen, auch schmerzlichen und boshaften Gedanken, dann beginne ich mit meinen Übungen. Und da ist es bald, als löse sich das Irdische ab und nur künstlerische Gedanken quellen hervor [...] Ich empfehle dieses tägliche geistige Bad.»[46]

45 — A. Hölzel: *Aufbruch zur Moderne*. Katalog Museum Villa Stuck. München 1980, S. 22.
46 — A. Hölzel zit. nach W. Venzmer: *Adolf Hölzel. Leben und Werk*. Stuttgart 1982.

Wenn von Hölzels «als wunderlich verschrieener Gewohnheit» berichtet wird, «beim Durchdenken einer Sache oder beim Versenken in eine Stimmung den rhythmischen Vorgang in sich durch gezeichnete Linien zu begleiten»[47], so weist das um so nachdrücklicher darauf hin, dass er seine Übungen weder bloss mechanisch absolviert, noch artifiziell zelebriert hat.

47 — A. Hölzel zit. nach A. Roessler: *Das abstrakte Ornament ...* In: C. Haenlein (Hg.): *Adolf Hölzel. Bilder, Pastelle, Zeichnungen, Collagen*. Katalog der Kestner-Gesellschaft Hannover 1982, S. 79.

Ganz im Gegenteil handelt es sich dabei im Grunde um eine *Lebensform*, und diese zumeist übersehene existentielle Seite macht die besondere Qualität seiner Exerzitien aus. Körper und Geist, Empfindung und Verstand sind daran auf selbstverständliche Weise beteiligt, so dass die Übungen geradezu prädestiniert sind, als Medium des «künstlerischen Denkens» zu fungieren, in welchem fast beiläufig erstaunliche formale Findungen gelingen.

Schon am Anfang des Jahrhunderts gibt es Blätter, wo sich die unwillkürlichen, unendlich kreisenden Zeichenbewegungen zu vielgestaltigen Liniengefügen verdichten. Wenn der kontinuierliche Fluss der Feder eine besondere Intensität erreicht, zeigen sich bereits deutliche Anklänge an die später im Surrealismus entwickelte Methode des «automatischen Schreibens», und manchmal entstehen auch ähnlich bizarr und archaisch anmutende Figurationen. Noch vor 1900 gehen die linearen Bewegungsspuren aber auch bereits in völlig ungegenständliche, aber höchst gestalthafte Zeichengebilde über. Diese «abstrakten Ornamente» waren zunächst noch jugendstilartig direkt aus figürlichen Formen oder aus Buchstaben abgeleitet. Doch bald sieht Hölzel die einzelnen Ornamente nicht mehr isoliert für sich, sondern setzt sie als freie Formen im Wechselspiel von Figur und Grund in Beziehung zum gesamten Blatt, so dass eine über jede konventionelle kalligrafische Gestaltung hinausgehende Bildhaftigkeit erreicht wird.

Indem allmählich aus den Ornamenten autonome, abstrakte Bilder werden, entfernt sich Hölzel auch in seiner eigentlichen Kunst von jeder gegenständlichen Darstellung und leitet vor Wassily Kandinsky die «Epoche des grossen Geistigen»[48] in der Kunst ein.

48 — W. Kandinsky: *Über das Geistige in der Kunst*. Bern 1952, S. 143.

Spätestens 1905 mit der *Komposition in Rot* gelingt Hölzel der endgültige Durchbruch zur künstlerischen Abstraktion, und er entdeckt die Malerei als ein eigenständiges, von jeder Nachahmungsabsicht unabhängiges Ausdrucksmittel. Der Gegenstand verliert infolgedessen seine einstige «harmoniebildende», bisher notwendige Funktion für die formale Organisation des Bildes. Bei der Lösung des Problems, ein bildkompositorisches Äquivalent für die Gegenständlichkeit zu finden, kommt es Hölzel zu Hilfe, dass er seine Exerzitien vor allem auf gebrauchtem, bereits bedrucktem oder beschriebenem Papier ausführte. Aus den zahllosen zufälligen Überschneidungen ergibt sich ein Liniengewirr, in dem er mit Hilfe von Transparentpapier und Durchpausverfahren formale Vereinfachungen und Akzentuierungen vornahm. Auf diese Weise sind die vielgestaltigen, von ihm als «Konzepte» bezeichneten konstruktiven Gerüste entstanden, die seinen abstrakten Bildkompositionen stets zugrunde liegen.

Wie Hölzels Exerzitien über ihre schulende und therapeutische Funktion hinaus einerseits als surreale «Kritzeleien» das Tor zum Unbewussten öffnen und sowohl abstrakte Formfindungen wie strukturelle Bildkonzepte ermöglichen, so sind sie andererseits auch immer wieder der Ausgangspunkt sehr bewusster und theoretischer Äusserungen des Künstlers. Während sich die Hand zumeist zeilenweise über das Blatt bewegte, gingen die frei kreisenden Linienschwünge oft in eine regelrechte Schreibbewegung über, die sich aber auch wieder ins Zeichnerische auflösen konnte. Hölzel hat solche Prozesse, in denen Buchstaben sich bildeten und sogar zu vollständigen und zusammen-

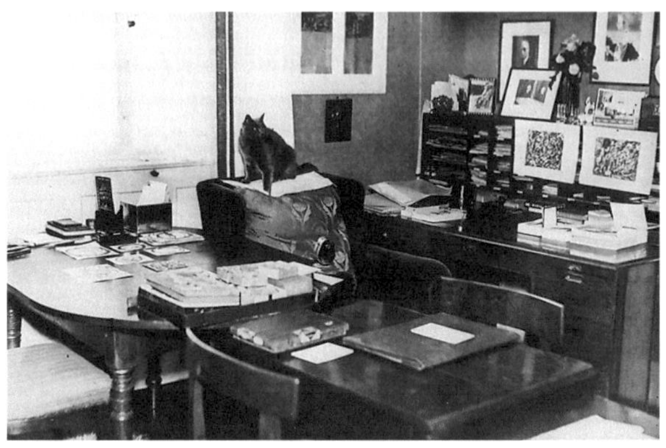

Hölzels Atelier

hängenden Wörtern und Aussagen formierten, selbst genau beschrieben:

> «Weiter gleitet die Feder, nicht wie Du willst, sondern wie sie mag, oft weiter als Du ahnst, und es entstehen ganze Wortgebilde, von denen Du nicht weisst, wer und was sie sind, bis ein Wort zündet und Deinen Geist leitet in andere Regionen [...] So kann es dann sein, dass Sätze sich bilden [...] Es ist eine Dichtung auch in der Prosa, die mehr dem Gefühl entspringt als verstandesmässiger Überlegung.»[49]

49 — A. Hölzel zit. nach W. Venzmer (Anm. 46), S. 97.

Hölzel verfügt mit den zeichnerischen Exerzitien über ein Medium, das ihm einen andauernden gleitenden Übergang von der manuellen Übung über die Poesie zeichnerischer Formung zur Prosa begrifflichen Denkens ermöglicht. So entstehen zusammen mit den «täglichen tausend Strichen» auch die Aufzeichnungen seiner theoretischen Reflexionen über bildnerische Phänomene. Völlig organisch in Hölzels künstlerisches Tagewerk integriert, sind sie nicht zuletzt infolgedessen von einem solchen Ausmass, dass sie sich in einem umfangreichen schriftlichen Nachlass niedergeschlagen haben. Von dessen gesamtem Umfang sind ausschliesslich die Blätter des *Theoretischen Nachlasses* noch als geschlossenes Konvolut verblieben. Was Hölzel über Jahrzehnte aufgezeichnet hat, ist also nicht im herkömmlichen Sinne ein schriftlicher Nachlass und enthält trotz aller kunsttheoretischen Substanz auch keine ausformulierte Theorie oder gar Lehre. Vielmehr handelt es sich dabei um eine ganz eigene, andersartige Ausformung künstlerischer Praxis, die sich in den Zeichnungen mit Schriftsockel sogar zu einer speziellen Werkform entwickelt hat. Zwischen manuell-mechanischen Exerzitien auf der einen und ästhetisch-kreativen Experimenten auf der anderen Seite kommt also den künstlertheoretischen Reflexionen eine *integrative* Funktion zu.

An dem letzten, nochmals etwa 50 Jahre späteren Beispiel des nach eigenen Angaben 1945 geborenen amerikanischen Künstlers Joseph Kosuth lässt sich eine noch erheblich weitergehende Integration von Künstlertheorie und -praxis zeigen. Nicht nur, dass Kosuth seine programmatischen Texte wie *Art after Philosophy* zur Kunst erklärt hat, sondern in seiner späteren Entwicklung werden Werk und Theorie auch tatsächlich identisch und erscheinen in einer einzigen Ausformung. Wie das theoretische Konzept die Werkform bestimmt, so wird von ihr der Theorieinhalt gleichsam aufgeführt, so dass dieser Funktionstypus der Künstlertheorie als *performativ* zu charakterisieren ist.

Die Konzeptkunst ist – soweit sich absehen lässt – die letzte Kunstrichtung, die sich noch völlig bruchlos in die Entwicklungsgeschichte der künstlerischen Avantgarden des 20. Jahrhunderts einfügt. Avantgardistischer Kunst ist es letztlich stets um den fortwährenden Versuch der Neudefinition von Kunst gegangen. In der Fortführung dieser Tradition ist es dann nur konsequent, wenn schliesslich nicht mehr das Medium der Malerei oder Skulptur für die Selbstdefinition der Kunst prädestiniert erscheint. Denn das für diesen Zweck präzisere, also geeignetere Mittel ist die Sprache mit ihrer Begrifflichkeit, die darum von der Konzeptkunst als Medium bevorzugt wird. Sie bedient sich in bewusst «unkünstlerischer» funktionaler Weise dieses Mediums, um jenseits jeder Materialsprachlichkeit rein begrifflich sich selbst als Kunst zu definieren. Alle morphologischen Ähnlichkeiten mit konventionellen Kunstformen vermeidend, zielt die Konzeptkunst ursprünglich auf eine material-ästhetisch indifferente, rein wortsprachlich fundierte Definition von Kunst.

Im Laufe der Zeit stellte sich indes heraus, dass die ausdrückliche Vermeidung materialästhetischer Aspekte selbst zu einem formalen Stilmerkmal wurde, von dem eine mindestens so starke Definitionsmacht wie von allen begrifflichen Operationen ausging. Darauf hat die in den 80er Jahren aufkommende «neokonzeptualistische» Kunstströmung (vgl. z.B. Haim Steinbach), aber auch J. Kosuth bereits zuvor selbst reagiert und die Rolle der Materialästhetik nicht länger ignoriert. Geradezu exemplarisch für diese Weiterentwicklung konzeptueller Kunst ist das Projekt *modus operandi*. Diese von Kosuth an sehr unterschiedlichen Orten realisierte Werkfolge unterscheidet sich von seinen früheren Arbeiten eben dadurch, dass über die rein begriffliche Bedeutung hinaus nun auch die spezifische Materialität einer Kunstaussage mitreflektiert wird. Gleichwohl versucht auch diese Arbeit eine Selbstdefinition und -begründung von Kunst zu geben, indem sie die grundsätzlichen Bedingungen thematisiert, unter denen Kunst überhaupt noch möglich ist und sich als solche bestimmen lässt.

Kosuths Atelier

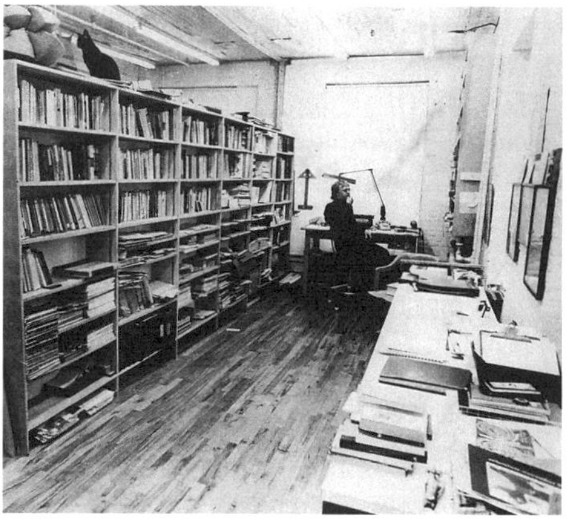

Die autonom gewordenen Künste stehen – wie vorab dargestellt – von Anbeginn unter diesem extremen Selbstbegründungszwang, aus dem sich der Hang der meisten modernen Künstler zum Theoretisieren erklärt. Unter den zahlreichen künstlertheoretischen Schriften, die zur generellen Konzeptionalisierung der Kunst geführt haben, ist ganz besonders Friedrich Hölderlins bemerkenswerter, in unvergleichlicher Gedankentiefe unternommener Versuch hervorzuheben, aus der «Verfahrungsweise des poetischen Geistes»[50] die Bedingungen der Möglichkeit von Kunst zu ergründen.

50 — F. Hölderlin: *Sämtliche Werke*, Bd. 14: Entwürfe zur Poetik. Frankfurt 1984.

Auch wenn es sich um einen prominenten Text handelt und sicher gute Gründe für dessen unveränderte Aktualität gibt, ist es doch frappierend, wenn Kosuth heute ebenfalls den «modus operandi», also eine ihr eigene, spezifische *Verfahrensweise*, als bestimmend für die Kunst ansieht. Worin dieser «modus operandi» nun aber tatsächlich besteht, diese Explikation nimmt indes Kosuth eben nicht mehr primär begrifflich vor.

Im Unterschied zu Hölderlin und seinen eigenen früheren Arbeiten verzichtet Kosuth auf jede wortsprachliche, nähere inhaltliche Erläuterung der Verfahrensweise. Vielmehr präzisiert und demonstriert er den «modus operandi» auf eine formale und materiale Weise an diesem Schriftzug selbst, indem er ihn in völlig verschiedene Kontexte bringt und darauf in typografischer Hinsicht unterschiedlich reagiert. Durch die Art und Weise der spezifischen Konkretisierung des Wortlauts, das heisst wie mit ihm im gewählten räumlichen und sozialen Zusammenhang jeweils als Textgestalt operiert wird, zeigt sich deutlich, worin die Verfahrensweise besteht. Die Arbeit «modus operandi» nimmt insofern nicht nur eine nominale und hypothetische Kunstdefinition vor, sondern vollzieht diese real und faktisch solcherart an sich selbst, dass sich inhaltliche Bedeutung und formale Erscheinung des Textes wechselseitig erhellen und gegenseitig begründen: Als allgemeine begriffliche Definition *von* Kunst definiert *modus operandi* zugleich auch seine formale, materiale Besonderheit *als* Kunst. Die beiden Grundrichtungen der Konzeptkunst, die mehr methodisch-planende und die eher begrifflich-definierende werden hier um den Aspekt der Kontextualisierung ihrer Operationen erweitert, was zugleich einen Höhe- und Wendepunkt der Selbstbezüglichkeit von Kunst bedeutet.

Michael Lingner ist Professor für Kunstwissenschaften an der Hochschule für Bildende Künste Hamburg.

Die Kunsthochschule als Spiel im Spiel

— Beatrice von Bismarck

In den Strukturen und Praktiken der Kunstinstitutionen hinterlassen Ökonomisierungstendenzen und Globalisierungseffekte auf vielfältige Weise ihre Spuren. Wissenschaftliche Disziplinen wie diejenigen der Cultural Studies oder Kunstgeschichte, Museen, private Sammlungen und Ausstellungshäuser sind in den vergangenen Jahren zunehmend zum Gegenstand sowohl künstlerischer als auch theoretischer Untersuchungen geworden, die die entsprechenden Veränderungen kritisch nachzeichneten.[1]

1 — Vgl. im deutschsprachigen Kontext u.a. Sebastian Conrad / Shahalini Randiera: *Jenseits des Eurozentrismus. Postkoloniale Perspektiven in den Geschichts- und Kulturwissenschaften,* Frankfurt / M. 2002; Irene Below / Beatrice von Bismarck: *Globalisierung / Hierarchisierung. Kulturelle Dominanzen in Kunst und Kunstgeschichte,* Marburg 2005; Christian Kravagna: «Transkulturelle Blicke. Repräsentationsprobleme aussereuropäischer Kunst», in: Christoph Tannert, Ute Tischler (Hg.): *Men in Black. Handbuch kuratorischer Praxis,* Berlin 2004, S. 98–104.

Auch für die Institution der Kunsthochschule haben sich in jüngster Zeit Arbeitszusammenhänge entwickelt, die Formen der Kritik bereits in künstlerischen Ausbildungskontexten erprobten. Einer von ihnen ist der /D/O/C/K-Projektbereich an der Hochschule für Grafik und Buchkunst Leipzig, in den ich involviert bin. Für ihn wie für vergleichbare Initiativen gilt, dass sie – mit unterschiedlichen Verfahren und Perspektiven – die Akademie als einen Verhandlungsraum auffassen, der sich aufgrund seiner spezifischen Vorgaben und Möglichkeiten in besonderem Masse dafür eignet, die Voraussetzungen und Bedingungen zu befragen, unter denen eine Ausrichtung an ökonomistischen und sozial hierarchisierenden Parametern im Kunstfeld erfolgt.[2]

2 — Zu den genannten Projekten vgl. Stephan Dillemuth (Hg.): *The Academy and the Corporate Public,* Bergen / London 2002.; Sabeth Buchmann et al (Hg.): *Wenn sonst nichts klappt: Wiederholung wiederholen in Kunst, Popkultur, Film, Musik, Alltag Theorie und Praxis,* Berlin 2005; zur Arbeit des /D/O/C/K-Projektbereichs der Hochschule für Grafik und Buchkunst Leipzig vgl. Beatrice von Bismarck / Alexander Koch (Hg.): *beyond education. Kunst, Ausbildung, Arbeit und Ökonomie,* Frankfurt / M. 2005; zur «Commune des Arts» vgl. ebenda auch Stefan Römer: *Sind die Vulkane noch tätig? Zur künstlerischen Selbstorganisation an Kunsthochschulen,* S. 21–32; unter der Bezeichnung «Modulator» entwickeln Eran Schaerf und Studierende der Hochschule für Bildende Kunst Hamburg einen «Verhandlungsraum für Sender und Empfänger in Rollenspiel», vgl. Pressetext zur Ausstellung, Akademie. *Kunst lehren und lernen,* Kunstverein in Hamburg in Kooperation mit dem Siemens Arts Program, Hamburg 2005; zur Protoacademy vgl. www.curatingdegreezero.org / protoacademy / protoacademy.html.

Denn: In der Akademie, die spätere Mitspieler und Mitspielerinnen im Kunstfeld ausbildet, werden Werte, Regeln und Kriterien zur Weitergabe sanktioniert, hier finden erste Auswahlverfahren statt, die über einen möglichen Eintritt in das Zentrum des Feldes entscheiden können. Und hier treffen Fortsetzung von Bewährtem einerseits und experimentelle Veränderung andererseits mit besonderer Wucht aufeinander.

Gerade vor dem Hintergrund latenter Risiken ökonomistischer Instrumentalisierung gewinnt die Frage nach den Aufgaben und Potenzialen einer Kunsthochschule ihre Aktualität. Als Einrichtung, die in besonderem Masse an der Fortsetzung von Individualisierungsmaximen beteiligt ist, die ihrerseits Teil der in das Feld der Ökonomie eingegangenen «Norm der Abweichung»[3] sind, können die Zusammenhänge, für die sie – im künstlerischen und im gesellschaftlichen Feld – ausbildet, nicht mehr als gegeben hingenommen werden.

3 — Vgl. Marion von Osten (Hg.): *Norm der Abweichung*, Zürich / Wien / New York 2003. Den Titel der Publikation begründend heisst es dort, S. 7: «Wenn Dissidenz, Kritik und Subversion zum Motor der Modernisierung eben jener Verhältnisse werden, die zu unterminieren, abzuschaffen oder wenigstens zu denunzieren sie einmal angetreten waren, verkehrt sich das Verhältnis von Norm und Abweichung.»

Einerseits rücken mithin die ökonomischen und symbolischen Verwertbarkeiten einer solchen Ausbildung samt den in sie verwobenen Naturalisierungen, Hierarchisierungen und künstlerischen Rollenmodellen in den Blick. Andererseits gilt es, einer kritischen Praxis erneut Handlungsräume zu öffnen, die sich der sofortigen Aneignung seitens der Institutionen – wie sie für die Politik kultureller Einrichtung in Zeiten der zunehmenden Auflösung des Wohlfahrtstaates zu Beginn des 21. Jahrhunderts kennzeichnend ist – entziehen.

Voraussetzung dafür ist das Verständnis von einer Institution als einem Raum, in dem verschiedene aufeinander einwirkende Kräfte zum Tragen kommen. Dem Modell des extern vorgegebenen «Apparats», wie es Louis Althusser definierte,[4] stellt sich damit dasjenige eines relational ausgerichteten «Felds» gegenüber.

4 — Vgl. Louis Althusser: *Ideologie und ideologische Staatsapparate. Aufsätze zur marxistischen Theorie*, Frankfurt / Main 1977.

Es wird über die objektiven Positionen zwischen den Akteuren – das sind sowohl Individuen als auch Institutionen – bestimmt, die «mit unterschiedlichen Machtgraden und damit Erfolgsaussichten nach den (und in bestimmten Konstellationen auch um die) für diesen Spiel-Raum konstitutiven Regularien und Regeln um die Aneignung der spezifischen Profite, die bei diesem Spiel im Spiel sind» kämpfen.[5]

5 — Pierre Bourdieu / Loïc D. J. Wacquant: «Die Ziele der reflexiven Soziologie». Chicago-Seminar, Winter 1987, in: Pierre Bourdieu / Loïc D. J. Wacquant: *Reflexive Anthropologie*, Frankfurt / Main 1996, S. 95 – 249, hier S. 133.

Bezeichnend für das «Spiel», das Pierre Bourdieu in nachdrücklicher Abgrenzung von der soziologischen Spieltheorie austauschbar mit seinem Feld-Begriff einsetzt, ist, dass in ihm die Spielregeln selbst ins Spiel gebracht werden. Interne und externe Bezüglichkeiten treten in ihm, wie in jedem Feld, konstitutiv gegeneinander an.[6]

6 — Vgl. Pierre Bourdieu: *Vom Gebrauch der Wissenschaft. Für eine klinische Soziologie des wissenschaftlichen Feldes*, Konstanz 1998, S. 25, 33.

Mit den internen und externen Bezüglichkeiten sind die Mechanismen der Wert- und Statuszuweisungen benannt. Zur Debatte steht etwa das Charisma, das im Kunstfeld einerseits den freien und andererseits den lehrenden Künstlern und Künstlerinnen beziehungsweise einerseits den «reinen» Lehrenden und andererseits den «weltlichen», auf Vernetzung und Verwaltung gerichteten Lehrenden zugesprochen wird. Es ist massgeblich verantwortlich für die Teilhabe an der Definitionsmacht innerhalb des Feldes. Ähnlich erweist sich sowohl der Gegenstand der Lehre als auch die Kunsthochschule selbst aufgehängt zwischen den beiden gegenläufigen Ausrichtungen interner und externer Anforderungen. Während handwerkliche Fertigkeiten, stilistische Ausformulierungen oder inhaltliche Akzente im Zentrum der «reinen» Lehre stehen, können sie – trotz des Rückzugs ins Atelier – doch nicht ausser Acht lassen, dass sie zum einen ihren gesellschaftlichen Verhältnissen Rechnung tragen und dass zum anderen die entstehenden künstlerischen Arbeiten der Studierenden letztlich immer öffentlich gedacht sind, dass sie eines Publikums bedürfen, um wahrgenommen zu werden, die Rezeption konstitutiv für die Kunst als Kunst ist. Ebenso stellt eine Kunsthochschule, wie alle Kunstinstitutionen, eine Verbindung zwischen der Kunstproduktion und der Formation ihrer Öffentlichkeit(en) her [7] und betreibt damit die kontinuierliche Durchkreuzung interner und externer Regelungen und Normen.

7 — Simon Sheikh spricht von Kunstinstitutionen als «das Dazwischen, die MediatorInnen, GesprächspartnerInnen, ÜbersetzerInnen und Orte des Aufeinandertreffens zwischen Kunstproduktion und der Bildung ihrer ‹Öffentlichkeit›», Simon Sheikh: Öffentlichkeit und die Aufgaben der «progressiven» Kunstinstitution, http://republicart.net/disc/institution/sheikh01_de.htm. Von der politischen Bedeutung des «Dazwischens» ausgehend, verfolgte ein von der Hochschule für Grafik und Buchkunst organisiertes Programm die Perspektiven von visueller Politik innerhalb dynamisierter Grenzbereiche, vgl. Beatrice von Bismarck (Hg.): *Grenzbespielungen – Visuelle Politik in der Übergangszone,* Köln 2005.

Wie Galerien oder Kunstvereine und Museen übernehmen auch Hochschulen Gatekeeper-Funktionen, durch welche sie über Ein- und Ausschlüsse im Kunstfeld entscheiden können. [8]

8 — Zu Gatekeeper-Funktionen vgl. Raymonde Moulin: *L'artiste, l'institution et le marché,* Paris 1997 (1992), S. 48.

Die Entlassung der Studierenden in den Künstlerberuf nach bestandenem Abschlussexamen entspricht dem «Institutionsritus», der, nach Bourdieu, über die «Wertigkeiten eines Menschen im Verhältnis zu anderen» entscheidet. [9]

9 — Zum Begriff des «Institutionsritus» bei Bourdieu vgl. Werner Fuchs-Heinritz / Alexandra König: *Pierre Bourdieu. Eine Einführung,* Konstanz 2005, S. 213 f.

Diese raumzeitlichen Bewegungen zwischen internen und externen Anforderungen und Regeln innerhalb des Kunstfelds sind konstitutiver Bestandteil der als Unterfeld verstandenen Institution «Kunsthochschule». Für die Wahrung ihrer relativen Autonomie, die zugleich ihre Existenz sichert, ist sie auf die Abgrenzung von den externen, in anderen gesellschaftlichen Feldern generierten Anforderungen angewiesen. [10]

10 — Zum wissenschaftlichen Feld schreibt Bourdieu bezüglich des Risikos, durch externe Anforderungen die Autonomie des Feldes einzubüssen: «Sicher ist allerdings, dass mit zunehmender

<blockquote>
Unvollständigkeit der Autonomie des Feldes und mit wachsender
Ausprägung der Unterschiede zwischen seinen weltlichen und
spezifischen Hierarchien die Möglichkeiten seiner weltlichen Kräfte
wachsen, auch in spezifische Kämpfe eingreifen zu können,
insbesondere durch ihre Verfügungsgewalt über Stellen, Gelder,
Verträge usw.», ders. (1998), a.a.O., S. 36.
</blockquote>

Die gegenwärtige wirtschaftliche und mit ihr verbundene bildungspolitische Entwicklung in Europa und insbesondere im deutschsprachigen Raum unterzieht diese Autonomie allerdings einer ernstzunehmenden Stabilitätsprüfung. Die heteronomen Züge der Akademie sehen sich Aneignungstendenzen ausgesetzt, die sie der Logik des eigenen Feldes entfremden und die feldexternen Regeln zur Dominanz verhelfen. Die Einrichtung eines Arbeitszusammenhangs – wie des /D/O/C/K-Projektbereichs der HGB Leipzig – innerhalb der Kunsthochschule, der in sich die Bedingungen und Eigenschaften der Institution mit ihren internen und externen Abhängigkeiten abbilden, aufführen, verhandeln und gegeneinander antreten lassen kann, ohne seinerseits selbst ganz in ihr aufzugehen, hat hier ihre Begründung. Für diesen Arbeitszusammenhang ist wesentlich, dass er in seiner Anlage temporalisiert, selbstreflexiv und auf unterschiedliche demokratisch verstandene Öffentlichkeiten hin ausgerichtet ist. In Orientierung und konstantem Abgleich an die Bedürfnisse, Anforderungen und Bedingungen, die das Verhältnis der Institution zur Öffentlichkeit definieren, können hier die externen und internen Regeln aufeinander treffen, sich überlappen, überschneiden und sich in dieser Begegnung gegenseitig überprüfen. Es bildet sich ein Raum, der sich über seinen Gebrauch generiert, dadurch dass man etwas mit dem Ort macht und ihn mit diskursiven und sozialen Bewegungen durchzieht.[11]

11 — Vgl. Michel de Certeau: «Berichte von Räumen», in: ders.:
Kunst des Handelns, Berlin 1988, S. 218–219.

Er ist damit kontinuierlich im Entstehen begriffen. Durch unterschiedliche, teilnehmende Akteure und Erscheinungsformen, relationale Ausrichtungen, Strukturen und Praktiken wird er immer wieder neu zusammengesetzt, ist damit nicht nur ein Raum mit vorübergehend bestehenden institutionellen Kennzeichen, sondern tritt auch hochschulintern wie -extern selbst als Akteur auf, der seinerseits kontinuierlich die eigene Position im Verhältnis zu den anderen Akteuren ausloten und neu bestimmen muss. Die Prozesse des Herstellens der Öffentlichkeiten geraten so zu Verhandlungsprozessen, die darauf ausgerichtet sind, die Spielregeln des Subfeldes «Kunsthochschule» selbst, als «Spiel im Spiel» zu prozessieren.

Dieser Beitrag ist ein leicht modifizierter Auszug
aus dem Aufsatz «Spiel im Spiel: Institution,
Institutionalisierung und Kunsthochschule», in:
Nina Möntmann (Hg.): *Art and its Institutions.
Current Conflicts, Critique and Collaboration,*
London (erscheint Frühjahr 2006).

Beatrice von Bismarck ist Professorin für Kunstgeschichte und Bildwissenschaft und Prorektorin für Lehre und Forschung an der Hochschule für Gestaltung und Buchkunst Leipzig.

Kunst – Kontext – Credit Points

— Katharina Jedermann

An den deutschen Kunst- und Musikhochschulen wird der Bologna-Prozess kontrovers diskutiert. Die Positionen reichen von der Totalverweigerung bis zum Ergreifen der «Jahrhundertchance zur Studienreform». Vor dem Hintergrund der Erfahrungen des 2002 akkreditierten postgradualen Master-Studiengangs *Art in Context* an der Universität der Künste Berlin werden Fragen der Berufsfeldorientierung und Positionierung von Künstlern und Künstlerinnen in verschiedenen gesellschaftlichen Kontexten diskutiert. Der Weiterbildungsstudiengang *Art in Context* an der Berliner Universität der Künste, an dem ich lehre, wurde 2002 als postgradualer Master-Studiengang für vier Jahre akkreditiert. Wir waren der zweite Masterstudiengang an einer deutschen Kunsthochschule, der die Prozedur der Akkreditierung gut überstanden hat. Allerdings gilt dies nur bis zum Sommer 2006. Wir waren die Letzten, die durch den deutschen Akkreditierungsrat selbst, nicht durch eine Firma evaluiert worden sind. Inzwischen ist der Akkreditierungsrat nur noch ein Kontrollgremium für verschiedene private Firmen, die als Evaluierungsagenturen angeheuert werden.

Momentan sind wir dabei, unsere Absolventen und Absolventinnen, Studierenden und uns selbst nach den Erfahrungen der letzten drei Jahre zu befragen und Änderungen an der Studienordnung zu formulieren, um im Frühjahr die Reakkreditierung zu beantragen, dieses Mal dann von einer privaten Firma. Dass es diese Firmen gibt, ist ein inzwischen schon gewohntes Zeichen der neoliberalen Umstrukturierung und Privatisierung unseres Bildungs- und Hochschulsystems, in dem der Bertelsmann-Konzern – mit seinem 1994 gemeinsam mit der deutschen Hochschulrektorenkonferenz gegründeten Centrum für Hochschulentwicklung (CHE, http://www.che.de) – zu den einflussreichsten Grössen gehört.

Kontext Berlin

In Berlin ist – 15 Jahre nach der Vereinigung Deutschlands – der Zerfall der bisherigen sozialen Sicherungssysteme am deutlichsten sichtbar. 60 Milliarden Euro Schulden hat die Stadt, Arbeitslosigkeit und Armut nehmen sichtbar zu. Mit 18,1% liegt die Arbeitslosenquote in Berlin deutlich über den Werten aller anderen deutschen Bundesländer (in Kreuzberg sind es mittlerweile in manchen Quartieren fast 30%); das ist die Zahl vom November 2005.

«Gegenüber dem Vorjahr stieg sie um 1,0 Prozent. Die meisten Job-Verluste gab es in der Bauwirtschaft, in Erziehung und Unterricht sowie im verarbeitenden Gewerbe. Lediglich die Gastronomie konnte ein leichtes Beschäftigungsplus vorweisen.»[1]

1 — *Berliner Zeitung* vom 3. November 2005

Gleichzeitig aber gibt es nirgendwo in Deutschland eine solche Dichte an Kreativität, an künstlerischen Projekten, internationalen Künstlern und Künstlerinnen – eine spannende Projektszene in allen Sparten. Als Jurorin im Hauptstadtkulturfonds, einer der wenigen Stellen, von der noch Geld für die freie künstlerische Produktion vergeben wird (knapp 10 Mio. Euro im Jahr), habe ich im letzten Jahr über 600 Anträge lesen können, in denen sich die lebendige Kulturszene in ihrer Vitalität, aber auch in ihrer existenziellen Not präsentiert. Künstlerinnen und Künstler sind nicht nur in Berlin spezialisiert auf prekäre Lebens- und Arbeitsverhältnisse. Schon 1999 hiess es in der Darstellung einer Untersuchung von Carroll Haak, die am Wissenschaftszentrums Berlin für Sozialforschung, Arbeitsmärkte für Künstler und Publizisten analysiert hat:

«Arbeiten wird in Zukunft selbstbestimmter und wettbewerbsorientierter sein, die Beschäftigung wechselhafter in Art und Umfang, in stärkerem Masse projekt- oder teamorientiert und zunehmend in Netzwerke statt in Betriebe integriert.

‹Niedriglohnsektor›, ‹Neue Selbständige›, ‹Dritter Sektor›: Diese Begriffe fallen immer wieder in Diskussionen, in denen es um die Zukunft der Arbeit geht. Der Studie liegt die These zugrunde, dass auf den Künstler- und Publizistenarbeitsmärkten bereits heute viele Formen von Beschäftigung und Entlohnung praktiziert werden, die in Zukunft auch für viele jetzt noch in einem Normalarbeitsverhältnis (in Vollzeit unbefristet angestellt) stehende Arbeitnehmer gelten werden. Im Mittelpunkt der Analyse standen die Fragen: Was kann für die Organisation künftiger Arbeitsmärkte gelernt werden? Wo gibt es spezifische Defizite, die einen Reformbedarf der Arbeitsmarktpolitik anzeigen?

Ausbildungsniveau und Qualifizierungsbereitschaft sind im Künstler- und Publizistenbereich überdurchschnittlich hoch. Vielfältigere und wechselnde Arbeitsaufgaben spornen zwar zum lebenslangen Lernen an, sind gleichzeitig aber auch mit schwankender Entlohnung oder Vergütung verbunden. Die individuellen Strategien eines Risikomanagements gegen Beschäftigungsunsicherheit, Abstiegsrisiken, Selbstausbeutung und neue Ungleichheiten reichen für eine soziale Absicherung nicht aus. Im Vergleich zu anderen Berufsgruppen mit einer gleichwertigen Ausbildung ist das Einkommensniveau von Künstlern und Publizisten deutlich geringer. Das Einkommen fällt häufig sehr unregelmässig an, und seine Höhe variiert stark. Es bilden sich immer mehr Patchwork-Berufsbiographien heraus, die mit den Vorstellungen einer geradlinigen, leicht plan- und steuerbaren Berufsbiographie nicht mehr viel zu tun haben. Phasen der Arbeitslosigkeit kommen immer wieder vor, es werden mehrere Einkommensquellen kombiniert, und Arbeit erfolgt auch als unbezahlte Eigenarbeit. Dies wirkt tief in den privaten Bereich hinein.»[2]

2 — *Vom Beruf zum Job: selbstbestimmter, vielfältiger, anstrengender. Arbeitsmärkte für Künstler und Publizisten als Trendsetter,* Wissenschaftszentrum Berlin für Sozialforschung GmbH, 21.12.1999 - (idw) zit. nach: www.uni-protokolle.de/nachrichten/text/55030/ [Dez. 2005]

Soweit die Ergebnisse der Studie von Carroll Haak, die inzwischen immer wieder zitiert wird, wenn gezeigt werden soll, dass Künstlerinnen und Künstler mit ihren Arbeits- und Lebensverhältnissen gewissermassen Vorreiter des neuen flexiblen Menschen sind, mobil, schlecht bezahlt, aber hoch motiviert ... Die letzte Erhebung der Künstlersozialkasse bestätigt diesen Befund aktuell: Durchschnittseinkommen der bei ihnen gemeldeten Künstler sind 11 000 Euro im Jahr.

Inzwischen ist Prekarität zum Dauerthema nicht nur im Kulturbetrieb geworden. Immer häufiger – besonders in Frankreich und Italien – kommt es zu Zusammenschlüssen und Solidaritätsbewegungen zwischen den prekär beschäftigten im Kulturbereich mit in unsicheren Arbeitsverhältnissen lebenden anderen Bevölkerungsgruppen. Seit 2002 gibt es gemeinsame Demonstrationen am Mayday, und www.republicart.net, die in Österreich beheimatete Website für demokratische Kulturpolitik um Gerald Raunig, widmet dieser Diskussion seit einem Jahr breiten Raum und hat den Begriff des Prekariats in die deutschsprachige Diskussion eingeführt, eine meines Erachtens prekäre Formulierung nach dem Abschied vom Proletariat.

Kontext Universität

Seit Anfang Dezember streiken in Berlin wieder einmal die Studierenden. In einer Vollversammlung am 7. Dezember 2005 haben sie folgende Erklärung beschlossen:

«Ein freies und flexibles Studium gemäss individueller Interessen und der Zugang dazu sind durch die flächendeckende Einführung des Bachelor, insbesondere durch die Einführung des zentralisierenden Campus Managements und die drohenden Studiengebühren nicht möglich.

Angesichts der fortschreitenden Umbewertung vieler öffentlicher Bereiche nach rein ökonomischen Massstäben sehen wir Freiheit und Selbstbestimmtheit in Lehre und Forschung gefährdet. Wir setzen unsere Bestrebungen in den gesamtgesellschaftlichen Zusammenhang. Die zunehmende Einschränkung der Selbstbestimmung an der Universität steht in einem unmittelbaren Zusammenhang mit einer Tendenz in der gesamten Gesellschaft, Selbstbestimmung ökonomischen Zwängen zu opfern. Wir solidarisieren uns

mit den Protesten anderer Universitäten und anderer
sozialer Bewegungen.»[3]

3 — www.streikzentrale.tk / 8. Dezember 2005.

Es hat lange gebraucht bis sich eine sichtbare Bewegung der Studierenden
deutlich gegen den Bologna-Prozess aussprach, waren doch die Reformversprechen
angesichts einer überfüllten, schlecht organisierten Massenuniversität zunächst
für die meisten eine hoffnungsfroh stimmende Alternative.

Vielleicht ist es typisch – und das entspricht der Analyse von Richard Sennett
in seinem neuesten Buch über «die Kultur des neuen Kapitalismus»[4] –, dass erst die
bürokratische Umsetzung mit dem Campus Management den Protest hervorruft,
denn hier zeigt sich am deutlichsten, wie die Public-Private-Partnership als Kontroll-
instrument funktioniert. Der wachsende, Computer gestützte, bürokratische Wust,
der auch von den ihn bedienenden Hochschulangestellten nicht mehr beeinflusst
werden kann, scheint die sichtbarste Umstrukturierung zu sein. Ein paar fehlende
Scheine, Verzögerungen etc. können schnell das Studium gefährden, die Angestellten
haben innerhalb des Programms keine Entscheidungsspielräume mehr.

4 — Richard Sennett (2005), *Die Kultur des neuen Kapitalismus,* Berlin
Verlag, Berlin.

Kontext Kunsthochschulen

Aber es gibt auch bei uns andere Stimmen zum Bologna-Prozess, zum Beispiel diejenige des Dekans der Fakultät Musik und Vizepräsidenten der UdK
Patrick Dinslage. Im Juni 2005 lud die Service-Stelle Bologna der Hochschulrektorenkonferenz Vertreter und Vertreterinnen von Studiengängen in Kunst,
Musik und Theater ein, die Bedeutung des Bologna-Prozesses in diesen Fächern zu
diskutieren. Prof. Dinslage begann sein Einführungsreferat mit diesen Worten:

«Der Bologna-Zug rollt! Und das sage ich durchaus mit
einer gewissen Portion Stolz. Um Sie nicht gleich zu
Beginn zu verärgern, füge ich noch das von mir so oft
bei Besprechungen, Meetings und Konferenzen über
die neue gestufte Studienstruktur verwendete Einlei-
tungsmotto hinzu: Bachelor und Master sind nicht des
Teufels! Es ist meine feste Überzeugung, mit der Um-
stellung unserer Studienstrukturen auf das gestufte
System haben wir die Jahrhundertchance zur Studienreform, eine Chance, wie es sie in dieser umfassenden
Weise in den vergangenen hundert Jahren nicht gegeben hat und in den kommenden hundert Jahren wohl
auch nicht wieder geben wird [...]»[5]

5 — http://www.hrk-bologna.de/bologna/de/download/dateien/
Dinslage_Einfuehrung(1).pdf [Dezember 2005].

Die Musikschulen haben etwas erreicht, was auf die freien künstlerischen Studiengänge auch angewandt werden kann, wenn sie ihre
ablehnende Haltung dann endlich – so hoffen manche – aufgeben
werden: Für die Kunst- und Musikschulen kann ein sechsjähriges gestuftes Studium
eingeführt werden; vier Jahre Bachelor, zwei Jahre Master, allerdings mit der Mass-
gabe, dass zur zweiten Phase, zum Masterstudium – nach dem so genannten Bottle-

neck oder Flaschenhalsprinzip – aus Gründen der Kostenneutralität – nur noch die Hälfte der Studierenden zugelassen wird. Noch einmal Zitat Prof. Dinslage:

> «Die eine Hälfte der Studierenden legt ihr Examen vor dem Berufseintritt ein Jahr früher als bisher bereits nach vier Jahren ab – dabei ist beispielsweise an den Tuttigeiger im Orchester gedacht – die andere Hälfte studiert ein Jahr länger als bisher und spezialisiert sich in diesem zweijährigen Masterstudium beispielsweise zum Orchestersolisten oder Kammermusiker.»[6]

6 — Dinslage a.a.O.

Unter dem Dach der Universität der Künste sind 1975 die Kunst- und Musikhochschule fusioniert worden, 1981 auch noch die kunstpädagogischen Teile der Pädagogischen Hochschule, so dass heute in der grössten Kunsthochschule Europas, wie immer wieder betont wird, in vier Fakultäten Bildende Kunst, Gestaltung, Musik und Darstellende Kunst unter einem Dach vereint sind – mit ganz unterschiedlichen Positionen zum Bologna-Prozess. Die Fakultät «Bildende Kunst» ist eine der Wortführerinnen der Kunsthochschulrektorenkonferenz gegen die Einführung des Bachelor- und Masterstudiums. Die Lehrerstudiengänge wurden inzwischen auf Drängen des Berliner Senats und unter gezwungener Mitwirkung einiger Hochschullehrer auf MA und BA umgestellt. In der Ablehnung von BA und MA für die freie Kunst ist es mittlerweile zu einem ungewollten Bündnis zwischen traditionellen Kunsthochschulprofessoren, die das «Klassenprinzip» verteidigen, und kritischen Studierenden gekommen. Sie können sich auf den erneuerten Beschluss der deutschen Kunsthochschulrektorenkonferenz stützen:

> «Die Präsidentin und Präsidenten, Rektorin und Rektoren der deutschen Kunsthochschulen haben auf ihrer Konferenz vom 1. bis 3. Juni 2005 in Bremen einstimmig folgenden Beschluss zur Einführung von Bachelor- und Masterstudiengängen in den künstlerischen Studiengängen verabschiedet: Die Kunsthochschulrektorenkonferenz bekräftigt mit Nachdruck ihren Beschluss vom 13. Mai 2004. Die als eindeutig künstlerische Disziplinen ausgerichteten Studiengänge sind von Beginn an auf die Person und die individuelle Entwicklung ihrer praktischen und künstlerischen Fähigkeiten gerichtet. Dementsprechend findet sie in Deutschland in der Regel als Einzelunterricht und / oder in Klassen statt. Künstlerische Ausbildung ist daher weder modularisierbar noch international standardisierbar. Mit diesem einstimmigen Beschluss der Kunsthochschulrektorenkonferenz werden alle Kunsthochschulen aufgefordert auf dieser Basis ihre Studienstrukturen umzusetzen bzw. fortzusetzen.»[7]

7 — vgl. Dinslage a.a.O.

Diese Struktur, an der nicht nur die Berliner freien Künstlerprofessoren und wenigen -professorinnen festhalten möchten, charakterisierte Dieter Hacker in seinem Buch *Wie überlebt man als Künstler?*:

> «Die Grundidee einer Kunsthochschule wie unserer HdK ist, dass man als zukünftiger Künstler am besten

bei anderen Künstlern lernt. Ein Massstab dafür, ob
ein Künstler gut ist oder nicht, ist dabei seine Anerkennung durch die Gesellschaft. Die deutschen Hochschulen versuchen, aus diesem Reservoir der anerkannten
Künstler ihren Lehrbestand abzudecken, im Idealfall
eine Kombination von jungen und älteren *bekannten*
Künstlern. Die Idee dieses Modells wäre, dass Sie als
junger Künstler, der gerade an die Hochschule kommt,
sich an dem bestehenden Angebot orientieren. Das
heisst Sie informieren sich, wenn Sie in der Grundklasse
sind, wie die einzelnen Klassen aussehen, wer die
Professoren sind, was für Künstler dort arbeiten, um
dann herauszufinden, was für Sie beispielhaft und interessant wäre und mit wem Sie sich in den nächsten
Jahren auseinandersetzen wollen. Sie treffen also eine
Entscheidung und kommen an die erste Hürde, dass
dieser Professor Sie vielleicht nicht nimmt. Dann müssen Sie darum kämpfen. Das ist auch ein Prinzip, dass
dem Studenten nicht alles angeboten wird; sondern
dass er es sich in gewisser Weise erkämpfen muss –
den Platz in einer Klasse zu bekommen, sich vorher
schon informieren, den Klassenlehrer zu verfolgen, um
für ihn so interessant zu sein, dass er einen auch in die
Klasse aufnehmen möchte (das Interesse muss gegenseitig sein). Und dann hätte man den ganzen Ablauf
des Studiums, also im Prinzip sechs Jahre lang, eine
Figur, mit deren positiven und auch negativen Seiten
man sich auseinander setzen muss.»[8]

8 — Dieter Hacker (Hrsg.) , *Wie überlebt man als Künstler?*,
Berlin (1998), S. 22 f.

Nach diesem Prinzip des «Klassenkampfs» funktionieren gegenwärtig noch
fast alle Kunsthochschulen Deutschlands, die freie Künstlerinnen und Künstler
ausbilden. Dass «Kunst nicht lehrbar» ist, wird bei uns immer noch gern in Studien-
führer und Vorlesungsverzeichnisse geschrieben. «Kunst kennt kein Curriculum» ist
nach wie vor ein beliebter Satz, mit dem auch bei der Diskussion zur Einführung
von Bachelor- und Master-Abschlüssen an den Kunsthochschulen gegenüber der
Ministerialbürokratie argumentiert wird.

Gegenwärtig vollzieht sich jedoch an den deutschen Kunsthochschulen ein
Generationswechsel, der manchmal – nicht immer – auch zu Veränderungen führt.
Die Kämpfe sind hart. Jeder Berufungsvorgang rührt ausgesprochen oder unausgesprochen an den Grundfesten der alten Akademiestruktur. Generationswechsel
heisst natürlich nicht immer gleich Umstrukturierung. Mitgliedschaft im Old-Boys-
Network ist nicht unbedingt eine Altersfrage. Künstlerinnen und Kunstwissen-
schaftlerinnen mit neuen Lehrkonzepten auf den ersten Listenplätzen bleiben
heiss umkämpfte Ausnahmen. Veränderungen beginnen eher an den Rändern:
Mit den institutionalisierten Gleichstellungsbeauftragten, Mentoring-Programmen
und Stellen aus Mitteln der Förderung von Chancengleichheit, die nicht oder nur
zu geringen Teilen aus den Hochschulhaushalten bezahlt werden müssen, auch mit
der Einrichtung von Career Centers entstehen zwar neue Netzwerke und Lehrange-

bote für die Studierenden in Cultural, Postcolonial und Gender Studies ebenso wie in Projekt- und Selbstmanagement etc. Das bleibt aber vorläufig – zusammen mit Initiativen der Studierenden wie freien Klassen und Künstler-Gesprächen und der Einrichtung von Gastdozenturen und -professuren – ein Zusatzangebot, das nur über einzelne Lehrende in das herrschende «Klassensystem» eingebunden wird.

Privatisierung

Die freie Klasse an der UdK gibt es wieder seit dem vergangenen Jahr. Sie untersucht in einer Seminarreihe «Neoliberale Imagepolitiken» und hat in diesem Zusammenhang unter dem Titel *Meine Akademie* [9] derartige Tendenzen an der UdK analysiert und in Aktionen öffentlich gemacht.

9 — sh. http://www.meineakademie.tk/

Zum Beispiel die neue Universitätsbibliothek, ein gemeinsamer Neubau von UdK und TU, die von der Volkswagen AG mit 5 Mio. Euro gesponsert wurde und nun, obwohl das nur etwa zehn Prozent der Bausumme waren, den Namen Volkswagenuniversitätsbibliothek tragen muss – mit einem weithin sichtbaren Neonschriftzug am Gebäude. Ein anderes Beispiel der Zusammenarbeit mit privaten Geldgebern an der Berliner UdK ist der Masterstudiengang «Leadership in Digitaler Kommunikation». Es handelt sich dabei um ein Gemeinschaftsprojekt der Universität der Künste Berlin, des Institute of Electronic Business und des MCM Institute der Universität St. Gallen. Für dieses Programm sind hohe Studiengebühren zu zahlen. Die Gebühr beträgt 1500 Euro pro Modul (6 Wochen Dauer), bzw. 3000 Euro für die Master-Thesis (12 Wochen Dauer). Bei einem Studienumfang von 10 Modulen plus einem Doppelmodul und einer Studiendauer von drei Semestern sind 18 000 Euro für das gesamte Studium zu entrichten.[10]

10 — http://ebcrew.ieb.net/~masterweb/

Kunst im Kontext

Dagegen ist unser Studiengang immer noch gebührenfrei, was sicher auch dazu beiträgt, dass er sich international wachsender Beliebtheit erfreut. Gegenwärtig studieren am Institut etwa 90 Bildende Künstler und Künstlerinnen, Gestalter und Gestalterinnen und Kunstpädagogen und -pädagoginnen, wobei der Anteil der freien Künstler und Künstlerinnen bei weitem überwiegt. Mehr als ein Drittel der Studierenden ist nichtdeutscher Herkunft, von denen die meisten ihr Erststudium nicht an einer deutschen Kunsthochschule absolviert haben. Am Institut arbeiten fünf hauptamtlich lehrende und etwa zehn Lehrbeauftragte aus unterschiedlichen Bereichen. Das Lehrangebot ist – mit über dreissig Lehrveranstaltungen pro Semester – sehr viel breiter angelegt als andere postgraduale Studiengänge für Künstler und Künstlerinnen und bietet viele Wahlmöglichkeiten in Theorie und Praxis. Die Internationalität der Studierenden hat das Lehrangebot und die Studienstruktur ebenso beeinflusst wie die Tätigkeit von Lehrenden aus England, Litauen, Österreich und den USA. Ziel des Studiums ist die Erweiterung und Ergänzung einer künstlerischen Kompetenz zu einer Berufsqualifikation, die den Anforderungen und Möglichkeiten eines offenen und komplexen Berufsfeldes gewachsen ist. Die Lehrangebote orientieren sich an der Frage, wie an künstlerischen Qualifikationen Vermittlungskompetenzen angelagert werden können, theoretisch und praktisch: theoretisch, indem Fragen der Kunst auf soziale und kulturelle Diskurse hin geöffnet werden; praktisch, indem Projekte in den unterschiedlichsten kulturellen und sozialen Feldern und mit unterschiedlichen Vermittlungsansprüchen geplant, durchgeführt und ausgewertet werden.

Module

Das Studium ist strukturiert in fünf Basis-Module – Kunst und Öffentlichkeit, Ökonomie des kulturellen Feldes, Anthropologische Grundlagen ästhetischer Lern- und Vermittlungsprozesse, Medientheorie und -praxis, Gender Studies – und fünf Berufsfeld-orientierte Module: Kinder- und Jugendkulturarbeit, Kulturelle Erwachsenenbildung, Kunst und Psychologie / Kulturelle Minderheiten, Museums- und Ausstellungswesen, Community Arts / Kunst im öffentlichen Raum. Berufsfeldorientierung ist ein wichtiges Element des Weiterbildungs- und Ergänzungsstudiengangs, wobei es sich bei der angestrebten Praxis nicht um fest umrissene Berufsbilder handelt, sondern um eine Erweiterung des künstlerischen Aktionsradius in verschiedene gesellschaftliche Felder – auch jenseits des Kunstbetriebs. Projekte und Theorie-Praxis-Seminare werden in Kooperationen mit ausseruniversitären Einrichtungen organisiert. Kontakte, die die Studierenden aufbauen, sollen ihnen helfen, langfristige Kooperationen anzubahnen. Durch die Offenheit des Curriculums ist der Studiengang durchlässig für neue Impulse und in der Lage auf aktuelle Entwicklungen zu reagieren. Themen der Lehrveranstaltungen und Projektinhalte reflektieren gegenwärtige Diskurse; Gastvorträge ergänzen und aktualisieren das Lehrprogramm. Neue Entwicklungen in den verschiedenen Arbeitsfeldern, wie etwa die nach dem Pisa-Schock in Deutschland forcierte Einrichtung von Ganztagsschulen, werden in Lehrveranstaltungen aufgegriffen und führen z.B. dazu, das Thema *Künstler in Schulen* wieder neu anzugehen. Die künstlerische Arbeit umfasst auch, das Setting des Projekts zu entwerfen, Orte und Personen oder Institutionen auszuwählen und für das Projekt zu gewinnen, Arbeits- und Zeitkonzepte zu entwickeln und Gelder zu akquirieren. Die Erwartungen an die Künstler und Künstlerinnen werden thematisiert und mit den eigenen Projektvorstellungen verglichen. Die Dokumentation und Auswertung der Projektarbeit in Projektberichten und Master-Arbeiten ist ein verpflichtender Bestandteil des Studiums.

Bis zum März 2006 wird die Reakkreditierung des Studiengangs beantragt. Gegenwärtig befindet sich der Studiengang im Evaluierungsprozess, der bereits zu einer Überarbeitung der Studienordnung und einer Modifizierung und Straffung der Module geführt hat. Ergebnisse einer Befragung der Absolventen und Absolventinnen des Studiengangs stehen noch aus. Auch künftig soll es keine Benotung der Leistungen geben, das Master-Zeugnis, das nach bestandener Prüfung vergeben wird, enthält ein ausführliches schriftliches Gutachten, das die individuellen Leistungen würdigt.

Weitere Informationen unter: www.kunstimkontext.udk-berlin.de

Katharina Jedermann ist Künstlerische Lehrbeauftragte am Institut für Kunst im Kontext, Universität der Künste Berlin.

Genies
und Spezialisten
in Bologna

— Andreas Spiegl

Man könnte den Eindruck haben, dass die Debatte über die Einführung einer mehrstufigen Studienarchitektur für die Kunstausbildung in den deutschsprachigen Ländern deshalb so vehement geführt wird, weil sie an einem Kunstbegriff rüttelt, der schon seit Jahren in der Krise steckt und nun unangenehm auf seine Legitimität hin befragt wird. Unabhängig davon, wie sich die einzelnen Kunsthochschulen entscheiden werden – ob für oder gegen das Bologna-Modell – die Tatsache, dass die Ausbildungsstrukturen diskutiert und mit Optionen konfrontiert werden, hat schon jetzt viel gebracht. Was damit verloren gegangen ist, ist eine legitimationsdefizitäre Gewohnheit in der Ausbildung, mit anderen Worten: eine hegemoniale Praxis in der Kunstausbildung, die ihre Grundsätze nicht zu reflektieren braucht, weil Kunst immer nur von Künstlern hervorgebracht wird und diese Künstler dazu weniger ausgebildet werden als von Natur aus dafür berufen sind. Symptomatisch für die Ablehnung der mehrstufigen Studienarchitektur sind zwei Einwendungen, wobei der erste Einwand oft das Produkt des zweiten darstellt:

Das im deutschsprachigen Raum vorherrschende Diplomstudium wird grundsätzlich mit dem Hinweis auf die Zeit verteidigt: die Zeit, die ein heranwachsender Künstler für seinen Reifungsprozess benötigt. Wenn die Diplomstudien je nach Studienangebot zwischen vier- und fünfjährigen Reifungsprozessen variieren, sind die drei Jahre, die für das Bakkalaureat vorgesehen sind, grundsätzlich zu wenig – genauer gesagt: zu kurz. Dass es dann ein anschliessendes Magisterstudium mit zwei Jahren gibt, wird meist nicht mehr erwähnt. Übrig bleibt dann die verkürzte Darstellung einer Verkürzung der Ausbildung allein auf das Bakkalaureat, das vieles hervorbringen kann, nur keine gereiften Künstlerpersönlichkeiten. Über die Inhalte und Curricula der Studienangebote wird in den wenigsten Fällen und nur ansatzweise diskutiert. Man könnte daraus den Eindruck gewinnen, dass manches Kunststudium nur aus einem einzigen Fach besteht, das seinen Namen allein von dem Medium ableitet, das darin gehegt und gepflegt wird, und aus der Zeit, die man sich diesem Medium mit und ohne Anleitung widmen kann.

Der zweite Einwand gegen den unmöglichen Reifungsprozess im Bologna-Modell bedient sich eines Begriffes, der ideologisch mehr verdecken als kritisieren soll: die Rede ist von Verschulung, von der aber ob der nicht vorhandenen Curricula niemand sagen kann, worauf sie sich bezieht. Was er aber verdecken soll, ist eine implizite Annahme: nämlich die Tatsache, dass man zum Künstler eigentlich nicht ausgebildet werden kann, sondern immer schon als Künstler geboren sein muss. Die Zulassungsverfahren für das Kunststudium tendieren sinngemäss dazu, aus den Bewerbungen die bereits im Kern und Wesen angelegten Künstler darunter herauszufiltern. Mit anderen Worten: Die Künstler, die sich für ein Studium entscheiden, sollen nicht nur ausgebildet sondern primär gefunden werden. Dies entspricht einer zweiten Geburtsbestätigung durch die Kunstinstitution. Mit der Aufnahme zum Studium ist die institutionelle Qualifizierung zur Künstlerpersönlichkeit geleistet. Dass diese Bestätigung selbst für die Studierenden einen angenehmen Effekt repräsentiert, ist nur allzu verständlich und nicht zu kritisieren, wenn sie diesen Status dann auch selbstwahrnehmungstechnisch in Anspruch nehmen. Was dann folgt ist ein Künstler, dem Zeit und Infrastruktur zur Verfügung gestellt werden. Nach vier bis fünf Jahren des mehr oder weniger angeleiteten Experimentierens wird dann festgestellt, wie erfolgreich der Reifungsprozess verlaufen ist. Sinngemäss entspricht dieses Verfahren einer dritten Geburtsbestätigung, die feststellt, ob sich die Institution bei der zweiten Bestätigung geirrt hat oder nicht. Die Frage, wie viele gute oder schlechte Künstler die Institution verlassen, stellt sich nicht, weil dieses Problem an die guten und schlechten zurückdelegiert wird. Kommt ein hervorragender Künstler dabei heraus, war dies immer schon klar und bestätigt die reziproke Subjektivierung der Institution; und kommt ein schlechter dabei heraus, hätte man dies ohnehin nicht wirklich ändern können – versagt hat dann nicht das Ausbildungsmodell, sondern der Absolvent. Was auf der einen Seite gegen Verschulung eingewendet wird, scheint auf der anderen für die Kunst als Schicksal zu sprechen.

Unausgesprochen basiert dieses institutionelle Selbstverständnis auf einem Geniebegriff. Curricula und Unterricht bilden die Rahmenbedingungen für die Selbstentfaltung des Genies, dem Zeit und Infrastruktur geboten werden, sich selbst und das entsprechende Medium zu finden. Analog dazu gibt es einen Meisterkünstler, der die Selbstentfaltung einer Persönlichkeit und das Medium gleichermassen repräsentiert. Die Klasse rund um den Meister ist das konsequente Ergebnis einer Ausbildung, die den Selbstfindungsprozess als soziale und kulturelle Aufgabe bestätigt. Die im Bologna-Modell angelegte Modularisierung des Studiums und die Wahl zwischen verschiedenen Studienangeboten und -orten verhält sich dazu diametral, zweifeln sie doch implizit an der allumfassenden Funktion einer Persönlichkeit und einer Institution. Allein die Vorstellung, dass ein Meister und seine Institution nicht reichen, ist provokant – für das Genie, das allein und originär im unteilbaren Individuum steckt und sich nie im Produkt einer Akkumulation aus wählbaren Segmenten erkennen könnte. Das Genie hat keine Wahl, weil es mit der Wahl Gefahr liefe, seinen innersten und individuellen Kern von sozialen oder kulturellen und historischen Variablen abhängig zu machen. In diesem Sinne ist das Genie eine ahistorische Figur. Seine Geschichte unterhält mit der Geschichte, die es umgibt, nur ein loses Verhältnis – man könnte behaupten: ein amouröses Verhältnis, das darin liegt, dass das Genie und seine Geschichte die Geschichte immer betrogen haben. Das Genie erlaubt sich quasi historisch fremdzugehen, weil es der Geschichte seiner Gegenwart nicht treu sein kann. Seine kulturelle Macht liegt in der Ausnahme, die es repräsentiert. Diese Funktion als Ausnahmeerscheinung macht es zugleich so begehrt und verhasst. Es bildet als Ausnahme die reine Version eines individuellen Identitätskonzepts am sozialen Horizont. Wie hoch dieses öffentliche Begehren nach genialen Ausnahmeerscheinungen im Kurs steht, belegen die aktuellen Inszenierungen im so genannten Mozart-Jahr. Mozart als Genie mit einem Hang zum Amourösen bildet nicht nur den perfekten Repräsentanten für eine Kultur, die verzweifelt nach dem individuellen Subjekt Ausschau hält, sondern auch die Blockbuster-Folie für den ideologischen Subtext, der hier zur Diskussion steht. Die Vermutung, dass für Mozart das Bologna-Modell vom Bakkalaureus zum Magister nicht wirklich geeignet gewesen wäre, muss um die Vermutung ergänzt werden, dass auch das Diplomstudium für Mozart nur bedingt hilfreich gewesen wäre. Und dennoch: Im Kern adressieren die momentan geführten Argumente für das Diplomstudium zukünftige Mozarts, denen es ob der institutionellen Fürsorge besser gehen sollte.

Hier ist nicht der Ort, das Mozart-Jahr auf seine ideologischen Implikationen zu analysieren, aber der Hinweis sei erlaubt, dass es sich bei Mozart zufällig um einen Mann handelt, der hier als Vorzeigefigur für einen kulturpolitischen Zweck «instrumentalisiert», man möchte sagen: neu vertont wird. Was damit angesprochen ist, sei nicht mehr oder weniger als die Gender-Problematik.

Ahistorisch ist die implizite Berufung auf das Genie als allein zu fördernde Naturerscheinung auch dahingehend, dass sie die historisch nicht betreuten Genies ausser Acht lässt, die das Schicksal hatten, nicht nur als Genie, sondern auch als Frau zur Welt zu kommen. Gerade ein mehr als hundertjähriger feministischer Diskurs hat versucht, Zweifel an den per Natur vorgegebenen Handlungsspielräumen eines Subjekts anzumelden. Die Vorstellung, ein Individuum auch als Subjekt zu denken, das sich mit sozialen und kulturellen Rahmenbedingungen und Erwartungen konfrontiert sieht, führt zu anderen Fragen und zu anderen curricularen Strukturen. Im Unterschied zum Genie, das ohnehin keine Wahl hat, als sich selbst zu entfalten, wie es seiner Natur entspricht, impliziert die Einführung eines Subjekts einen politischen Diskurs. Dieser politische Diskurs basiert auf der Vorstellung, dass die sozialen und kulturellen Rahmenbedingungen kein Naturprodukt darstellen, sondern die Konsequenzen von Machtstrukturen repräsentieren, die genauso wie sie konstruiert wurden und werden, auch anders konstruiert und damit verändert werden können. Wenn man vom Genie als Ausnahmeerscheinung ein mehr oder weniger inkongruentes Verhältnis zum gesellschaftlichen Alltag erwartet, dann kann man diese Inkongruenz auch von einem politischen Diskurs erwarten, der sich im kritischen Sinne uneins weiss mit dem Status quo. Im Unterschied zum Genie begründet der politische Diskurs seine Inkongruenz nicht primär mit der Natur und den naturgegebenen Fähigkeiten eines Subjekts, sondern er betrachtet dessen Fähigkeiten auch abhängig von den Rahmenbedingungen, die diese fördern oder verhindern. Wenn man mit künstlerischer Praxis eine kritische Distanz zum Status quo assoziiert – unabhängig davon, ob vielleicht gerade Geniefiguren dafür ein historisches Vorbild abgegeben haben –, dann liegt es nahe, in der Ausbildung zur künstlerischen Arbeit auch jene Informationen und Diskurse zu vermitteln, die die verschiedenen Koordinaten und Medien dieser Machtstrukturen und ihre Variablen reflektieren, um sie für eine künstlerische Auseinandersetzung zu öffnen. In diesem Modell ist künstlerische Praxis implizit mit politischen Agenden verknüpft. Im Unterschied zum Genie, das sich allein zum Massstab seiner Entfaltung setzt, sieht sich das künstlerische Subjekt mit Massstäben konfrontiert, die nicht nur die Rahmenbedingungen seiner Existenz darstellen, sondern dessen Thema bilden. Symptomatisch für diese Diskrepanz sind die entsprechenden Curricula für die Kunstausbildung. Das Genie-Modell plädiert nicht nur für eine mindestens mehrjährige Selbstentfaltung an der Hand eines Meisters, sondern unterhält auch ein kritisches Verhältnis zur Kritik – womit nicht mehr gemeint ist als ein relativ geringer Anteil an Theorie- und Diskursbildung im Curriculum. Man akzeptiert gerade, was sich als minimaler gemeinsamer Nenner nicht verhindern lässt; sinngemäss handelt es sich um mehr oder weniger zusätzliche oder überflüssige Anpassungen an den State of the Art. Der Vorwurf der Verschulung findet unabhängig vom Bologna-Modell genau darin seine Begründung. Dem Genie-Modell reicht es darauf hinzuweisen, dass das Genie ob seiner Inkongruenz zum gesellschaftlichen Alltag schon damit seinen politischen Auftrag erfüllt hat: der Rest ist Theorie – und praktisch für jene, die es wirklich wissen wollen, ein Freifach. Jeder Versuch, ein weiteres Element der Theorie- oder Diskursvermittlung in ein Curriculum zu integrieren, wird in diesem Modell mit dem Verdacht verknüpft, die Kunstausbildung nicht nur zu ergänzen, sondern ihr etwas wegzuschneiden. Curricula, die einen implizit politischen Kern künstlerischer Praxis verstehen, sehen dieses Verhältnis anders. Praktisch bedeutet dies nicht primär ein Mehr an Theorie, sondern eine andere Auffassung der Verknüpfung von methodenkritischen Diskursen mit künstlerischen Praktiken, die auf eine Realität treffen, deren Variablen und Machtstrukturen auch wahrnehmbar, beschreibbar, gestaltbar und veränderbar sind. Künstlerische Ausbildung heisst hier auch, für diese Machtstrukturen und politisch-kulturellen Mechanismen zu sensibilisieren und zugleich die Möglichkeiten für die je individuellen Reflexionen und Interpretationen zu liefern.

Nun stellt sich die Frage, ob diese Anforderungen oder Perspektiven im Bologna-Modell vorgesehen oder gar enthalten sind. Die Antwort darauf ist einfach: ja und nein. Nein, weil das Bologna-Modell mit seiner mehrstufigen Studienarchitektur nicht nur ein anglo-amerikanisches Modell persiflieren will, sondern auch weil damit andere Ziele verfolgt werden, Ziele, die zum Teil sehr banal sind. Im Wesen ist damit eine Bildungshierarchie repräsentiert, die Stufe für Stufe selektiert und im Bakkalaureat ein institutionelles Abfedern eines öffentlichen Begehrens nach Bildung erkennt. Hier werden die Universitäten in ein Spektrum aus Recht auf Bildung und arbeitsmarktrelevanten Pufferzonen gezwängt. Der signifikante und zugleich problematische Terminus dafür heisst «berufsqualifizierend». Das heisst, man qualifiziert sich quasi für einen Beruf, den man aller Wahrscheinlichkeit nach erst dann lernen muss – aber nicht notwendigerweise an der Universität, sondern am freien und anwendungsorientierten Markt. Praktischer Nebeneffekt dabei ist der, die Drop-out-Rate zu senken und ein universitäres Studium auch ohne Abschlussarbeit abschliessen zu können. Die nahe gelegte Spezifikation für die Magisterprogramme zielt wieder auf eine anwendungsorientierte Ausbildung – auf Kosten eines Insistierens auf einen übergreifenden kulturellen Wissensbegriff. Bologna-technisch intendiert sind die Fokussierung auf Fachgebiete und die Spezifikationen von Fachgebieten. Wollte man auf die Genie-Metapher zurückgreifen, wäre für das Bologna-Modell ein Genie der Spezialist als Ausnahmeerscheinung, die sich ob ihrer Fähigkeiten inkongruent zum Status quo verhält. In diesem Sinne stehen Spezialisten für profanisierte Genies, die dann die Stufen der Doktorats- oder Forschungsprogramme erklimmen sollten. Was die Engführung der Spezialisierung nicht zu leisten vermag, wird dann an die Forderung nach institutionellen Partnerschaften für Forschungsprogramme und fächerübergreifende Netzwerke delegiert. Hier soll übergreifend verknüpft werden, was dem spezialisierten Subjekt in der Tiefe seines Metiers abhanden gekommen ist. Genies sind dann Spezialisten mit der sozialen Kompetenz zur Teamfähigkeit, die exzellente Leistungen hervorbringen und sich letztlich rechnen sollen. Was damit gemeint ist, ist nicht nur eine Verbindung zwischen Bildung, Forschung und Markt, sondern auch die Entwicklung eines europäischen Bildungsmarkts. Unabhängig von Aufgaben und Bildungsbereichen werden die Hochschulen tendenziell und grundsätzlich als Unternehmen gefasst, die angehalten sind, ihre gesellschafts- und kulturpolitischen Leistungen auch nach ökonomischen Gesichtspunkten zu entwickeln. Fragen, die sich kurz- und mittelfristig nicht rechnen, werden sich tendenziell weniger stellen; und stellen sie sich doch, werden sie ökonomisch unbeantwortet bleiben. Wie schwierig diese ideologischen Perspektiven für Bereiche und Institutionen sind, die ob ihrer Methoden und Themen an anwendungsorientierter Grundlagenforschung genauso vorbeigehen wie an der unmittelbaren Vermarktbarkeit ihrer Ergebnisse, muss nicht weiter erläutert werden. Angemerkt sei nur, dass mit dieser Forderung nach einer ökonomischen Kompatibilität des Bildungsmarkts die ideologischen Differenzen der Bildungs- und Forschungseinrichtungen ausser Kraft gesetzt oder als irrelevant betrachtet werden. Implizit steckt darin ein Gedanke, der die Ökonomie als ideologisch indifferente Matrix erkennen will. Die Vorstellung, eine Institution, die sich ob ihrer Agenda gesellschafts- und ökonomiekritischen Fragen widmet, auf eine ökonomisch sich rechnende Perspektive auszurichten, erscheint etwas schwierig. Mit Fragen nach der Zeit und nach den naturalisierten Produktivkräften des Genies hat dies wenig zu tun. Eine Kritik am Bologna-Modell muss sich anderer Parameter bedienen. Und hier ist der Punkt, auf die Chancen im Kontext des Bologna-Modells hinzuweisen, die sich aus der mehrstufigen Studienarchitektur und der Modularisierung der Curricula ergeben. Die Rede ist von zwei Themenstellungen, die der Kunst seit der Moderne nahe liegen: die Konstruktion eines Subjekts, das sich uneins weiss mit den herrschenden Machtstrukturen, und die Institutionskritik.

Zu den politischen Aspekten des Subjektbegriffs, die im Kontext einer feministischen Debatte bereits erwähnt wurden, sei hinzugefügt, dass sich dieses Subjekt ob der Mehrstufigkeit von der Dominanz einer institutionellen Struktur leichter emanzipieren kann als von einem durchgängigen Regelwerk, wie es das Diplomstudium repräsentiert. Im Unterschied zum durchgängigen Modell, das dieses Subjekt curricular differenzierter oder einfältiger an die Institution bindet, legt die Modularisierung eine Differenzierung des Studiums und der Studienangebote nahe. In dieser Differenzierung liegt ein Potenzial, das weniger nach Spezifizierung trachten muss, sondern auch bedeuten kann, den allumfassenden Anspruch auf die Definitionshoheit über ein Fach zu reduzieren. Mit anderen Worten: Die Differenzierung impliziert einen Partikularismus, der nur schwer zu einem Universalismus umgebogen werden kann. Dieses Wissen um das Partikuläre erlaubt ein Verhältnis zur Institution, das den politischen und ideologischen Kern eines Studiums nur im Kontext von Alternativen markiert. Diese Alternativen berühren nicht nur unterschiedliche Curricula, sondern auch, ob und wie Fragen der Gender-Problematik, der kulturellen Hegemonie, des Medienbegriffs, des Subjektbegriffs, der Disziplinen und institutionellen Disziplinierungen in diesen gestellt werden. So absurd das klingen mag, aber hier liegt eine Qualität der relativ zu wertenden Studiendauerverkürzung: Die Kürze der Studiendauer in den Bakkalaureats- oder Magisterstudien schützt vor der Naturalisierung des Subjekts, dem die Kunst als Schicksal zu Teil wird; die Kürze des Studiums schützt davor, auf die je individuelle Natur dieses Schicksals zu warten. Die Wahl eines partikulären Angebots heisst auch, dem Glauben an das von Natur aus angelegte Schicksal eine bildungspolitische Option entgegenzuhalten – das heisst nicht primär, die Natur des allein eigenen Schicksals im Zuge des Studiums kennen zu lernen, sondern ein Wissen um die künstlerischen Veränderungs- und Gestaltungspotenziale in sozialen und kulturellen Koordinaten zu erreichen. Mit der Mehrstufigkeit der Studienarchitektur entzerrt sich die Bindung eines Subjekts an eine Institution. Nicht nur, weil man nach einer Ebene für die nächste an eine andere Institution gehen kann, sondern auch, weil man leichter als im durchgängigen Diplomstudium zwischen den Studienebenen eine Unterbrechung für eine ausseruniversitäre Entwicklung der eigenen Interessen und Handlungsspielräume einschieben kann, um dann mit anderen als allein inneruniversitären Perspektiven und Erwartungen zurückzukommen. Das Ergebnis ist in jedem Fall ein partikulärer und differenzierter Institutionsbegriff, der es schwierig macht, ein Subjekt allumfassend mit der Institution in Deckung zu bringen, mit anderen Worten: ein Subjekt zu institutionalisieren, indem man es als alleiniges Produkt einer Institution markiert – zeitgenössisch würde man von einem institutionellen Branding eines Subjekts sprechen, vergleichbar dem Modell für Absolventen aus Oxford, Harvard etc. Für manche Studienrichtungen mag dies vielleicht sinnstiftend sein, für künstlerische Studienrichtungen erscheinen diese Identitätskonzepte fragwürdig. In der im Bologna-Modell angelegten Flexibilisierung der Studienangebote und Studienorte steckt implizit eine Fragmentierung der Institution. Diese muss erkennen, dass sie nur mehr bedingt holistische Identitätskonzepte offerieren kann. Strukturell delegiert das Bologna-Modell diese Identität an das Subjekt, das sich je nach Interesse und Qualifikationsprofil ein eigenes Ausbildungsprofil konstruiert, um etwas anderes zu repräsentieren als das Absolvieren einer Institution. Wenn mit Kunst und Künstlerinnen wie Künstlern ein inkongruentes Verhältnis zu herrschenden Machtstrukturen assoziiert werden will, dann erscheint paradoxerweise das Bologna-Modell dafür geeigneter, der Institutionalisierung einer künstlerischen Biografie vorzubeugen – jenseits von Genies und Spezialistentum.

Andreas Spiegl, Vizerektor für Forschung und Lehre
an der Akademie der bildenden Künste Wien, ist
Kunstkritiker und schreibt u.a. für *afterall, springerin*
und *Camera Austria*.

Was ist «Knowledgeproduction»? – Aktuelle Ansätze künstlerischer Hochschulbildung

— Ute Meta Bauer

Am ehemaligen Institut für Gegenwartskunst der Akademie der bildenden Künste Wien, das vor zwei Jahren in das neue Institut für Kunst- und Kulturgeschichte eingegliedert wurde, haben meine Kolleginnen, Kollegen und ich mit Gästen aus anderen Kunsthochschulen kontinuierlich unterschiedliche Ansätze künstlerischer Hochschulbildung – und wie diese zu verändern und deren Spektrum zu erweitern seien – diskutiert. Wie sollten Lehrinhalte und methodische Ansätze geändert werden, um aktuelle Formen künstlerischer Praxis adäquat zu vermitteln? Ein weiterer Fokus richtete sich darauf, wie Studierende unter eigener Verantwortung ihr Studium strukturieren könnten. Sie merken also schon, dass ich die Gliederung des Kunststudiums in ein Bachelor- / Masterstudium dem traditionellen Meisterschulmodell einiger deutscher Kunsthochschulen vorziehe. Des weiteren hat uns an der Wiener Akademie die Adaption eines angloamerikanisch geprägten Verständnisses von Cultural Studies innerhalb deutschsprachiger Kunsthochschulen beschäftigt. Die Planung und Einführung postgradualer Studienmöglichkeiten im Kunstbereich wird derzeit noch diskutiert.

Seit drei Jahren praktizieren wir an der Akademie mit Erfolg die Promotion zum Dr. phil. von Künstlerinnen und Künstlern, welche bisher noch das Erstellen einer klassischen Dissertation und das an Universitäten übliche Rigorosum verlangt. Bis vor einem Jahr hatte dies in Kooperation mit der Universität Wien stattgefunden, die uns misstrauisch und unter dem Vorbehalt, wir würden akademische Werte verwässern, inspizierte, während einige unserer Künstlerkollegen und -kolleginnen uns am liebsten wegen Hochverrats an der künstlerischen Freiheit im Anatomiesaal der Akademie mumifiziert hätten… Der vom Rektor Stephan Schmidt Wulffen vorgelegte Entwicklungsplan hatte dann nicht nur in den Wiener Medien Wellen geschlagen. Für einen kurzen Moment konnte man fast meinen, der Fortbestand der bildenden Kunst hinge von der Akademie und unserem Lehrplan ab. Mittlerweile hat auch die Universität Wien die Qualität der meisten bei uns vorgelegten Dissertationen anerkannt, und wir agieren nun autonom bei der Vergabe der Doktorate. Aktuell entwickeln wir in Kooperation in einem kleinen Verbund mit weiteren europäischen Kunsthochschulen die Rahmenbedingungen für die Promotion zum «Doktor artis», welche spezifisch auf die Beurteilung künstlerischer Praxisformen zugeschnitten sind. Das heisst konkret: Es wird die Entwicklung einer Projektarbeit, einer künstlerischen Recherche in Form einer Ausstellung, einer Publikation, eines performativen Formats in Kombination mit einer schriftlichen Abhandlung zum jeweiligen Dissertationsprojekt verlangt. An der Kunstakademie Malmö, eine unserer Partneruniversitäten, wurden in diesem Jahr die ersten Dissertationen nach einem vierjährigen Doktoratsstudium abgeschlossen.

Es stellt sich heute generell die Frage nach der Situierung künstlerischer Praxis im Kontext neuer, post-industrieller Ökonomien. Im Zuge der damit einhergehenden Umstrukturierungen stehen nicht nur die klassischen Definitionen von «Arbeit» und «Arbeitskraft» zur Disposition, sondern es verändert sich auch die Rolle, die Kunst, Kultur und Bildung in unseren Gesellschaften heute einnehmen. Auf der Seite der Arbeit lässt sich eine Verlagerung von Produktionszyklen in die Gesellschaft hinein sowie eine Diversifizierung von Produktionsprozessen feststellen. Die unterschiedlichen Formen «immaterieller» Produktion innerhalb von audiovisuellen Industrien, insbesondere in den Bereichen Computeraided Design, Werbung, Marketing oder Medien werden zu einem nicht unerheblichen Teil von Kunsthochschulabsolventinnen und -absolventen besetzt. Dass sich das künstlerische Selbstverständnis und Berufsbild angesichts solcher sich schnell verändernder Produktionsumgebungen und -bedingungen grundlegend gewandelt hat, ist leider an vielen Kunsthochschulen noch nicht angekommen und hat sich deshalb auch nicht in deren Curricula-Entwicklung niedergeschlagen. Selbstverständlich beziehen viele Künstlerinnen und Künstler ihre Broterwerbstätigkeiten in ihre künstlerische Arbeit mit ein und nutzen sie. Viele Kunstschaffende sind es mittlerweile einfach Leid, mit der Hoffnung auf einen künstlerischen Markterfolg – wie er aktuell natürlich auf dem gut florierenden Kunstmarkt für einige möglich ist – ihre alltägliche Realität zu verdrängen, denn der Mehrheit der Kunstschaffenden ist sehr wohl bewusst, dass der Kunstmarkt sich durch seine Exklusivität definiert.

Laut einem vom deutschen Bundesministerium für Wirtschaft beim ifo-Institut München in Auftrag gegebenen Gutachten aus dem Jahr 1996 können sich in Deutschland 71% derer, die sich als Künstler oder Künstlerin bezeichnen, nur mit zusätzlichen Einkünften ihren Lebensunterhalt finanzieren. Dies ist noch immer eine Tatsache.

Heute verlangen aktuelle künstlerische Produktionen – von Video- und Filmprojekten bis zu Praxisformen, die auf Recherchen basieren – ein viel komplexeres Know-how. Technische Skills beziehungsweise handwerkliches Können, wie sie bis heute neben Malerei oder Bildhauerei international an nicht wenigen Kunsthochschulen vermittelt werden, reichen nicht mehr. Zu lernen wie man künstlerische Produktionen finanziert, ist ebenfalls kein leichtes Unterfangen, da man im Kunstbetrieb weder gern darüber spricht, was Produktionen kosten, noch, über welche Quellen diese finanziert werden. Es ist jedoch notwendig, die Umstände und das dazugehörige Beziehungsgeflecht zu benennen und diese Bedingungen bereits in der Ausbildung transparent zu machen, um eine Reflexion darüber in Gang zu setzen, in welchen Zusammenhängen wir uns bewegen.

Das kulturelle Feld ist, wie es Stuart Hall ausdrückt, «ein Feld wuchernder Antagonismen», das nur durch eine Anerkennung seiner Widersprüche erfasst werden kann. Wie gehen wir nun als Lehrende im künstlerischen Feld damit um?

Nicht nur vor diesem Hintergrund besteht seitens der Bildungseinrichtungen – und dies gilt gleichermassen für Kunstakademien wie Kunsthochschulen oder Universitäten – die Notwendigkeit, Antworten auf diese grundlegende Umstrukturierung zu finden. Das Kunst- und Kulturverständnis an zahlreichen deutschsprachigen Akademien und Kunsthochschulen orientiert sich auch heute noch an einem Kunstbegriff des Originären und Einzigartigen. Zwar unterrichten mittlerweile junge

Kollegen und Kolleginnen, Lebenszeitprofessuren werden von Zeitverträgen abgelöst, aber die Curricula ändern sich erst nach und nach. Und an einigen deutschen Hochschulen verweigert man sich noch immer, strukturierte Lehrpläne einzuführen – denn die Kunst ist ja bekanntlich frei. Dort wird noch immer ausgeblendet, dass in einem gänzlich mediatisierten Umfeld andere und neue, komplexe Anforderungen an künstlerische Produktionen und damit auch an die Kunstschaffenden gestellt werden. Denn, wie aus der ifo-Studie zu entnehmen ist, geht ein Bruchteil der Absolventen und Absolventinnen von Kunsthochschulen den traditionellen Weg von der Akademie über die Galerie ins Museum. Die überwiegende Zahl muss sich als Kulturproduzenten und -produzentinnen den Arbeitsplatz selbst erfinden. Dass nur ein minimaler Prozentsatz der Kunsthochschulabgänger später auch im Kunstmarkt überleben, liegt natürlich nicht nur daran, dass es so wenig «talentierte» Künstler und Künstlerinnen gibt. Es ist auch darin begründet, dass das künstlerische Feld der so genannten High Culture auf dem Prinzip der Verknappung künstlerischer Produktion im Sinne des Aussergewöhnlichen basiert: Die hier zur Verfügung stehenden Stühle sind für Akteure und Publikum gleichermassen limitiert.

An vielen Orten erfolgt die Kunstausbildung, ohne die Funktionen zu hinterfragen, die Kunstschaffende, Kunst und Kultur innerhalb der Gesellschaft einnehmen oder die ihnen zugeschrieben werden. Es geht heute aber darum, innovatives, kritisches und auch widerständiges Denken sowie eine entsprechende Praxis in den Mittelpunkt künstlerischer Hochschulbildung zu rücken. Dazu bedarf es ausser neuen Lehrinhalten auch veränderter Lehrmethoden, um ein verändertes künstlerisches Selbstverständnis zu etablieren. Das bedeutet keineswegs, dass sich Kunsthochschulen als Zulieferer stromlinienförmig-affirmativ und flexibel einsetzbarer Arbeitskräfte für die Kultur- und Unterhaltungsindustrie sowie für den sich ausbreitenden tertiären Sektor verstehen sollten. Eine sinnvolle Überarbeitung individueller künstlerischer Bildung besteht nicht darin, diese von bereits existierenden oder erst künftigen Erwerbsberufen abhängig zu machen, wie dies zunehmend von den zuständigen Ministerien im Hinblick auf die audiovisuellen Anforderungen der New Economy gefordert wird. Gerade in der Berührung sowie Vermischung kultureller und gesellschaftlicher Felder sowie in der freien Erforschung dieser Schnittstellen liegen neue Potenziale für die künstlerische Praxis. Neben der künstlerischen Produktion wird an Kunsthochschulen zu wenig auf Möglichkeiten alternativer Distribution und selbst organisierter Strukturen eingegangen, um der Degradierung von Kunst und Kultur zur reinen Dienstleistung entgegenzuwirken.

Eine grundlegende Erneuerung bestehender Lehrinhalte und -methoden bedeutet, dass an deutschsprachigen Kunsthochschulen, neben den so genannten künstlerischen und traditionellen theoretischen Lehrinhalten wie der Kunstgeschichte und der Kulturphilosophie, selbstverständlich auch die Auseinandersetzung mit Kultur-, Gesellschafts- und Medientheorien, Gender, Cultural, Critical und post-colonial Studies, mit Curatorial Studies, Vermittlungspraktiken, Kulturpolitik und mit interkulturellen sowie populärkulturellen Themen in Lehrplänen verankert werden müsste. Diese Lehrinhalte sollten gleichberechtigt und nicht nur als randständige Ergänzung eingeführt werden. Es ist an der Zeit, geschlossene Meisterklassen zugunsten durchlässiger Strukturen und heterogen zusammengesetzter Teamstrukturen zu öffnen, den Frontalunterricht in den theoretischen Fächern zu reduzieren und statt dessen Studierende als mündige Mitarbeitende zu verstehen, sie also aktiv in die Gestaltung der Lehre mit einzubeziehen.

Ko-produktive Arbeitsstrukturen, die parallel zum individuell operierenden Künstler-Subjekt gefördert werden, sind ein weiterer Schritt, um das Arbeitsfeld von Künstlern und Künstlerinnen auch strukturell zu erweitern. Mittlerweile sind wir an der Wiener Akademie dazu übergegangen, Studierende in Form von Praktika, als Teaching Assistants und in der künstlerischen Forschung mit einzubeziehen – so wie dies an Universitäten längst üblich ist. Curatorial Studies sollten ebenfalls fester curricularer Bestandteil an Kunsthochschulen sein, da die «Veröffentlichung» von Kunst, deren Positionierung und Kontextualisierung längst Teil dessen sind, was unter Kunst zu verstehen ist. Wir unterrichten in Wien deshalb Curatorial Studies direkt für Künstler und Künstlerinnen – auch diese Kurse sind stark besucht.

Die Auseinandersetzung mit unterschiedlichsten theoretischen Diskursen sollte dringend verstärkt werden und die Verschränkung von Theorie und Praxis dabei in Form von projektorientierten Studien selbstverständlich sein. Die Feminisierung an Kunsthochschulen – womit nicht das mittlerweile ausgewogene Geschlechterverhältnis auf Seiten der Studierenden gemeint ist – sollte sich nicht nur in der entsprechenden Besetzung von Lehrstühlen widerspiegeln, sondern in der selbstverständlichen Thematisierung geschlechtsspezifischer Fragestellungen in den Lehrplänen. Insbesondere an den deutschsprachigen Kunsthochschulen fehlt eine tatsächlich internationale Ausrichtung wie die Auseinandersetzung mit unterschiedlichen Kulturbegriffen und die Verpflichtung von Lehrenden aus verschiedenen geopolitischen Zusammenhängen. Darüber hinaus bestünde eine weitere Qualifizierung künstlerischer Bildung darin, transdisziplinäre beziehungsweise antidisziplinäre, postgraduale Studien in enger internationaler Kooperation einzuführen. Damit würde die bisher sträflich vernachlässigte Forschung an Kunsthochschulen für Lehrende wie Studierende etabliert. Der berechtigten Forderung nach einem «life long learning» durch die Einrichtung postgradualer Studiengänge und der Etablierung unterschiedlicher Forschungsbereiche an Kunsthochschulen ist Zürich ja schon gefolgt. In Österreich und Deutschland steht dies noch aus.

Die Akademie der bildenden Künste Wien ist also mittlerweile zur Universität geworden. Allerdings bekämpft noch immer ein Teil der Professoren, Professorinnen, der Künstler und Künstlerinnen die Anerkennung theoretischer Lehrinhalte als notwendigen Bestandteil eines Kunststudiums und ist gegen die Gliederung des Studiums in einen dreijährigen Bachelor gefolgt von einem zweijährigen Master. Mittlerweile sind auch «Kunst- und Kulturstudien» als Studienzweig in Forschung und Lehre verankert. Dies war ein notwendiger Schritt, um Theorie und Praxis gleichberechtigt anzubieten. Damit wird der künstlerische Diskurs, wie er ausserhalb von Akademien, Kunsthochschulen und Universitäten bereits besteht, endlich auch auf Studienebene etabliert und durch die Einbeziehung neuer Praxis- und Theoriefelder erweitert. Dieses Potenzial eines veränderten Aufgabenspektrums von Kunstgeschichte, Kulturphilosophie, Kulturwissenschaft und Gegenwartskunst hat sich auch in der personellen Stärkung des Instituts für Kunst- und Kulturstudien an der Akademie der bildenden Künste Wien niedergeschlagen und wurde bis in die Bereiche Film und Filmtheorie ausgeweitet.

Interdisziplinäre künstlerische Praktiken, Theorien zur Gegenwartskunst und -kultur unter Einbeziehung von Curatorial, Gender und Cultural Studies, Populärkultur, Raumtheorien sowie Fragen des Kunstbetriebs und der Kunstvermittlung werden von Professoren und Professorinnen verschiedener Disziplinen mittlerweile in so genannten «Crossteachings» betreut. Die Theorie-Praxis-

Seminare haben auch viel zur Disziplinen übergreifenden Kommunikation beigetragen. Solche Ansätze werden der Komplexität des kulturellen und künstlerischen Feldes in weit höherem Masse gerecht. Denn erst eine koordinierte Verschränkung theoretischer und künstlerischer Lehre versetzt die Studierenden in die Lage, ein selbstbestimmtes, reflexiv-kritisches Verständnis der eigenen Position und der gesellschaftlichen Positionierung von Kunst zu entwickeln.

Die Einführung von BAs und MAs – trotz aller berechtigten Bedenken – trägt des weiteren zu einer Förderung der Internationalität des Kunststudiums bei, was zwar durch «Erasmus»- und «Sokrates»-Austauschprogramme der EU schon sehr viel besser geworden ist. In den USA absolvieren Studierende ihren Master in der Regel an einer anderen Hochschule als ihren Bachelor. Diese selbstbestimmte Mobilität, bei der die Studierenden unterschiedliche Ausbildungsmodelle und kulturelle Kontexte kennen lernen, unterstütze ich in vollem Masse.

—

Ute Meta Bauer ist freischaffende Kuratorin,
Direktorin und Associate Professorin am Visual Arts
Program, MIT Cambridge, USA, und Professorin an
der Akademie für bildende Künste Wien.

Zur Zukunft der Kunstausbildung. Zehn Thesen anlässlich 20 Jahre Studiengang Bildende Kunst (1985 – 2005)

— Giaco Schiesser

A (viele): «Bologna ist ein neoliberales Projekt!»
B (wenige): «– Ja, und?»

Liebe Anwesende

Lassen Sie mich mit drei knappen Vorbemerkungen beginnen:
1 — Ich werde in den folgenden 15 Minuten keinen Vortrag halten, sondern Ihnen einige Thesen unter obigem Motto vortragen. Das schien mir angesichts der Grösse des Podiums und im Hinblick auf die erwünschte Diskussion auch mit Ihnen angemessener.
2 — Dass es zehn Thesen geworden sind, verdankt sich nicht christlicher Symbolik, sondern ist Zufall.
3 — Wie schon Cornelius Sulla, ein römischer Feldherr und Staatsmann, sagte: «Für alles bleibt keine Zeit, also wähle aus!». Es gäbe also auch anderes und mehr zu sagen, als Sie im Folgenden hören werden.

— These 1 —

Allgemein gilt: Die Kunstausbildung in Europa ist in der Krise oder sieht sich zumindest vor Herausforderungen gestellt, die durch die Bologna-Reform deutlich gemacht, die aber nicht durch sie verursacht sind.

— These 2 —

Ursache dieser Krise beziehungsweise der Herausforderung ist ein Epochenwechsel, wie er zuletzt vor 200 Jahren stattgefunden hat: damals von der Agrargesellschaft zur Industriegesellschaft. Heute von der Industriegesellschaft oder Fordismus zur / zum: «Postfordismus» (Joachim Hirsch), «Informationszeitalter», «Wissensgesellschaft», «Postmoderne» (François Lyotard), «High-Tech-Kapitalismus» (Wolfgang Fritz Haug), «CyberSociety» (Achim Bühl), «Netzwerkgesellschaft» (Manuel Castells), «Post-Postmoderne» oder «Post-Informationszeitalter» (Nicholas Negroponte). So tastend, keck behauptend oder normativ festschreibend diese zur Zeit im Umlauf befindenden Begriffe daherkommen, so unterschiedlich ihre Implikationen sind, sie verweisen allesamt darauf, dass wir in Zeiten eines Epochenumbruchs leben: In der Fachliteratur besteht heute bei allen sonstigen Divergenzen Einigkeit darüber, dass die Digitalisierung und die damit verbundene Computerisierung und Vernetzung gewaltige Verschiebungen und Verwerfungen mit sich bringen.

— These 3 —
____

Epochenumbrüche sind dadurch gekennzeichnet, dass sich die Paradigmen in allen gesellschaftlichen Bereichen – Ökonomie, Politik, Kultur – fundamental ändern. In unserem Falle ist von besonderem Interesse: der Bereich der Kultur und dort insbesondere die Kunstausbildung, das heisst die Curricula-Vorstellungen darüber, wie heute Künstler-Subjekte auszubilden seien.

— These 4 —
____

Der sich in vollem Gang befindende Epochenumbruch hat auf die Kunstausbildung und für heutige Künstler-Subjekte eine mindestens doppelte Auswirkung:
 a) ist die Bedeutung von Medialität und Technologie exponentiell gewachsen und entsprechend in Rechnung zu stellen und
 b) verändert sich die Position der Künstler und Künstlerinnen in unserer Gesellschaft fundamental.

— These 5 —
____

Zu 4 a): Insbesondere die Kunstwissenschaften zeichnen sich durch eine im Vergleich mit den anderen Geisteswissenschaften noch längst nicht überwundene Technologie- und Medialitätsvergessenheit aus, die dringend zu überwinden ist.

— These 6 —
____

Zu 4 b): «Kreativität», «Originalität», «Selbstbezüglichkeit», «Kompromisslosigkeit», «Hartnäckigkeit», «Neugier» – oder welche Begriffe und Begriffskombinationen man für das spezifisch Künstlerische verwenden will –, alle diese Eigenschaften sind nicht mehr länger das Privileg der Gruppe von Künstler-Subjekten. Im heutigen Zeitalter werden diese zunmehmend von allen Arbeits-Subjekten gefordert. In den Worten eines der führenden Theroretikers der «immateriellen Arbeit»: Der Kapitalismus oder «unsere real existierende Gesellschaft», wenn Ihnen der in der englischen Umgangssprache gängige Begriff nicht gefällt, benötigen perspektivisch und in den Feldern, in denen die Abgänger und Abgängerinnen einer Kunst- und Medienhochschule tätig sein werden, bereits heute äusserst kreative Subjekte. Subjekte, die aktiv, vielseitig interessiert, «reich an Wissen» und in der Lage sind, «intellektuelle Fähigkeiten, handwerkliches Geschick, Kreativität, Imagination, technische Kenntnisse und manuelle Fertigkeit» zu kombinieren, «unternehmerische Entscheidungen zu treffen, innerhalb der gesellschaftlichen Verhältnisse zu intervenieren und soziale Kooperationen zu organisieren» (Maurizio Lazzarato). Kurz: Subjekte, die «Kunst als Methode» – einer der Leitideen des Studiengangs Medien & Kunst der hgkz – und die wesentliche, bisher Künstlern und Künstlerinnen zugeschriebene Eigenschaften entwickeln müssen.

— These 7 —
____

Eine solche gesellschaftliche Situation bedeutet den Tod der bisherigen Künstler und Künstlerinnen: das Ende eines spezifischen künstlerischen Habitus durch seine Verallgemeinerung, d. h. durch seine Demokratisierung. Dieser Tod ist zu begrüssen.

— These 8 —

Ist also eine Kunstausbildung auf der Höhe ihrer Zeit ein Selbstwiderspruch? Muss sie sich – enttäuscht und zugleich empört –, oder kann sie sich – fröhlich – selber abschaffen?

Nein, wenn

a) das Ziel nicht ist, zur Affirmation der besten aller Welten, der Informationsgesellschaft oder wie Sie sie nennen wollen beizutragen und

b) wenn man sich klarmacht, dass Kritik oder gar Veränderungen der Gesellschaft nie nur von einem Ort ausgehen, sondern sich an vielen Orten gleichzeitig und nur rhizomatisch vernetzt entwickeln.

Es braucht dazu Künstler und Künstlerinnen, die uns mit ihren Themen und Fragestellungen, ihren ästhetischen Werken und sinnlichen Artefakten neue Wahrnehmungs- und Denkweisen, neue Erfahrungsmodelle, Kartografie- und Navigationsinstrumente an die Hand geben, indem sie diese zur Anschauung bringen (anders als die Philosophie, die sie auf den Begriff bringt). Und es braucht gleichermassen Medienautoren und -autorinnen, die – weil sie sich ein Studium lang an individuellen und gesellschaftlichen Themen und am Eigensinn eines oder mehrerer Medien abgearbeitet haben – zum Beispiel als Filmschaffende besseres Fernsehen zu machen befähigt sind, als wir es täglich zu sehen bekommen. Es braucht Fotografen und Fotografinnen, die in Zeitungen, Zeitschriften, Büchern oder in der Werbung ihr Medium auf neue Art einsetzen können, und es braucht Neue-Medien-Spezialisten und -spezialistinnen, die andere Spielkulturen als die herkömmlichen Shooter-Games zu erfinden oder in ihrem Potenzial noch wenig ausgereizte maschinische Plattformen zu erproben und zu realisieren vermögen.

— These 9 —

Der Studiengang Medien & Kunst, mit seinen vier Vertiefungsrichtungen Bildende Kunst, Fotografie, Neue Medien und Theorie, Studien zur Medien-, Kunst- und Designpraxis, bietet mit seinem pointierten, auf drei Säulen ruhenden Profil

a) die Ausbildung zur individuellen und / oder kollaborativen Autorschaft,

b) die Arbeit am und mit dem Eigensinn von Medien / von Medialität und

c) Kunst als Methode

eine solche Kunstausbildung auf der Höhe der Zeit und der heutigen gesellschaftlichen Anforderungen.

— These 10 —

Der Studiengang ist damit international, wie uns von vielen ausländischen Kollegen und Kolleginnen bestätigt wird, ziemlich einzigartig. Einzigartig, weil Transdiziplinarität und Transmedialität in einem einzigen Studiengang vereinigt sind. Dies ermöglicht bereits den Studierenden auf Bachelor-Stufe ein Studium, das die Quadratur des heutigen curricularen Kreises schafft: ein weitgehend individuelles und selbstbestimmtes Studium zu bieten, das Tiefe, Breite und Vielfalt zugleich ermöglicht.

Profil und Konzept sind zu finden auf der Homepage des Studiengangs Medien & Kunst: http://dmk.hgkz.ch.

Giaco Schiesser ist Professor für Media Cultures Studies und Leiter des Departementes Medien & Kunst, hgkz.

Die Wände, die Köppe und das Monster Master

— Monica Bonvicini

Ich bin heute hier eingeladen worden als – ich zitiere – internationale Künstlerin, die gleichzeitig in der Lehre tätig ist. Kurz zu meiner Biografie: Ich habe 1986 angefangen, Malerei in Berlin zu studieren. Für ein Jahr ging ich als Austauschstudentin nach Los Angeles, um am California Institute of the Arts zu studieren. Ende der 1990er Jahre unterrichtete ich am Art Center College of Design und am Cal Arts, habe mehrere Workshops und Talks an verschiedenen Universitäten und Kunstakademien gemacht und unterrichte seit 2003 an der Akademie für bildende Künste in Wien.

In den letzten Jahren habe ich mich oft mit Kolleginnen und Kollegen unterhalten, die Kunst unterrichten. Jede und jeder hat eine Philosophie zum Thema oder kluge Ratschläge abzugeben. Ich nenne jetzt keine Namen, aber hier sind ein paar Zitate: «Ach, ich habe ganz nette Studenten»; «Das Wichtigste ist, nie zu Sitzungen zu gehen»; «Die Studenten fressen dich auf»; «Das Lehren verdirbt mir die Lust an der Kunst»; «Ich werde dafür sorgen, dass keiner meiner Studenten nach dem Studium je auf die Idee kommen wird, Kunst zu machen»; «Wenn ich einen Tag frei habe, fliege ich nach Düsseldorf»; «Ich habe den und den gemacht» (es geht nie um eine sie) und so weiter…

Ich habe das Unterrichten in Los Angeles Ende der 1990er Jahre nicht sehr genossen. Das hatte verschiedene Gründe. Vielleicht lag es am Parkplatz der Schule, an dem es einfach zu erkennen war, welche der Faculty-Members da waren: die verrottetsten Autos gehörten ihnen, die neuen den Studenten. Oder daran, dass ich keine richtige Antwort auf die Frage hatte: «Kannst du dir zwei Minuten lang mein Bild anschauen? Denn, wenn nicht, muss ich ein anderes malen.» Ich muss zugeben, dass ich manchmal fast eingeschlafen bin, wenn Studenten 45 Minuten lang Monologe über ihre Readings vortrugen und dabei nichts zu zeigen hatten. Die paar Sätze, die mir Kollegen empfahlen, um cool und unbeschwert langweilige Studio Visits zu beenden, habe ich selten und ohne grosse Begeisterung benutzt: «It's all good»; «I don't buy it»; «It rocks».

Doch das Art Center hatte sehr engagierte und verdammt gute Lehrer, die mit voller Seele bei der Sache waren. Das Gleiche kannte ich von meinem Austauschjahr am Cal Arts, während dem ich mehr gelernt habe, als in den sechs Jahren Akademie in Berlin. Das hat mehrere Gründe: Der grösste Unterschied zwischen dem amerikanischen System und demjenigen in Deutschland und Österreich ist struktureller und ökonomischer Natur. Es ist ein Luxus – und so sollte es auch bleiben –, dass man in Europa nicht mindestens 20 000 Dollar im Jahr Schulgebühren zahlen muss. Aber wenn man so viel bezahlt oder für ein Studium einen Kredit aufnehmen muss, verlangt man sehr viel. Ich versuche, in Wien die Erziehungssysteme, die ich kenne, also das deutsche und das amerikanische, zu vereinen und das, was ich damals selber als das Beste empfand, neu aufzubauen und den Studenten als Plattform anzubieten. Zur Zeit verändert sich viel an der Akademie in Wien. Eigentlich sind die Klassen offiziell abgeschafft, doch sie funktionieren immer noch nach dem alten Muster, das heisst, die Studenten müssen in einer Klasse eingeschrieben sein und können «offiziell» nicht an zwei oder mehreren teilnehmen. Das ist absoluter Blödsinn.

Ich habe einen Fünfjahresvertrag, und fünf Jahre ist die Studienzeit im Durchschnitt. Ich habe also Leute in der Klasse, die gerade erst angefangen haben, und solche, die viel weiter sind. Die Interessen sind selbstverständlich unterschiedlich. Es ist nicht immer einfach, eine Klassendynamik zu entwickeln, die alle zufrieden stellt und alle Wünsche erfüllt. Fünf Jahre sind eine gute Zeit, um etwas entwickeln zu können, es ist aber eine lange Zeit, wenn man sie immer mit den gleichen Leuten verbringt. Es kann mit den Studenten also etwas lang, wenn nicht gar langweilig sein.

Die meisten Studenten, die sich bewerben, haben keine Ahnung, wer die Professoren an der Akademie sind. Sie sind froh, wenn sie aufgenommen werden. Egal bei wem. Viele von ihnen haben sich einfach so aus Neugier beworben und sitzen nun da. Ich glaube, wie schon John Cage gesagt hat, dass es darum geht, die Interessen der Studierenden herauszufinden und sie dabei zu unterstützen, soweit man das kann. Und das ist nicht einfach, gerade wenn diese auch noch nicht genau wissen, warum sie nun an einer Akademie sind.

In den USA haben manche Kunstschulen eine Art Erfolgsquote. Die besteht hauptsächlich darin, wie oft der Name einer ehemaligen Studentin, eines ehemaligen Studenten in der Presse genannt wird. Wenn es sich dabei um «Frieze», «Artforum» oder «Flash Art» handelt, umso besser. Niemand ist so blöd, Geld in ein Studium zu investieren, das keinen Erfolg verspricht. Ich hingegen verstehe ein Kunststudium jedoch immer noch als eine Möglichkeit zu testen, ob man sich nach dem Studium weiter mit Kunst beschäftigen will oder nicht. Und dafür gibt es viele Formen oder Formeln. Nicht alle haben etwas zu sagen oder die Ausdauer, als Künstlerin oder Künstler Karriere zu machen.

Was mich interessiert, ist eine Situation in der Klasse zu schaffen, die zu selbstständigem Handeln führen kann; sei es in der Gruppe oder als einzelner Mensch. Ich versuche, meinen Studierenden eine Sprache beizubringen, die sie als ABC für ihr weiteres Tun verwenden können, ihnen eine Art Denkstruktur anzubieten, die für ihr Produzieren als Basis dienen kann. Bekanntschaften, die man an der Uni macht, können ein Leben lang halten. Dort können Lobbys entstehen, die für alles Weitere wichtig sein können. Dabei achte ich besonders darauf, dass Frauen sich gegenseitig unterstützen lernen, dass sie Ängste abbauen und lernen, sich zu behaupten. Das ist immer noch nicht so selbstverständlich, wie man annehmen dürfte. Auch lege ich Wert darauf, dass meine Studenten wenigstens ein Semester im Ausland verbringen.

Die Panik, die das Unterteilen des Studiums in Bachelor und Master hervorgerufen hat, halte ich für total übertrieben. Im Gegenteil, ich begrüsse eine solche Struktur. Ich denke, es wäre für die Studenten interessanter, wenn sie sich zwei Jahre lang intensiv mit ihren Professoren auseinander setzen könnten, statt sie in fünf Jahren mal nach ihrer Meinung zu fragen. Ebenso gut fände ich, wenn junge Künstler und Künstlerinnen an Akademien unterrichten würden, so wie das in den USA der Fall ist. Ich finde es furchtbar, wie manche junge Künstler sich mit blöden Jobs durchschlagen müssen. Noch schlimmer ist, wie sie teilweise zehn Jahre lang mit Grundstipendien von Künstlerdorf zu Künstlerdorf ziehen oder wie sie ihre erste und manchmal auch letzte Einzelausstellung bei einer Kunstmesse haben. Wenn sie relativ einfach bei dem Bachelor-Programm einsteigen könnten, wäre das für alle Beteiligten interessanter.

Auch würde ich begrüssen, wenn man als Professor oder Professorin nichts mit Budgets zu tun hätte. Ich möchte nicht dafür verantwortlich sein, dass es genügend Computer in meiner Klasse gibt oder dass die Werkstätten die richtigen Geräte haben. Dafür sollte jede Akademie einen Financial Manager haben. Sich um Budgets zu kümmern ist Energieverschwendung und reine Machtpolitik.

Ich würde mich auch freuen, wenn es an allen Akademien, und das passiert teilweise schon, mehr Gastprofessoren hätte, die drei bis sechs Monate unterrichten. Ich hätte es in Wien für wichtig gehalten, so eine Position zu etablieren, und würde es auch gut finden, wenn man die Möglichkeit hätte, den Job für ein paar Monate an Kollegen und Kolleginnen weiterzugeben. Ich glaube, die Studierenden würden dadurch nur gewinnen. Weiter würde ich auch gerne Metallarbeiter, Galeristen, Journalisten, Rechtsanwälte, Tänzer und Yogalehrer an die Akademie einladen. Last but not least würde ich auch die Benotung abschaffen. Nicht, dass es ein Problem wäre, denn niemand nimmt das ernst, aber Noten sind überflüssig.

Wenn die Studierenden fünf Jahre ihres Lebens verschwenden wollen und keines der Angebote, die jede Akademie anbietet, wahrnehmen: selber schuld. Man muss sie aber nicht unbedingt mit schlechten Noten dafür bestrafen. Kunst zu studieren ist nicht zu vergleichen mit einem Medizinstudium. Wenn die Studenten und Studentinnen schlechte Arbeiten machen, bringen sie damit niemanden um. Sicher, sie beteiligen sich an einer bereits existierenden Verblödung, das ist nicht schön, das möchte ich auch nicht verantworten. Aber noch unverantwortlicher ist es, Studenten zu haben, die nach fünf Jahren glauben, Künstler zu sein, bloss weil sie gut zeichnen oder malen gelernt haben. Auch dafür wäre ein Bachelor- / Master-Studium gut.

Zuletzt plädiere ich dafür, dass man alle zehn Jahre neue Gebäude für die Akademien baut. Umzüge und unsichere Umstände gehören einfach zu einer guten Ausbildung. Weg mit dem alten Staub. Ich bin überhaupt nicht der Meinung, dass Universitäten / Akademien ruhige und stille Orte der Konzentration sein sollten. Im Gegenteil: Wie schon Foucault kritisierte, sollten Unis / Akademien keine Lageranlagen für Jugendliche sein. Viele meiner Kollegen – und zwar gar nicht die schlechtesten – haben nie an einer Kunsthochschule studiert. Ich kriege heute noch Gänsehaut, wenn ich mich an einen Philosophieunterricht am Cal Arts erinnere, der so anfing: Money back guarantee. Das ist der Punkt: eine Garantie. Das kann keine Kunsthochschule / Akademie anbieten. Und das ist gut so.

Monica Bonvicini lebt als Künstlerin in Berlin
und ist Professorin an der Akademie für bildende
Künste Wien.

Das Programm

— Esther Schipper

Es gibt keine Galeristen-Schule, auch keinen Hochschullehrgang oder eine Ausbildung dafür. Man kann zwar das Fach Kulturmanagement belegen, auch Kulturmarketing wird gelehrt, aber die praktische Galeriearbeit nicht. Das heisst, die Anwendung der Theorien eine Galerie zu gründen, Künstler und Künstlerinnen zu finden, diese aufzubauen, zu betreuen, zu begleiten, zu beraten und alles andere, was noch dazu gehört, lernt man entweder durch die Praxis in anderen Galerien oder man probiert es einfach und lernt dadurch.

In der Geschäftsmeldestelle in Berlin, in der ich vor ein paar Jahren die Galerie von Köln nach Berlin umgemeldet habe, gab es den Begriff «Galeristin» nicht als Berufsbezeichnung. Die gleiche Erfahrung hatte ich ein paar Jahre zuvor in Köln gemacht; es heisst «Kunsthändlerin». Um mich jetzt nicht in Begriffsvergleichen aufzuhalten, möchte ich vorweg die Behauptung aufstellen, dass im Kunstmarktjargon der Unterschied zwischen Kunsthandel und Galerie darin besteht, dass der Kunsthandel hauptsächlich im Zweitmarkt tätig ist und sich seine Arbeit in erster Linie vom bereits existierenden Kunstwerk ableitet. Hingegen wird der primäre Markt durch Galerien repräsentiert, die wiederum Künstlerinnen und Künstler vertreten. Die Liste derer ist dann das Programm.

Wie entsteht ein Galerieprogramm? Diese Frage lässt sich nicht losgelöst von den einzelnen Galeriebiografien und spezifischen geografischen Gegebenheiten beantworten. Der Versuch, über ein präzises Schema weltweit existierende «Programme» anhand einer Topologie der vorhandenen Netzwerke im Markt auszuarbeiten, kann zwar zu einer sehr aufschlussreichen Analyse des Betriebssystems selbst führen, ist aber wenig aussagekräftig hinsichtlich der Schnittstelle zwischen dem werdenden Künstler und dem Markt. Auch wenn über eine schematische Skizzierung verschiedener Gattungen von Galerien, die sich durchaus erstellen liesse, kein Regelwerk im Sinne eines Lehrbuches sichtbar würde, könnte man durchaus ein paar generelle Vorgehensweisen zum Programm feststellen. Es handelt sich hier um die Tatsache, dass eine bereits existierende Galerie über Jahre eine eigene Semantik entwickelt hat. Insofern ist die Frage nach der Entstehung dieser Semantik auch die der Vorgehensweise. Es gibt so genannte Programmgalerien und es gibt Galerieprogramme. So verschieden die einzelnen Werdegänge auch sein mögen, könnte man trotzdem allgemein behaupten, dass die Entscheidung, eine Galerie zu gründen, entweder über eine bereits existierende Tätigkeit oder Freundschaft innerhalb eines Künstlerumfelds oder über eine existierende Sammler- oder Beratungstätigkeit entstanden ist. Auch die äussere Attraktivität des Berufs kann ausschlaggebend gewesen sein.

Eine Programmgalerie arbeitet generell inhaltlich theoretisch, oft einhergehend mit einer bereits existierenden Gemeinschaft zwischen werdender Galeristin und Künstler (wie man das so schön nachlesen kann bei Anny de Decker und Bernd Lohaus vom Wide White Space) oder ist politischer, thematischer oder medialer Natur (Gerry Schum), um nur zwei historische Vorbilder zu nennen. Der Berater oder die Beraterin, die entscheiden, ihre Tätigkeit in eine Galerie umzuwandeln, richten sich nach dem Markt und versuchen das Programm nach der existierenden Nachfrage auszurichten. Befindet sich der angehende Galerist, die Galeristin geografisch ausserhalb von einer der so genannten Kunstmetropolen, wird das Programm häufiger aus international anerkannten Künstlern und noch nicht bekannten eigenen Entdeckungen bestehen. Diese haben vor Ort meistens eine grössere Bedeutung, finden aber durch die Entfernung zu den Ballungszentren weniger Beachtung.

Jene, die erstmals vom Berufsbild angezogen sind, tendieren in einer ersten Phase eher zu einer spekulativen Mischung, um sich dann entweder für eine sehr persönliche Betrachtungsweise der Kunst als Richtlinie ihres Programms oder für eine sehr strategische Zusammensetzung zu entscheiden. Noch allgemeiner lässt sich behaupten, dass viele Künstler ihre Galeristinnen auf andere Künstler oder Künstlerinnen aufmerksam machen oder dass innerhalb eines Galerien-Netzwerks neue Entdeckungen gemacht werden. Zum Beispiel: Eine sehr junge Galerie zeigt zum ersten Mal völlig neue Positionen, oder man entdeckt über eine Reise eine noch unbekannte Künstlerpersönlichkeit. Diese extrem pauschale Beschreibung ist im Einzelnen sicherlich widerlegbar. Da es sich bei den meisten Galerien um sehr kleine Betriebe handelt, ist immer noch die vom System unabhängige subjektive Wahrnehmung des einzelnen Galeristen entscheidend. Wenn mich heute jemand nach meiner Selektion fragt, kann ich diese erst einmal nur im Sinne der Dialektik meines Galerie-Programms beantworten. Diese lässt sich aus der inhaltlichen Position der Künstler und Künstlerinnen, die ich vertrete, und aus der Geschichte der Galerie ableiten. Zusätzlich dazu, im Bewusstsein einer möglichen sehr langen Verpflichtung, können auch ganz pragmatische Faktoren die Entscheidung beeinflussen: die verfügbare Zeit; konkrete und machbare Arbeit seitens meiner Galerie; welche oder wie viele andere Galerien bereits an der Zusammenarbeit mit einem Künstler, einer Künstlerin beteiligt sind.

Am Ende sollte jede Generation ihre eigene Sprache finden und eigene Strukturen schaffen. Schliesslich sind die Galerien nur Spiegel der Kunst ihrer Zeit.

Esther Schipper ist Galeristin in Berlin
(www.estherschipper.com).

Sie liebt mich,
sie liebt mich nicht,
sie liebt mich …
oder Kunstkritik
als Selektion

— Claudia Spinelli

Wer Künstler oder andere kreative Menschen ausbildet, hat im besten Fall eine Vision. Er geht von Idealen aus, will bessere Gestalter, anspruchsvollere Medien, innovativere Kulturwissenschaftler und – vor allem – auch erfolgreichere Künstler. Doch nach welchen Kriterien wird später beurteilt, ob eine Ausbildung ihre Zielsetzung erreicht hat? Welche Gremien sind dazu befähigt, festzustellen, ob eine Hochschule ihre Arbeit gut gemacht hat?

Nun, Rezensionen sind tatsächlich so etwas wie ein Indiz für künstlerischen Erfolg. Im besten Fall und in der Anfangszeit sind sie für eine Karriere vielleicht sogar ein Katalysator. Nur, welchen Gesetzen gehorcht die Kunstkritik eigentlich, wenn sich der Daumen entweder nach oben oder nach unten dreht? Welches sind die Methoden, derer sie sich bedient? Und was sind die Kriterien, denen sie selber unterliegt? In den letzten Jahren wurde die Kunstkritik immer wieder heftig kritisiert: Auffällig ist, dass kunstkritische Texte oder vielleicht besser Ausstellungsrezensionen weit weniger kontrovers ausfallen als literaturkritische Texte. Der Grund dafür ist nicht die mangelnde Unabhängigkeit der Kunstkritiker.

Und der Mangel an Kontroverse liegt auch nicht – welch absurde Forderung – an der fehlenden Objektivität der Rezensenten. Nein, der Grund für eine in den Augen vieler zu zahme Kunstkritik hat zentral mit dem Wandel des Kunstbegriffes zu tun: Seit dem Ende der Avantgarde gibt es keine einheitlichen Visionen, ergo auch keine verbindlichen Kriterien mehr. Vielmehr definiert jeder Künstler, jede Künstlerin sich und seine / ihre Position von Neuem und nach immer wieder anderen Überlegungen.

Die künstlerische Attacke auf zentrale gesellschaftliche und kulturelle Werte, die den kollektiven Aufschrei der Kritik evozieren würde, ist selten geworden. Zum letzten Mal konnte heftiger Protest im Fall der Ausstellung der Flick Collection im Museum Hamburger Bahnhof beobachtet werden. Es waren aber nicht künstlerische als vielmehr politische und moralische Gründe, die zu so viel Empörung geführt hatten. Kunst vermag kaum noch zu empören, und im schlechtesten Fall ist sie einfach langweilig. In unserem globalisierten Kunstbetrieb werden diejenigen Ausstellungen, die man unbedingt besprechen muss, immer seltener. Die erwähnte Präsentation der Flick Collection war eine solche Schau, und für ein Schweizer Medium sind es sicherlich die grossen Ausstellungen des Zürcher Kunsthauses. Wobei das eher eine Reminiszenz alter Zeiten als Ausdruck einer tatsächlichen Vorreiterschaft ist und ruhig mit einem Fragezeichen versehen werden kann.

Das Überangebot ist zu einem zentralen Charakteristikum des Kunstbetriebes geworden. Kunstvereine, Ausstellungsräume, Museen; in den letzten 15 Jahren sind die Institutionen aus dem Boden geschossen wie die Pilze bei Regenwetter. Die Kritik kann unmöglich alles besprechen. Umso wichtiger wird da die Selektion. Die Entscheidung, welche Ausstellung ich bespreche, welches künstlerische Werk ich vorstellen möchte, ist der erste, alles bestimmende Schritt. Ein Schritt, der von Überlegungen begleitet wird, die interesssanterweise aber kaum je öffentlich thematisiert werden.

Tendenziell sind Kunstkritiker zu Vermittlern geworden. Sie agieren in gewisser Weise wie Kuratoren: Sie wählen aus, was sie interessiert, was sie spannend, was sie für besprechungswürdig halten. Positionen, die mir Mühe machen oder die ich ablehne, werden am effizientesten bekämpft, indem ich sie ignoriere. Denn Öffentlichkeit, sei sie nun positiv oder negativ konnotiert, erhöht den Bekanntheitsgrad eines Künstlers zwangsläufig: Für manchen Künstler mutiert ein Verriss zu einem Gewinn.

Der zweite Punkt ist, dass kunstkritische Texte letztlich nichts anderes sind als Produkte. Sie müssen sich genauso verkaufen wie die Werke eines Künstlers. Das heisst, es ist nicht zwingend die höchste Qualität, die mich als Kunstjournalistin zu einer Besprechung animiert, sondern ich wähle für Besprechungen mit Vorliebe künstlerische Produktionen, die auch journalistisch etwas hergeben. Etwas vereinfacht könnte man sagen: Es fällt leichter, einen ansprechenden Text über ein narratives Werk zu schreiben, als sich mit abstrakter Malerei abzumühen. Es ist publizistisch vielversprechender, sich mit einer Position auseinander zu setzen, die einen gesellschaftlichen Bezug mitdenkt, als die Arbeit eines «weltfremden» Künstlers zu vermitteln.

Natürlich fallen die Auswahlkriterien je nach Medium und individuellen Vorlieben eines Schreibenden immer wieder anders aus. Wesentlich ist: Bei der kunstjournalistischen Selektion spielen ausserkünstlerische Kriterien eine ebenso grosse Rolle wie die klassischen Grössen Innovation und künstlerische Prägnanz.

Dies klingt nun vielleicht alles ein wenig ernüchtert, doch das ist die Realität. Und in dieser Realität müssen sich angehende Künstler behaupten und Kunstkritikerinnen ihre Glaubwürdigkeit finden. Sobald man sich von einem überkommenen, modernistisch absoluten Künstlerbild verabschiedet hat, wird klar, dass diese Realität nicht einschränkend ist, sondern eine zentrale Herausforderung darstellt. Eine Herausforderung, welche die Sache überhaupt erst spannend macht. Der Kunstbetrieb ist eine einzige grosse Gratwanderung zwischen Vision und Machbarkeit. Der Masstab ist nicht das absolute Gelingen. Entscheidend ist vielmehr ein anhaltender Energieeinsatz, eine beständige Reibung. Wird diese spürbar, stellt sich Glaubwürdigkeit ein.

Dieser Text ist vor dem Hintergrund meiner Erfahrungen als Kunstkritikerin bei der *Weltwoche* entstanden. Nicht nur in Wochenzeitungen, auch in Tageszeitungen und in den elektronischen Medien wie Radio und Fernsehen werden die Nischen immer kleiner: Quotenjournalismus und damit die Forderung, ein möglichst breites Publikum zu erreichen und zu bedienen, sind in den letzten Jahren für ein qualitativ anspruchsvolles Feuilleton zu einer grossen Belastung geworden. Dem Feuilleton stehen die Fachzeitschriften gegenüber, die in der Regel wirtschaftlich von den Protagonisten des Kunstbetriebes getragen werden, sich also nicht über eine möglichst breite Leserschaft, sondern direkt über Inserate der Galerien finanzieren. Debatten sind in diesen Heften äusserst selten. Im idealen Fall sind sie anspruchsvolle Vermittlungsorgane.

Claudia Spinelli ist freie Kuratorin und Kunstkritikerin und schreibt u. a. für *Die Weltwoche* (Zürich), *Das Kunst Bulletin* (Zürich) und *Monopol* (Berlin).

Das unendliche Karussell

— Daniel Kurjaković

Kunst – bestimmte Kunst – rückt etwas Unvorstellbares in den Blick, etwas Unendliches, Unabschliessbares: Die Existenz, die nicht durch verschiedene Vorgaben reguliert wird, welche ein individuelles Leben reglementieren, sei es das Gesetz, die Arbeit, die Freizeit etc. Dieses Unabschliessbare könnte man als eine Art «weite Existenz» ansehen, was aber nicht heisst, diese Existenz wäre entgrenzt. Natürlich, alles ist vorstellbar, aber nicht alle Beziehungen dazwischen sind es. «Weite Existenz» hat etwas Banales. Der Ausdruck könnte Spott hochkommen lassen. Das wäre verständlich. Es wäre aber gut, diesbezüglich nicht vorschnell zu sein. Zugegeben, es liegt auf der Hand, einen engen Zusammenhang zwischen der Metapher von der «weiten Existenz» und etwa dem verwalteten Leben herzustellen. Es ist sogar möglich, ein umgekehrt proportionales Verhältnis zu erkennen. Aber man sollte nicht zu vorschnell sein. In welchem Raum spielt sich die «weite Existenz» ab? Sie spielt sich – wenigstens heute – nicht ausserhalb der Gesellschaft ab. Die Zeiten von *Big Sur* – wie Henry Miller sie darstellte – sind entwertet. Und auch die Science Fiction ist nicht viel mehr als ein Genre: Schon in George Pals Film *Time Machine* (1960) nach H.G. Wells' Roman war die Utopie eine Dystopie. Die «weite Existenz» ist vielleicht nicht so sehr eine räumliche Kategorie, so wenig wie die Utopie es ist, obwohl sie in der Vorstellung immer das Zeichen von Raum voraussetzt. Die «weite Existenz» ist ein ungewohnter Ausdruck, er klingt etwas gesucht. Was versucht er zu fassen? Er legt wohl nahe, dass für das Individuum etwas fassbar wird, was nicht im verwalteten Leben aufgeht. Für dieses Individuum besteht, sollte es ihm gelingen, sich gewissermassen zu verwandeln, die Möglichkeit, erstens auszufliessen, über die Ufer zu treten oder auch wie Gas auseinander zu streben, und zweitens einen Haken zu schlagen, sich nicht zu bewegen innerhalb einer gestreckten Linie oder Geraden – wo man lediglich weiter vorne oder abwechselnd weiter hinten landet –, sondern in der Art eines Springers in einem Schachspiel, der abgewinkelt oder schräg springt. Was hat es mit der Verwandlung auf sich? Sie ist nicht unähnlich jenen Spielen von Kindern, in denen sie einen Fluss nachempfinden oder ein Pferdchen; ähnlich wie sie, aber doch nicht identisch. Das sind zwei Arten, wie man die «weite Existenz» in den Blick kriegt oder besser: ins Rollen bringt (so wie ein Ball rollt, nämlich potenziell in jede Richtung).

Die beiden Weisen der Verwandlung unterscheiden sich. Die erste ist eine Veränderung des Aggregatzustandes. Hier ist es so, als erinnerte sich mein Körper in all seinen Aspekten, das heisst mit seiner Präsenz, mit seiner Wahrnehmung und mit seinem Denken an Moleküle, die, von einem undurchdringlichen Behälter befreit, auseinander streben, so dass der Körper seine vormalige Gestalt aufgibt, «dünner» wird – wie das auch bei Engeln getan wird – und eine neue Dimension gewinnt. Diese Dimension, diese Räumlichkeit ist nicht nur eine Sache der Menge oder des Masses. Das ist es wirklich nicht. Es geht nicht um mehr (oder weniger) Raum, der von einem Gleichen eingenommen wird. Es geht um Transformation: Ein nunmehr Verschiedenes eröffnet in Differenz zum vormaligen Zustand einen Raum. Sowohl der Raum als auch die Art und Weise, wie er sich eröffnet hat, sind anders. Es gibt hier also einen Sprung oder etwas Sprunghaftes, nicht nur eine kleine Plus- oder Minusrechnung. Die zweite Verwandlung bezieht sich auf das Spiel als Handlungsform. Im Spiel vergegenwärtigt man etwas, um etwas zu verschieben, nicht um etwas zu verändern oder gar zu ersetzen. Hier fällt der Unterschied zwischen «verschieben» und «verändern» ins Gewicht. In einem Spiel verändere ich nichts, ich verschiebe etwas. Wenn ich nur Sachen verändere, ist es kein Spiel, sondern eine Aufgabe, die sich nach einem Protokoll richtet. Das Spiel und das Protokoll sind nicht dasselbe.

Zurück zum Sich-Vergegenwärtigen. Man vergegenwärtige sich ein Feld mit Objekten, die Begrenzung dieses Feldes mit sich darin nun bewegenden Objekten. Dann auch noch dies: Farbe des Feldes, Geruch der Objekte etc., denn die sinnlichen Aspekte sind zahlreich. Darin – in diesem Feld, zwischen diesen Objekten, inmitten der sinnlichen Aspekte – mische ich ein wenig herum, dies oder das umstellend, ein wenig Widerstand aufbauend, sorgfältig, damit das Spiel nicht zum Erliegen kommt – obwohl Trägheit in einem Spiel sehr interessant ist. Trägheit ist wirklich sehr interessant. Wie es kein Aussen von Gesellschaft gibt, so gibt es auch im Spiel, sofern es uns hier angeht, keine ihm äusserliche Zone der Ruhe, des Flachwerdens, der vernünftigen Regeneration, der grundsätzlichen Pause. Trägheit im Spiel ist etwas anderes als dieses grundsätzliche Flachsein. Trägheit ist nicht so passiv wie Flachsein. Verdankt das Spiel es der Trägheit, dass es sich in die Sphären der Arbeit, des Wettkampfes, der Produktion etc. ausdehnen kann? Das macht die Trägheit. Es ist kein Gedanke, den man von Anfang an hat. Darin ist das Spiel dem oben beschriebenen Aggregatzustand ähnlich: Die Regeln eines Spiels sind nicht etwas Hartes, Brüchiges, Unnachgiebiges. Sätze wie «Entweder du akzeptierst die Regeln oder du fliegst raus» müssen wir uns nicht anhören. Denn die Regeln sind dehnbare Elemente, die man komprimieren oder sich ausdehnen lassen kann. In den Ausbauchungen und Senken entstehen an unregelmässigen Stellen konvexe und konkave Bereiche. Anstelle der Rigidität eines flachen Horizonts, dem Idealbild militärischer Transparenz, begegnen wir einer hügeligen Umgebung. Das zieht nicht notwendigerweise dieselbe Erfahrung wie in den surreal überhöhten Buttes Chaumont von Paris nach sich. Diese dehnbaren Elemente verändern also ihre Form, sind eine nicht-euklidische Mutation, wahren dabei ihr Vermögen, das Umfeld, das Milieu, die Bewegungen zu affizieren. Sie machen das auf eine Weise, die etwas unkontrolliert abläuft. Die «weite Existenz» verdankt sich den Modulationen und Modifizierungen, der Massage der Elemente, der Körper, der Bewegungen, der Energien. Das Spiel: Die Sache in Bewegung halten, auf eine leichte Weise unnachgiebig bleiben, bis alles weich wird. Reicht dafür die ökonomische Aufbietung der zur Verfügung stehenden Kräfte, der umsichtige Einsatz der Energien? In diesen Ausdrücken steckt etwas Gestelztes, was das Spiel ins Stocken bringt. Wird mit ihnen nicht eine Annahme oder ein Gefühl verfestigt (fest in den engen Kanal gebettet)? Denn rechnet man nicht bereits im Voraus mit der ganzen formalen Begrenzung der Bewegungen, der Verschiebungen, der Modulationen und Modifikationen – wie ein guter Verwalter oder ein Schüler, der die Aufgabe so lösen wird, wie ihm gezeigt wurde, eine Sache also von Strategie und Gehorsam?

Das Spiel wird auf seine regelmässigen Verhältnisse, auf seine Architektur, auf sein lesbares Grundraster reduziert, darauf, was innen und was aussen ist. Das ist weniger eine vernünftige als eine gewaltsame Operation: «Wenn du beweist, dass du all dies wirklich willst, darfst du mitspielen! – Denkt ihr, dass ihr mir damit eine Wahl bietet?» Erneut eine Frage der Macht und des Gehorsams. Die Stimme der Rechtschaffenheit: «Du musst es wirklich wollen, also unterwirf dich, folge den Hauptachsen, widersetze dich nicht, lass dich zugleich treiben, wohin es dich auch verschlägt. Träume nicht, bleibe wach, missachte deinen Körper: deine Seele, deinen Geist, deine Vorstellungskraft, deine Organe. Reagiere dagegen auf Zurufe, Signale, reagiere sofort, ohne zu zögern, reagiere, aber nicht auf eine musikalische Weise. Halte dich aufrecht, sei bereit, beschmutze dich nicht, mache nicht an dir und anderen herum, fang nicht an, Sachen zu vermischen. Lass dich nicht gehen, werde nicht weich, sonst zerfliesst du uns noch zwischen den Händen – warmes Wachs, Schaum einer Seife, in der Sonne glucksender Schlamm.» Die Stimme der Rechtschaffenheit, also der Lüsternheit. Wenn ihre Rechnung nicht aufgehen soll, wenn stattdessen die Sache, die wir Leben nennen, in Bewegung geraten soll, muss sich der Exzess manifestieren, nicht als Quantität, sondern als Qualität. Deshalb massiert man den Exzess ein, massiert ihn in / auf / durch den Körper, mit der ganzen Variabilität in Bezug auf den Raum und seine Modifikationen des In / Auf / Durch. Der Exzess ersetzt nicht einfach frühere Umgangsformen mit Energie. Er bringt eine qualitativ andere Kraft ins Spiel; einen körperlich empfundenen Mut. Diese Kraft rührt von der Ausgelassenheit her, einem unvorhergesehenen oder teilweise unvorhergesehenen Sprung, ähnlich jenem Sprung des Springers im Schachspiel. Mut legt hier keine Passion nah – «erleide dies oder das» –, sondern ein einfaches Ja bei der Entscheidung, die man angesichts eines unbekannten Flusses, der kaum einzuschätzen ist, treffen muss. «Nachdem du ihn überquert hast, wird es weitergehen, du musst springen, wenn noch einmal etwas geschehen soll und du dich mit dem Lauf der Dinge noch nicht abgefunden hast.»

Der Exzess eröffnet zunächst eine Dimension, in der Phänomene auftauchen wie ein neues Sternbild am Himmel. Er erlaubt, dass man sich hymnisch durch diese Dimension bewegt; und zwar mit dem Gefühl einer nicht abbrechenden Reise, einer anhaltenden Dauer; mit einem Gespür für die Fluktuationen, für die Verschiebungen in den durcheilten Zonen, für die feinere und gröbere Dynamik der Atmosphären. Mit anderen Worten: Der Exzess gibt dieser Dimension «von innen her» einen Körper – dort, wo ein Ich – also ein Wolkengebilde – denkt, empfindet, imaginiert; dieser Körper entsteht mit derselben unaufhaltbaren Bewegung, mit der sich Flüssigkeit oder Gas in einem zerklüfteten Innenraum ausbreiten, also in einer tobenden Grotte an der Atlantikküste oder in einem Schädel. Der Exzess ist Dauer: Seine Bewegung ist ein Immer-Wieder, ein Vor-und-Zurück. Darin ähnelt er der Atmung. Die Dimension ähnelt einer Lunge, die ja auch durchlässig und nicht nur Behälter ist. Der Exzess eröffnet also auf doppelte Weise Raum, nämlich in der Art einer Übertretung (ein Gesetz wird übertreten, die Kriterien des Richtigen, das korrekte Vorgehen gemäss Protokoll etc.) und in der Art einer Verästelung. Die Verästelung ist ein wenig richtungslos. Ein wenig – das ist das Gute daran. Die Verräumlichung im Exzess ist subtiler, physischer, sinnlicher als eine Befreiung, ein Umsturz. «Was ist so gut an ‹subtil›?» Antwort: «Was ist so gut an Luft in der Lunge?» Die Verräumlichung ist «positiv», wartet nicht auf die vom Gesetz her rührende Bestätigung; sie bekräftigt das Gesetz nicht wie in einer Art Suspension, einem Aussetzen, als würde ich die Luft anhalten. Nun ist wieder die Figur des Springers am Werk. Das Verhältnis zur Regel und zum Gesetz ist hier «schräg» und abgewinkelt, als würde ich diagonal einen Hang hinabgleiten. Sicher: Es ist wichtig, dass es ein Verhältnis zum Gesetz gibt. Die Verräumlichung hinterlässt darauf eine Spur, welche die Fläche des Gesetzes punktiert und temporär markiert, oder eine Kerbe, so dass die Fläche angeritzt ist. Da geht vielleicht ein Riss auf, der sich langsam verbreitern wird.

Man weiss aus der Werkstofftechnologie, dass die kleinsten Risse grösste Auswirkungen haben, vor allem wenn sie unter den Einfluss fortwährender Kräfte kommen, unabhängig wie gross oder klein sie sind. Man muss sich dies nicht als etwas Gewaltsames und unter dem Zeichen der biblischen Katastrophe vorstellen. Etwas kann auch im «infra-sensiblen» Bereich zerbrechen und zerbersten (wie so vieles bei Duchamp). Je kleiner die Katastrophe ist, umso interessanter. Eine kleine und eine grosse Katastrophe sind nicht so ähnlich, wie man meint. Es lohnt sich, über den Unterschied nachzudenken. Eine grosse Katastrophe ist bei weitem nicht so interessant wie eine kleine. Die Medien berichten über allerlei Katastrophen, das hat etwas Beruhigendes. Sie erzählen aber nichts von den kleinen gefährlichen Katastrophen in der Art von F. Scott Fitzgeralds *Crack-Up*. Nach einer grossen Katastrophe ist bald alles wieder beim Alten. Sie ist ein Ruck, eine Zäsur, ein Schnitt, aber nie und nimmer eine Verschiebung. Das ist sie nicht. Der Stein, den ich ins Wasser klatschen lasse, ist gross-katastrophisch. Ein unmögliches Wort, zugegeben. Hier geht das Ereignis von einem Mittelpunkt aus, wird regiert von einem Zentrum, das zur Peripherie ausfliesst, hat ein Innen und Aussen und ist endlich. Ruckzuck, dann ist es vorbei.

Die Spirale ist ein anderer Fall. Ihr Mittelpunkt ist überall. Sie ist mikroskopisch und kosmisch, sie kann unendlich werden. Sie hat mit der «weiten Existenz» zu tun, nicht als Metapher oder Allegorie, sondern als Figur innerhalb der menschlichen Tätigkeit. Es ist schön, wenn sie höchstens so materiell wie eine Lichtspiegelung ist, noch schöner, wenn sie in der menschlichen Tätigkeit wie ein telepathisch erzeugter Gedanke aufscheint. Manchmal taucht die Spirale so auf, oft nicht. Eine gezeichnete Spirale ist mehr als ein Gekritzel, bloss Spur, die auf einen Träger zu liegen kommt. Sie ist eine Übung, ein Verhalten, das auf verschiedene Weise Raum erschliesst: die graduelle Ausdehnung, die Erweiterung sowie Verdrängung ist; die Vertiefung und zugleich Erhöhung ist; die zugleich ein Näher-Kommen und Sich-Entfernen ist; die eine Ausbauchung und zugleich eine Einstülpung ist. Dies kann unter Umständen zur ruhigen Form einer wachen Hypnose führen, zu einer Art von Trance, doch ohne Verbindung zu institutionalisierten Formen von Exstase. Die Spirale als Mantra. Die Spirale als Tätigkeit. Die Handlung als Gebet, so wie Kafka vom Schreiben als einer Form von Gebet sprach. Eine Spirale zu zeichnen ist also keine gedankenverlorene Tätigkeit. Es entsteht keine tote Zeit wie beim Kritzeln. In einem kleinen mentalen Theater sieht das ungefähr so aus: Wenn ich mir das Kind im Hort, die Geschäftsfrau in der Mittagspause, den pensionierten Fabrikarbeiter, den zum Fenster hinaus blickenden Anwalt, die wartende Imbissbudenbetreiberin beim Kritzeln vorstelle, sehe ich sie immer noch in ihrer sozialen Rolle und wie sie innerhalb der kaskadenartigen Zeitstruktur des Alltags existieren mit seiner Fragmentierung von Bewusstsein und Erfahrung: «Mach dies, dann das, schau hierhin, dann dorthin, komm, geh etc.» Die kaskadenartige Alltagszeit ordnet das, was sich abspielt, in Hierarchien wie wichtig-unwichtig, lohnend-vergeblich oder dringlich-verschiebbar. Sie «ökonomisiert» das Reale, was dem Hauptstrom, dem kanalisierten Fluss zuarbeitet. Er sammelt sich, er fliesst unentwegt ein wenig gerader nach unten, ohne Schlenker. Er hinterlässt Schwellenzonen, Geröllland, Ränder und Unterholz, wo das Kleinteilige sich ereignet und das Ausgemusterte zusammenfindet. Es ist ein wenig der Stimmung verwandt, mit der Ray Bradbury den offenen Wald und die Lichtung ausstattet in der Schlussszene von Fahrenheit 451. Ein wild zusammengewürfelter Haufen, eine zufällige Gemeinschaft geht, irgendwie richtungslos, aber nicht verloren zwischen den lose stehenden Bäumen umher, da und dort sitzt einer; sie sprechen, murmeln, rezitieren Texte, jeder ein bestimmtes literarisches Werk, Speicher der Imagination. Jeder hält so einen Text am Leben. Sie halten sich selbst am Leben, indem sie die Verbindung zu ihrer eigenen Sensibilität nicht abbrechen lassen. Ihre Sensibilität wird massiert von Sprache, Bewegung, inneren und äusseren Bildern, die sich am Kontinuum des Buches ausrichten, es überschreitend und verräumlichend – eine exzessive Handlung.

Das hat erneut etwas von einem Gebet, aber auch von einem Spiel. Denn diese Individuen stecken ja das Feld ab, einen Bereich zwischen der Intuition, den Kontingenzen der Landschaft und dem Bewusstsein, für unbestimmte Zeit von der Gesellschaft (von Arbeit, Gesetz, Produktion, Selektion etc.) suspendiert worden zu sein. – Als hypnotisches Mantra macht die Spirale eine Zone auf, genug gross, genug fest, zugleich nicht zu gross, nicht zu fest, damit etwas Wahrhaftiges entsteht: Raum für einen Zufall. Was ist der Zufall? Der Zufall ist kein Zufall. Das tönt wie ein Wortspiel, ist es ein Wortspiel? Mallarmé: «Un coup de dé jamais n'abolira le hasard.» Der Zufall ist nicht zufällig. Was ist der Zufall? Der Zufall ist die reale Möglichkeit einer Verwandlung. Vielleicht geht das ein wenig zu weit. Aber wie könnte ich den Zufall nachweisen, da er ja weder im Würfel noch im Wurf, aber auch nicht nicht im Würfel und nicht nicht im Wurf ist? Der Beweis und der Existenzgrund des Zufalls fallen zwischen den positiven und negativen Begriff hinein in eine Art Spalte. Er ist wie der räumliche Abstand zwischen zwei eineiigen Zwillingen. Sie stehen nebeneinander. Im Zwischenraum der beiden verweist das Eigene frenetisch in Richtung des Anderen, wie zischende Pfeile, die ihr Ziel nie finden und zurück in den Kreislauf geschickt werden, zurück in das unendliche Karussell. Zweifellos werden sie zurückgeschickt, weil sie das Ziel nicht erkennen oder weil sie zu viel erkennen. Bei Zwillingen gibt es dieses Paradox. Es lohnt sich, über dieses Paradox nachzudenken, darüber, wie es sich mit dem Zuviel und Zuwenig beim Erkennen verhält. Vielleicht müsste das Karussell die Form einer Spirale und nicht eines Kreises zeichnen, was etwas mit dem Paradox zu tun hat. Diese Spirale, die eine Ohrmuschel, die eine Sternstrasse, die eine Schlaufe, die eine Träne, die ein Fleischhaken ist. Oder das Diagramm eines Denkens, eines geistigen Lebens wie in der Zeichnung des *Grossen Triumphwagens* (1518 – 1522) von Dürer, wo die verschiedenen Allegorien der Tugenden als Frauengestalten neben dem Wagen gehen und wo über den Köpfen dieser Gestalten, also in dieser hochgradig elektrostatischen Zone, bizarrere Similes von Spiralen sich kringeln und nach oben zucken.

Diese komplexen Spiralen, zusammengesetzt aus unabgeschlossenen oder verhinderten Kreisen, scheinen aus irgendwelchen Gründen nicht langsam entstanden zu sein. Auf jeden Fall sehen sie keineswegs langsam aus, sondern wirken wie mit der Geschwindigkeit eines Peitschenschlags gemacht. Hier ist «Geschwindigkeit» so gemeint wie in einem Ausspruch von T.S. Eliot: «To measure the duration of experience you must know the velocity of your mind.» – Was ist diese Vision? Jene eines Exzesses (und einer Katastrophe) jenseits von Grösse, Masse, Menge. Eine weniger fiebrige Vision, eine weniger erregte Schau der Dinge. Ein Exzess, der nicht mit den üblichen Beiworten geschmückt ist: eruptiv, entgrenzend. Ein Exzess, der eher verbunden ist mit Dauer, wie sie die wiederkehrenden Tage an sich haben, Tage, die kommen und gehen; ein Zyklus, der seine eigene Unabänderlichkeit und eine sanftere Unausweichlichkeit, kurz: seinen Exzess aufweist. Tage, die kommen und gehen – das ist kein elegisches Bewusstsein, das im Vergehen von Zeit zerfliesst. Das Bewusstsein ist eher hymnisch; auf kühlere Art fürchtet es sich und sehnt es sich in Anbetracht der wiederkehrenden Momente, Stunden, Tage, Nächte. Verräumlichung, die langsame stetige Umwälzung, wie sie sich in Ebbe und Flut, im Wechsel von Sonne zu Mond und von Schlafen zu Wachen manifestiert. Massage der Zeit, Simultaneität, Verwandlung, Exzess: Hier ist das unendliche Karussell, dessen Kreise und Umlaufbahn sich allmählich und unweigerlich verändern und zugleich langsamer und schneller werden.

Nachbemerkung: Dieser Text ist 2004 aufgrund einer
Einladung des israelischen Künstlers Uri Tzaig
entstanden und wurde zum ersten Mal in englischer
Übersetzung publiziert in Uri Tzaig, *Dualitas,* Texte
von R. H. Ravitzky und Daniel Kurjaković, Argos:
Bruxelles, 2004.

Daniel Kurjaković ist Kurator, Kritiker
und Dozent SBK.

Von 15 Uhr bis zum letzten Wort – Eine Aktion

— San Keller

Auf Einladung von San Keller wählt Christoph Schenker die *Vorlesungen und Gespräche über Ästhetik, Psychologie und Religion* von Ludwig Wittgenstein aus, die San Keller gemeinsam mit den Teilnehmerinnen und Teilnehmern an einem Stück vom ersten bis zum letzten Wort laut vorliest. Wer vom ersten bis zum letzten Wort an der Vorlesung teilnimmt, erhält ein von San Keller und Christoph Schenker unterzeichnetes Testat.

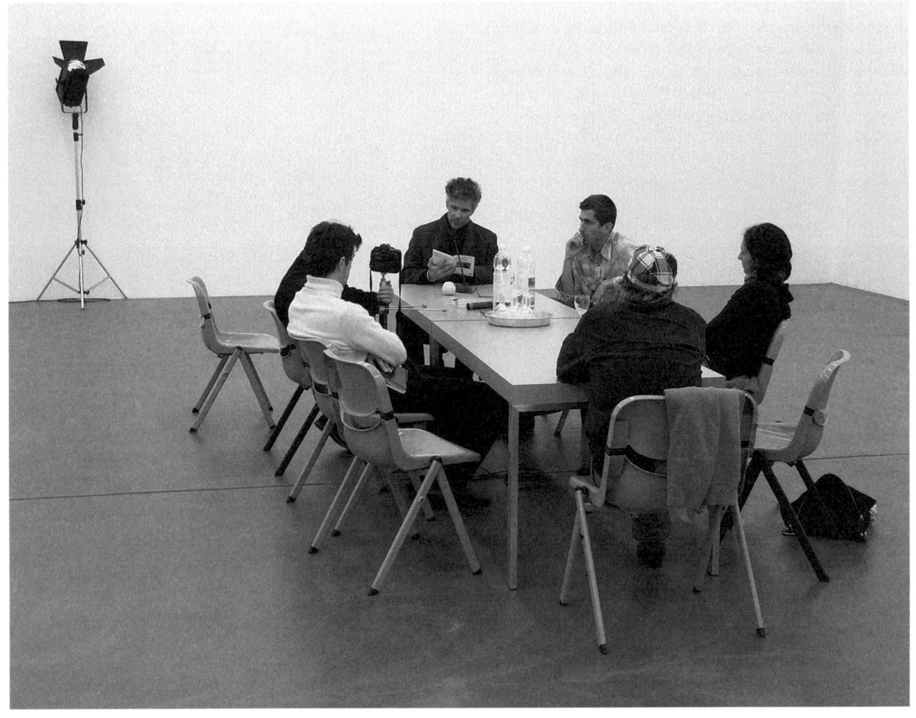

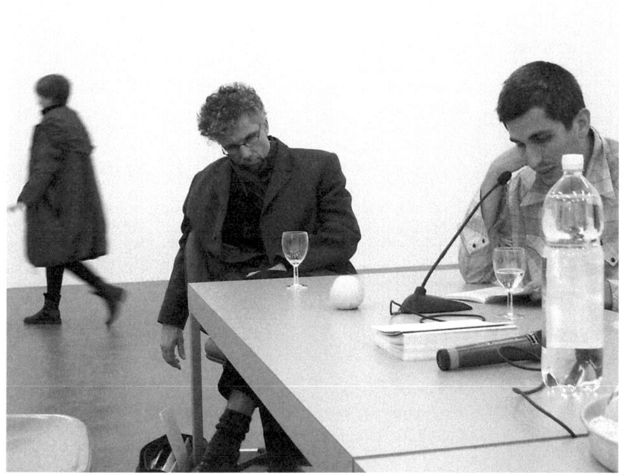

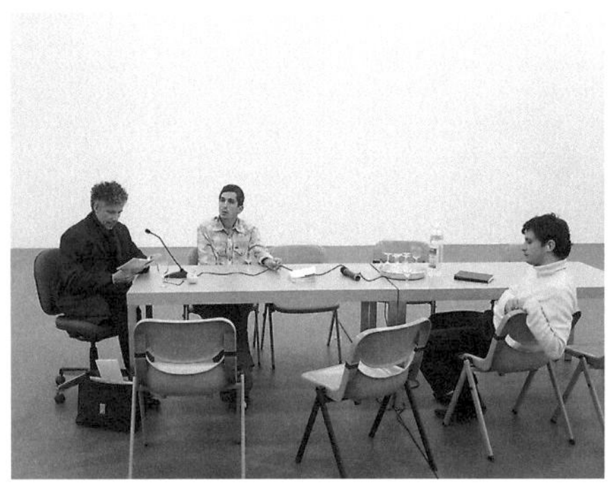

Ausstellungen

Die in der Kunsthalle Zürich unter dem Titel *Bekanntmachungen* gezeigten
Ausstellungen der SBK-Absolventinnen und -Absolventen thematisieren auf
vielfältige Weise die Lehre und Kunstausbildung, die Arbeit im Atelier, die
Selektion, Kuratierung und die Präsentation in einer Institution.

Debatten

Bilderstreit — Während der gesamten Dauer von *Bekanntmachungen* finden im
wöchentlichen Wechsel Einzelausstellungen statt. Das gezeigte Werk wird in
einem öffentlichen Gespräch diskutiert. Die acht Ausstellungen wurden kuratiert
von Beatrix Ruf, Direktorin und Kuratorin Kunsthalle Zürich, und von Samuel
Leuenberger, kuratorischer Assistent Kunsthalle Zürich. Giovanni Carmine,
freischaffender Kurator und Kunstkritiker in Zürich, lädt Kritikerinnen und
Kritiker zur Diskussion ein.

Video*Talk — In Anwesenheit der Künstlerinnen und Künstler werden ihre Arbeiten
gezeigt und diskutiert. Konzept: Franziska Koch und Irene Weingartner.

Performances

Am 21. Dezember 2005 finden von 12 Uhr mittags bis 12 Uhr nachts im ganzen
Löwenbräu-Areal – in verschiedenen Räumen der Kunsthalle, aber auch auf der
Strasse vor der Kunsthalle – insgesamt 21 Performances statt. Eine Dokumentation
ist auf der dem Buch beigelegten DVD zu finden.

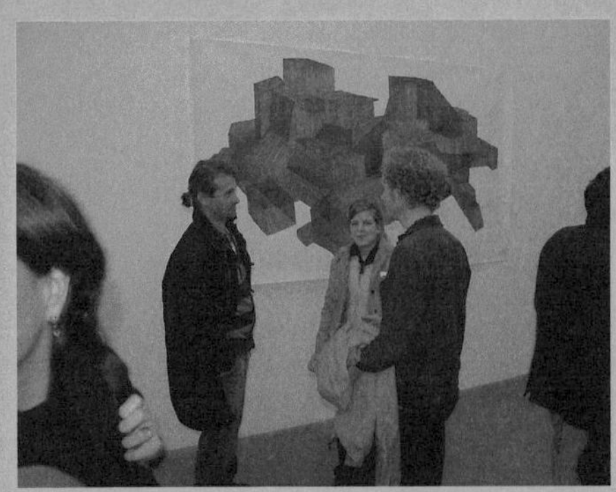

1

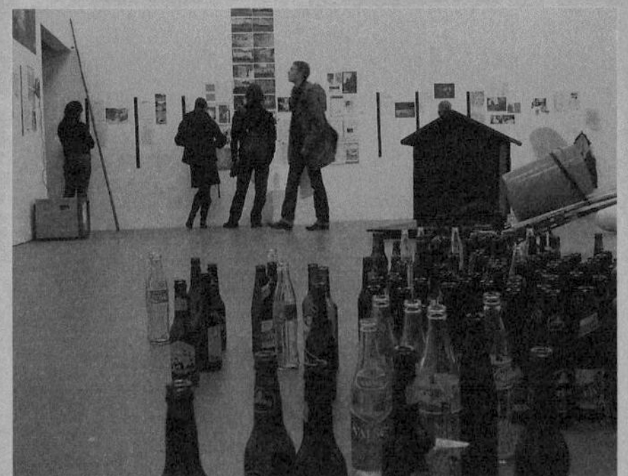

2

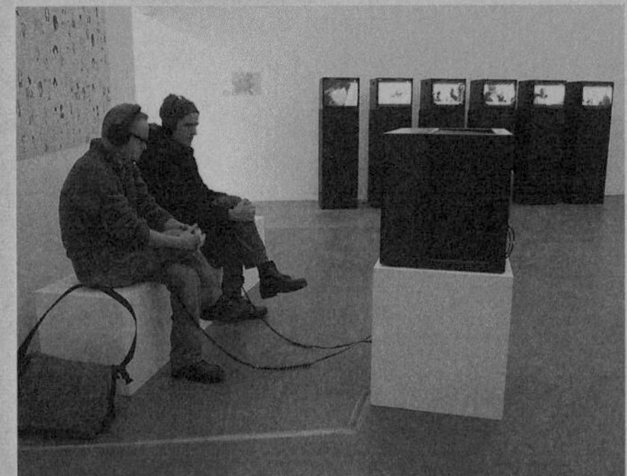

3

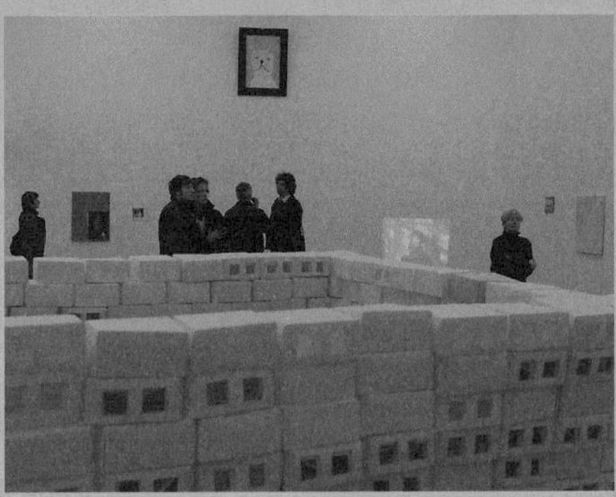

4

S. 145

As Time Goes By

kuratiert von Zilla Leutenegger
mit David Chieppo, Annelise Coste, Andrea Heller, Dominique Lämmli,
Zilla Leutenegger, Daniel Schibli, Christoph Schreiber

Hof in Halle — Kunsthof in Kunsthalle

kuratiert von Markus Wetzel
Eine Gruppenausstellung als archivarisches, installatives Projekt mit allen
Künstlerinnen und Künstlern des SBK, die je im Kunsthof Zürich ausgestellt
haben. Ergänzt mit dem im Kunsthof ausgestellten Projekt *hier ist niemand*
von Jörg Köppl und Mirjam Bürgin.

Exotik des Realen — Vom ambivalenten Bezug zur Wirklichkeit

kuratiert von Ursula Biemann in Zusammenarbeit mit Eve Bhend
mit Eve Bhend, Cedric Bobay, CASUAL (Sabina Baumann und Karin Michalski),
Andreas Helbling / Željka Marušić, Frank und Patrik Riklin (Atelier für
Sonderaufgaben), Ingrid Wildi

Ruhe im Sturm

kuratiert von Thomas Müllenbach
mit Judith Albert, Ruth Blesi, Reto Boller, Klodin Erb, Felicitas Felley, Urs Hartmann,
Barbara Mühlefluh, Raoul Müller, Tobias Oehmichen, Christian Ratti, Mario Sala,
Alessandra Tavernini, Klaus Tinkel, Johanna Röthlisberger, Harry Jo Weilenmann,
Zaccheo Zilioli, Christina Zinsli

1 — Ausstellungsansicht *As Time Goes By*
2 — Ausstellungsansicht *Hof in Halle — Kunsthof in Kunsthalle*
3 — Ausstellungsansicht *Exotik des Realen — Vom ambivalenten
    Bezug zur Wirklichkeit*
4 — Ausstellungsansicht *Ruhe im Sturm*

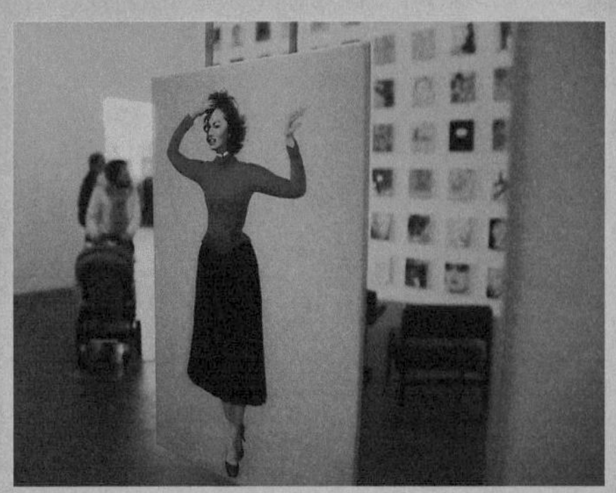

1

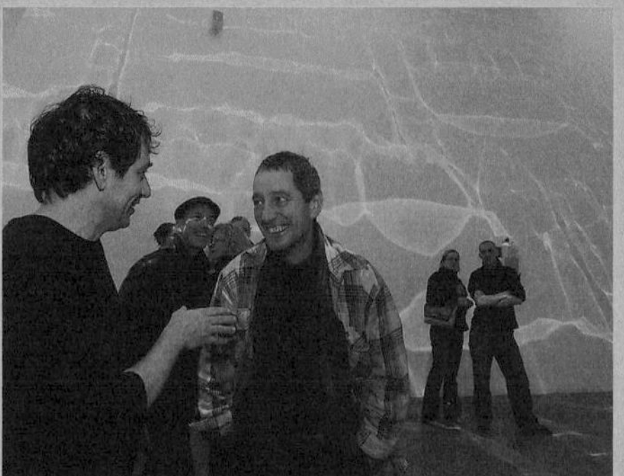

2

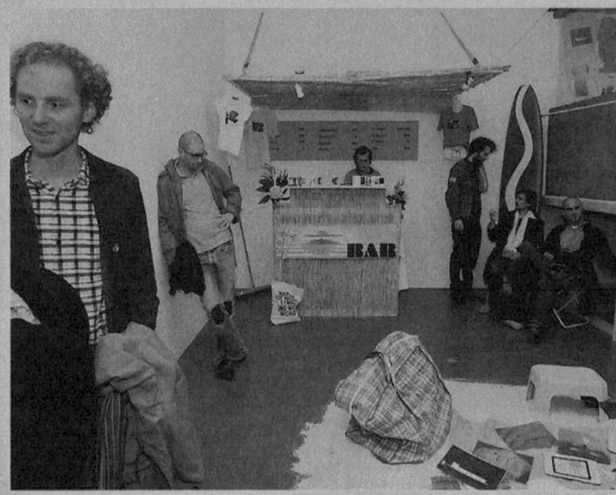

3

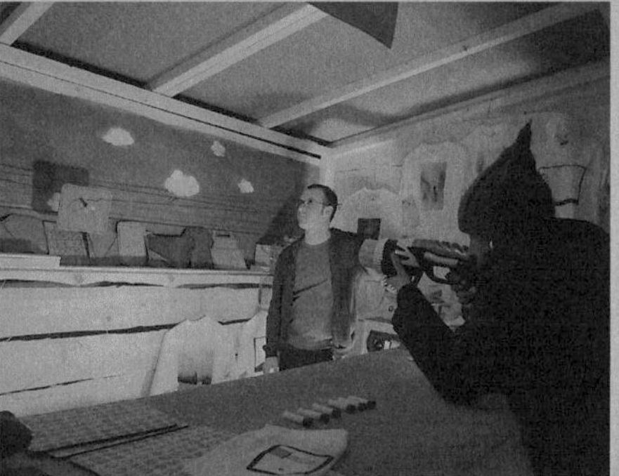

4

S. 168

Der Strich I – IV

Der Strich — Teil I

KOORDER (Matthias Berger und
Till Hänel) und Dominique Lämmli

Der Strich — Teil II

Dina Scagnetti, Alex Scherz und
Klaus Tinkel ergänzen Teil I

Der Strich — Teil III

Urs Hartmann, Brigitt Lademann und
Markus Schaub ergänzen Teil I — II

Der Strich — Teil I V

Patricia Bucher, COM & COM (Johannes
M. Hedinger und Marcus Gossolt) und
Tom Menzi ergänzen Teil I — III

S. 178

Museumsshop

Ein Projekt der Studierenden
des SBK

Shop 1 — Beach Shop

Georg Keller und Nora Steiner

Shop 2 — Ausstellung Museumsshop,
Videokunst & andere Angelegenheiten

Patrick Graf und Sebastian Utzni

Shop 3 — Schiessbude

Nicole Hoesli, David Morrison und
Berthold Stallmach

Shop 4 — Total Ausverkauf

Benjamin Egger, Gabriela Gründler
und Sabine Schlatter

1 — Ausstellungsansicht *Der Strich*
2 — Im Gespräch: Urs Hartmann und Thomas Müllenbach
3 — Museumsshop 1, *Beach Shop*
4 — Museumsshop 3, *Schiessbude*

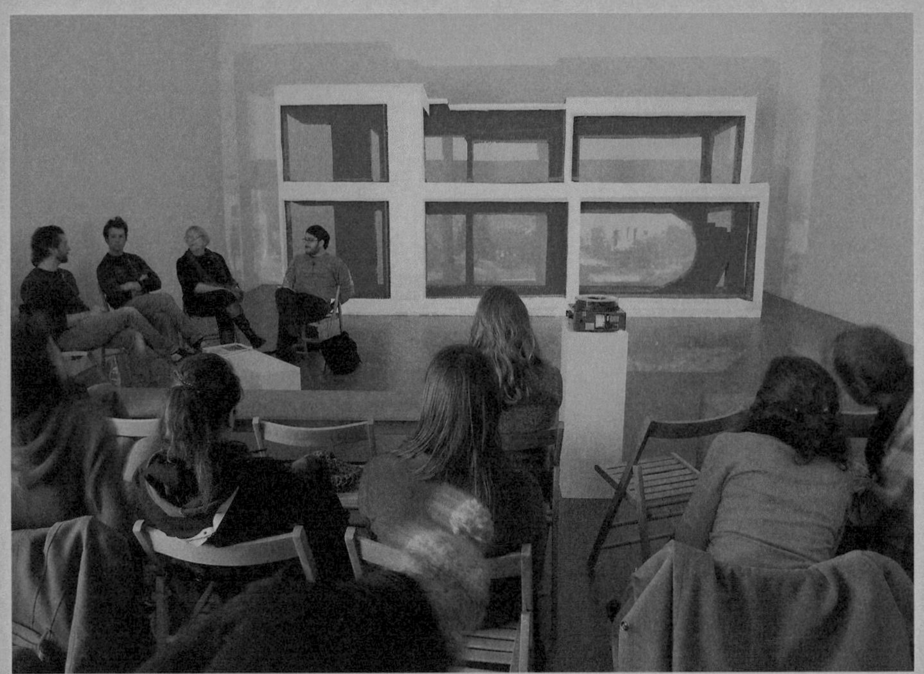

1

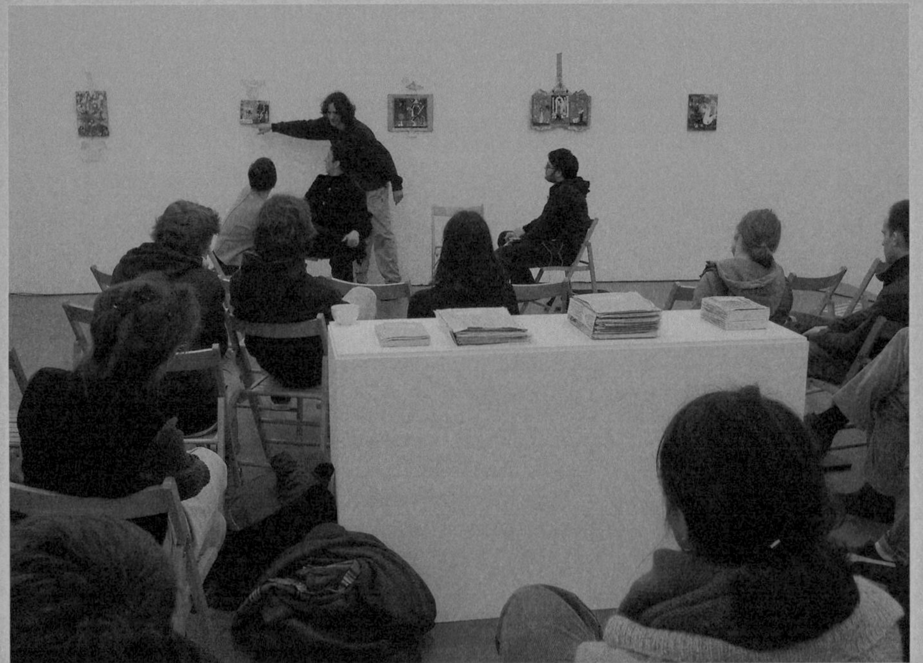

2

S. 180

Bilderstreit 1– 8

Bilderstreit 1

Nina Weber vs Giovanni Carmine und
Oliver Kielmayer, Kurator Kunsthalle
Winterthur
Moderation: Beatrix Ruf

Bilderstreit 2

André Willimann vs Giovanni Carmine
und Alexandra Blättler, Kuratorin
Stiftung BINZ39
Moderation: Beatrix Ruf

Bilderstreit 3

Jason Klimatsas vs Giovanni Carmine
und Edith Krebs, Kunsthistorikerin
und Kulturredaktorin
WOZ Die Wochenzeitung
Moderation: Samuel Leuenberger

Bilderstreit 4

David Chieppo vs Cathérine Hug,
Kunsthistorikerin, wissenschaftliche
Mitarbeiterin Kunsthaus Zürich
und Burkhard Meltzer, Assistenzkurator
Neue Kunst Halle St. Gallen, frei-
schaffender Kritiker
Moderation: Beatrix Ruf

Bilderstreit 5

San Keller vs Giovanni Carmine und
Barbara Basting, Kulturredaktorin
Tages-Anzeiger
Moderation: Beatrix Ruf

Bilderstreit 6

Christine Streuli vs Giovanni Carmine
und Samuel Herzog, Kunstjournalist
und Redaktor *Neue Zürcher Zeitung*
Moderation: Samuel Leuenberger

Bilderstreit 7

Patrick Graf vs Giovanni Carmine
und Claudia Spinelli, Kunstkritikerin
Weltwoche
Moderation: Beatrix Ruf

Bilderstreit 8

Daniel Robert Hunziker vs Giovanni
Carmine und Daniel Kurjaković,
Kurator, Kritiker und Dozent SBK
Moderation: Beatrix Ruf

1 — Installation von Jason Klimatsas, *Haus*, 2005. Im Gespräch:
    Samuel Leuenberger, Jason Klimatsas, Edith Krebs und Giovanni Carmine
2 — Patrick Graf, *Das ypsilonsche Zeitalter*, 2001– 2005. Im Gespräch:
    Claudia Spinelli, Beatrix Ruf, Patrick Graf und Giovanni Carmine

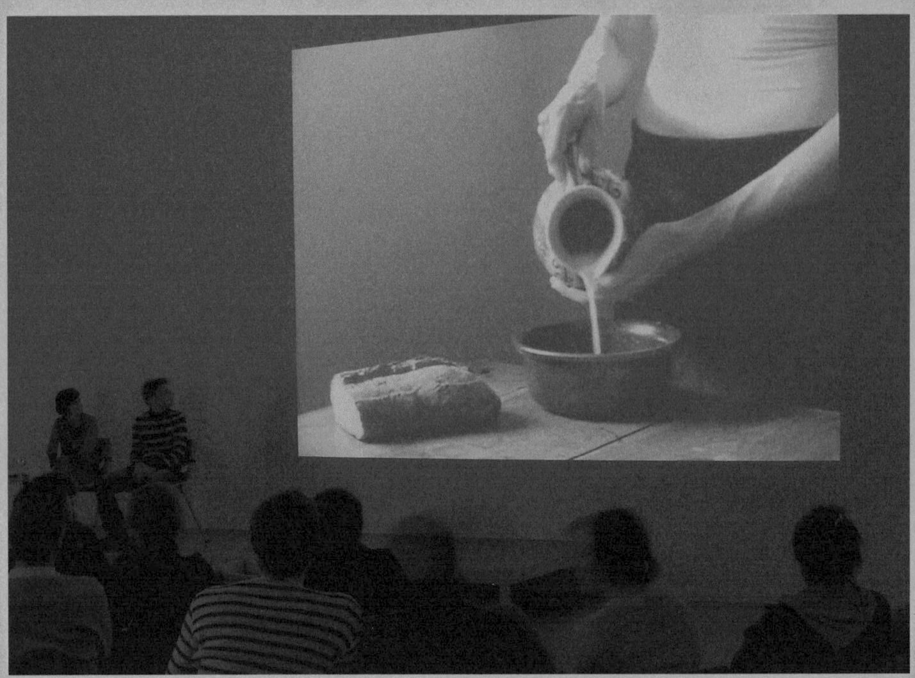

1

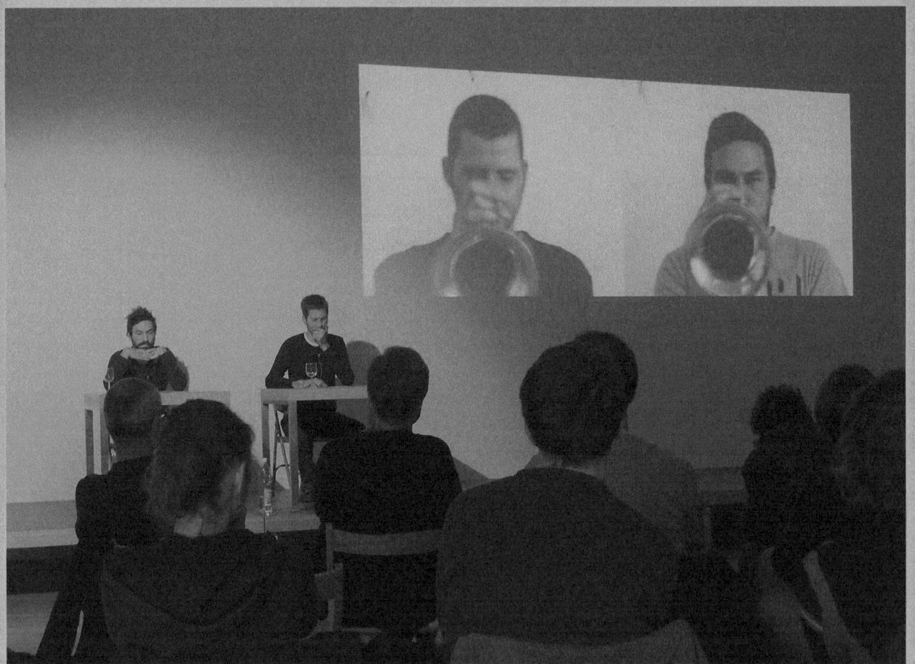

2

S. 196

Video*Talk 1– 6

In Anwesenheit der Künstlerinnen und Künstler werden ihre Arbeiten gezeigt und diskutiert. Konzept: Franziska Koch und Irene Weingartner.

Video*Talk 1

mit Judith Albert und
Gabriela Gerber / Lukas Bardill
Moderation: Samuel Herzog,
Kunstjournalist und Redaktor *Neue
Zürcher Zeitung*, Zürich

Video*Talk 2

mit MEMO (Markus Bösch und
Tom Heinzer) und Patrick Klötzli

Video*Talk 3

mit Tom Karrer, Zilla Leutenegger
und Anina Schenker
Moderation: Maja Wismer,
Kunsthistorikerin, Basel

Video*Talk 4

mit Köppl / Začek und Daniel Schibli
Moderation: Susann Wintsch,
Kunsthistorikerin, Zürich

Video*Talk 5

mit Andreas Helbling / Tom Menzi
und Christoph Schreiber (Sabina
Baumann vertritt Christoph Schreiber
und spricht über seine Arbeiten)
Moderation: Dr. Andreas Vogel,
Kunsthistoriker, F + F Zürich

Video*Talk 6

mit Isabella Branč und Gabi Deutsch
Moderation: Tim Zulauf, Künstler, Autor,
Zürich

1 — Videopräsentation von Judith Albert, *Zwischen der Zeit*, 2004
2 — Performative Videopräsentation von MEMO (Markus Bösch und Tom Heinzer)
    Die Grenzen unserer Arbeit sind nahe dran um was es uns geht, 2005

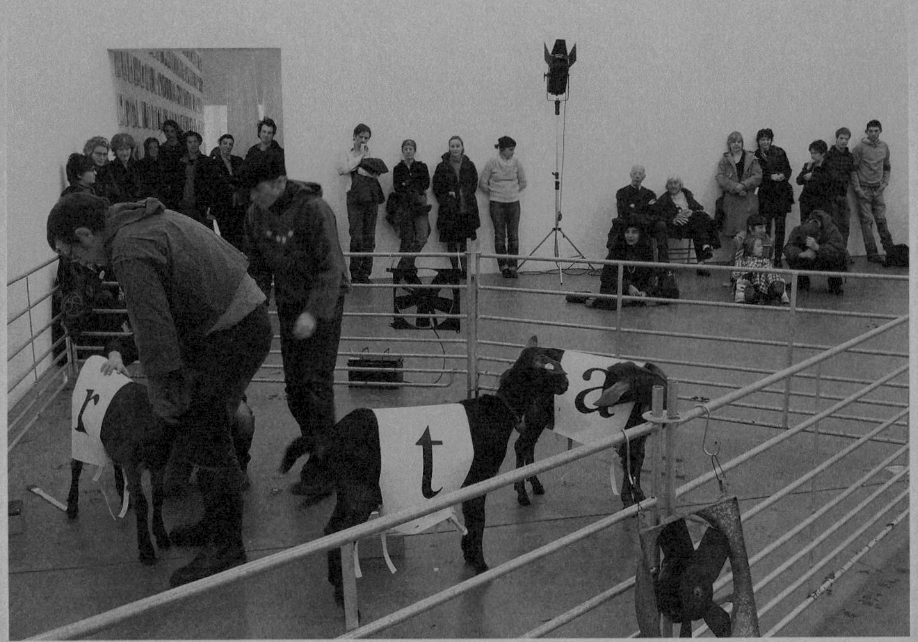

1

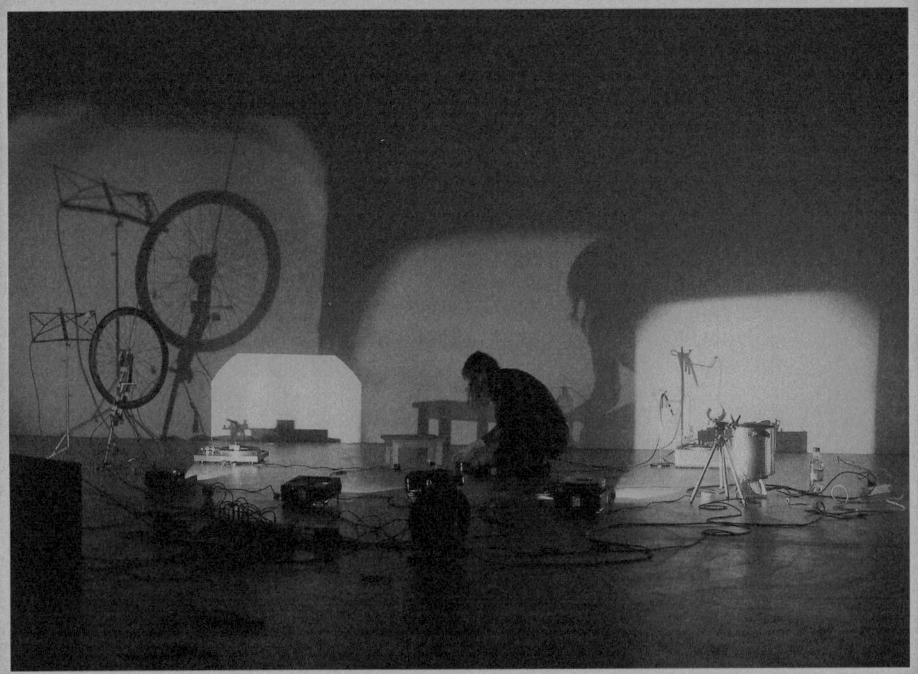

2

S. 256 f. (Umschlag)

Performances

von 12 – 24 Uhr
kuratiert von Peter Emch

mit Marina Belobrovaja, MEMO (Markus Bösch und Tom Heinzer), Annelise Coste, Athene Galiciadis, Karen Geyer, Gisela Hochuli, San Keller, Köppl / Začek, Nelson / Hofstetter / Frei, Christian Ratti, Suzana Richle / Aurèle Ferrier, Niklaus Rüegg / Ariel Zumstein, Dorothea Rust / Leo Bachmann, Katja Schenker, Sabine Schlatter / Benjamin Egger, Barbara Sturm, Tim Zulauf

DVD
von 12 – 24 Uhr
Dauer 31 Min.

1 — Performance, *kuns konst kunst jutsu arte furfang,*
    von Nelson / Hofstetter / Frei
2 — Performance, *Grauton live,* von Karen Geyer

As Time Goes By

kuratiert von Zilla Leutenegger
mit David Chieppo, Annelise Coste, Andrea Heller, Dominique Lämmli,
Zilla Leutenegger, Daniel Schibli, Christoph Schreiber

Liebe Zilla

Von Daniel Schiblis Arbeit sprichst du, seit du sie das erste Mal im Jahre 1994 gesehen hast. Und sie taucht immer wieder auf. Seine Arbeiten haben die wunderbare Fähigkeit, zugleich etwas Liebes und etwas Bedrohliches auszustrahlen – wie es die Märchen auch haben. Ausser, dass Daniels Arbeit sich nicht dazu verpflichtet fühlt, eine Moral zu vermitteln.

Bei Christoph Schreibers Arbeit hast du einen anderen Zugang gehabt. Durch Versuche der Zusammenarbeit hast du ein-, zweimal die Nähe gesucht, doch blieb es dabei, und eine ernsthafte Auseinandersetzung gab es nicht, soweit ich dies verfolgt habe. Du sagst mir, die für ihn untypische Arbeit, das Objekt *Ohne Titel*, magst du wegen dessen dicklicher Skurrilität sehr gerne. Christoph schreibt über die Arbeit, die 1993 entstanden ist: «Ich weiss noch, dass es ein richtiger Wackelstuhl war... und da dachte ich, der Arme braucht ein Pflaster... Aus dem Pflaster wurde dann ein richtig dicker Verband!» Eine wunderbare Arbeit.

Mit Annelise Coste hast du während den Jahren 1998 bis 2000 zusammengearbeitet. Die beiden ausgestellten Werke *You + Me Fornever* zeigen zwei Schriftzeichnungen, die Annelise Coste im Jahre 1999 gemacht hat. Die eine Zeichnung befestigte sie an deiner Ateliertüre in der Schule. An einem Tag hast du sie zerrissen (du warst wohl in Wut), um sie später wieder zusammenzukleben (es tat dir wohl leid, dass du sie zerrissen hast). Was ich nicht wusste: dass Annelise Coste für sich eine zweite identische Zeichnung gefertigt hatte und diese fast unversehrt blieb. Die beiden Schriftzeichnungen sind eine wichtige Erinnerung an einen Versuch einer Zusammenarbeit. Ich bin froh, dass du auch ihre Arbeit ausgewählt hast, da sie doch diese Nonchalance hat, die dir wichtig ist.

Über die Arbeit von Dominique Lämmli hast du mir Folgendes geschrieben: «Dominiques Arbeit habe ich ungefähr im Jahre 1996 gesehen. Mit Asche hat sie den Schriftzug *Zwischen Aufprall und Schmerz fallend* auf die Wand geschrieben. Stark blieb mir diese scheue, geisterhafte und doch eindringliche, bedrohliche und

1 — David Chieppo
God is my Bodyguard, 2004
Some Sort of Comfort, 2002
Ohne Titel (Ghosts), 2004
Left Side (Angel), 2003
Middle of Angel + Teufel, 2003
Right Side (Teufel), 2003

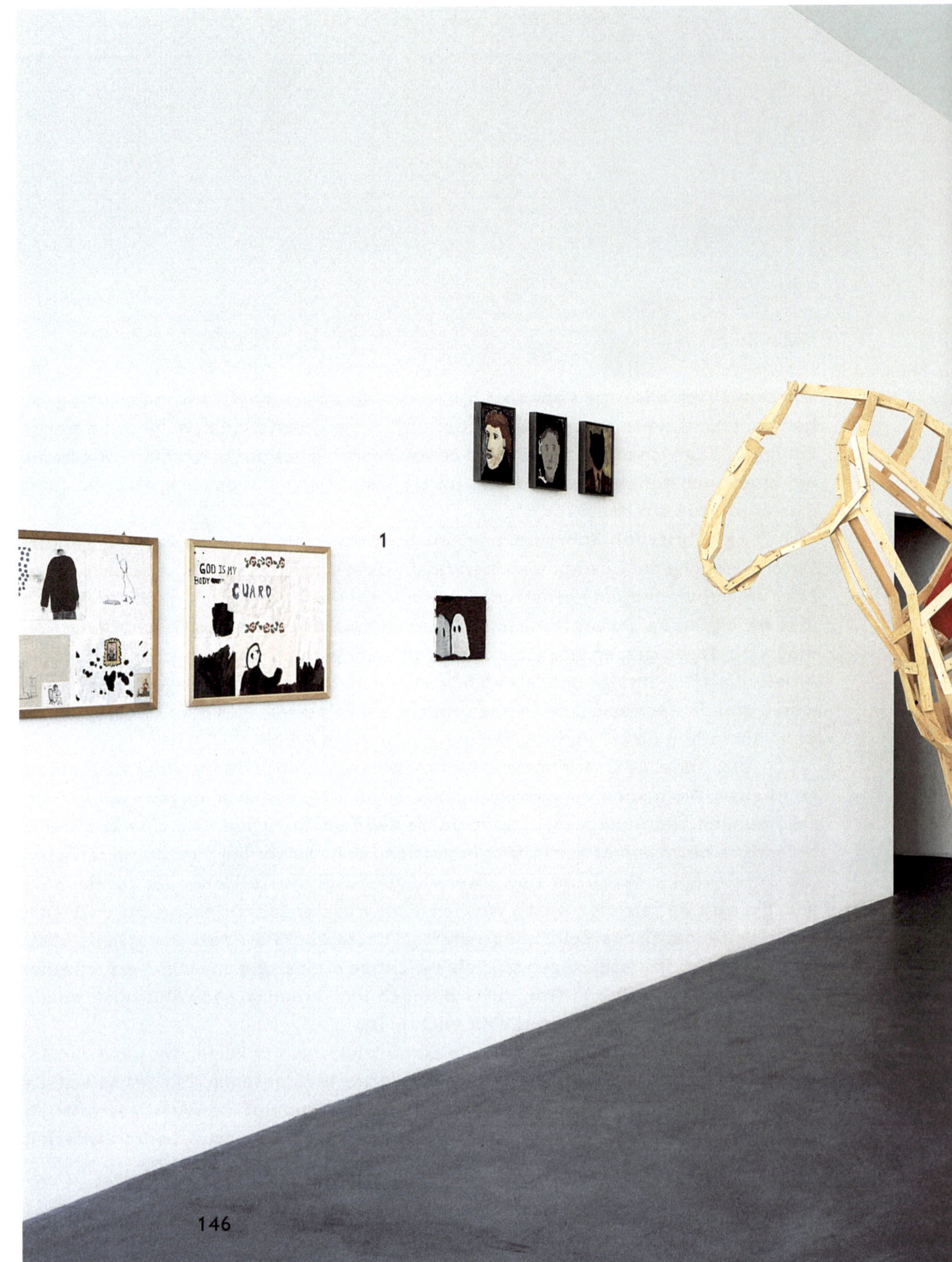

2 — Daniel Schibli
Ohne Titel, 2004

3 — Christoph Schreiber
Ohne Titel, 1993

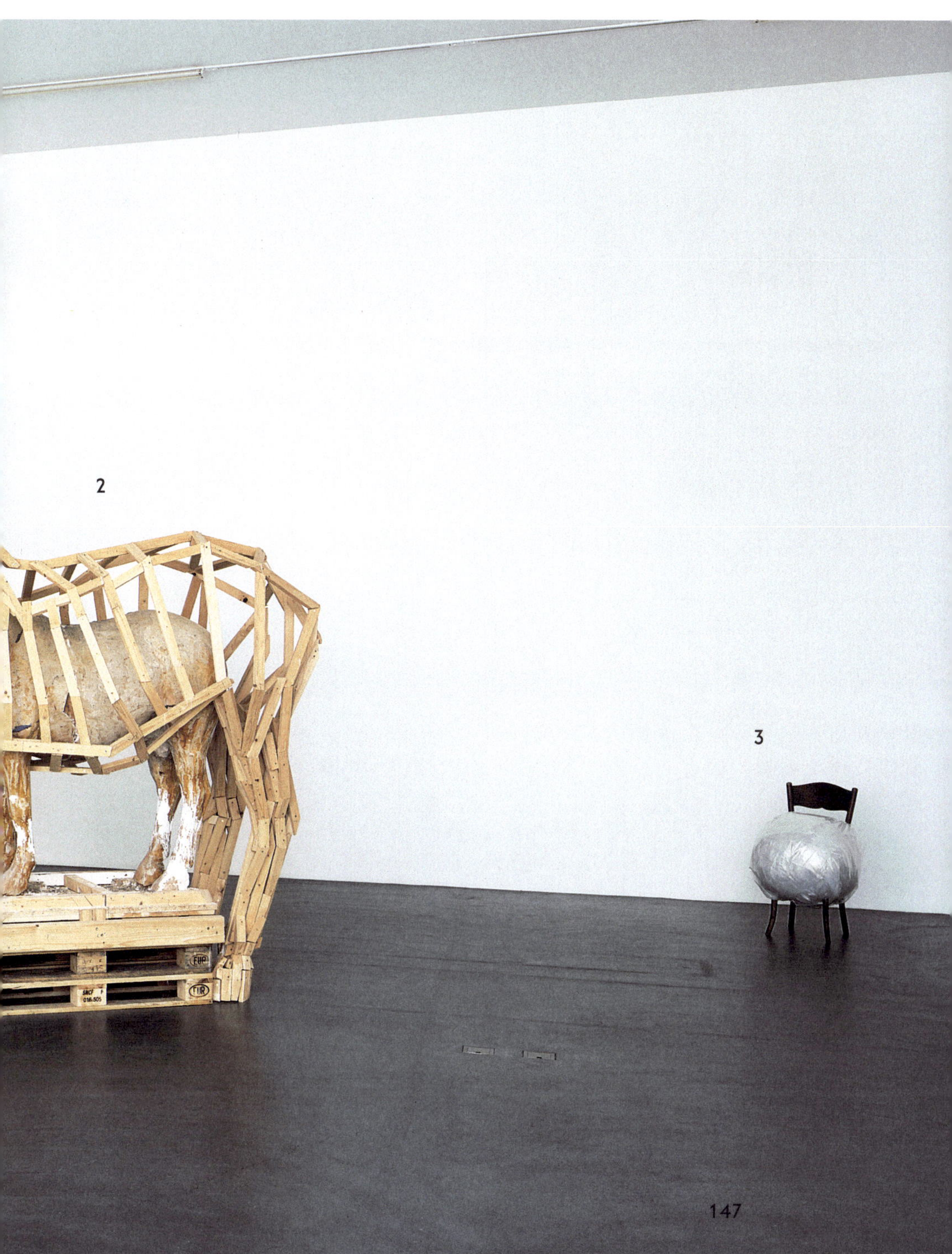

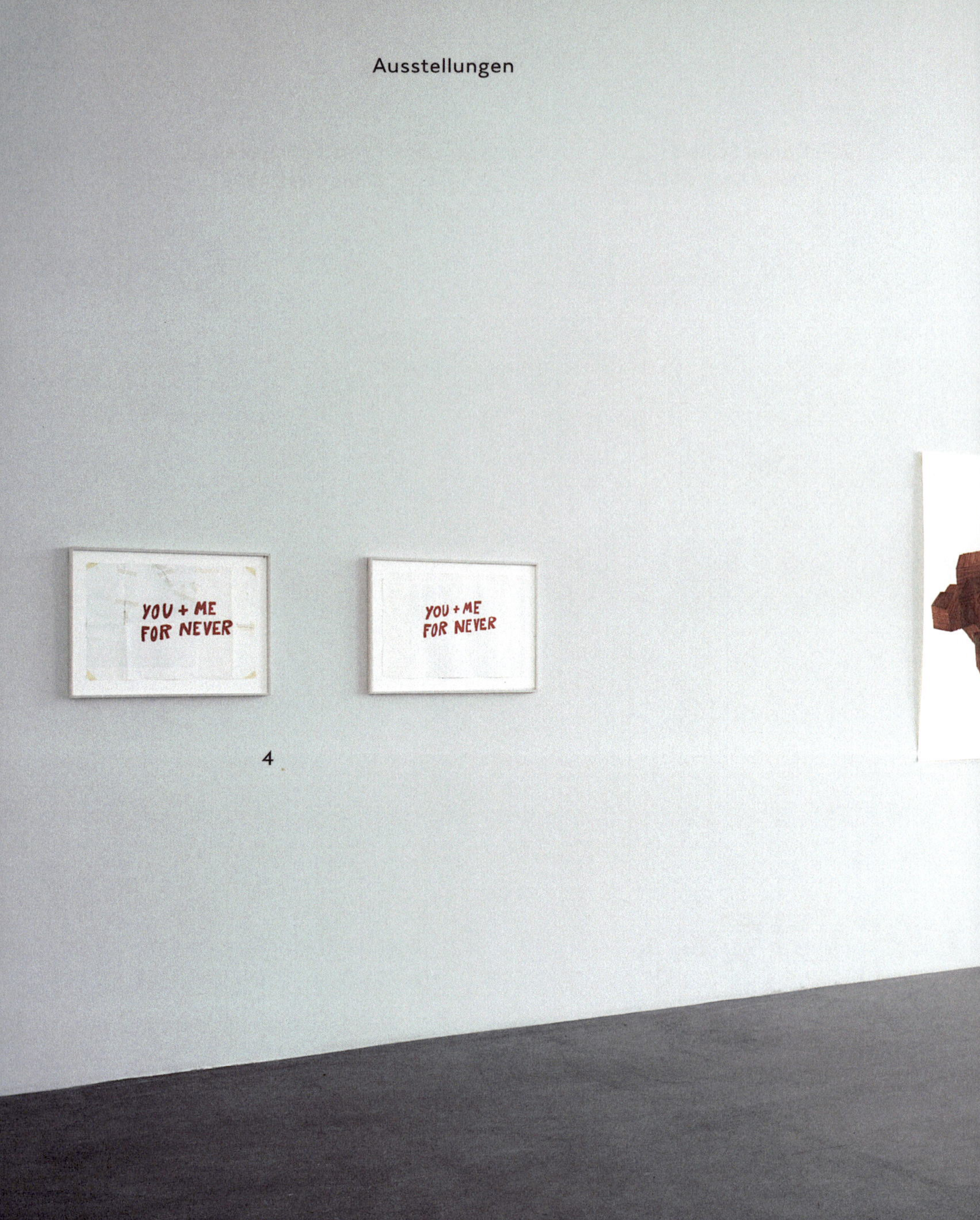

4 — Annelise Coste
You + Me For Never, 1999
You + Me For Never, 1999

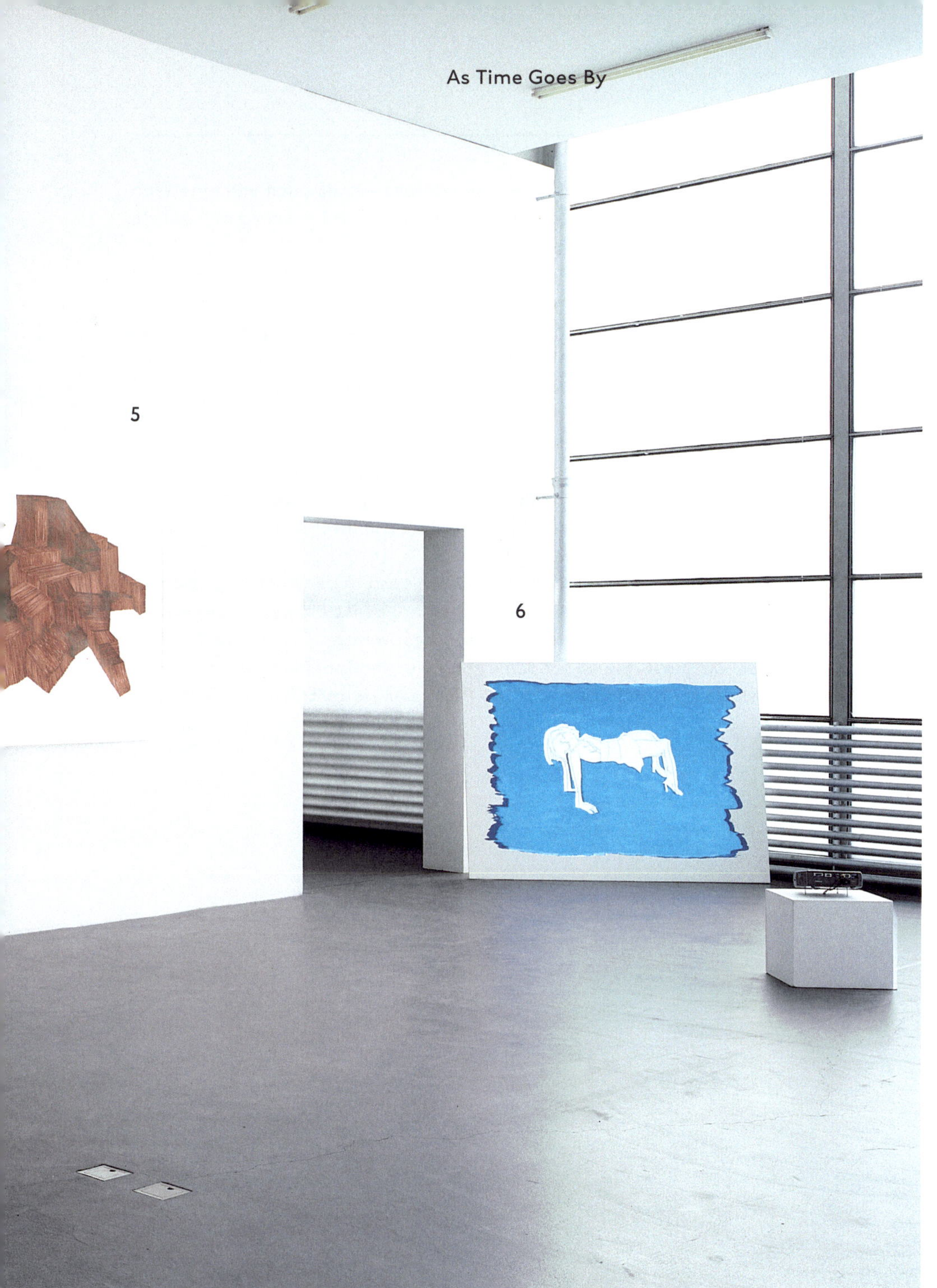

5 — Andrea Heller
Ohne Titel, 2003

6 — Zilla Leutenegger
Forget the Day, 2003
Projektion, DVD Loop

unheilvolle Schrift in Erinnerung. Und für mich ist diese Arbeit auch wie eine Warnung – eine Warnung, die vor langer, langer Zeit an die Wand geschrieben wurde. Wie das Menetekel.»

Mit der Arbeit von David Chieppo hast du, so scheint es mir, am meisten Schwierigkeiten, diese in Worte zu fassen, weswegen du seine Arbeit mit ausgewählt hast. Doch du schreibst, dass seine Bilder dich irgendwie nicht in Ruhe lassen, und vielleicht wolltest du diese Unruhe mit einbeziehen. Die Unruhe der kleinen Bilder. Vielleicht aber auch wegen des klassischen Bildes, das an der Wand hängt und von Daniels Pferd angeschaut wird.

Die Tuschezeichnung von Andrea Heller hast du mir das erste Mal gezeigt, als sie bei Markus Schmutz im Kunstgriff ausgestellt war. Sie ging dir nicht mehr aus dem Kopf. Ein schöner Grund, ein Bild in die Ausstellung zu nehmen. Du sprichst auch von einer frappanten Selbstverständlichkeit, die du in ihrer Arbeit siehst. Alles scheint so einfach und ungewollt. Das gefällt dir.

Von Anfang an war klar, dass auch deine Arbeit mit in der Ausstellung dabei sein wird. Du hast dich für *Forget the Day* entschieden. Es ist ein Zeichnungsvideo aus dem Jahre 2003. Du sagst mir, es gibt keinen bestimmten Grund, weshalb du diese Arbeit ausgesucht hast. Sie ist jedoch irgendwie ein Bindeglied zwischen den Arbeiten von Annelise und Dominique, Daniels Pferd und dem Stuhl von Christoph.

Gruss Zilla

Hof in Halle — Kunsthof in Kunsthalle

kuratiert von Markus Wetzel
mit Judith Albert, Sabina Baumann, Matthias Berger, Markus Bösch, Isabella Branč, Annelise Coste, Gabi Deutsch, Peter Emch, Klodin Erb, Liliana Gai, Karen Geyer, Melanie Gugelmann, Till Hänel, Urs Hartmann, Johannes M. Hedinger, Thomas Heinzer, Andreas Helbling, Cornelia Heusser, Berndt Höppner, Daniel Robert Hunziker, San Keller, Jörg Köppl, Dominique Lämmli, Zilla Leutenegger, Renée Levi, Paola Maiocchi, Tom Menzi, Barbara Mühlefluh, Thomas Müllenbach, Bessie Nager, Sabina Pfenninger, Stefan Pente, Peter Regli, Niklaus Rüegg, Dorothea Rust, Mario Sala, Markus Schaub, Alex Scherz, Daniel Schibli, Christoph Schreiber, Hildegard Spielhofer, Barbara Sturm, Ursula Sulser, Alessandra Tavernini, Klaus Tinkel, Markus Wetzel, Tim Zulauf

Hof in Halle — Kunsthof in Kunsthalle ist ein archivarisches, installatives Projekt. Die Idee ist, ein neues Bild, eine neue, verdichtete, zeitlich und örtlich geraffte Sicht auf gewesene Ausstellungen im Kunsthof Zürich zu bauen. Von jeder Ausstellung von derzeitigen oder ehemaligen SBK-Studentinnen und -Studenten wird möglichst viel Material – Skizzen, Pläne, Muster und Kunstwerke – zusammengetragen und zu einem vielschichtigen, informativen Environment zusammengebaut. Dabei überlagern sich das chronologische System und räumlich motivierte Setzungen der Kunstwerke und Materialien.

Der Kunsthof Zürich öffnete am 2. Juni 1993 um 17 Uhr sein Tor. In einem kontinuierlichen und flexiblen, auf die Absichten und Bedingungen der unterschiedlichen künstlerischen Positionen zugeschnittenen Programm zeigt der Kunsthof Zürich seither jährlich vier bis sieben Projekte, die von den eingeladenen Künstlerinnen und Künstlern für diesen Ort im Aussenraum konzipiert werden. Er wird von Christoph Schenker und Daniel Kurjaković in enger Zusammenarbeit mit den Studentinnen und Studenten des Studiengangs Bildende Kunst geführt.

Der Kunsthof Zürich bietet nicht nur etlichen jungen Künstlerinnen und Künstlern die Möglichkeit, erstmals eine grössere Arbeit im Aussenraum zu erproben. In gleichem Masse setzt er auch Massstäbe auf höchstem Niveau, präsentiert und realisiert Arbeiten von international bekannten Künstlern wie Lawrence Weiner, Sol LeWitt, Gerwald Rockenschaub oder Thomas Hirschhorn. Das Archiv des Kunsthofs Zürich zeigt, dass Studentinnen und Studenten, respektive ehemalige Studentinnen und Studenten des SBK, mit wichtigen Projekten dazu beigetragen haben, dass der Kunsthof Zürich regionale wie internationale Ausstrahlung erlangt hat.

1 — Hildegard Spielhofer
Dokumentation von
Wirf einen kühlen Blick, 2003

2 — Niklaus Rüegg
Kollektivhypnose Kindergeburtstag,
2003

3 — Klodin Erb
Cerberus, 2001

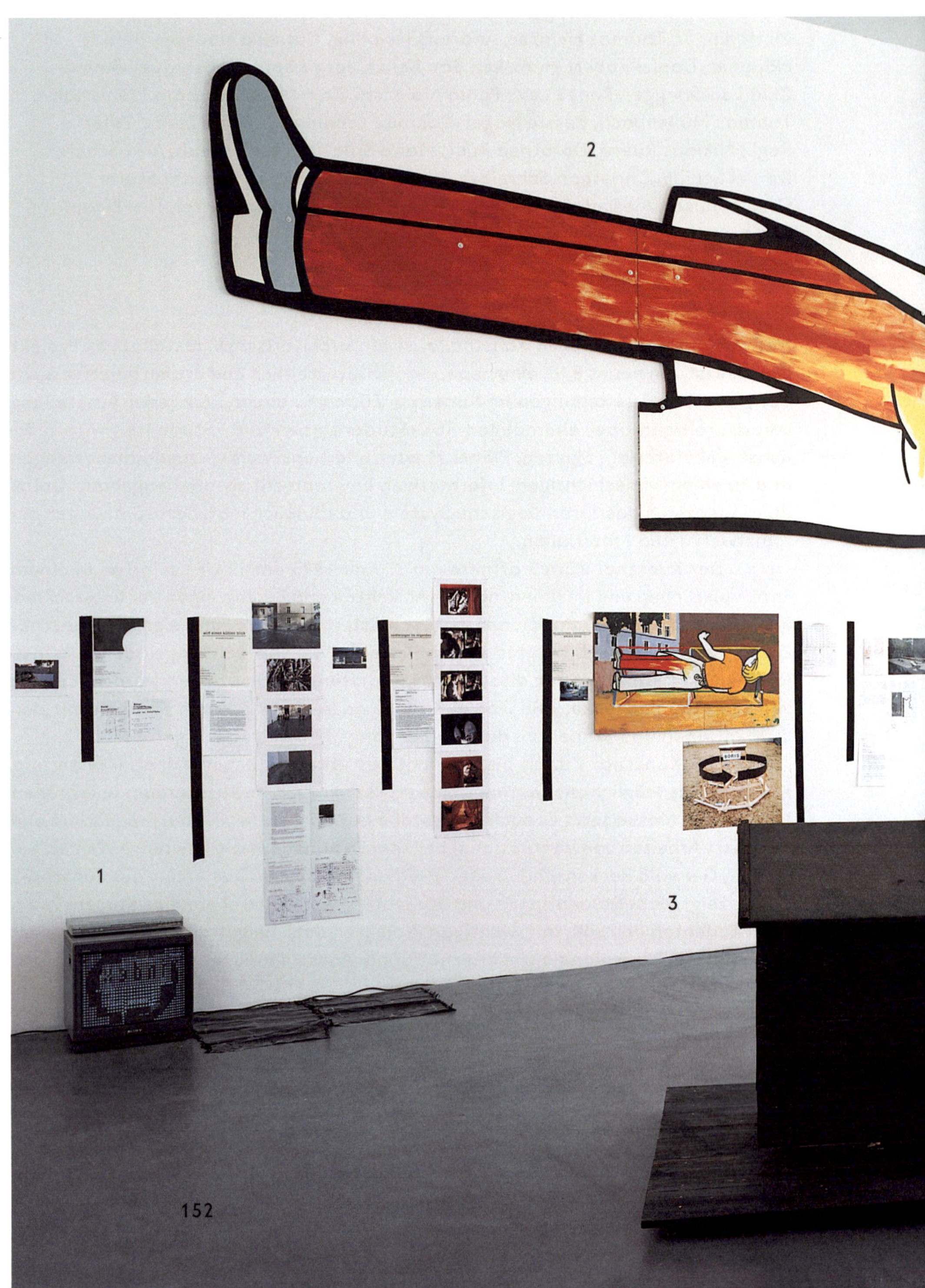

4 — Thomas Müllenbach
   Objekt aus *Ohne Titel
   (Castel Burio 1991),* 1993

5 — Berndt Höppner
   Objekt aus *Raum^2,* 1997

6 — Gerwald Rockenschaub
   Projekt Kunsthof, 1994

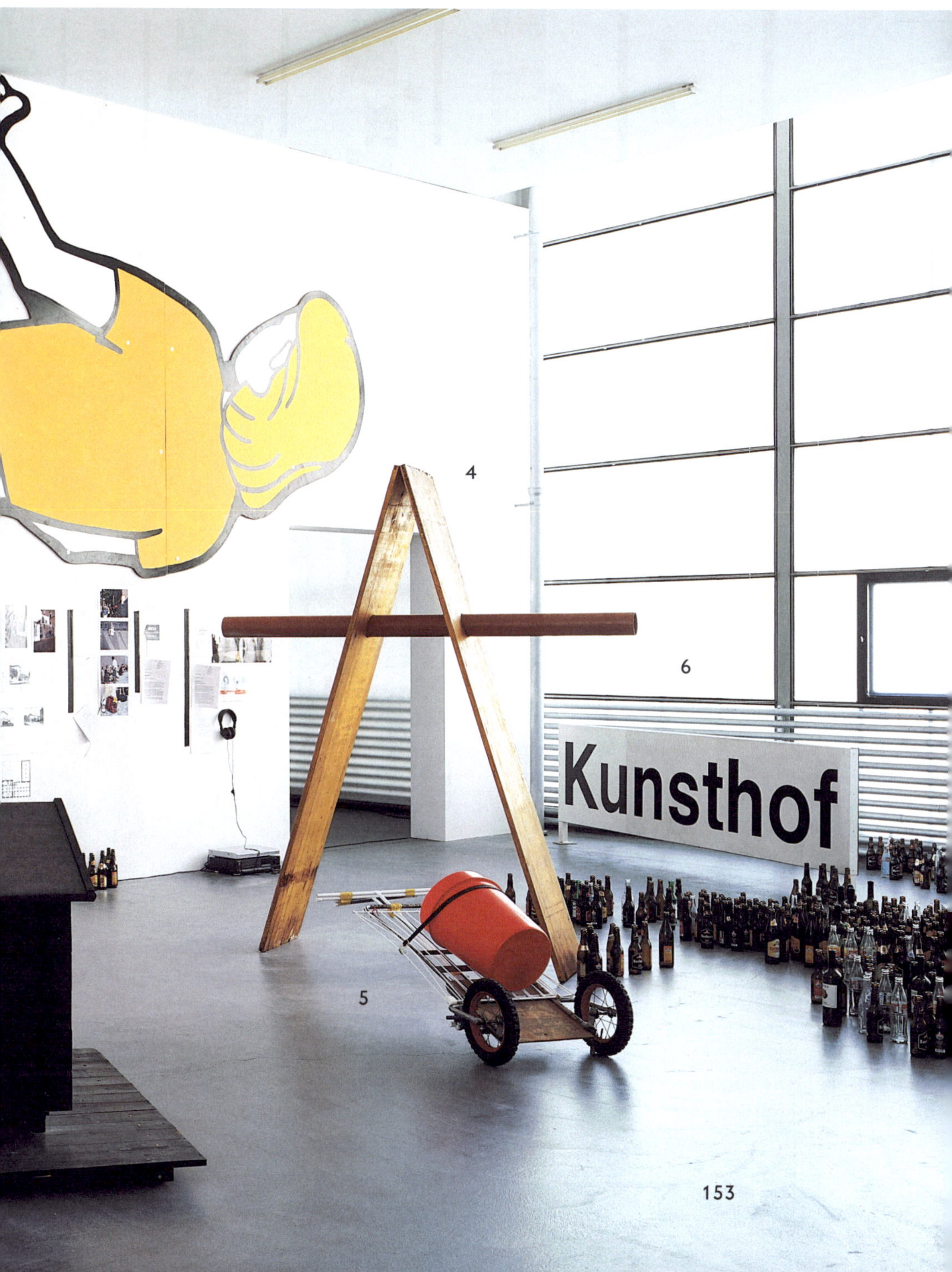

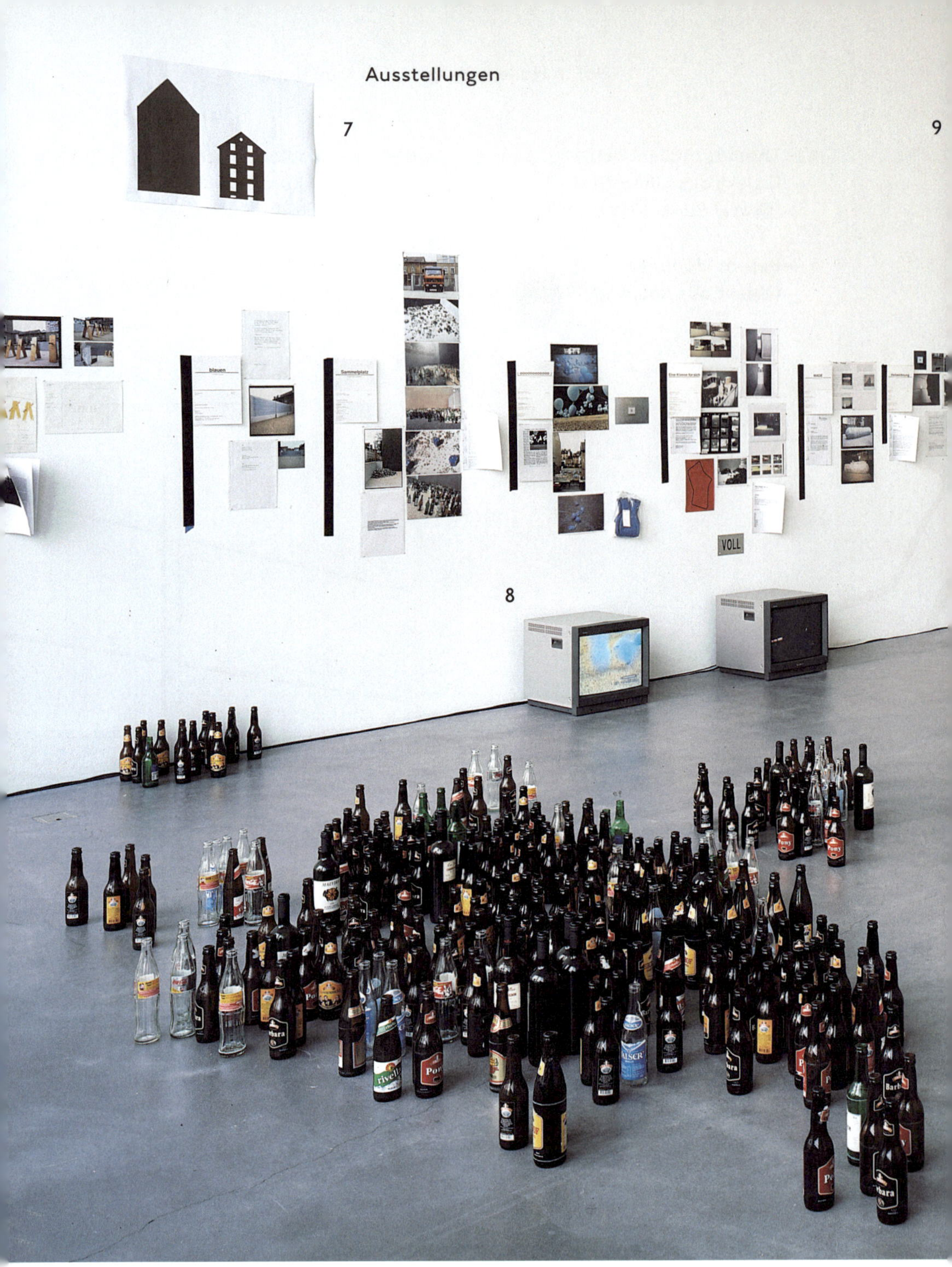

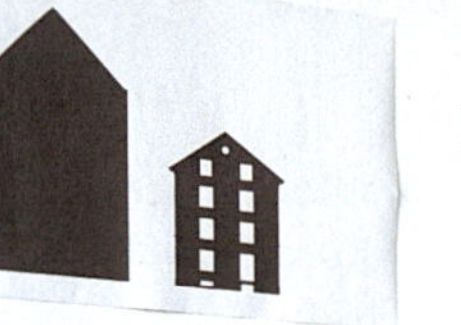

7

9

8

7 — Ursula Sulser
  Dokumentation von
  Ample Sample, 2004

8 — Dominique Lämmli
  Dokumentation von
  IOOOOOOOOOOOOOI, 1994

9 — Urs Hartmann / Markus Wetzel
  Dokumentation von
  11. Sept. – 9. Okt. 1996, 1996

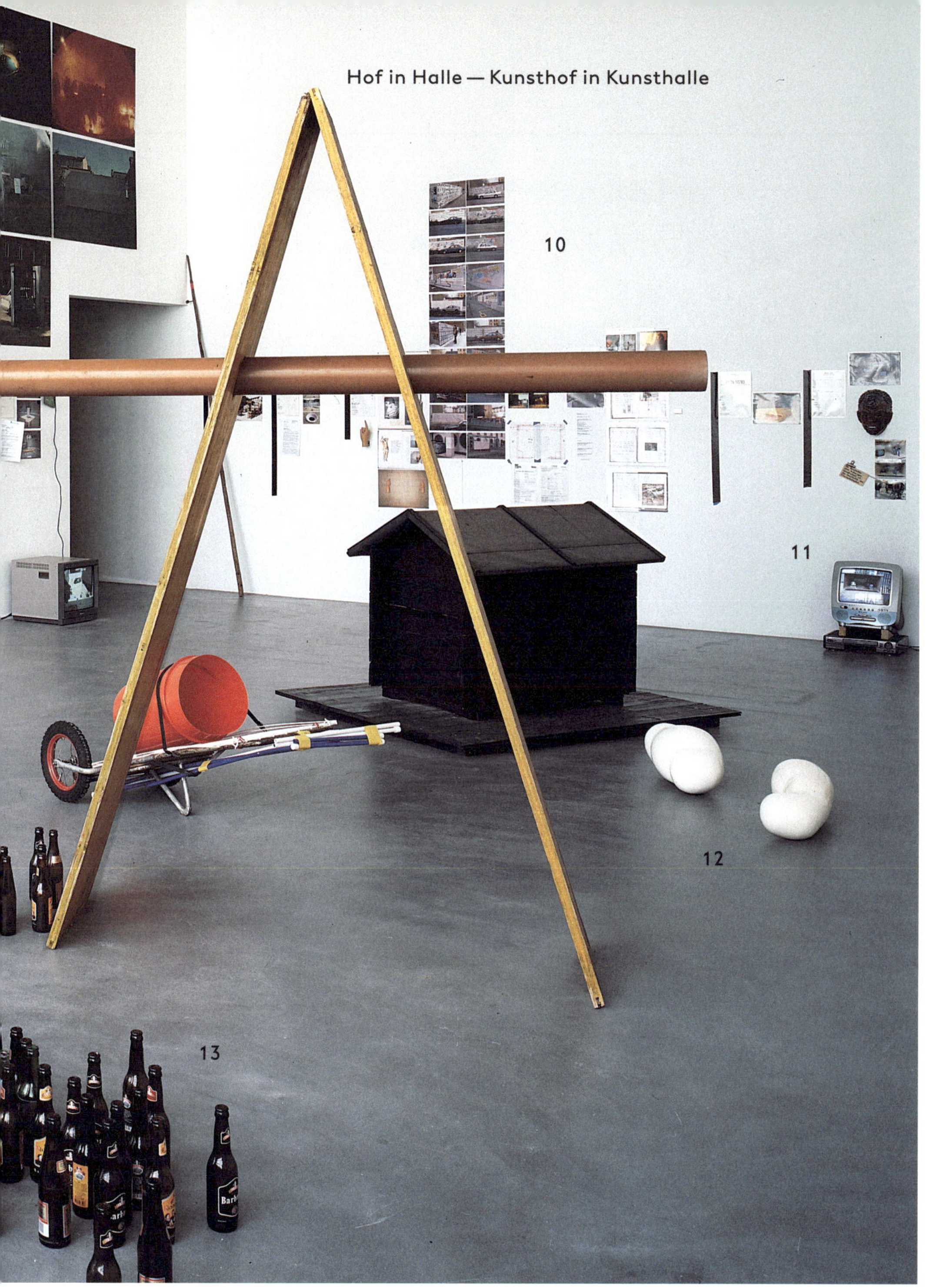

10 — Liliana Gai, KOORDER
(Matthias Berger und Till Hänel)
Korrelation, 1998

11 — Peter Emch
Dokumentation von
Tableau vivant, 1999

12 — Sabina Baumann
Objekte aus *05.06.5078*, 1999

13 — Bessie Nager
Sammelplatz, 1994

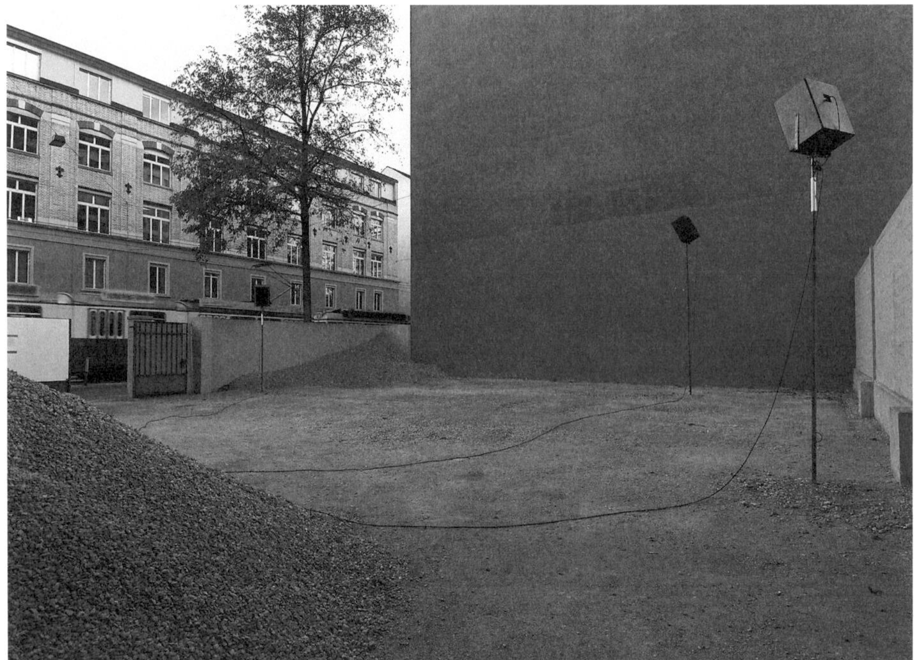

1

1 — *hier ist niemand*
   Jörg Köppl (Audio) und Mirjam Bürgin (Inszenierung)
   im Rahmen von *Bekanntmachungen* im Kunsthof Zürich

Der Ton in der Installation von Jörg Köppl und Mirjam Bürgin entsteht durch
Einwirkung der vorbeifahrenden Trams. Fährt ein Tram vorbei, wird eine Folge von
akustischen Ereignissen ausgelöst und in den offenen Innenraum des Kunsthofs
Zürich projiziert. Die ausgelösten Tonsequenzen sind kürzeste Stücke aus
Gesprächen, bei denen je zwei Stimmen zugleich zu hören sind. In der Verlang-
samung und im Fokus auf diesen tonalen Mikrobereich werden Konsonanzen und
Dissonanzen hörbar gemacht und treffen auf die installativ aufgeschürfte
Oberfläche der Kunsthof-Landschaft.

Exotik des Realen — Vom ambivalenten Bezug zur Wirklichkeit

kuratiert von Ursula Biemann in Zusammenarbeit mit Eve Bhend
mit Eve Bhend, Cedric Bobay, CASUAL (Sabina Baumann und Karin Michalski),
Andreas Helbling / Željka Marušić, Frank und Patrik Riklin (Atelier für Sonderaufgaben), Ingrid Wildi

Kunstpraktiken, die sich inhaltlich und durch ihre Vorgehensweise als direkten
Eingriff in gesellschaftliche und politische Diskurse begreifen, haben im internationalen Kunstbetrieb der letzten Jahre stark zugelegt. Das dokumentarische Genre
wird nicht hauptsächlich dafür verwendet, Tatsachen festzuhalten, sondern der
Bedeutungsproduktion von Bildern auf die Spur zu kommen und der Wahrnehmung
von Realität überhaupt. *Exotik des Realen* stellt sechs künstlerische Positionen vor,
in denen ehemalige SBK-Absolventen und -absolventinnen diese Kunstausrichtung
vertreten und durch subtile Entrückung, Ironisierung und Verkehrung unseren Bezug
zur Wirklichkeit relativieren.

    Das kleinste Gipfeltreffen der Welt ist eine Kunstaktion von Frank und Patrik
Riklin (Atelier für Sonderaufgaben), welche die Dorfpräsidenten der sechs kleinsten
politischen Einheiten der Schweiz und deren Nachbarstaaten zum ersten Mal zusam-
menführt: Hinter dem Rücken der regierenden Staatsmänner der jeweiligen Länder
zelebrieren die Dorfpräsidenten am Rande der Alpen auf poetische Weise eine Art
Gegenerfindung zum G 8: K 6 auf dem Kamor. Im Kontrast zu gängigen Staatstreffen
stehen nicht die Grossen und nicht ein vorbestimmter politischer Inhalt im Zentrum,
sondern für einmal die Kleinen und die spontane, zwischenmenschliche Kompo-
nente einer unüblichen Gemeinschaft. Sich der Realität anderer anzunähern und
diese erfahrbar zu machen verlangt oft Feingefühl, Beharrlichkeit und diploma-
tisches Geschick. Auch Ingrid Wildi musste diese Eigenschaften ausreizen, um mit
ihrem mutigen Vorhaben ans Ziel zu kommen. In ihrem 68-minütigen Videoessay
Aqui vive la Señora Eliana M … ?, Wohnt Eliana M … hier? sucht die Künstlerin,
Kamera in der Hand, nach ihrer vermissten Mutter, einer bekannten Wahrsagerin in
Chile. Der videografische Reiseweg ist durchflochten mit Erzählfragmenten aus fein
geführten Interviews, in denen ihre Familiengeschichte und Chiles Vergangenheit
aufscheinen. So erzählt die Grossmutter die Migrationsgeschichte der Familie, ein
Kunstkritiker analysiert Chiles Tendenz, den eigenen Ursprung zu verneinen, die
Kommentare eines Cousins über seinen Beruf als Anästhesist werden zur Metapher
für den Wunsch der Chilenen, ihre Vergangenheit zu vergessen, und eine Tante

157

1 — Ingrid Wildi
*Aqui vive la Señora Eliana M ...?,
Wohnt Eliana M ... hier?,* 2003
Video, 68 Min.

2 — CASUAL (Sabina Baumann
und Karin Michalski)
queering idols, 2005
Video, 14 Min.

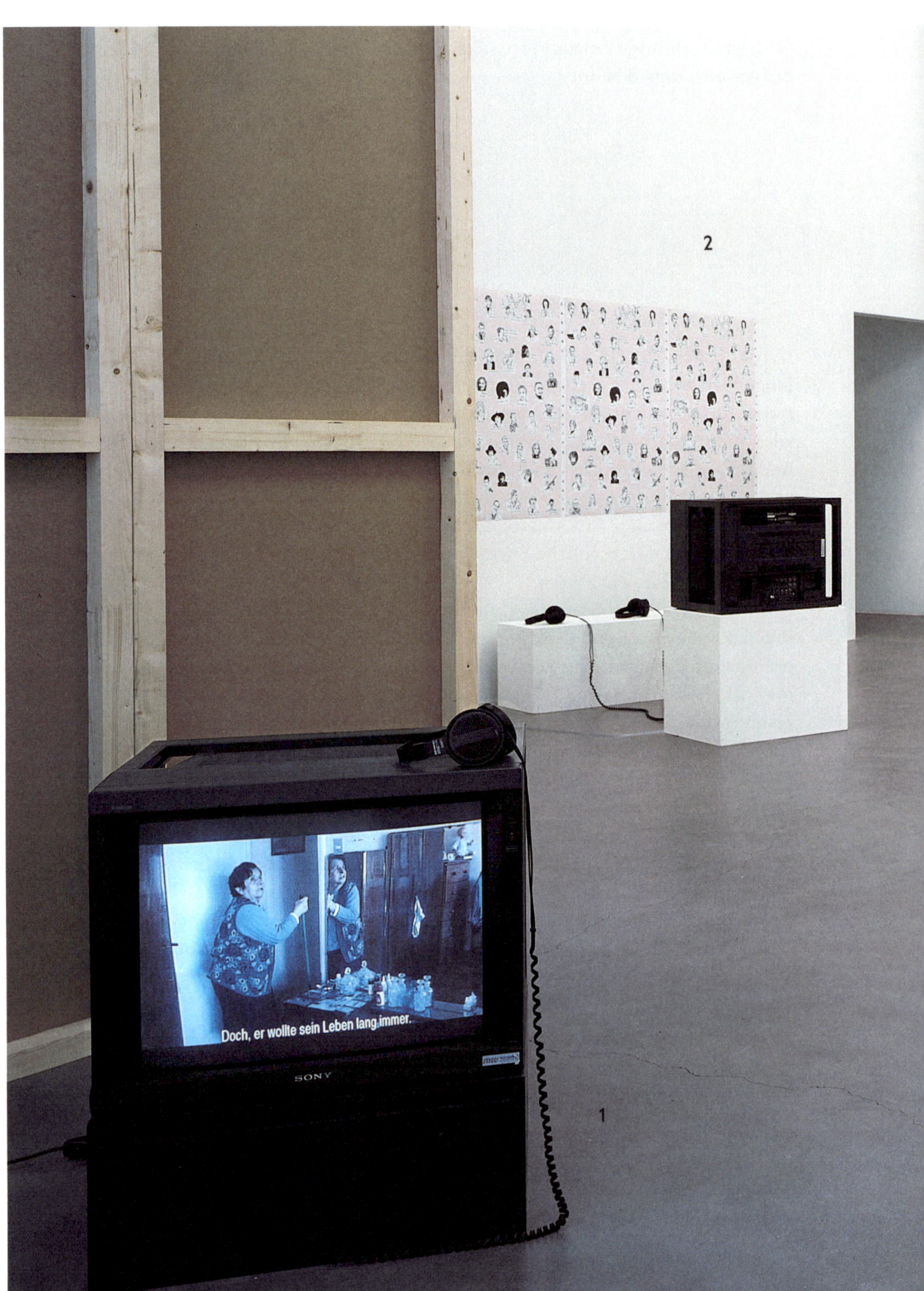

3 — Frank und Patrik Riklin
(Atelier für Sonderaufgaben)
*Das kleinste Gipfeltreffen der
Welt,* 2002 – 2005
Video, 24 Min.

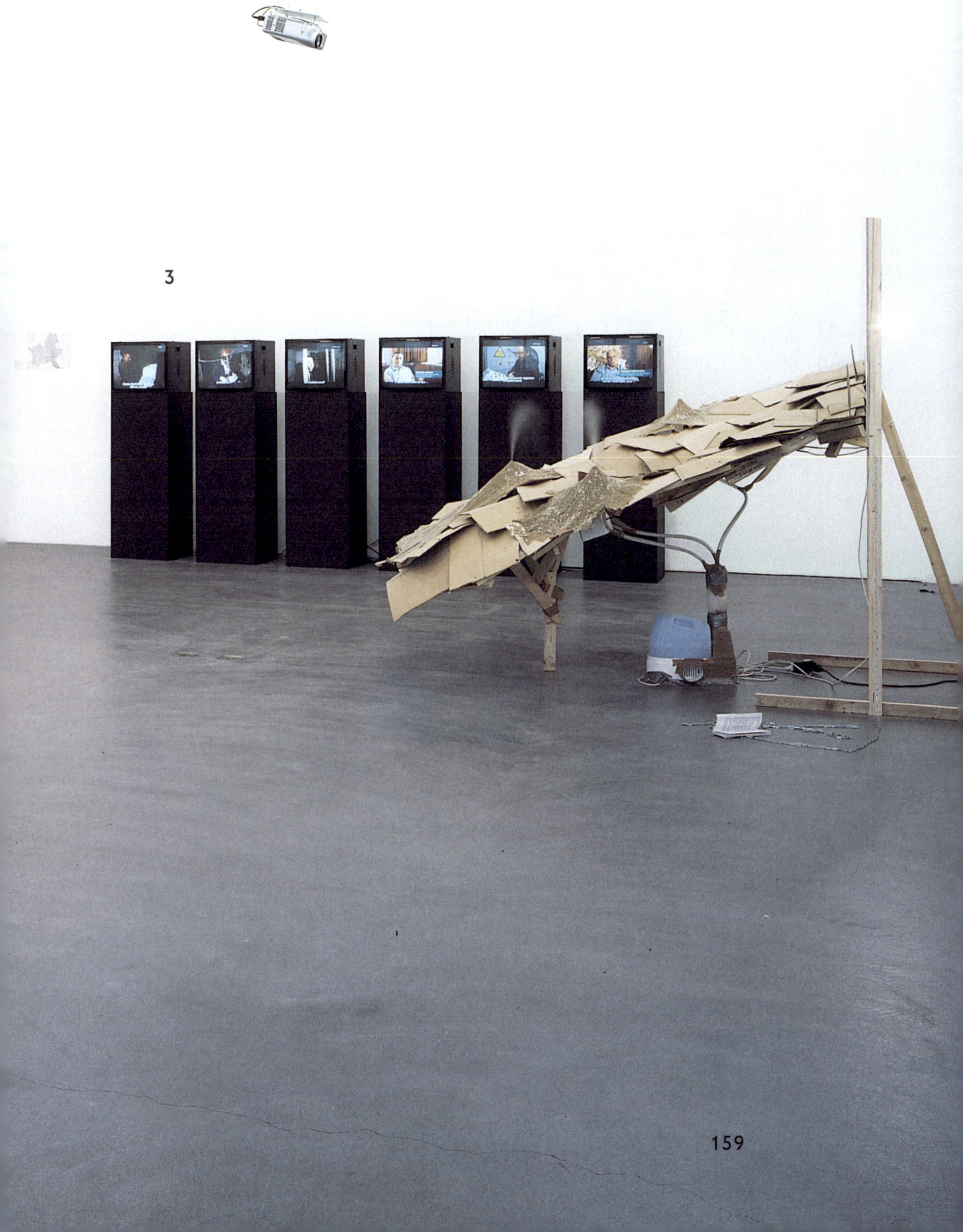

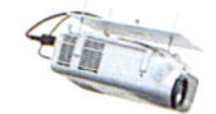

3

3 — Frank und Patrik Riklin
(Atelier für Sonderaufgaben)
*Das kleinste Gipfeltreffen der
Welt,* 2002 – 2005
Video, 24 Min.

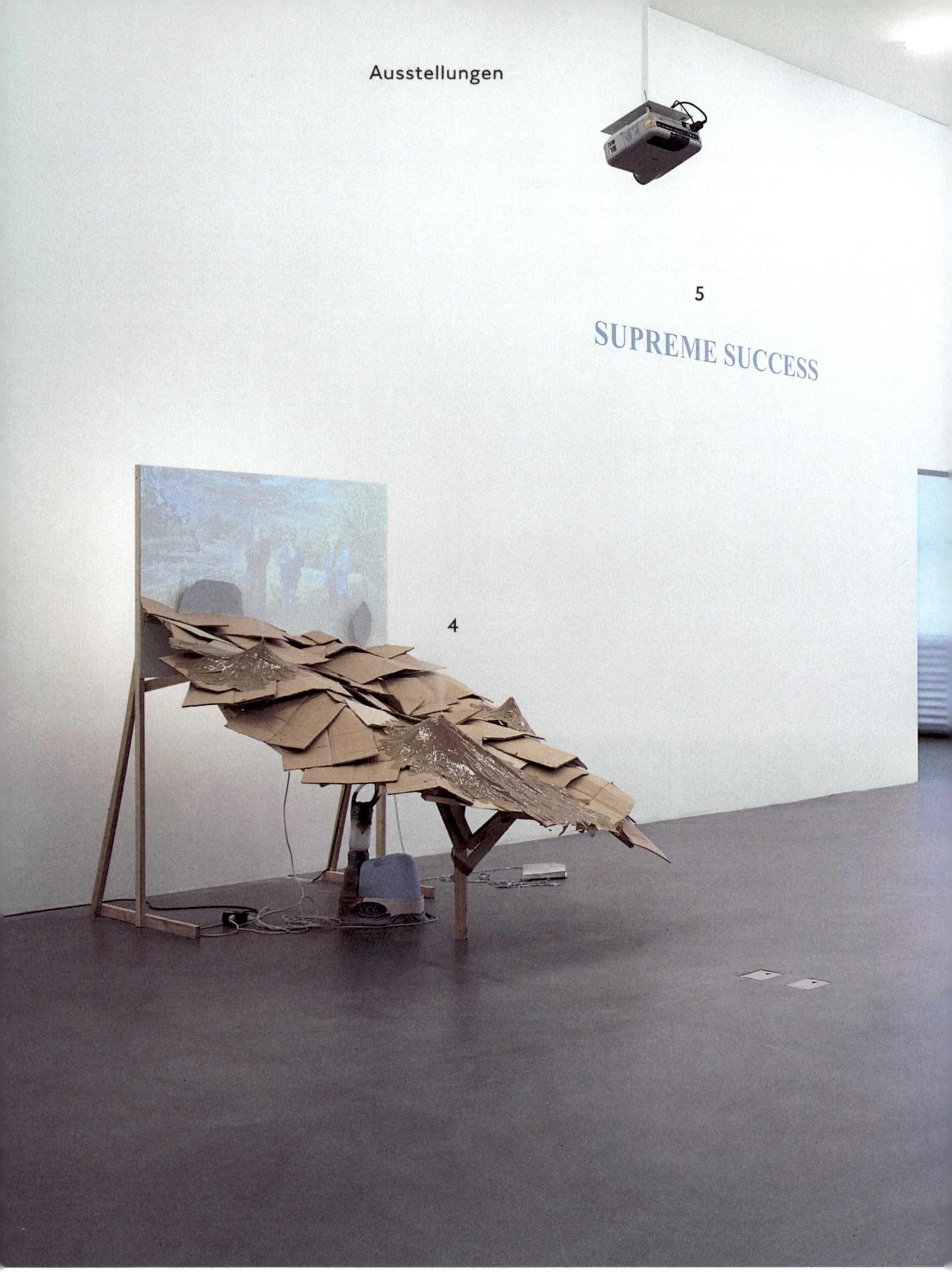

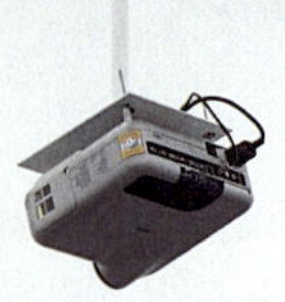

5

SUPREME SUCCESS

4

Ausstellungen

4 — Andreas Helbling / Željka Marušić
fumaroles, 2005
Video, 28 Min.

5 — Cedric Bobay
Supreme Success, 2005

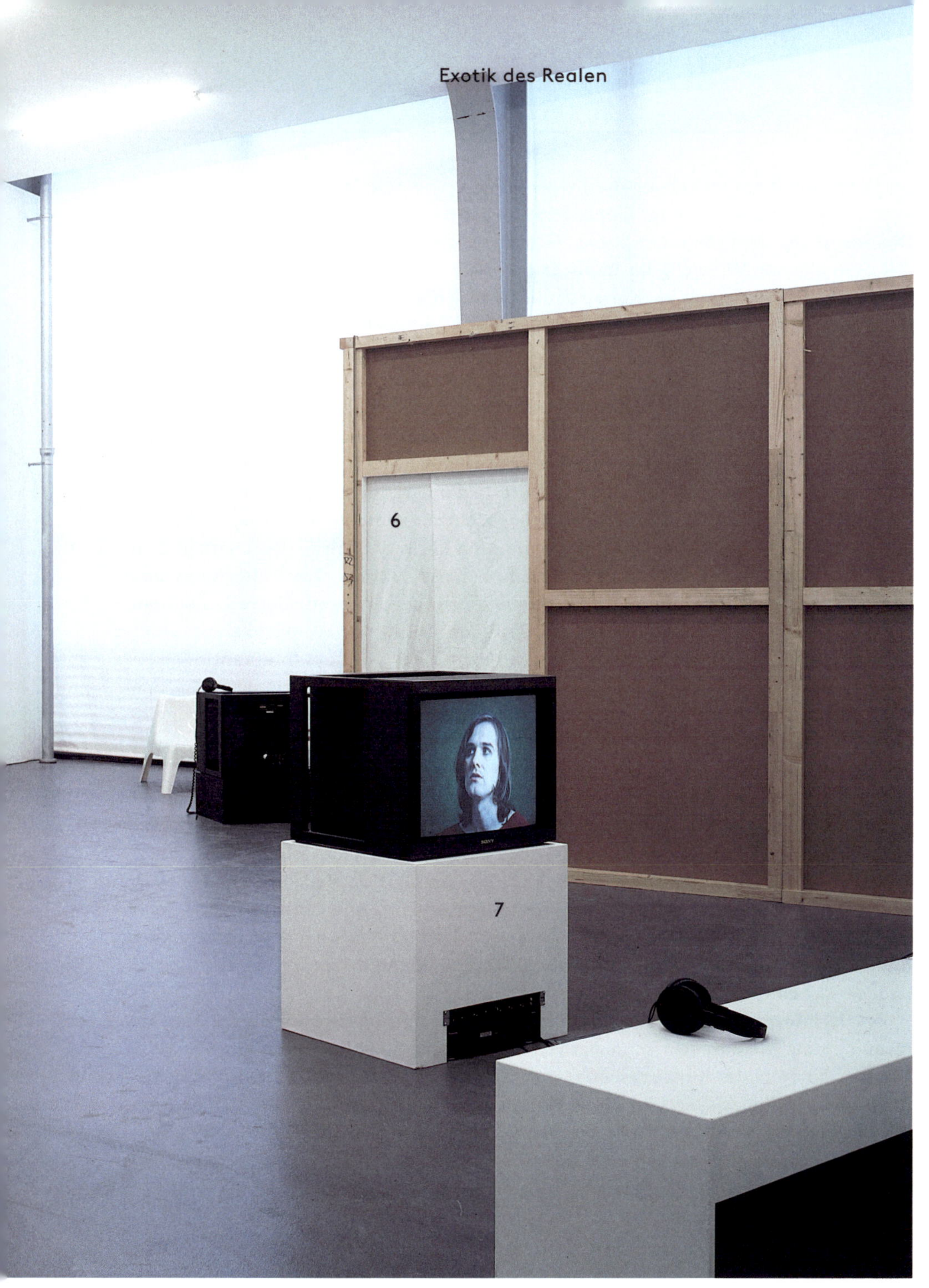

6 — Eve Bhend
Mach mich neu, 2002 / 2005
Audio- / Videoinstallation

7 — CASUAL (Sabina Baumann und
Karin Michalski)
queering idols, 2005
Video, 14 Min.

schliesst aus ihren Erfahrungen mit der Parapsychologie, dass es eine Ebene von Realität gibt, die ähnlich der Elektrizität unsichtbar am Werk ist. Die memorische Dimension der Wahrnehmung oder Verdrängung von Wirklichkeit verbindet Wildi mit dem eigenen Wunsch, der Realität auf die Spur zu kommen, und der Einsicht, dass diese nur immer als ein Konstrukt verstanden werden kann. Eine andere Form untergründiger Realität kommt in der Arbeit von Željka Marušić / Andreas Helbling zum Ausdruck. Das mit ihrem Balkan TV Projekt bekannt gewordene Künstlerpaar hat eigens für die Ausstellung die Videoskulptur *fumaroles* konzipiert, eine kulissenhafte Komposition aus Videoprojektion und Kartontopografie. Das Bild selbst ist eine rohe Bluebox-Montage von zwei Drehorten: zum einen eine kleine Gruppe Kroaten, die im Olivenhain stehen und laut vor sich hinbeten, und zum anderen eine dampfende aufgerissene Vulkanlandschaft. In der Überlagerung der Bilder werden die unheilvollen Brüche als Lebenserfahrung sichtbar gemacht. *queering idols*, eine Installation von CASUAL (Sabina Baumann und Karin Michalski), beschäftigt sich mit Geschlecht, sexueller Identität und ihrer Konstruktion. Das Video zeigt das Queering als eine Praxis, die alltägliche Erfahrungen, Wissen, Gewalt, Zwänge, Begehren oder normative Heterosexualität, Männlichkeit und Weiblichkeit umarbeitet und mit einer veränderten Bedeutung versieht. Cedric Bobays Interventionen im öffentlichen Raum visieren ideologische Kernprobleme im institutionellen Gefüge der Gesellschaft. *Supreme Success* besteht aus dem himmelblauen Schriftzug der beiden Worte auf der Wand. Die konzeptuelle institutionskritische Arbeit nimmt Bezug auf die Frage nach den Werten und Bewertungen im Leben wie auch in der Kunst. Im Kontext der Hochschulausstellung hinterfragt sie die verschiedenen Gewichtungen und Prägungen von Erfolg und führt damit die Idee seiner auf dem sandsteinernen Türsturz des Schuleingangs platzierten Diplomarbeit *Happiness & Eternity* weiter. Im Zentrum von Eve Bhends Toninstallation *Mach mich neu* stehen die Wahrnehmungsstörungen einer hirnverletzten Frau und deren konstruktiver Umgang damit. «Bevor ein Gedanke geformt wird» ist Marias mentaler Standort, der ihr Zugang zum Wesentlichen verschafft. Eve Bhend inszeniert einen «mental space», der einen in diese Welt eintauchen lässt.

Mit Ausnahme der neokonzeptuellen Institutionskritik von *Supreme Success* lässt sich die dokumentarische Ästhetik der Ausstellung als Weiterführung kritischer Ansätze in der Kunst der 80er und 90er Jahre verstehen, die den institutionellen Rahmen verlassen und ihren Handlungsspielraum von der Repräsentation ins Soziale verlegt haben. Dass die Bezugnahme auf die soziale, politische und historische Wirklichkeit auch eine Hinterfragung der Methode mit sich bringt, ist immanenter Bestandteil künstlerischen Handelns.

Ruhe im Sturm

kuratiert von Thomas Müllenbach
mit Judith Albert, Ruth Blesi, Reto Boller, Klodin Erb, Felicitas Felley, Urs Hartmann,
Barbara Mühlefluh, Raoul Müller, Tobias Oehmichen, Christian Ratti, Mario Sala,
Alessandra Tavernini, Klaus Tinkel, Johanna Röthlisberger, Harry Jo Weilenmann,
Zaccheo Zilioli, Christina Zinsli

Im Ausstellungsteil *Ruhe im Sturm* werden Arbeiten von 17 Absolventen und Absolventinnen des SBK gezeigt. Das mediale Spektrum reicht dabei von Zeichnung und
Malerei über Skulptur bis zu Video, von konstruktiven und abstrakten Äusserungen
bis zu figürlichen Formulierungen – der Raum wird also keinen homogenen Eindruck
vermitteln. Das alle Arbeiten verbindende Element ist eine Art kontemplative Stille,
ein bewusstes Verstreichenlassen der Zeit, eine versponnene Gelassenheit. Die
Ausstellung mit eher kleinen, ruhigen Arbeiten will keine Rauminstallation sein,
sondern eine Galerie lakonischer Haltungen: Die Unaufgeregtheit ist Programm.
Es gibt in aller Ruhe viel zu sehen – und das ist der eigentliche Sinn des nicht be-
wegten Bilds.

1 — Christian Ratti
Hitler und Hund,
18. Juli 2005
Armoir Painting Black
Square, 2004

2 — Felicitas Felley
Paris, 2005
3 — Ruth Blesi
Imagineered Sculpture 16,
Imagineered Sculpture 12,
Imagineered Sculpture 10,
2003

4 — Judith Albert
Nude, 2005

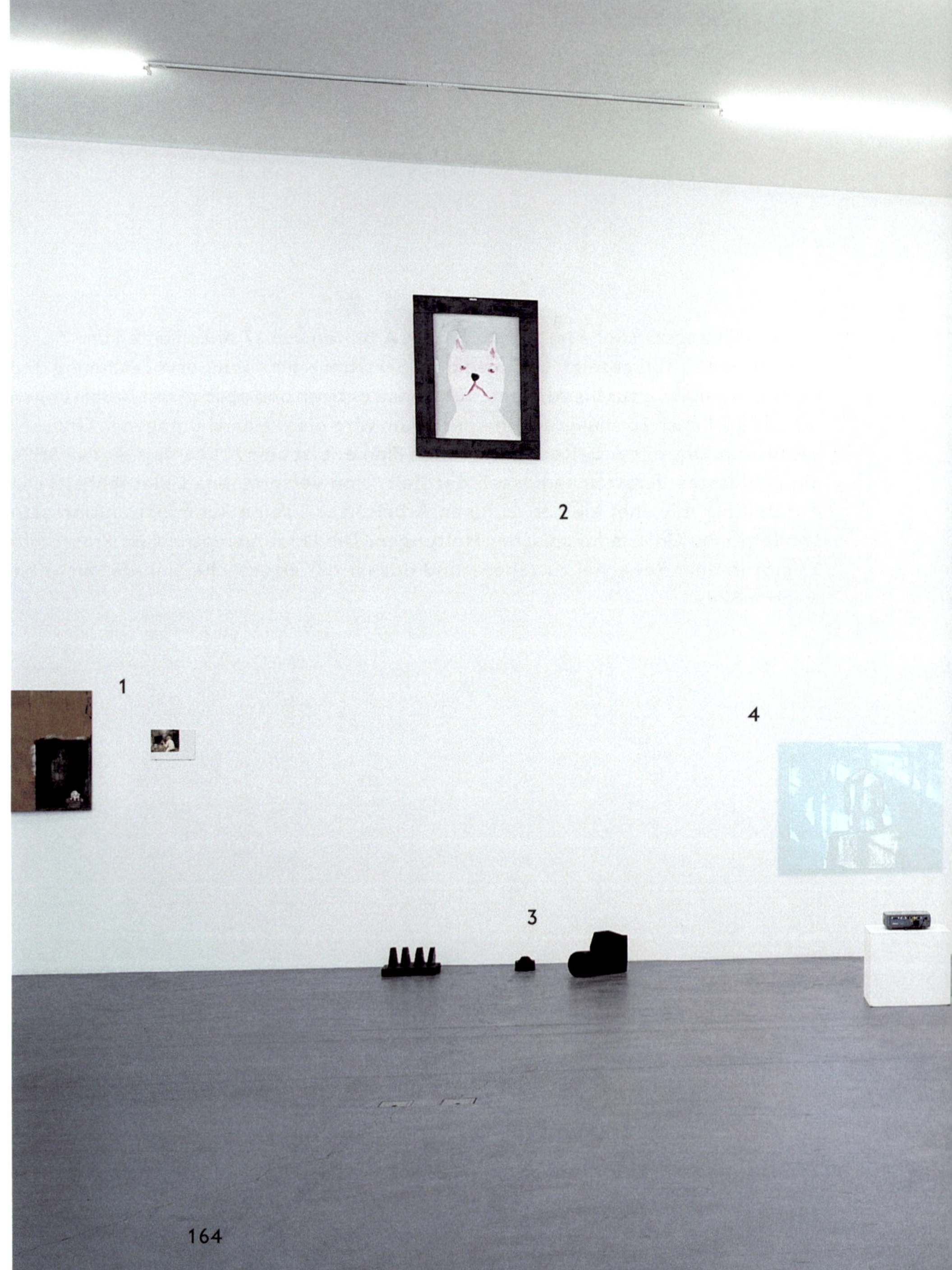

5 — Johanna Röthlisberger
Schiff, 2001
Jamais, mais jamais,
2001

6 — Raoul Müller
Döner XIII,
Döner XII,
Döner XIV,
2005

7 — Christina Zinsli
Bruchlandung, 2004
Diplomat, 2004

8 — Mario Sala
Self-Portrait als
tanzender Platz,
2004

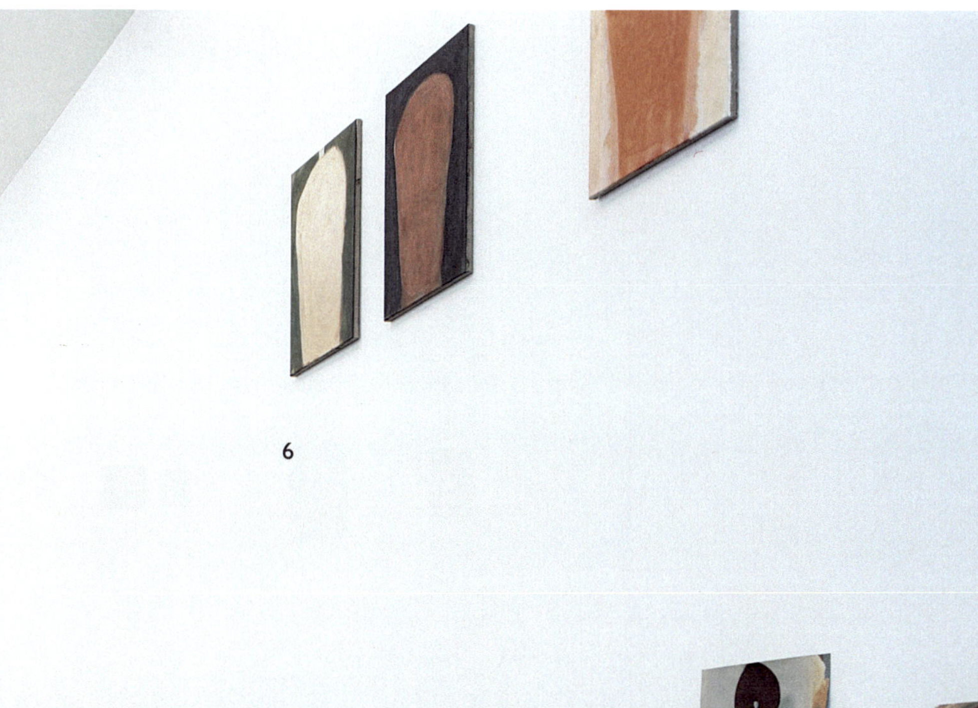

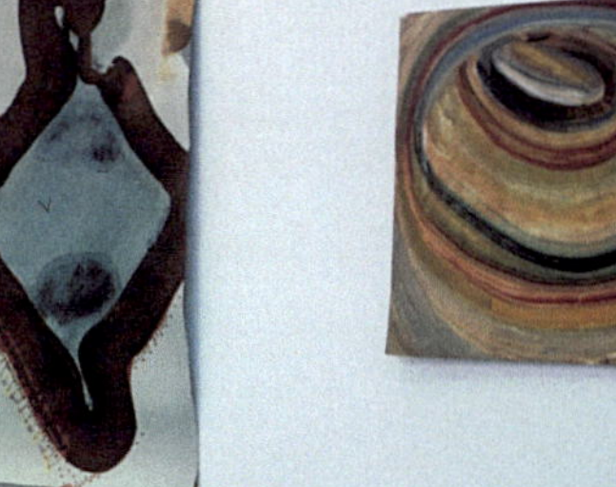

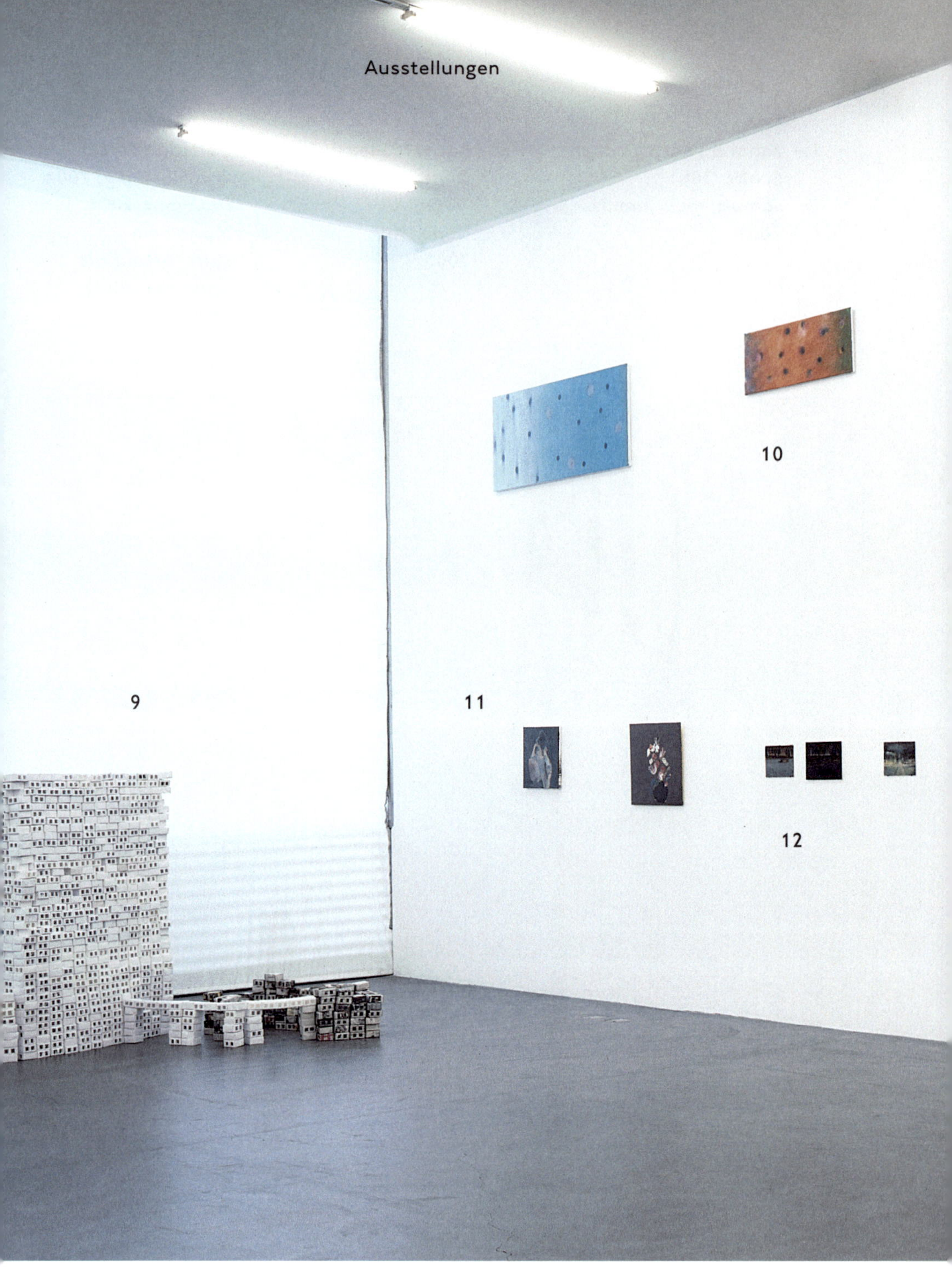

9 — Barbara Mühlefluh
Zur Vermietung, 2005

10 — Harry Jo Weilenmann
Ohne Titel, 01-625, 2001
Ohne Titel, 05-826, 2005

11 — Klodin Erb
Marie-Antoinette 2, 2005
Blumen, 2005

12 — Klaus Tinkel
Bassersdorf klein,
Bassersdorf gross,
Hardtwaldtraum III,
2004

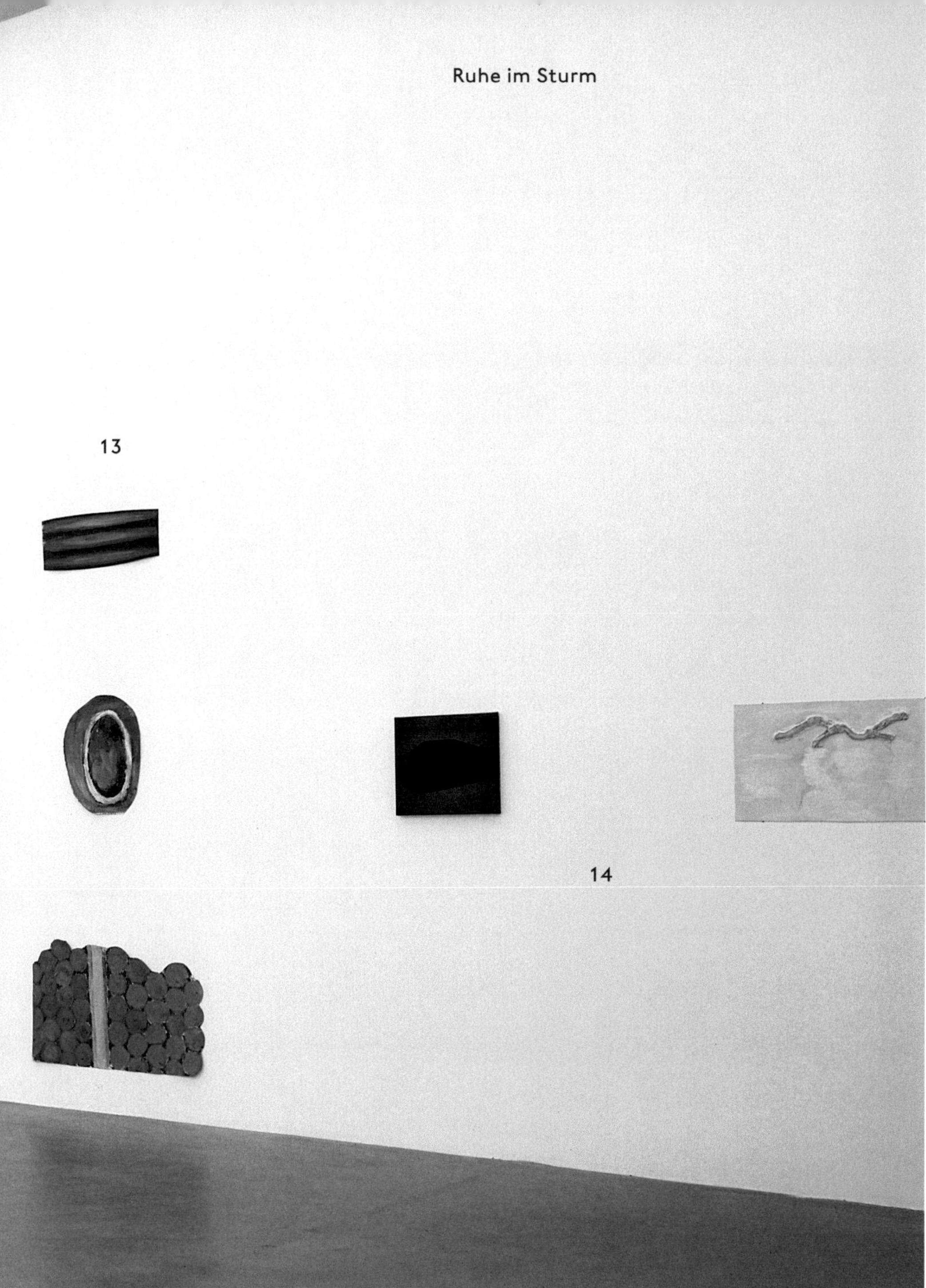

13 — Tobias Oehmichen
Ausschnitt 36,
Ausschnitt 69,
Ausschnitt 72,
2005

14 — Reto Boller
Ohne Titel, 2000 / 2005
Ohne Titel, 2000 / 2005

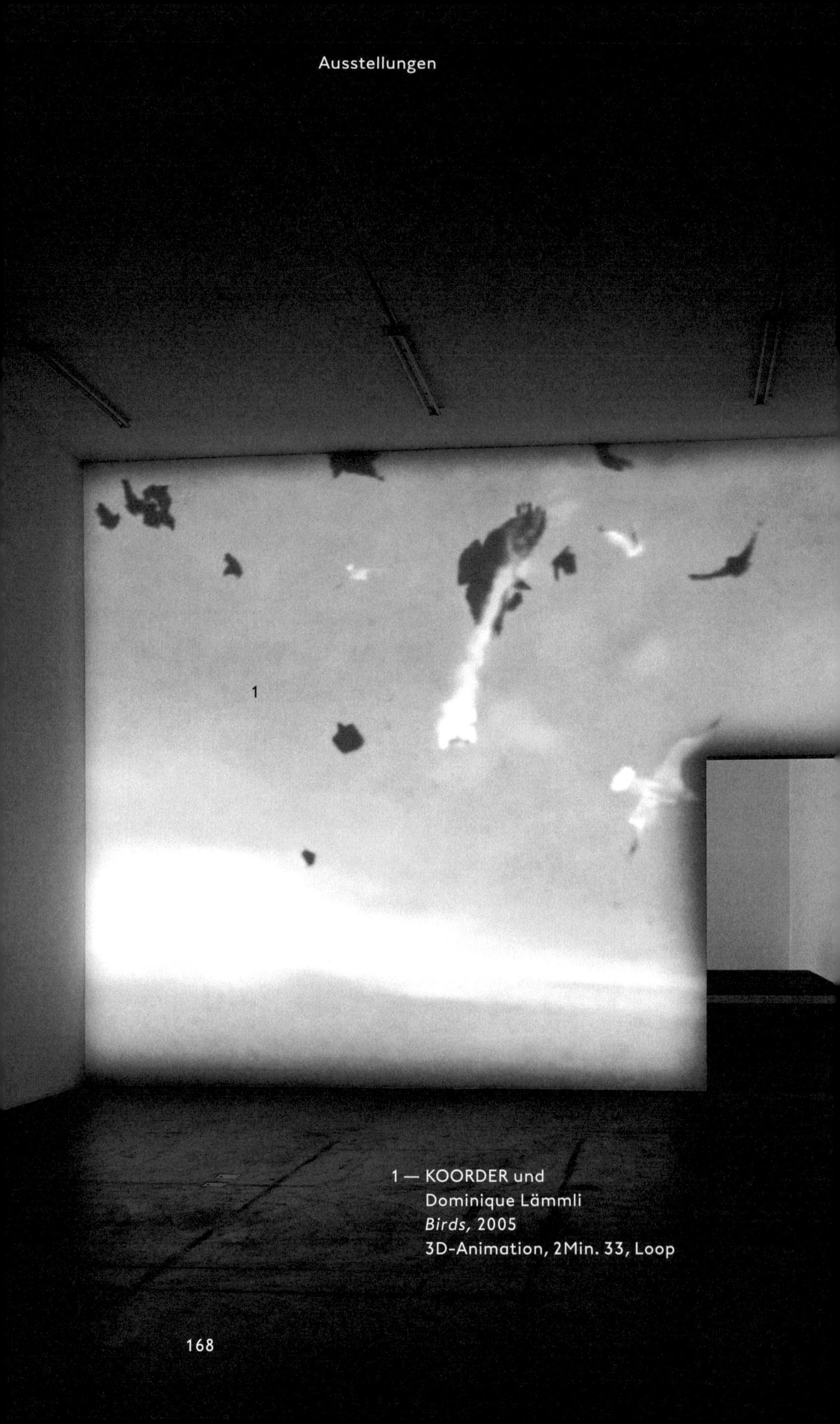

1 — KOORDER und
Dominique Lämmli
Birds, 2005
3D-Animation, 2 Min. 33, Loop

Der Strich

Ein Teil von *Bekanntmachungen* ist das Ausstellungsprojekt *Der Strich*. Konzipiert von KOORDER (Matthias Berger und Till Hänel) und Dominique Lämmli, funktioniert diese Ausstellung nach dem Schneeballprinzip: Künstler laden Künstler ein. Alle zwei Wochen wächst die Ausstellung weiter, verändert und verdichtet sich. KOORDER und Dominique Lämmli machen den Anfang, sie laden Dina Scagnetti, Alex Scherz und Klaus Tinkel ein, welche wiederum gebeten sind, drei weitere SBK-Absolventinnen und -Absolventen einzuladen. Es folgen im Teil III Urs Hartmann, Brigitt Lademann und Markus Schaub, dann im Teil IV Patricia Bucher, COM & COM (Johannes M. Hedinger und Marcus Gossolt) und Tom Menzi.

Einladung von KOORDER und Dominique Lämmli an *Der Strich* (Teil II – IV):

1. Schritt
Ziehe eine Linie so, dass sie den Raum halbiert.

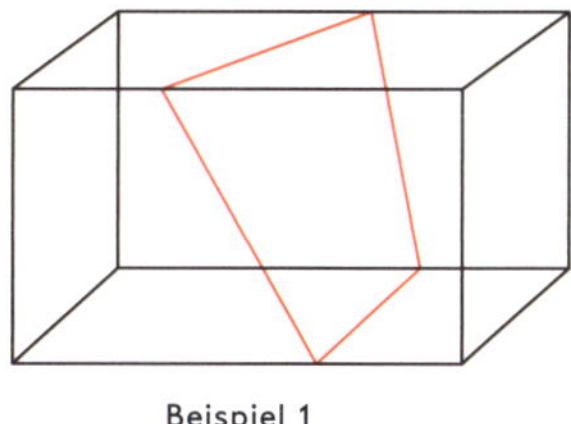
Beispiel 1

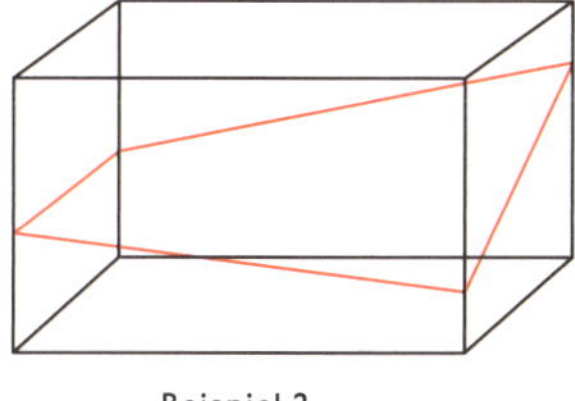
Beispiel 2

2. Schritt
Entscheide dich für eine Hälfte.

3. Schritt
Präsentiere.

Bestehende Arbeiten innerhalb der gewählten Hälfte können einbezogen, verändert oder entfernt werden. Die übrige Fläche bleibt unverändert.

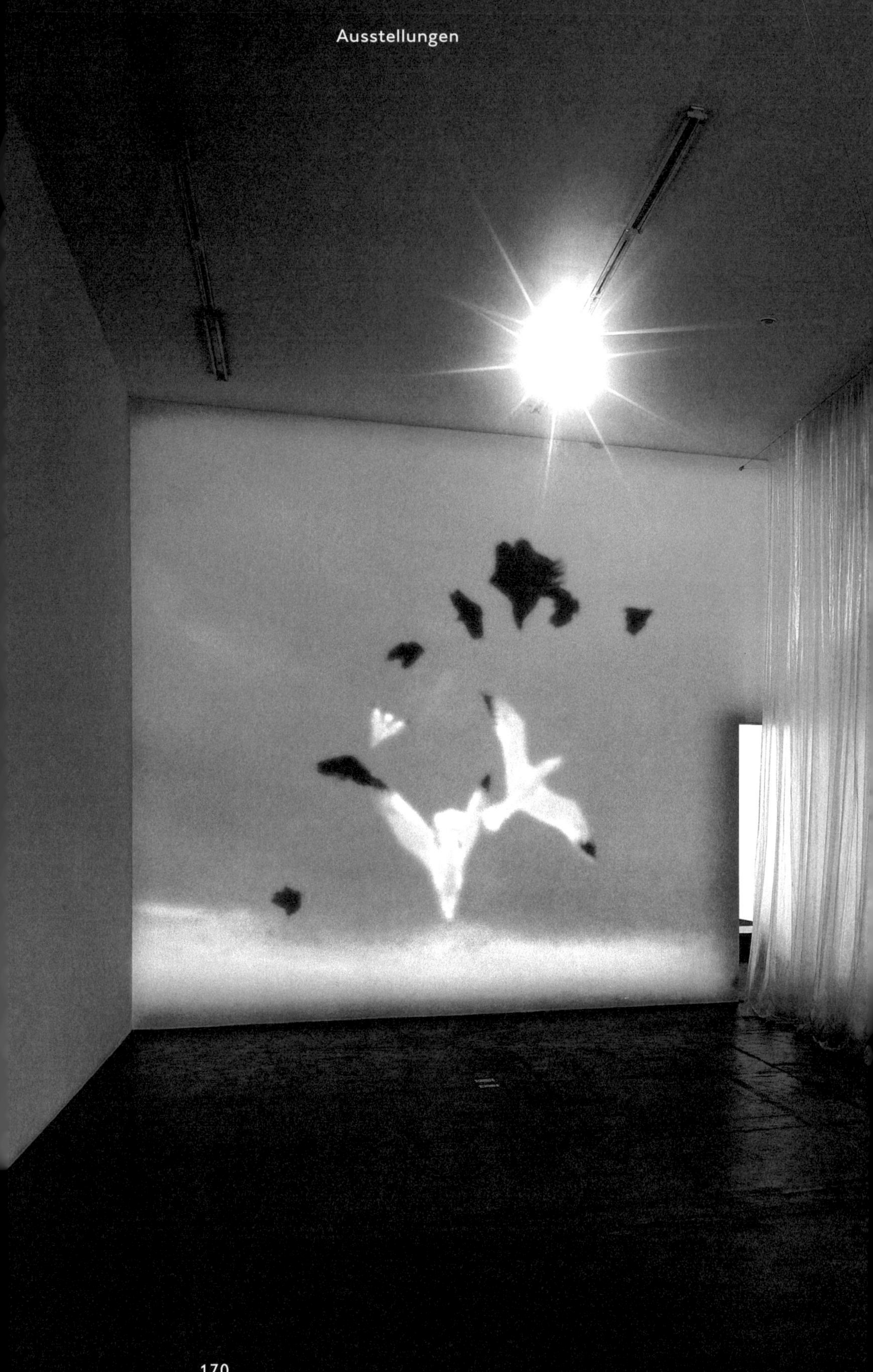

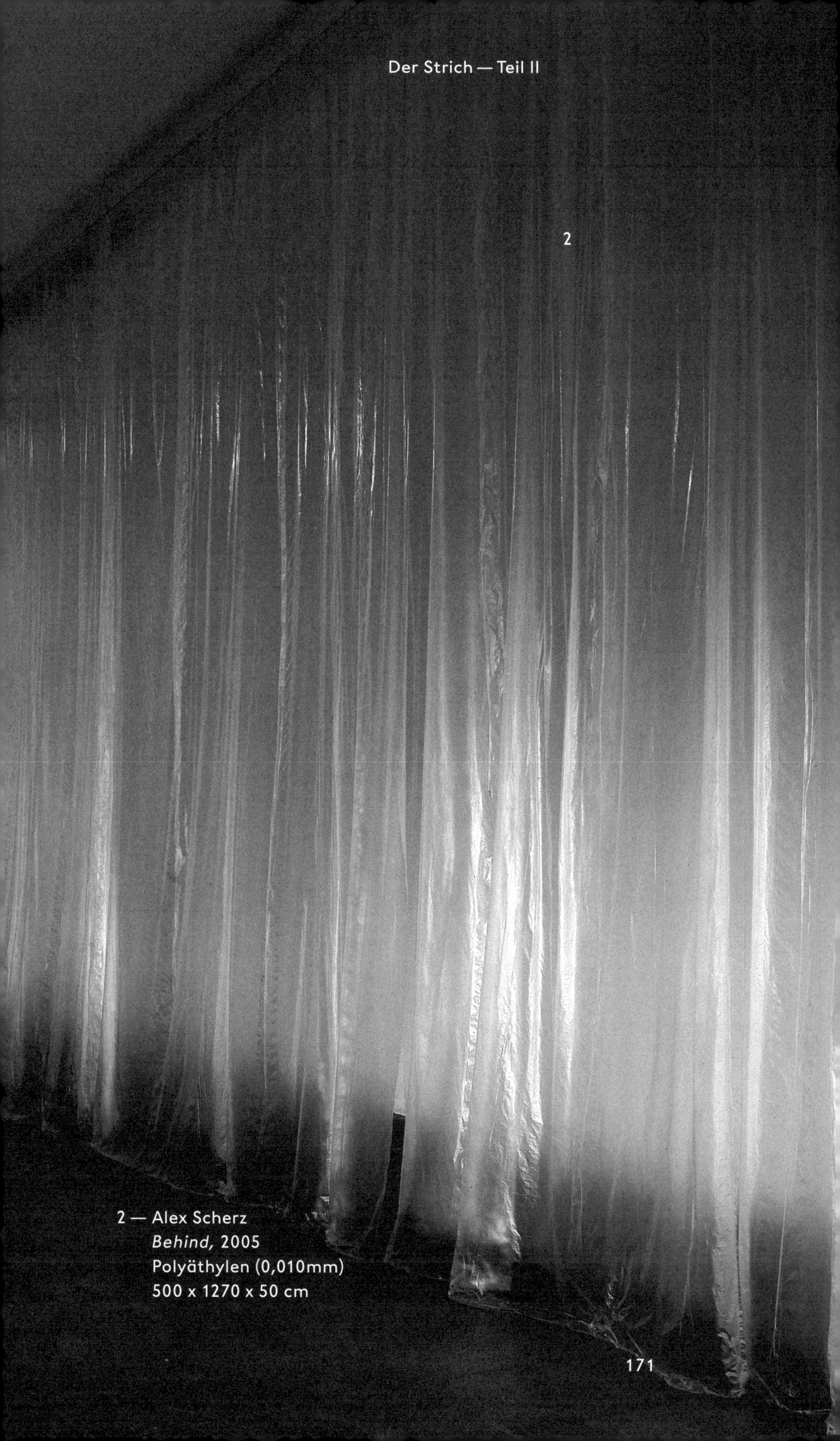

2

2 — Alex Scherz
Behind, 2005
Polyäthylen (0,010mm)
500 x 1270 x 50 cm

3

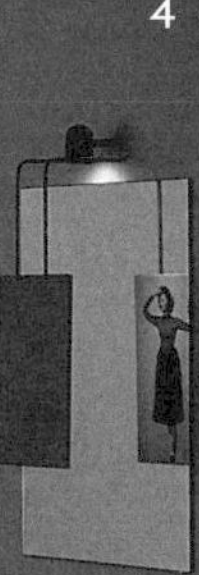

3 — Dina Scagnetti
Ohne Titel, 2005
Farbstift
300 x 300 cm

4 — Klaus Tinkel
Ohne Titel, 2005
Öl auf Leinwandkarton, Spiegel,
Metallkonstruktion
65 x 47 x 15 cm

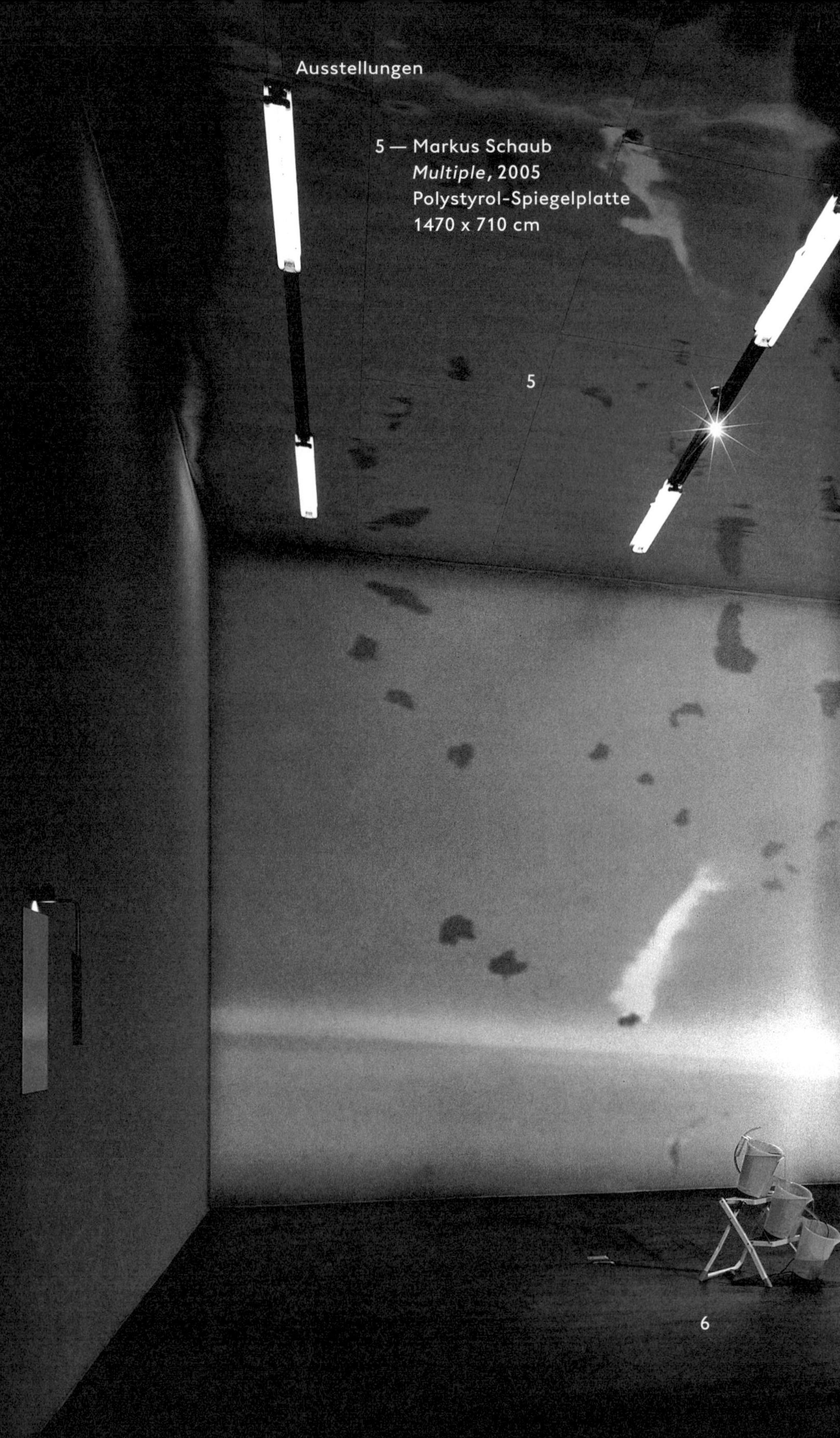

Ausstellungen

5 — Markus Schaub
Multiple, 2005
Polystyrol-Spiegelplatte
1470 x 710 cm

5

6

6 — Brigitt Lademann
Trittbrunnen, 2004
Eisen, Plastik, Pumpe,
Wasser

7 — Urs Hartmann
Viele Bilder, 2005
Öl auf Baumwolle
252 Bilder, je 30 x 35 cm

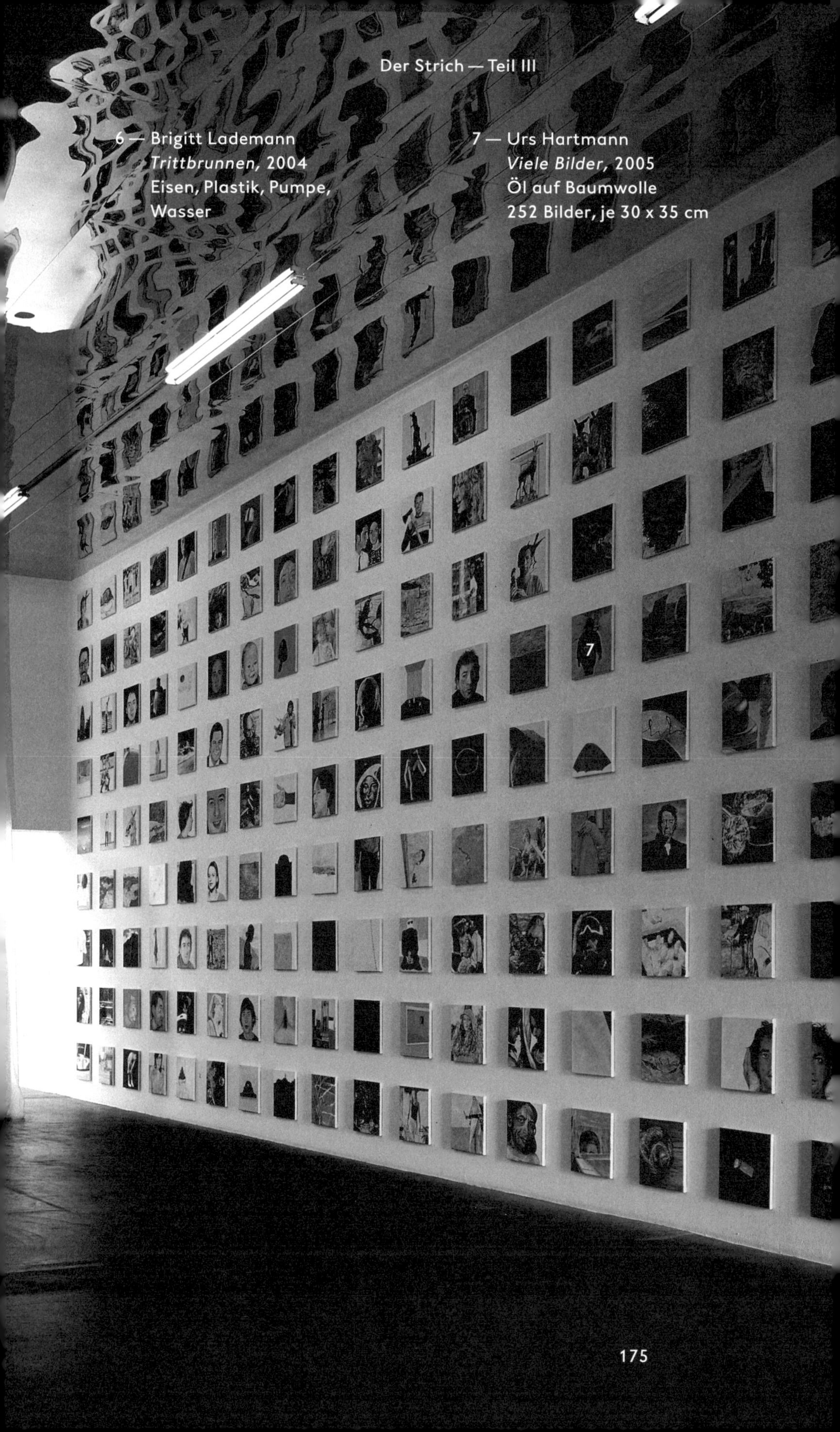

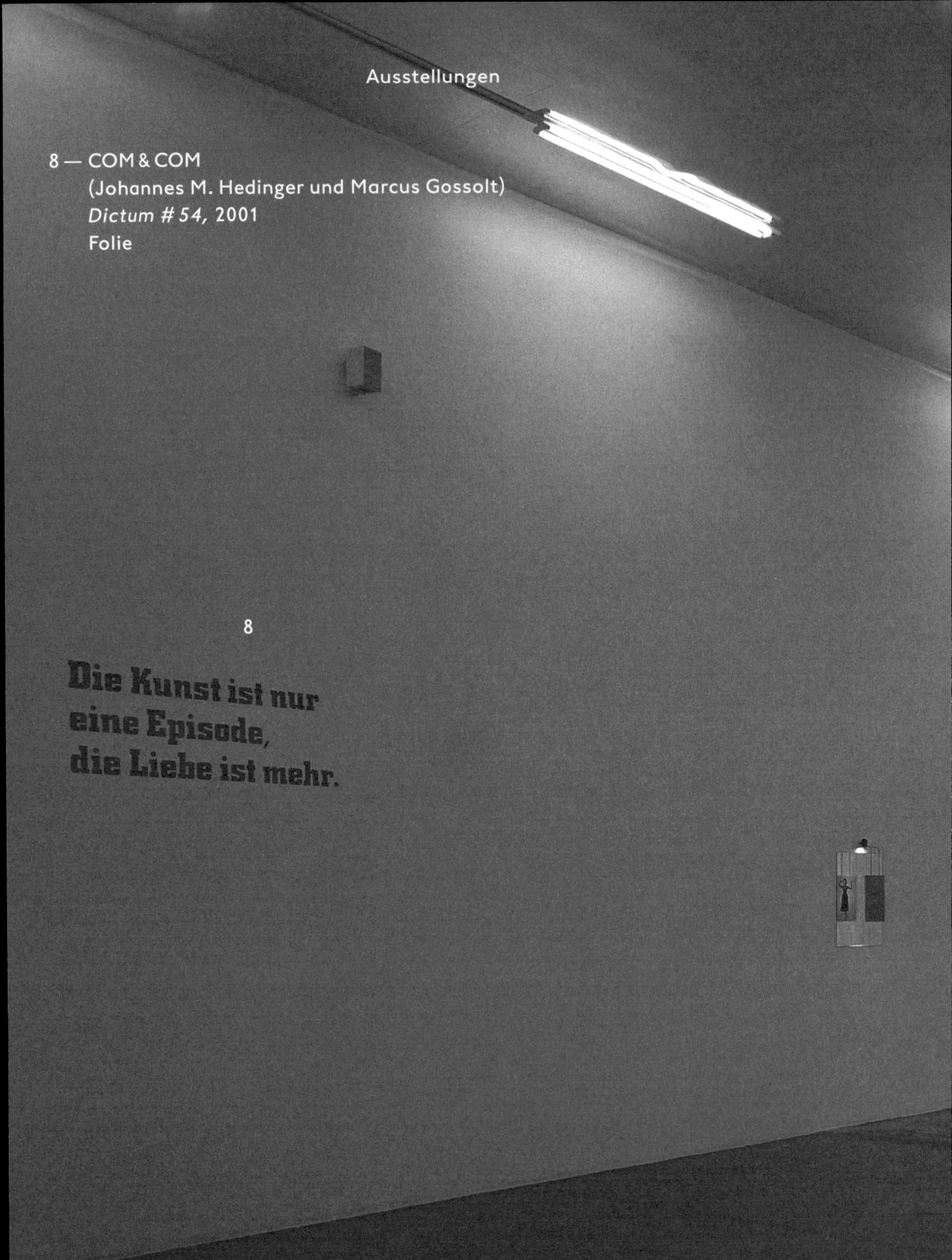

8 — COM & COM
(Johannes M. Hedinger und Marcus Gossolt)
Dictum # 54, 2001
Folie

8

9 — Tom Menzi
Kehrseite, 2005
Video 2 Min., im 4-minütigen Loop
2 Zeitungsseiten gerahmt
100 x 70 cm

10 — Patricia Bucher
Compilations
Contemplations
HipHop and Art, 2004
Installation, Audio CD

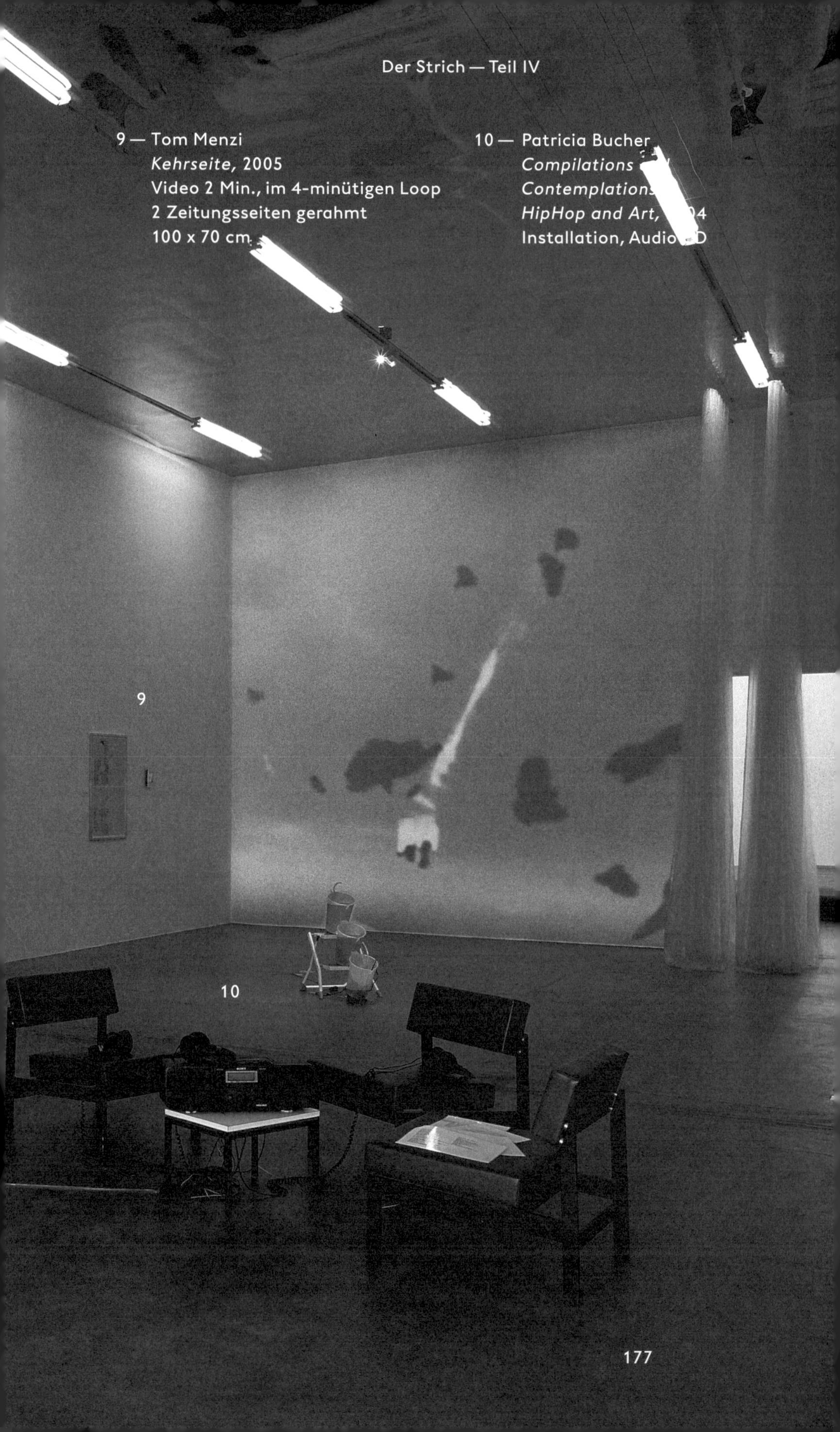

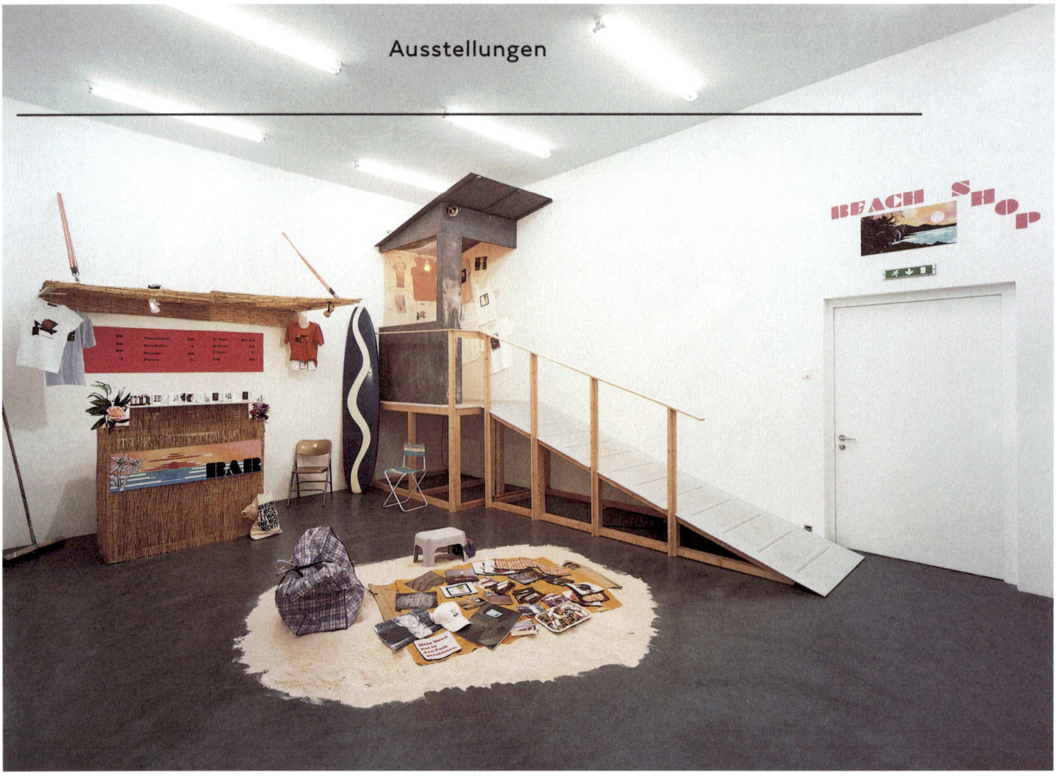

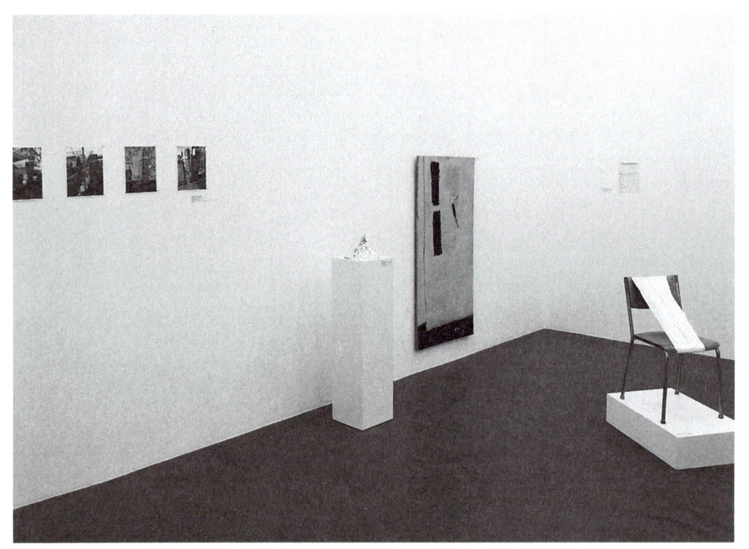

1, 2

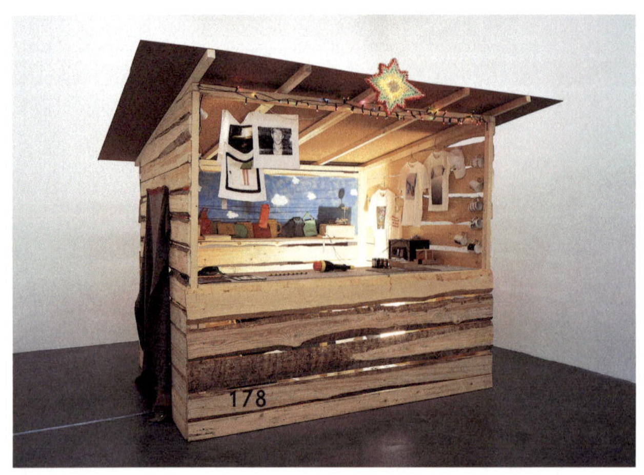

178

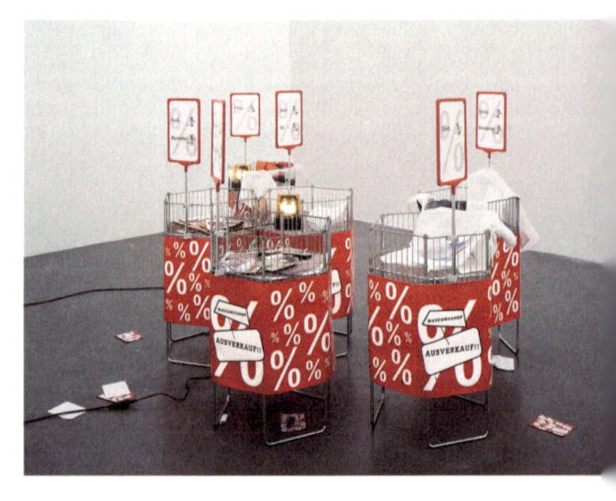

3, 4

Museumsshop

Ein Projekt der Studierenden des SBK

Die Studierenden des SBK richten in einem Raum der Kunsthalle einen Museumsshop ein, der als Teil der Ausstellung wahrgenommen werden kann. So soll ein im Vorfeld befürchtetes Aufmerksamkeitsgefälle zwischen gegenwärtig Studierenden und bereits bekannten Abgängern und Abgängerinnen der Schule vermieden werden. In Museumsshops übliche Produkte wie Postkarten, T-Shirts oder Tassen wurden mit Bildmaterial, das die Studierenden von ihren Arbeiten anfertigten, bedruckt und können gekauft werden. Die Studierenden nehmen damit nicht direkt an den stattfindenden Ausstellungen teil, reihen sich aber mit den Souvenir-Produkten in diese ein und karikieren mit subversivem Witz die Produkte der üblichen Museumsshops.

Dieser SBK-Museumsshop integriert sich dabei sehr gut ins Angebot des ganzen Gebäudes, das als Löwenbräu Shoppingcenter (LSC) bezeichnet wird. Man unterscheidet bei Shoppingcentern gewöhnlich zwischen kommerziellen Zonen (Läden, Shops, Dienstleistungen) und nicht kommerziellen Zonen (Aufenthaltsbereich, Platz für wechselnde Veranstaltungen). Im LSC bilden die Galerien, die Buchhandlung und das Fitnesscenter kommerzielle Zonen. Als nicht kommerzielle Zonen werden dagegen die Kunsthalle, das Migros Museum und die Daros Exhibitions aufgefasst. Im Museumsshop wird daher ein Raum der Kunsthalle von einer nicht kommerziellen zu einer kommerziellen Zone umgedeutet. Während der Dauer von *Bekanntmachungen* werden verschiedene Shop-Konzepte und Inszenierungen ausprobiert, der Museumsshop als Work in Progress verstanden. Ausgehend von der Tatsache, dass ein gelungener Mietermix als wichtiger Grundpfeiler eines Shoppingcenters gilt, sich im LSC aber vor allem hochpreisige Galerien eingemietet haben, will die Museumsshop-Gruppe des SBK mit ihrem Laden, der relativ günstige Produkte anbietet, eine Lücke schliessen.

1 — Museumsshop 1, *Beach Shop*
2 — Museumsshop 2, *Ausstellung Museumsshop,*
    Videokunst & andere Angelegenheiten
3 — Museumsshop 3, *Schiessbude*
4 — Museumsshop 4, *Total Ausverkauf*

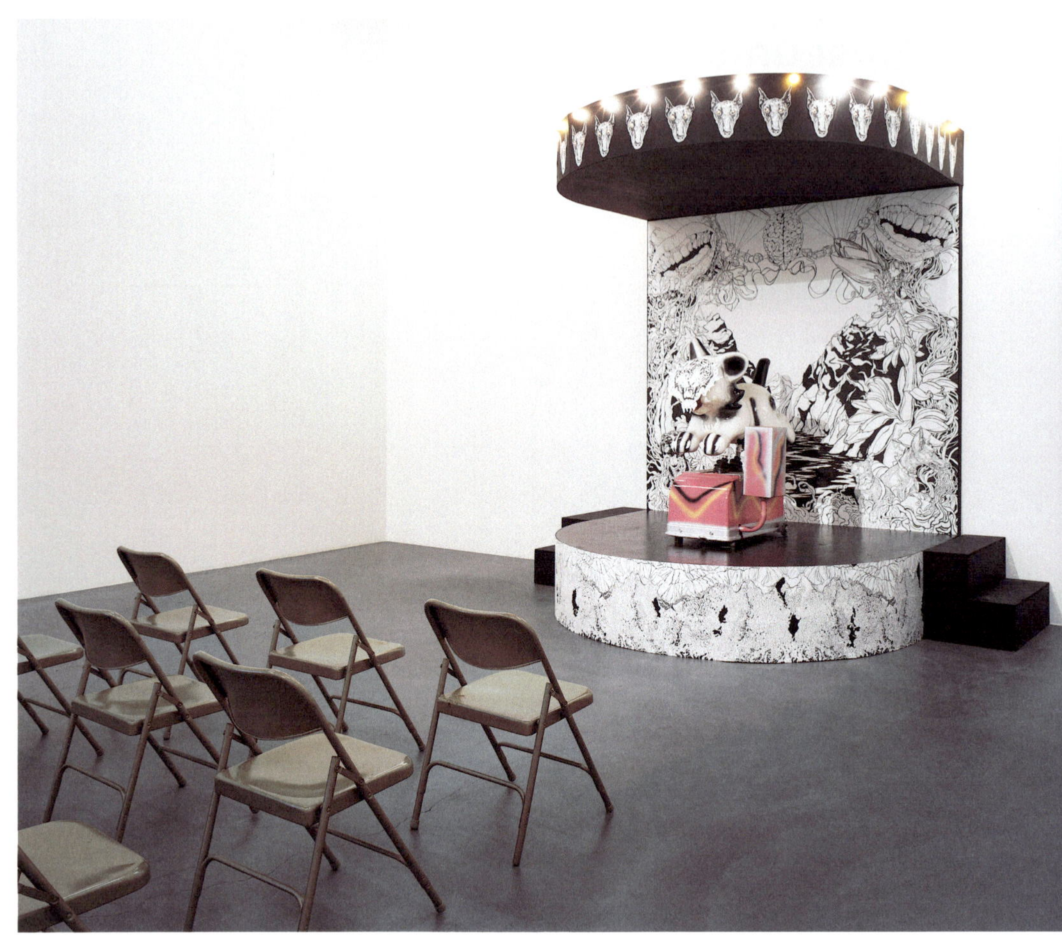

Nina Weber
Ohne Titel, 2005
Mischtechnik
304 x 230 x 200 cm
Courtesy Nina Weber

Bilderstreit 1

mit Nina Weber

Nina Webers Installation besteht aus
einer halbrunden gedeckten Bühne mit
einer Schwarzweiss-Zeichnung, die uns
in eine Landschaft mit zwei Bergen
und See entführt. Ornamentartig sind
Symbole des Weiblichen und Männ-
lichen, Hunde in Büschen, lachende
Münder und ein zentrales Hirn um die
Ränder der Zeichung verteilt. Viele der
Motive sind symmetrisch angeordnet.
Diese Wiederholungsstrategie und die
hypertrophen Ornamente lassen einen
in die überbordende Bildwelt eintauchen. Nina Weber interessiert sich für
den Moment, wo etwas komisch wird:
Die elektrisch betriebene Schaukel-
katze für Kinder etwa, die man in
Einkaufszentren finden kann, steht in
der Mitte der Bühne mit einem selbst-
gezeichneten Tigerkopf maskiert und
zum Reiten bereit. Die Bühne ist wie
ein Tableau Vivant konzipiert, funktioniert aber ohne Live-Akteure; sie ist
Ort voyeuristischer Lust und interak-
tive Plattform für die Besucher und
Besucherinnen. Als Ausgangspunkt der
Arbeit diente der Künstlerin denn auch
ein Ausschnitt eines Nietzsche-Textes
über Lust, Trieb und menschliche Gier,
der im Eingangsbereich des Ausstel-
lungsraumes – als eine Art versteckter
Hinweis – präsent ist. Die Installation
bewegt sich aber keineswegs auf der
Ebene der Illustration, sondern
funktioniert losgelöst von der Quelle
als autonome Arbeit und kreiert
darüber hinaus vielschichtige Bedeu-
tungsebenen.
— Samuel Leuenberger

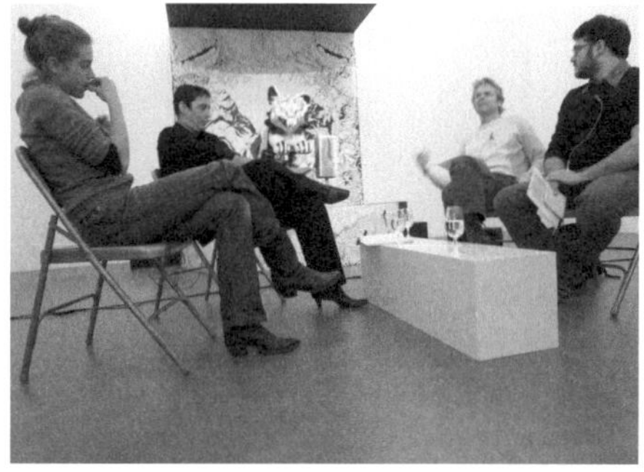

1 — Künstler, Künstlerin sein
Wie nimmst du deine Rolle als Künstlerin
in der heutigen Gesellschaft wahr?
*Als die Rolle der gesellschaftlich,
wirtschaftlich und politisch Unabhän-
gigen.*

2 — Ausbildung und Lernen
Was waren die wichtigsten Momente
in deinem Werdegang zur Künstlerin?
*Der Moment der Einsicht, dass fast
alles möglich ist; an die Öffentlichkeit
treten; Konzentrationsmomente beim
Arbeiten.*

3 — Spielt die technische Virtuosität
eine wichtige Rolle in deinem Schaffen?
*Ja. Die Technik und Ausführung ist ein
wichtiger Teil in meiner Arbeit.*

4 — Publikum / Markt
Wie positionierst du deine Arbeit im
Spannungsfeld zwischen individueller
Freiheit, Rezeption sowie Publikum und
Markt?
Nach Lust und Laune. Und Situation.

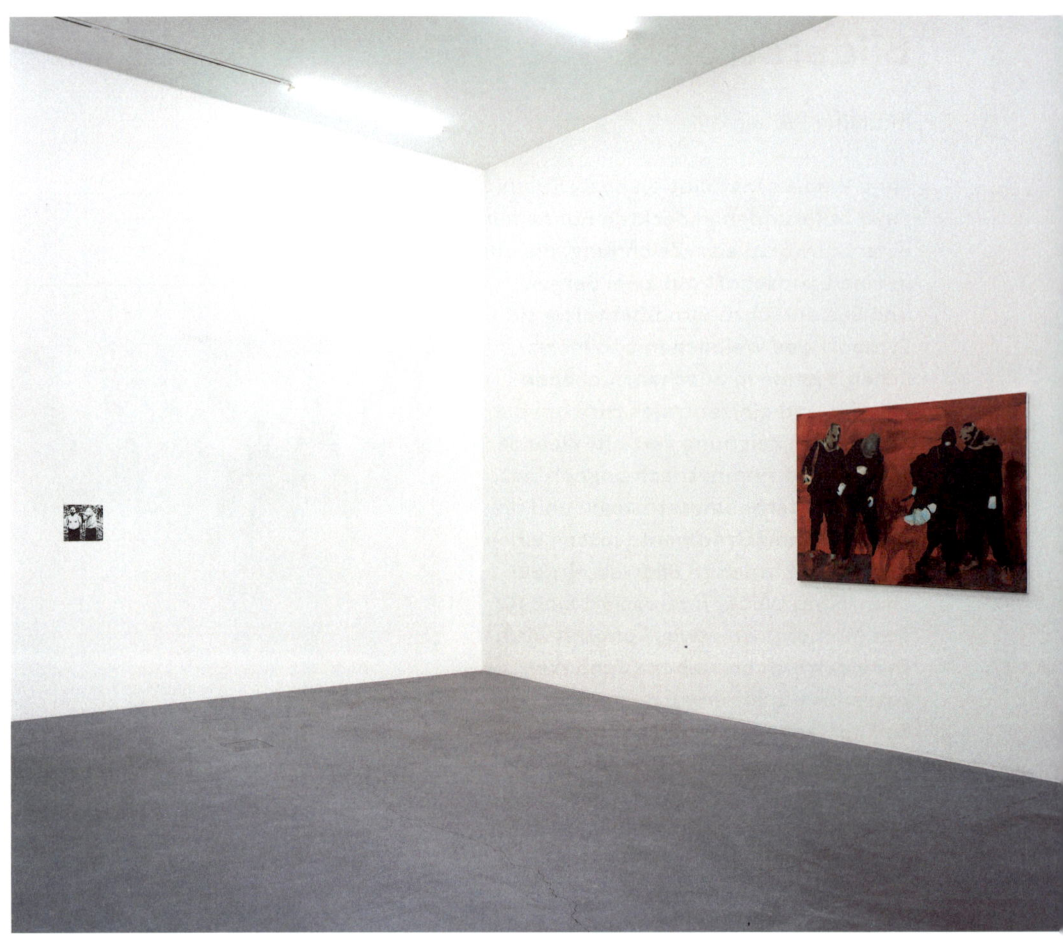

Ohne, 2005
Öl auf Karton
30.8 x 28.4 cm
Courtesy André Willimann

Ohne Titel, 2005
Filzstift und Öl auf Leinwand
120 x 170 cm
Courtesy André Willimann

Bilderstreit 2

mit André Willimann

André Williman entnimmt der Presse, Geschichtsbüchern, Lexika oder dem Internet Bilder und übersetzt sie in Malerei. Diese Bildquellen scheinen eine ganz wesentliche Eigenschaft gemeinsam zu haben: Sie besitzen einen starken emotionalen Charakter. Was passiert aber, wenn sich Malereien von einem Still eines Köpfungsvideos aus dem letzten Irak-Krieg, vom Kopf einer Statue von Caligula und eine Fotografie, die lange als einziges Fahndungsbild des Terroristen Carlos diente, gleichzeitig im selben Raum befinden? Die Quellen verlieren ihren dokumentarischen Status, und eine Hierarchisierung wird nur durch formalistische Merkmale (Format, Malstil, usw.) möglich. Es entsteht das Bedürfnis, einen gemeinsamen Nenner zu finden. Durch seine Sujetauswahl unterstreicht Willimann in seinem Werk, dass Malerei politisches Potenzial und politischen Wert besitzt, und er hinterfragt den Begriff der Ikone. Was kann aber Malerei (auch als Stellvertreterin der Kunst allgemein) in der Exegese von Geschichte und Realität mehr leisten als die Quellen selbst? Die Frage bleibt offen.

— Giovanni Carmine

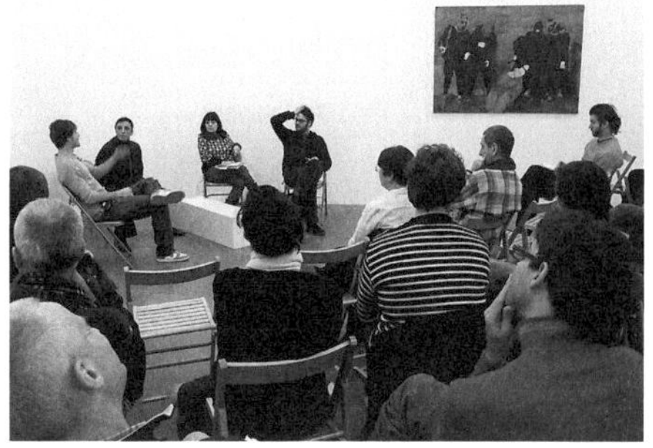

1 — Künstler, Künstlerin sein
Wie nimmst du deine Rolle als Künstler in der heutigen Gesellschaft wahr?
Im Unterschied zu den anderen muss ich meine Arbeit selbst definieren. Vielleicht ist das ein Privileg.

2 — Ausbildung und Lernen
Was waren die wichtigsten Momente in deinem Werdegang zum Künstler?
Die Arbeit selbst ist der wichtigste Moment. Nur darauf habe ich Einfluss, nur das zählt.

3 — Spielt die technische Virtuosität eine wichtige Rolle in deinem Schaffen?
Ich will mein Handwerk beherrschen.

4 — Publikum / Markt
Wie positionierst du deine Arbeit im Spannungsfeld zwischen individueller Freiheit, Rezeption sowie Publikum und Markt?
Wenn meine Arbeit vor neutralem Publikum nicht besteht, ist sie schlecht. Kann ich mich im Kunstmarkt nicht positionieren, bin ich nicht gut genug. Wäre ich frei, wär mir das scheissegal.

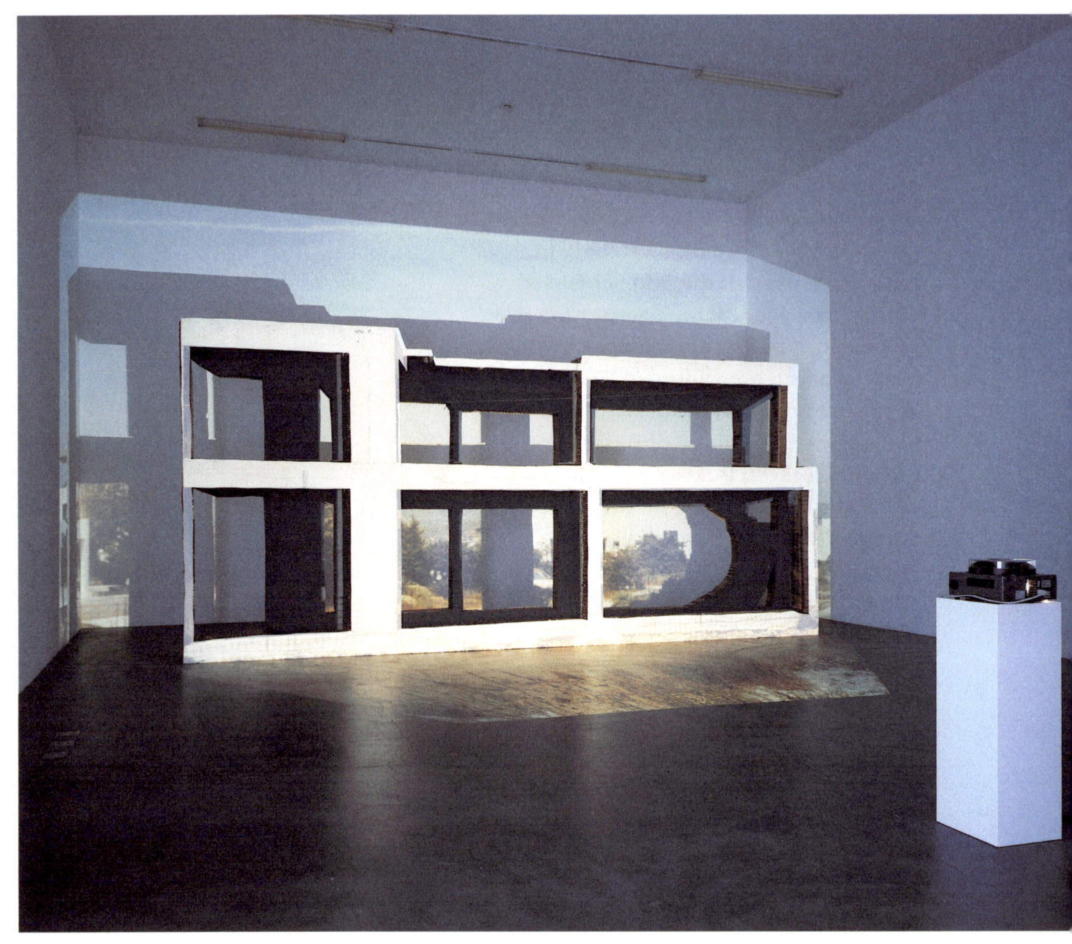

Haus, 2005
Dia-Projektion, Wabenkarton
280 x 600 cm (Installation variiert)
Courtesy Jason Klimatsas

Bilderstreit 3

mit Jason Klimatsas

Jason Klimatsas stellt in seiner Installation *Haus* ein Objekt aus Wabenkarton in den Raum, das die Fassade eines Rohbaus darstellt, welcher der Künstler als Bauruine irgendwo in einer griechischen Landschaft gefunden hat. Der Wabenkarton, ausgeschnitten und teils grau bemalt, teils unbemalt belassen, dient als Kulisse wie auch als Bildträger, denn gleichzeitig wird eine Aufnahme des realen Rohbaus, der mit dem Objekt kongruent ist, an die Stirnwand des Ausstellungsraums projiziert. Dabei weitet sich die umliegende Landschaft auf den gesamten Ausstellungsraum aus und bildet verführerische Schattenspiele. Mit einfachen formalen Mitteln und Materialien verdoppelt Klimatsas seine Bildwelt und spielt mit dem Reiz der verschiedenen Bildebenen der Malerei, der Skulptur und der Fotografie. Sie werden alle überblendet und gleichberechtigt eingesetzt, um die skulpturalen Effekte zu erweitern und um den realen Raum mit der Installation zu verschmelzen. Die Quelle des Motivs scheint unwichtig zu sein, gesellschaftliche Bezüge sind sekundär, denn die Wahrnehmung und das Inszenieren von Räumlichkeit mittels eines Wechselspiels von Zwei- und Dreidimensionalität stehen im Mittelpunkt von Jason Klimatsas Arbeit.

— SL

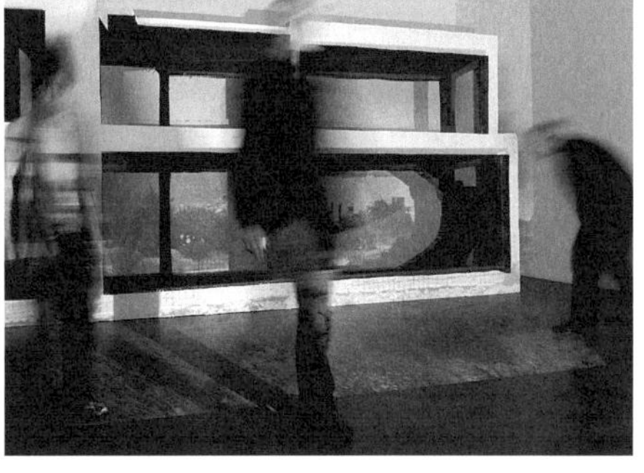

1 — Künstler, Künstlerin sein
Wie nimmst du deine Rolle als Künstler in der heutigen Gesellschaft wahr?
Ich mache nur Kunst, weil ich sie ausstellen kann. Insofern arbeite ich sehr eng mit der Gesellschaft zusammen.

2 — Ausbildung und Lernen
Was waren die wichtigsten Momente in deinem Werdegang zum Künstler?
Ich verkaufe, also bin ich.
Ich verkaufe nicht, bin ich dann also nicht?

3 — Spielt die technische Virtuosität eine wichtige Rolle in deinem Schaffen?
Ja.

4 — Publikum / Markt
Wie positionierst du deine Arbeit im Spannungsfeld zwischen individueller Freiheit, Rezeption sowie Publikum und Markt?
Ganz hinten links.

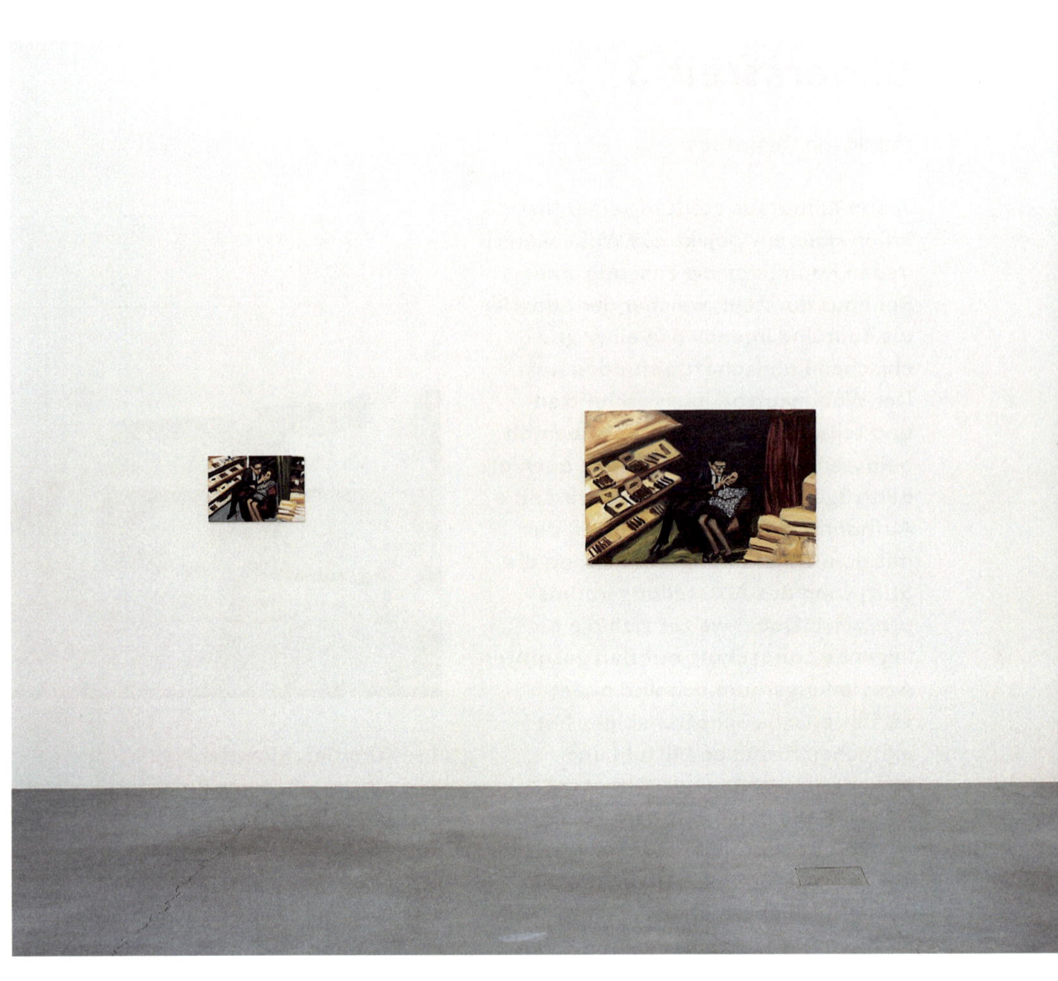

An age old profession, 2005
Öl auf Holz
80 x 123 cm
Courtesy David Chieppo und Galerie
Brigitte Weiss, Zürich

An age old profession, 2005
Öl auf Holz
34.5 x 51.5 cm
Courtesy David Chieppo und Galerie
Brigitte Weiss, Zürich

Bilderstreit 4

mit David Chieppo

Mit *It's an age old profession* präsentiert David Chieppo zwei Ölbilder mit dem gleichen Sujet; das eine kleinformatig, das andere grösser: Im Hinterzimmer eines Tabakladens sitzt vor dicht gefüllten Regalen eine Frau in einem Sessel, eng umschlungen von einem festlich gekleideten Mann. Die Atmosphäre ist erotisch aufgeladen, der Mann schiebt der Frau eine Zigarre in den Mund, gleichzeitig ist ihre Hand fest zwischen seinen Beinen. Chieppo hat sein Sujet wie gewohnt aus den Massenmedien bezogen. Die Bilder evozieren eine mysteriöse Geschichte, doch liefern sie keine klare Aufschlüsselung, denn Chieppo weiss es, Geschichten abzubrechen, bevor sie sich weggeben. Mit Nostalgie und einem Hauch von Verlegenheit hält er diese menschlichen Urinstinkte mit seiner Malerei fest, und er tut das auch mit einer bestimmten Lockerheit, inhaltlich und physisch, weshalb er seine Bilder auch in einer einzigen Sitzung fertig stellt. Das bewahrt ihnen ihre Frische. Im Œuvre des Künstlers findet man figurative, expressionistische, aber auch humorvoll-primitivistische Malerei; Chieppo führt die Betrachtenden kreuz und quer durch die verschiedenen Genres. Und: Zwei fast identische Bilder lösen unvermeidlich ein Vergleichsspiel aus, das Fragen zur Komposition, Ähnlichkeit, Verdoppelung und Qualität aufwirft.
— SL

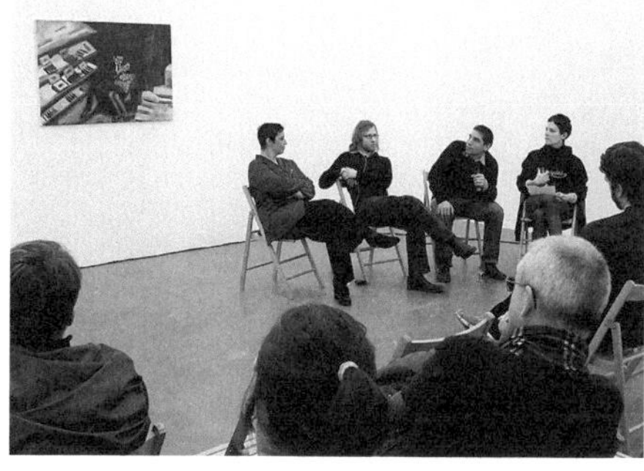

1 — Künstler, Künstlerin sein
Wie nimmst du deine Rolle als Künstler in der heutigen Gesellschaft wahr?
Genau so wie die Gesellschaft mich wahrnimmt.

2 — Ausbildung und Lernen
Was waren die wichtigsten Momente in deinem Werdegang zum Künstler?
Das erste und letzte Mal, als ich einen 360-Kick-Flip geschafft habe (nicht dokumentiert).

3 — Spielt die technische Virtuosität eine wichtige Rolle in deinem Schaffen?
I just ❤ Cézanne!

4 — Publikum / Markt
Wie positionierst du deine Arbeit im Spannungsfeld zwischen individueller Freiheit, Rezeption sowie Publikum und Markt?
I ❤ Miami!

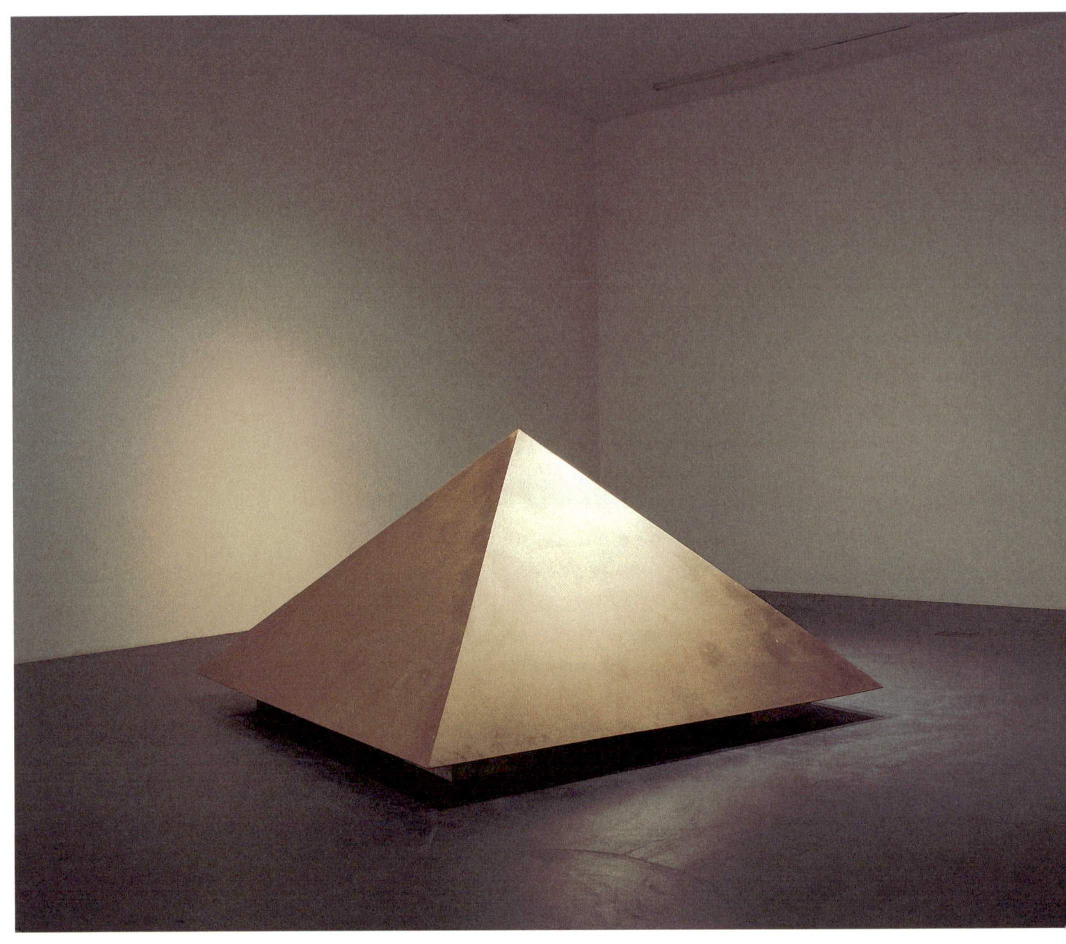

HOME[1], 2005
Aktionsobjekt
Courtesy San Keller und
Galerie Brigitte Weiss, Zürich

1 — Finden Sie sich mit sieben oder mehr Ausstellungsbesuchern zusammen,
können Sie unter dem goldenen Holzdach Ihr Zuhause finden, indem Sie
dieses gemeinsam hochheben und auf Ihren Schultern tragen.

Bilderstreit 5

mit San Keller

Die Kunst von San Keller ermöglicht die Entstehung von sozialen Interaktionen. Durch Aktionen und Performances involviert er das Publikum, das mit seiner Teilnahme nicht nur die passive Betrachtungsposition verlassen muss, sondern so das Werk erst vollkommen macht. Wenn aber diese Art von Kunst, die sich auf ein starkes Partizipationsprinzip stützt, das Umfeld des Alltags verlässt und im Museum landet, stellt sie auch den Verhaltenskodex der Besucher im musealen Kontext in Frage. In der Arbeit *Home* gelingt dies, indem San Keller ein goldenes Pyramidendach im «White Cube» ausstellt und das Publikum einlädt, es mit mindestens sieben anderen Besuchern gemeinsam hochzuheben, um darunter einen gemeinsamen Raum zu finden. Nur eine soziale Interaktion erlaubt dem Objekt also, den Status des Requisits zu verlieren und einen höheren Wert zu bekommen. Trotz seiner Eigenschaft als skulpturales Objekt im Raum existiert *Home* tatsächlich nur durch seine Funktion während der Aktion. Es stellt damit das institutionelle System der Wertschätzung in Frage und plädiert für eine Entmaterialisierung der Kunst.
—GC

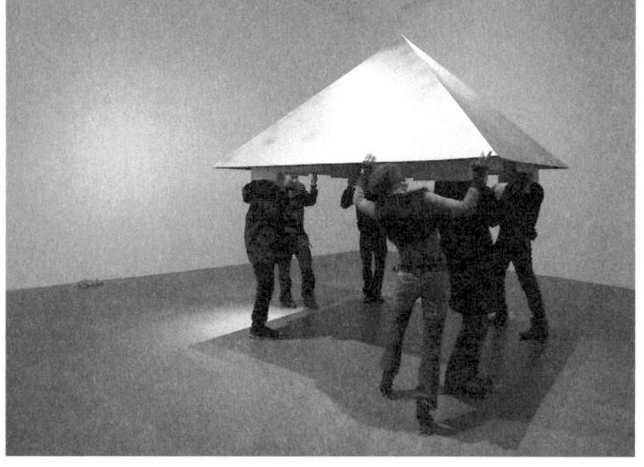

1 — Künstler, Künstlerin sein
Wie nimmst du deine Rolle als Künstler in der heutigen Gesellschaft wahr?
Ich beantworte jede Frage, auch wenn ich darauf keine Antwort weiss.

2 — Ausbildung und Lernen
Was waren die wichtigsten Momente in deinem Werdegang zum Künstler?
Als ich begann, die Fragen hintanzustellen, mir zu vertrauen, tätig zu werden und mich auf das Resultat zu freuen.

3 — Spielt die technische Virtuosität eine wichtige Rolle in deinem Schaffen?
In meinem Fall eher eine gedankliche Virtuosität. (Sonderlich virtuos bin ich jedoch in keinen Belangen.)

4 — Publikum / Markt
Wie positionierst du deine Arbeit im Spannungsfeld zwischen individueller Freiheit, Rezeption sowie Publikum und Markt?
Selbstverständlich versuche ich für alle immer nur das Beste herauszuholen.

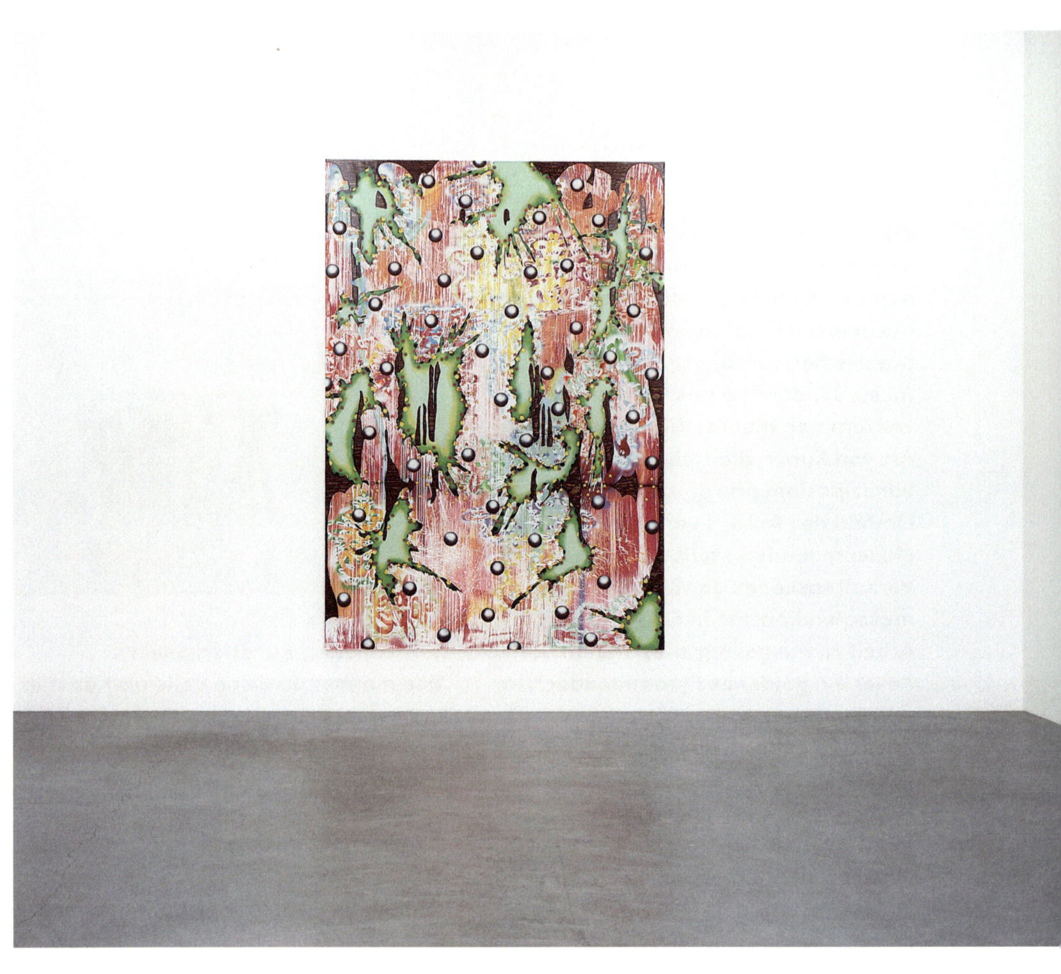

Jackpot, 2004
Acryl, Lack auf Baumwolle
360 x 255 cm
Privatsammlung
Courtesy Galerie Mark Müller, Zürich

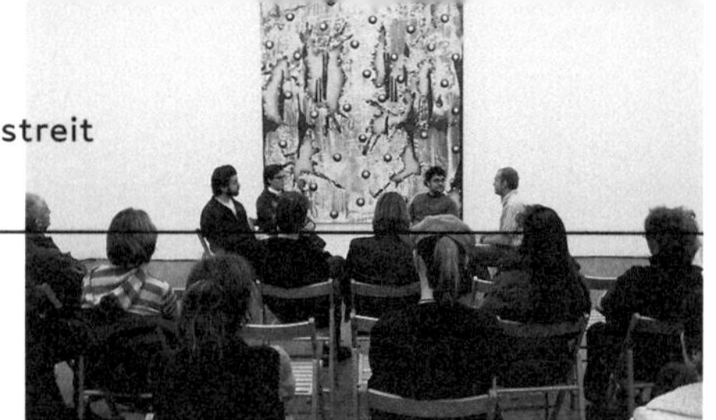

Bilderstreit 6

mit Christine Streuli

Das mit *Jackpot* betitelte grossformatige Bild ist ein Feuerwerk aus Farben und Formen, eine Kompilation aus dem Rorschachtest ähnlichen Gebilden, bunten Farbkleksen, mit Schablonen aufgetragenen Grisaille-Kugeln, gesprayten Sternchen und Flächen von Holzimitat-Paneelen. Es ist ein gleichzeitiges Nebeneinander der verschiedensten Malstile, die Christine Streuli zu einer harmonischen Komposition vereint. Die Künstlerin demonstriert uns hier die Malerei als solche, die sie virtuos beherrscht und mit der sie die Betrachtenden zu einem Seherlebnis voller Assoziationen verführt. Ihre Malerei befasst sich mit der aktuellen Strömung der Durchmischung vielfältigster Malstile. Streuli meistert dabei gekonnt sinnlich den Balanceakt zwischen Abstraktion und Figuration, zwischen Dekoration und inhaltlichen Anspielungen und entgeht – im Gegensatz zu vielen postmodernen Malern, die mit denselben Strategien operieren – der Fallgrube der Ironie. Eine feine Gratwanderung. Christine Streulis Bilder lösen Emotionen aus, die nicht präzis fassbar sind, was jedoch genau die Qualität des Werkes ausmacht.
— SL

1 — Künstler, Künstlerin sein
Wie nimmst du deine Rolle als Künstlerin in der heutigen Gesellschaft wahr?
Ich sehe, beobachte, lese, denke, rede, höre, bewege, werde bewegt, mache Kunst ... Ich überdenke das ununterbrochen und nehme offen wahr, was in der grossen und in der kleinen Welt passiert. Das ist meine Arbeit und Rolle in / an der Gesellschaft.

2 – Ausbildung und Lernen
Was waren die wichtigsten Momente in deinem Werdegang zur Künstlerin?
Studium: Zeit und Freiraum zum Lesen, Reden, für Gespräche, um Netzwerke aufzubauen, zum An-, Abschauen, Ausprobieren. Mein Austauschjahr in Berlin.
Dann: Alle Auslandaufenthalte – weg sein von allem und neu anfangen! Kunst anschauen, das Glück kennen lernen, das entsteht, wenn ich nahtlos «dranbleiben» kann.

3 — Spielt die technische Virtuosität eine wichtige Rolle in deinem Schaffen?
Nicht ausschliesslich – aber ja, sehr!

4 — Publikum / Markt
Wie positionierst du deine Arbeit im Spannungsfeld zwischen individueller Freiheit, Rezeption sowie Publikum und Markt?
Ich male Bilder, weil mich der Prozess des Bildermalens interessiert. Diese persönliche und darum kleine Freiheit habe ich mir genommen. Seit einigen Jahren wird mir diese Freiheit auch gegeben: Ich stelle in Kunstinstitutionen aus, verkaufe meine Malerei und kann darum mein ganz individuelles Leben in der Kunst führen.

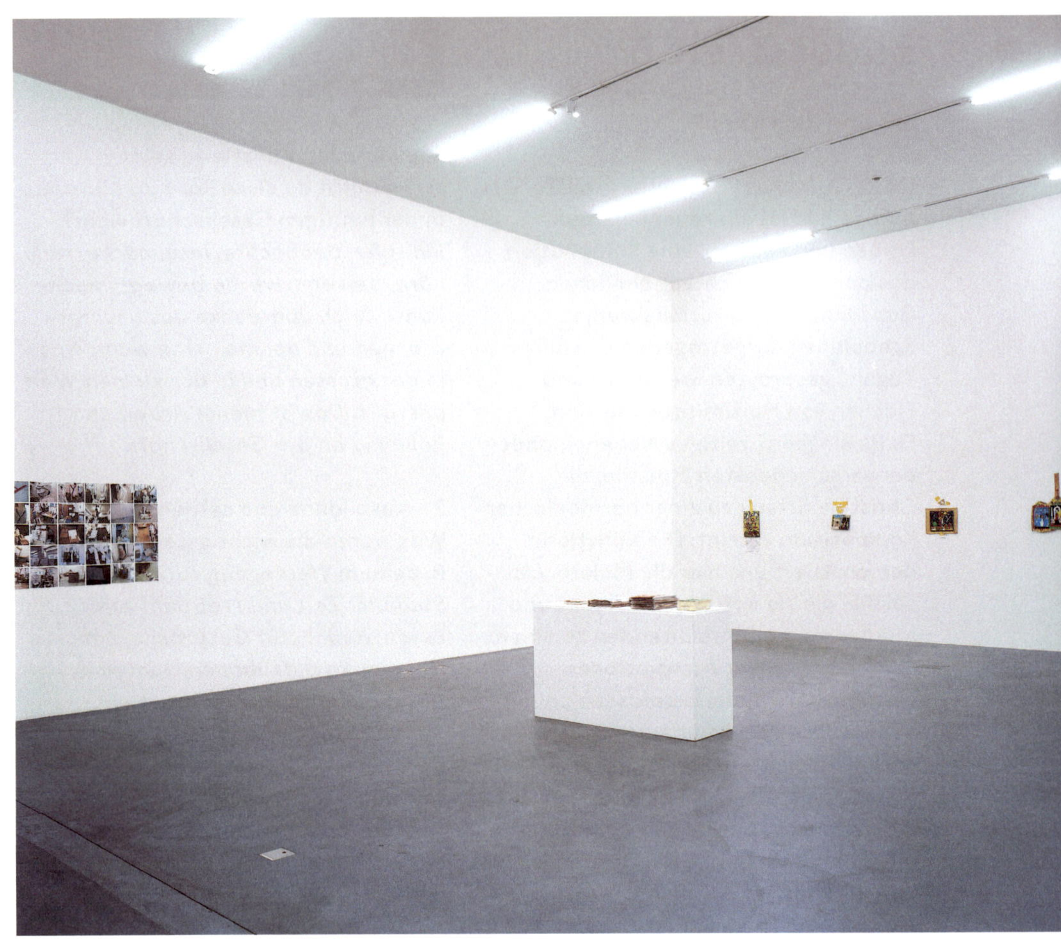

Das ypsilonsche Zeitalter[1], 2001 – 2005
Mischtechnik

1 — Die vorliegende Arbeit besteht aus 4 Büchern, Bildern und Fotografien (Videostills). Die Chronologie fand 2001 mit dem Buch *Smoke* ihren Anfang, auf das 2005 die Vorgeschichte *Unser Leben* folgte. Das Buch *Unser Leben* entstand in einem Labor, das auf den Fotografien dokumentiert ist. Die Bilder (Öl, Acryl usw.) sind eine Auswahl der bedeutendsten Kunstwerke des simulierten Zeitalters.

Bilderstreit 7

mit Patrick Graf

In *Das ypsilonsche Zeitalter* präsentiert Patrick Graf dem Publikum die
imaginäre Welt des Doktor Y. Mit
Videostills aus dem Laboralltag des
Doktors, mit einigen Bildern zwischen
Malerei und Collage, die als Manufakte
der «Welt 0» im Museum landen, und
vier Büchern, die Skizzen, Briefe und
Kommentare des Doktors beinhalten,
entsteht eine komplexe Kosmologie.
Diese ist gleichzeitig so absurd wie
faszinierend und schwebt zwischen
karikaturierter Pseudowissenschaft
und literarischem Fantasiegebilde.
Mehr auf einem Prozess der Akkumulation als auf einer bewussten und
limitierenden Selektion basierend,
wuchert die ypsilonische Welt in mehrere
Richtungen: Sie fordert eine vertiefte
Auseinandersetzung von den Besuchern,
weil ohne diese der Zugang zu den
gesetzlichen Regeln, sozialen Gewohn-
heiten und physischen Eigenschaften,
die hier gelten, versperrt bleibt. In
Grafs pataphysischer Fiktion setzt er
den Akzent auf die Idee, nicht auf die
Formen, und schöpft mit Lust und
Experimentierfreudigkeit die Möglichkeiten der Kunst aus.
— GC

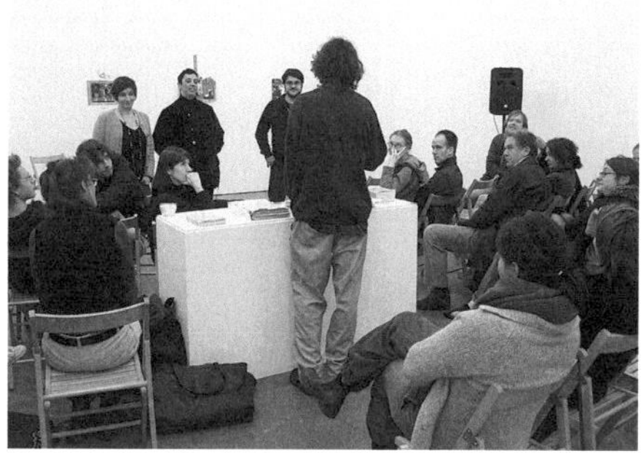

1 — Künstler, Künstlerin sein
Wie nimmst du deine Rolle als Künstler
in der heutigen Gesellschaft wahr?
Ich sehe mich als Unterhalter.

2 — Ausbildung und Lernen
Was waren die wichtigsten Momente
in deinem Werdegang zum Künstler?
*Bestehen der Aufnahmeprüfungen an
die Kunstgewerbeschulen und diese
Ausstellung.*

3 — Spielt die technische Virtuosität
eine wichtige Rolle in deinem Schaffen?
*Wichtiger sind die Ideen und Aussagen,
ein gewisses Können ergibt sich
automatisch.*

4 — Publikum / Markt
Wie positionierst du deine Arbeit im
Spannungsfeld zwischen individueller
Freiheit, Rezeption sowie Publikum und
Markt?
*Ich mache einfach das, was mich
interessiert. Gleichzeitig versuche ich,
die Arbeiten so zu gestalten, dass sie
für viele Leute interessant sein
könnten.*

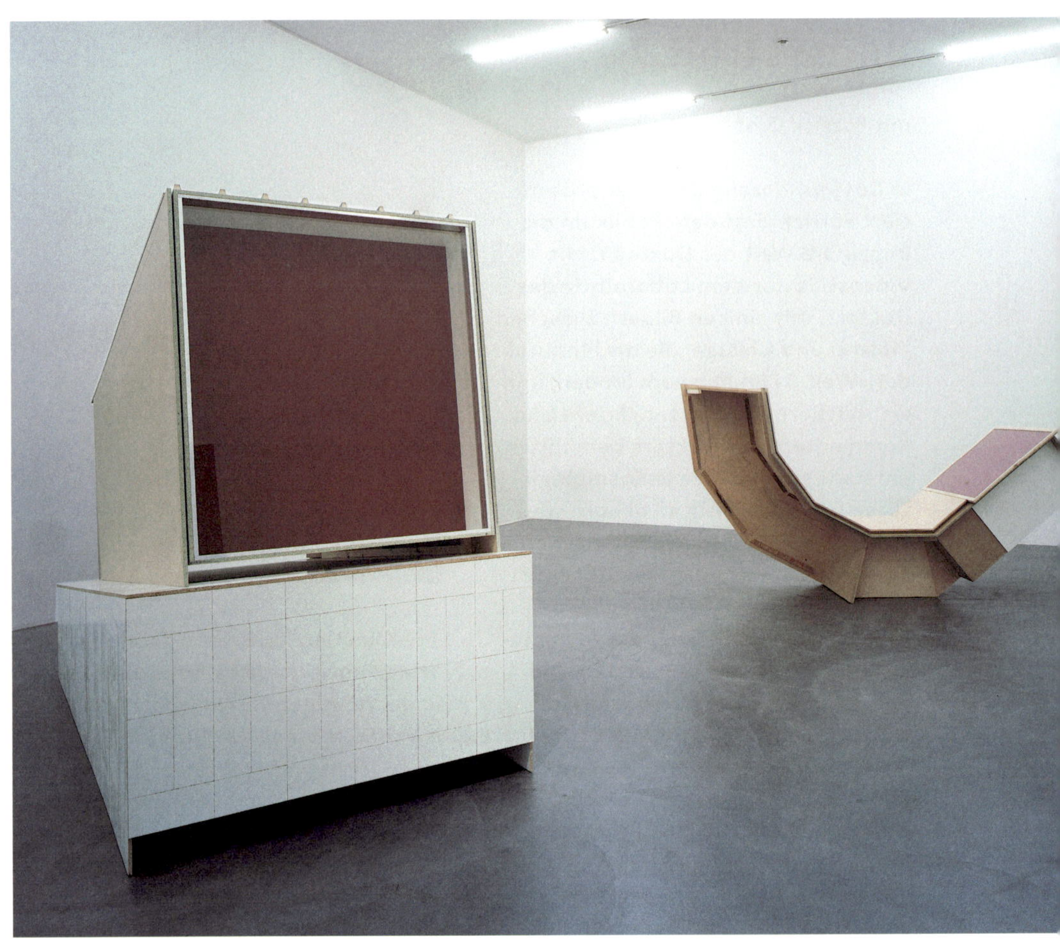

Pultdach, 2005
Diverse Materialien
240 x 158 x 328 cm
Courtesy Ausstellungsraum 25

Tresenbild, 2005
Diverse Materialien
165 x 103 x 285 cm
Courtesy Ausstellungsraum 25

Bilderstreit 8

mit Daniel Robert Hunziker

Pultdach und *Tresenbild* sind zwei typische Beispiele für die Hybridisierung zwischen Architektur und Skulptur, die im Zentrum des Schaffens von Daniel Robert Hunziker steht. Die Werke dieses Künstlers entstehen prozesshaft aus Eindrücken, die er aus der gebauten Realität kennt. Räumliche Gefühle und strukturelle Einheiten verschmelzen in rätselhaften Objekten, die wegen ihres Status' zwischen Modell und Installation irritieren. Die Referenzen zur Realität schaffen es, den abstrakten Charakter der Objekte zu korrumpieren, ihr Wesen und ihre eventuelle Funktionalität bleiben aber unlesbar, weshalb sie eine unheimliche Aura ausstrahlen. Hunziker schenkt der Materialisierung – meistens einfache Baumaterialien – grosse Aufmerksamkeit. Trotz ihrer Rohheit definieren sich diese Werke durch eine starke Emotionalität. Einerseits, weil sie Zeuge einer künstlerisch subjektiven Wahrnehmung sind, und andererseits, weil der Betrachter und die Betrachterin sich einer intellektuellen und räumlichen Positionierung gegenüber diesen Kunstwerken nicht entziehen können.
— GC

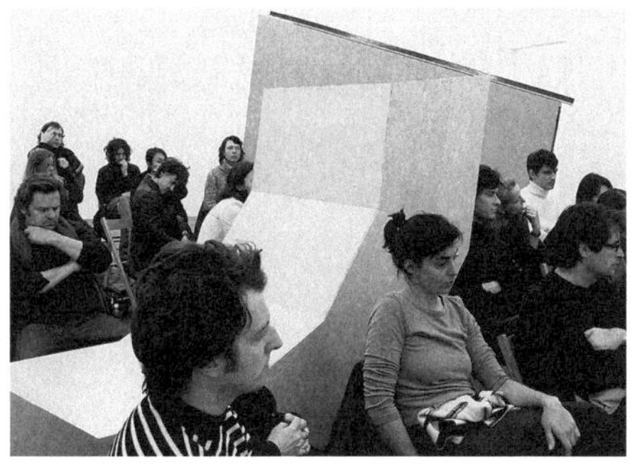

1 — Künstler, Künstlerin sein
Wie nimmst du deine Rolle als Künstler in der heutigen Gesellschaft wahr?
Beobachtend, fantasierend, staunend, hinterfragend, faselnd, ausschweifend, andeutend und aussparend.

2 — Ausbildung und Lernen
Was waren die wichtigsten Momente in deinem Werdegang zum Künstler?
Das mehrfache Eintauchen in eine nicht betitelte Installation von Robert Gober im Dia Center for the Arts in New York Anfang 90er Jahre. Der Erwerb einer FESTO-Handkreissäge mit Führungsschiene etwa drei Jahre später sowie die jeweils zu Semesterbeginn eintretende finanzielle Entlastung dank Überweisung der Ausbildungsstipendien durch das Departement für Bildung, Kultur und Sport des Kantons Aargau.

3 — Spielt die technische Virtuosität eine wichtige Rolle in deinem Schaffen?
Nur insofern als ich mich ständig gegen sie stemmen muss.

4 — Publikum / Markt
Wie positionierst du deine Arbeit im Spannungsfeld zwischen individueller Freiheit, Rezeption sowie Publikum und Markt?
Ohne viel Kalkül. Leider und zum Glück!

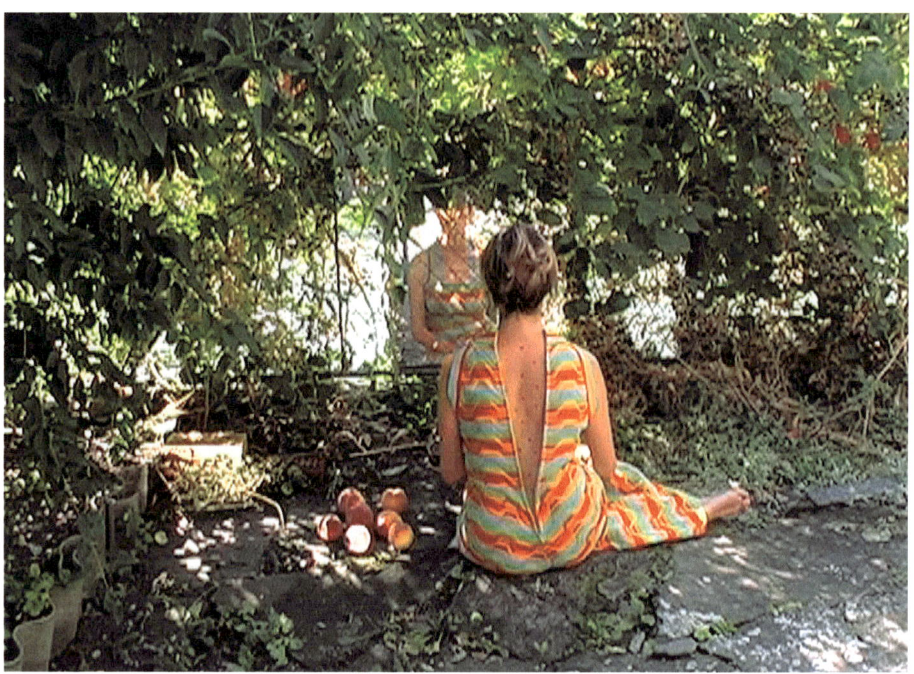

1

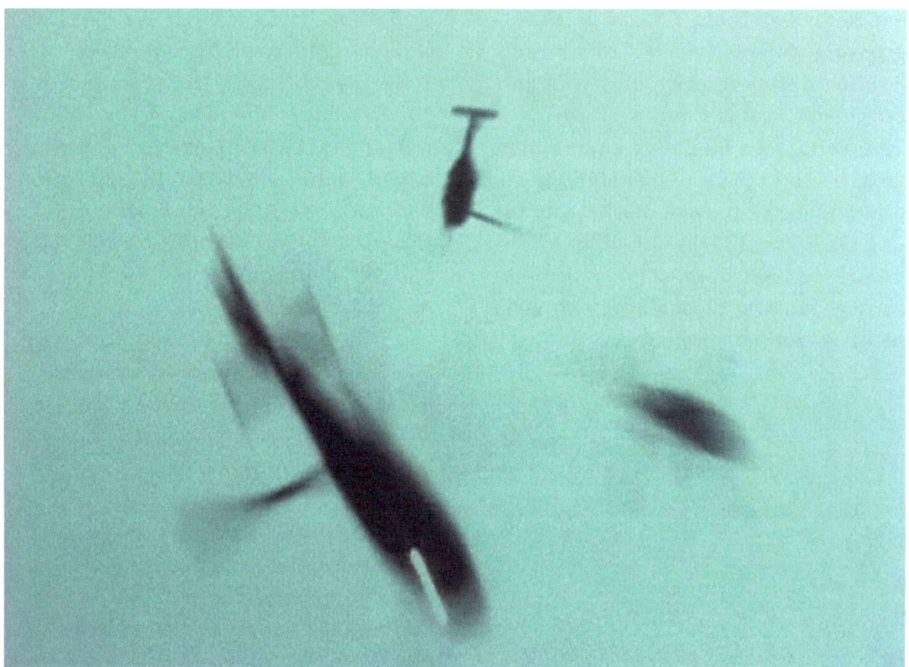

2

Video*Talk 1

mit Judith Albert und Gabriela Gerber / Lukas Bardill
Moderation: Samuel Herzog, Kunstjournalist und
Redaktor *Neue Zürcher Zeitung*, Zürich
Die publizierten Videostills sind eine Auswahl der gezeigten Arbeiten.

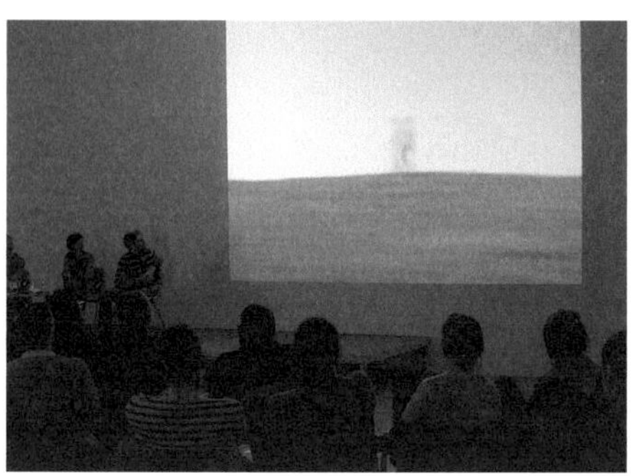

1 — Judith Albert
Am Wasser, 2004
Video, Farbe, Ton, Loop, 1 Min. 30

Eingerahmt vom Blattwerk der Bäume sitzt eine Frau auf dem Boden vor
einem Bach. Neben ihr liegen fünf Pfirsiche. Man sieht kaum, dass ein Spiegel
vor ihr steht. Es ist sonnig, die Grün- und Orangetöne flimmern, und im
Zentrum blickt man auf den Rücken der Frau, die ein gelb-orange-türkis
gestreiftes Kleid trägt. Das Bild scheint stillzustehen; ausser der Bewegung
der Blätter ist kaum eine Veränderung wahrzunehmen. Doch plötzlich
erkennt man, dass die Haut des Rückens sichtbar wird: Der Reissverschluss
des Kleids öffnet sich langsam und wie von selbst. (R. Helbling)

2 — Gabriela Gerber / Lukas Bardill
Forum, 2000
Video, Farbe, Ton, 2 Min. 30

Wie wilde Insekten schwirren die Helikopter durch die Lüfte. Grosse
und kleine, fern und nah. Immer mehr, immer lauter ... Mit der Anzahl
beschleunigt sich der Rhythmus.

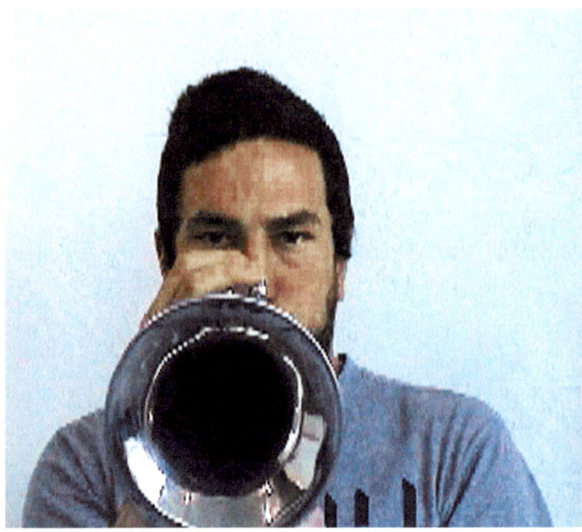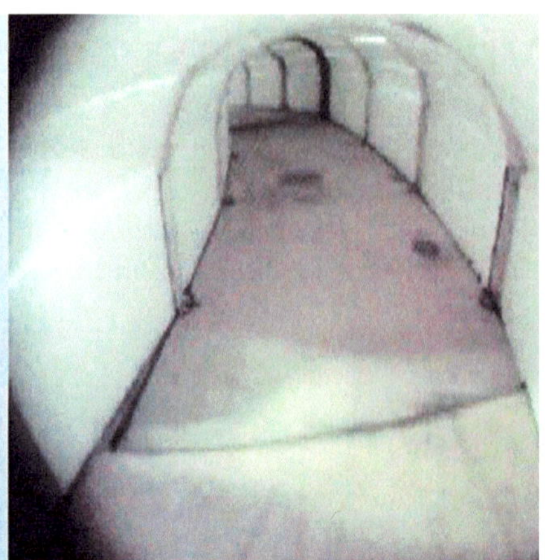

1

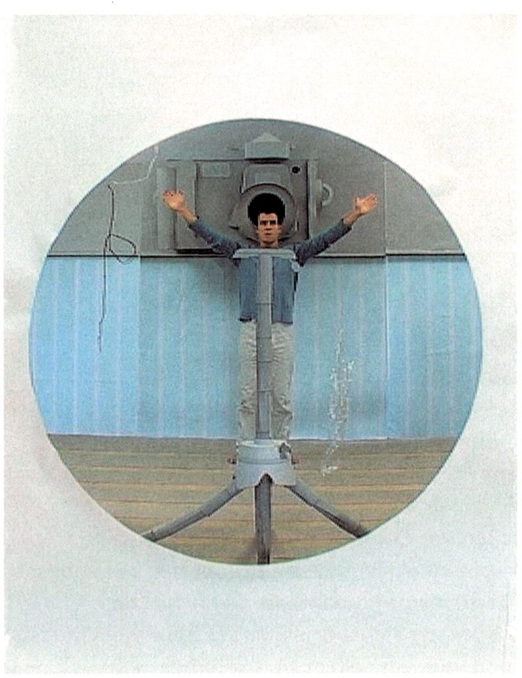

2

Video*Talk 2

mit MEMO (Markus Bösch und Tom Heinzer) und Patrick Klötzli
Die publizierten Videostills sind eine Auswahl der gezeigten Arbeiten.

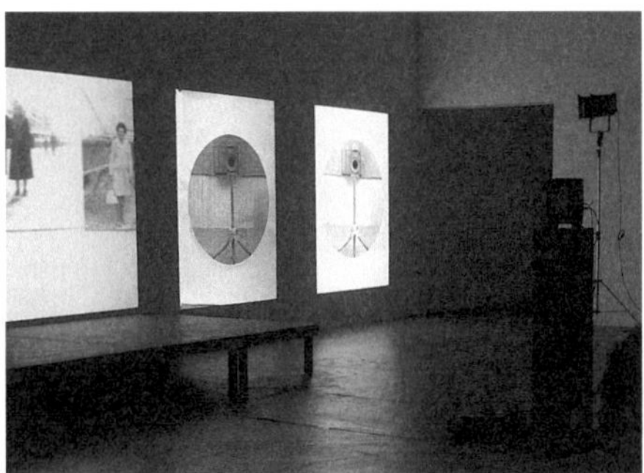

1 — MEMO (Markus Bösch und Tom Heinzer)
   Die Grenzen unserer Arbeit sind nahe dran um was es uns geht, 2005
   Vortrag und Videoprojektion, Farbe, Ton, 25 Min.

Bösch und Heinzer gewähren in ihrem Vortrag Einblicke in fünf Arbeiten.

   Textfragment aus *Der Gleichzeitigkeiter,* 2003:
   A: Drinnen würden wir untergehen.
   B: Drinnen würden wir in Tatsachen untergehen.
   A: Wir sind nicht gut in Tatsachen.
   B: Wir haben eine lebhafte Einbildungskraft. Mit der sind wir immer
      ganz schnell am Werk.
   A: Sie spielt wohl eine grössere Rolle als das Tatsächliche.
   B: Das Tatsächliche tut ja doch nie, was wir wollen.

2 — Patrick Klötzli
   Emma heisst heute Lenz, 2004
   Multimedia-Installation mit drei DVDs, Farbe, Ton, Loops,
   8 Min., 12 Min., 18 Min.

Ausgehend von einer Sammlung anonymer Amateurfotografien – 141 Frauen-
Doppelporträts – zeigen die Filme den Versuch, die kuriose und rätselhafte
Ausstrahlung dieser privaten Hinterlassenschaften zu erklären. Dies führt zur
Frage, wie unsere Wahrnehmung von fotografischen Prinzipien bestimmt wird.

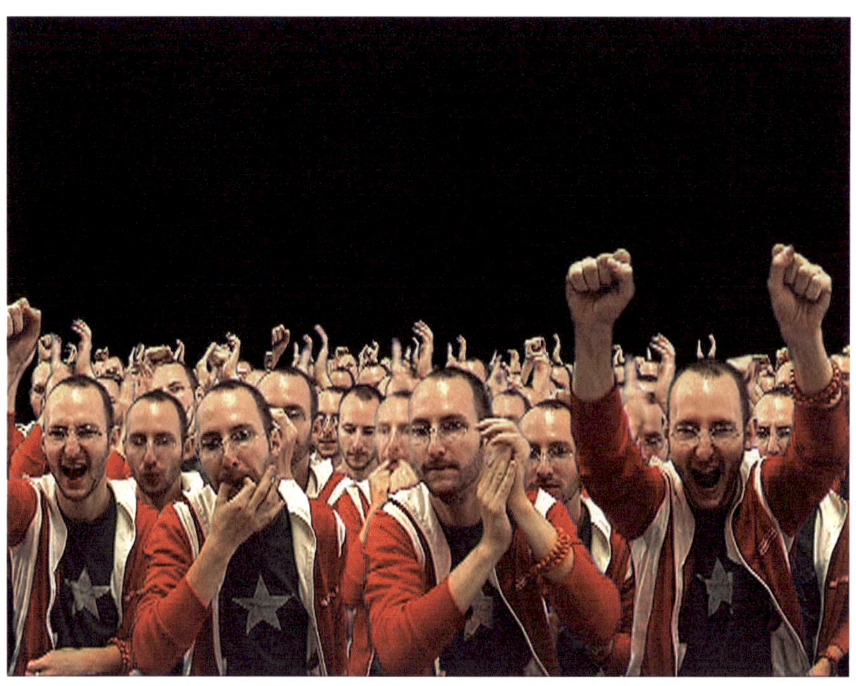

1

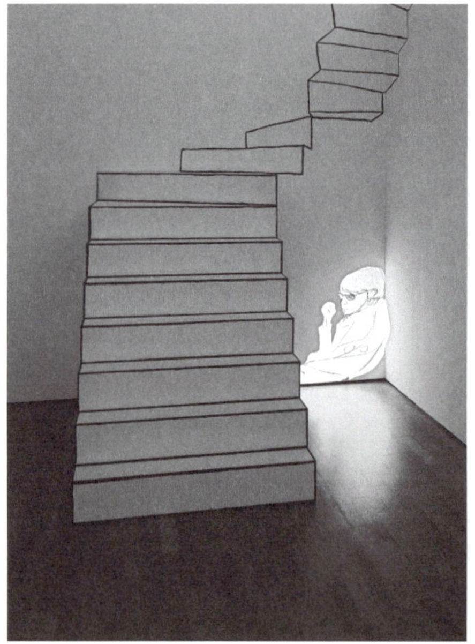

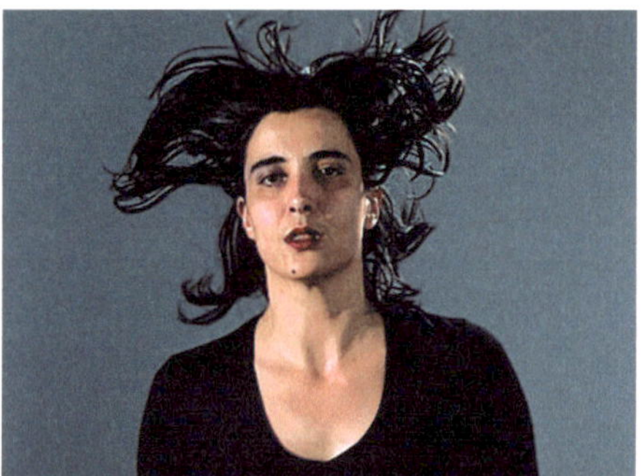

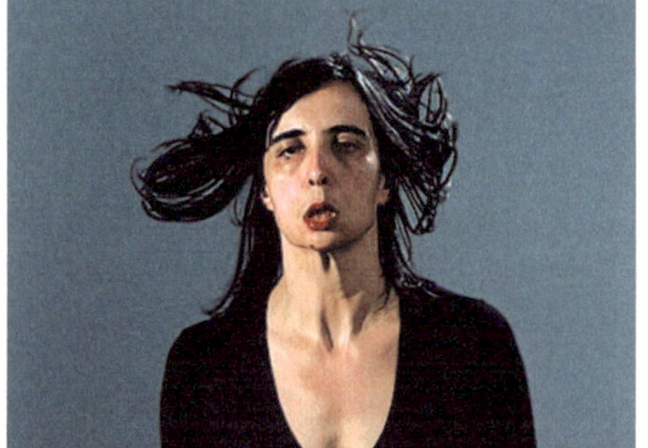

2

3

Video*Talk 3

mit Tom Karrer, Zilla Leutenegger und Anina Schenker
Moderation: Maja Wismer, Kunsthistorikerin, Basel
Die publizierten Videostills sind eine Auswahl der gezeigten Arbeiten.

1 — Tom Karrer
Von A – Z, 2004
Video-Installation, Ton, Loop

Drei Videos werden nebeneinander an eine Wand gebeamt. Unter jedem Bild
befindet sich ein Lautsprecher, aus dem der zum Video gehörende Ton zu hören
ist, doch stören sich die drei Tonspuren gegenseitig. Während man im ersten Bild
links den Ansager einer Band sehen kann, sagt im mittleren Bild die Band einen
Text – von A bis Z – auf. Da jedes Bandmitglied nur einen Buchstaben sagt, ist
der Text kaum zu verstehen, bisweilen unverständlich. Es entsteht der Eindruck,
es gehe hier zwar um etwas Sinnvolles, doch ist dies nicht zugänglich. Auf dem
dritten Bild des Videotriptychons ist das jubelnde Publikum zu sehen.

2 — Zilla Leutenegger
Corridor, 2004
Videozeichnung mit Installation (Treppe), sw, Ton, Loop, 4 Min.
Foto: Tobias Madörin
Courtesy Galerie Peter Kilchmann

Die Installation besteht aus einer projizierten Videozeichnung, einer Treppe aus
Holz und einer Wandzeichnung. Die Videozeichnung zeigt eine junge Frau, die an
ihren Fingernägeln kaut und vor sich hin sinniert. Die Finger machen kleine ruhige
Bewegungen, während sich die Brust durch die Atmung hebt und senkt.

3 — Anina Schenker
Aus der Luft gegriffen, 2003
Digital High Speed, Farbe, ohne Ton, Loop, 1 Min. 20

Im Bild bleibt die Person an Ort und Stelle, gleichzeitig wird Bewegung suggeriert:
Der Gesichtsausdruck verändert sich unter den fliegenden Haarsträhnen. Erst
mit der Zeit verstehen die Betrachtenden, dass die Verwandlung des Gesichts-
ausdrucks durch Hochspringen, durch diese Auf- und Ab-Bewegung zustande
kommt. Da die Bewegung mit 1000 Bildern pro Sekunde aufgenommen ist, wird
etwas sichtbar, was sonst nicht zu erkennen ist: die Bewegung der Haut in der Zeit.

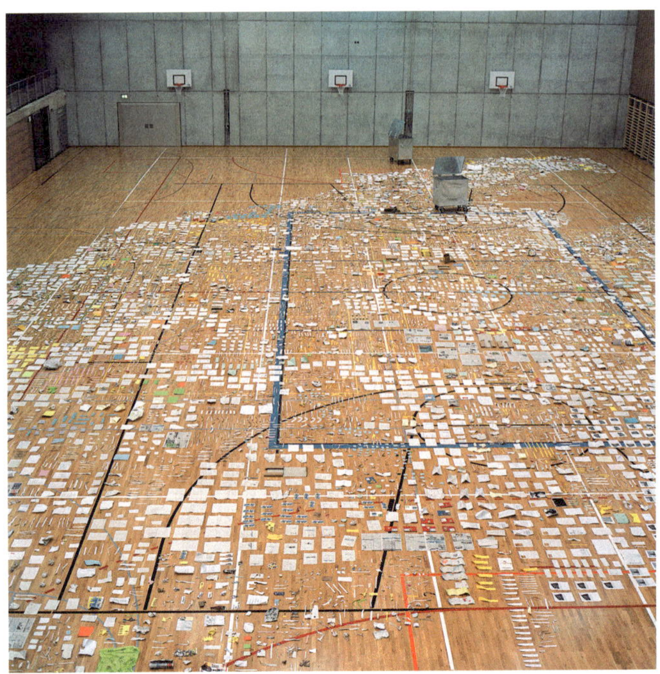

1

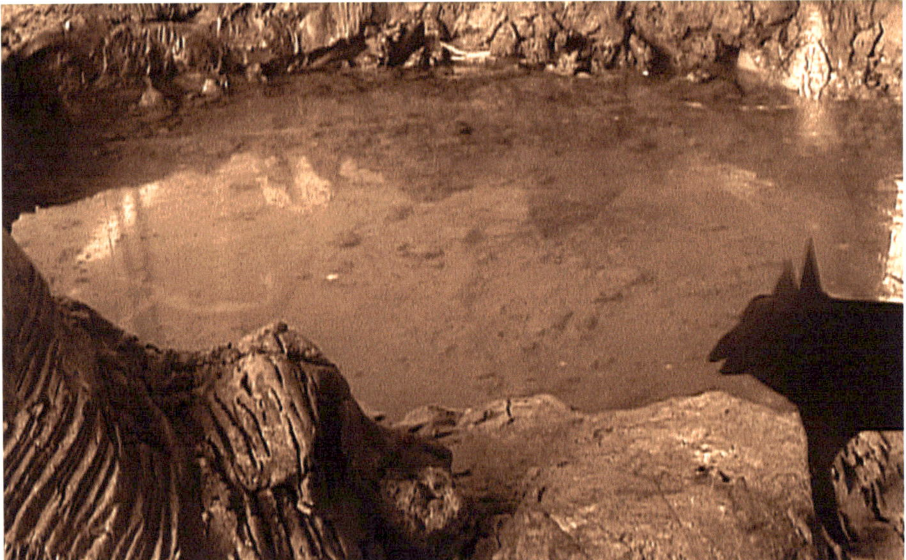

2

Video*Talk 4

mit Köppl / Začek und Daniel Schibli
Moderation: Susann Wintsch, Kunsthistorikerin, Zürich
Die publizierten Videostills sind eine Auswahl der gezeigten Arbeiten.

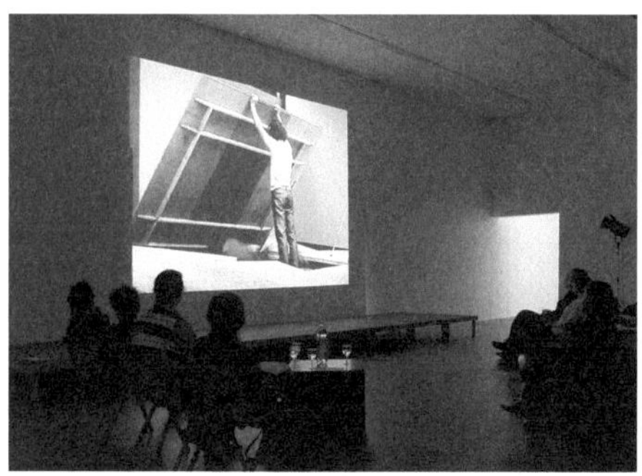

1 — Köppl / Začek
   Gescheiterte Bildungsversuche, 2004
   Dokumentation der 8-Stunden-Performance im Zeitraffer, DVD, Farbe,
   Ton, 4 Min.
   Foto: Martin Stollenwerk

Gescheiterte Bildungsversuche ist die Videodokumentation einer Performance im
Schulhaus Birch, Zürich-Oerlikon. Während acht Stunden legen Köppl / Začek
sämtliche eingesammelten Papierabfälle aus den Klassenzimmern in der Turnhalle
aus. Anschliessend betreten die Zuschauer das Feld und hinterlassen ihre Spuren
in der Ordnung der Papierfetzen.

2 — Daniel Schibli
   See, Berg, Pilz, Fluss…, 2004
   DVD, Farbe, Ton, 5 Min.

Ein papierener Wolf stösst auf Dinge und Naturelemente in einer See- und
Flusslandschaft, die aus Lehm geformt ist. Er benennt sie umgehend und wiederholt die Wörter wie ein kleines Kind. Als er auf der anderen Seite des Flusses das
Rotkäppchen wahrzunehmen scheint, rast er über die Landschaft und wird erst
wieder kontemplativ, als er dessen Namen flüstert.

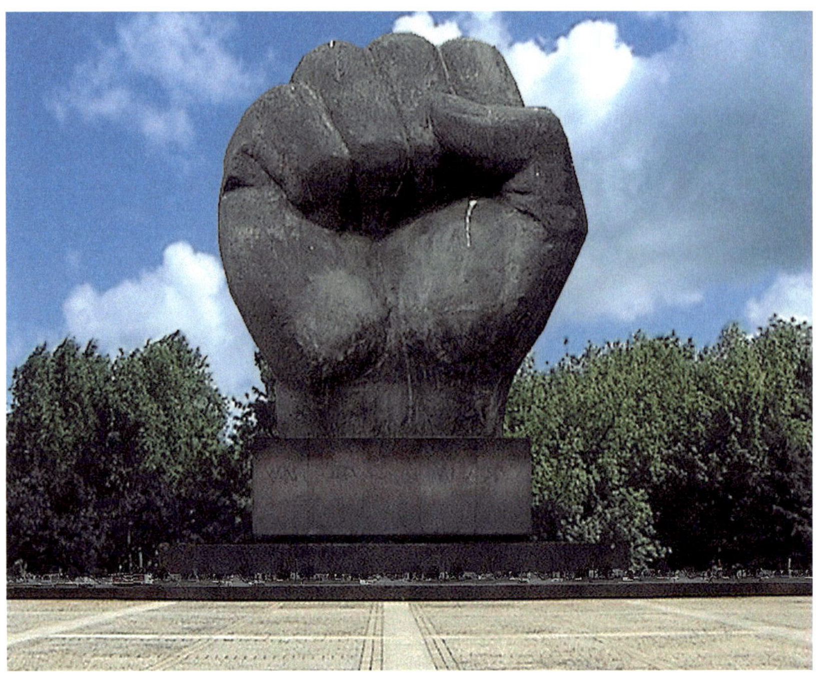

1

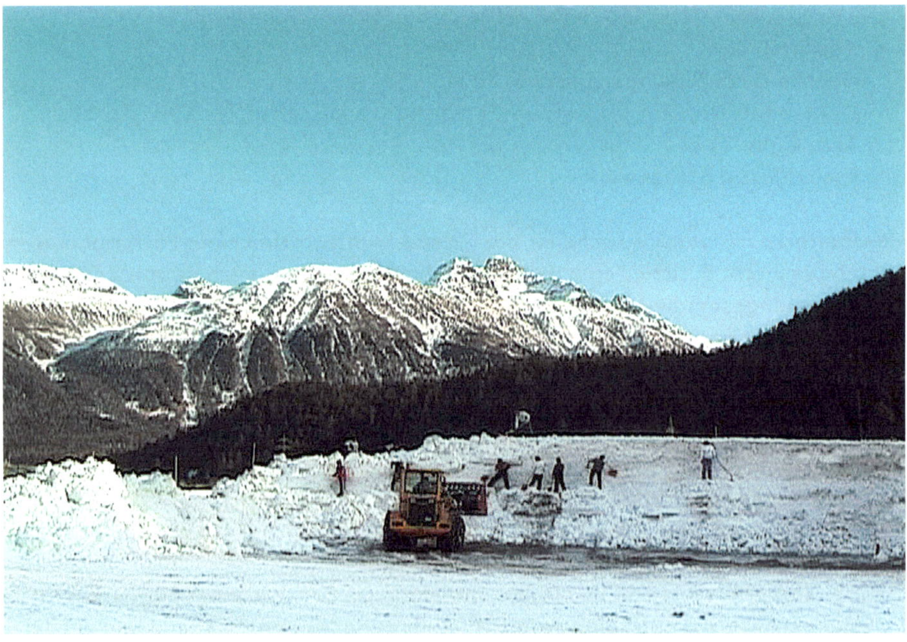

2

Video*Talk 5

mit Andreas Helbling / Tom Menzi und Christoph Schreiber
Moderation: Dr. Andreas Vogel, Kunsthistoriker, F + F Zürich
Die publizierten Videostills sind eine Auswahl der gezeigten Arbeiten.

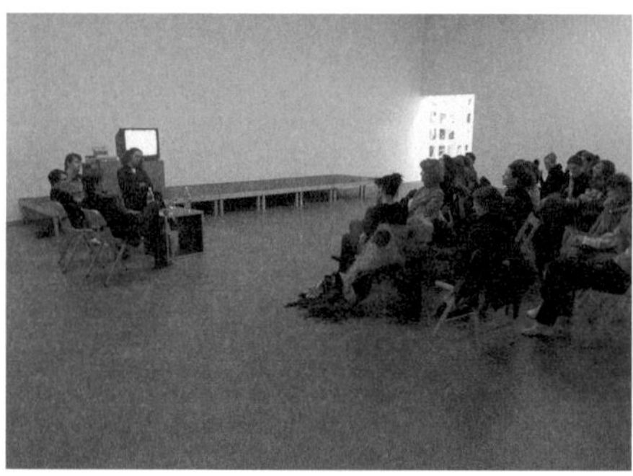

1 — Christoph Schreiber
   DVD 01_04, 2004
   Videoinstallation, Loop, 2 Min.

Der Flachbildschirm ist so an der Wand montiert, dass sich die Faust, die man
sieht, auf Augenhöhe befindet: Die Video-Collage thematisiert das Verhältnis
des einzelnen Menschen zur Gesellschaft. Die Faust repräsentiert dabei symbol-
haft ein Regelsystem. Unterhalb der Faust strömen ameisenhaft winzige und
unzählige Ichs vorbei. Ob ein Mensch in ein plutokratisch, ein religiös oder
oligarchisch geprägtes Gesellschaftssystem hineingeboren wurde – jeder und jede
muss sich mit den komplexen Wechselbeziehungen von Individuum und Gesellschaft auseinander setzen. Menschen erfinden Regeln, um das Zusammenleben
zu erleichtern. Gesellschaftliche Vorgaben haben aber den Hang zu versteinern und
zu verkrusten. Gewinnen wird letzten Endes immer das wuchernde Leben.

2 — Andreas Helbling / Tom Menzi
   Actors No. 33: (Bobbahn), 1998 – 2000
   Video, Farbe, Ton, 34 Min.

Actors ist eine Videoarbeit, die ausgesuchte Szenen aus alltäglichen Handlungs-
abläufen zeigt. Meist mit statischer Kamera aus grosser Distanz gefilmt, wird
versucht, Aktivitäten abseits ihrer narrativen Hierarchien und Bedeutungen als
langsame Entwicklung aus Bewegungen und Farben nachvollziehbar zu machen
und sie in Standbilder aufzuheben. *Actors* besteht insgesamt aus 48 Bändern
(VHS ab Mini-DV) mit Längen von 12 Min. bis 2 Std. 30.

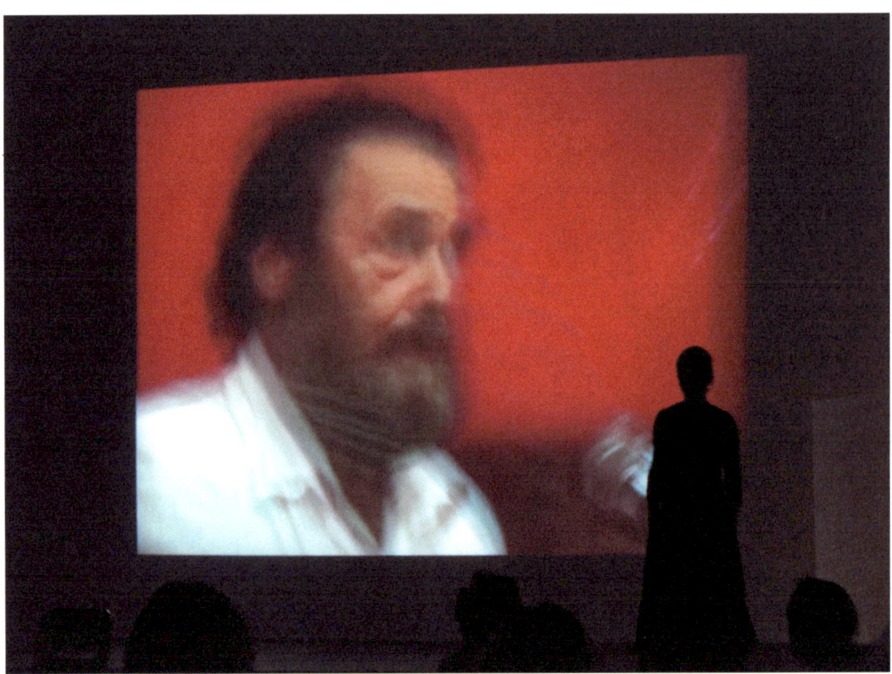

1

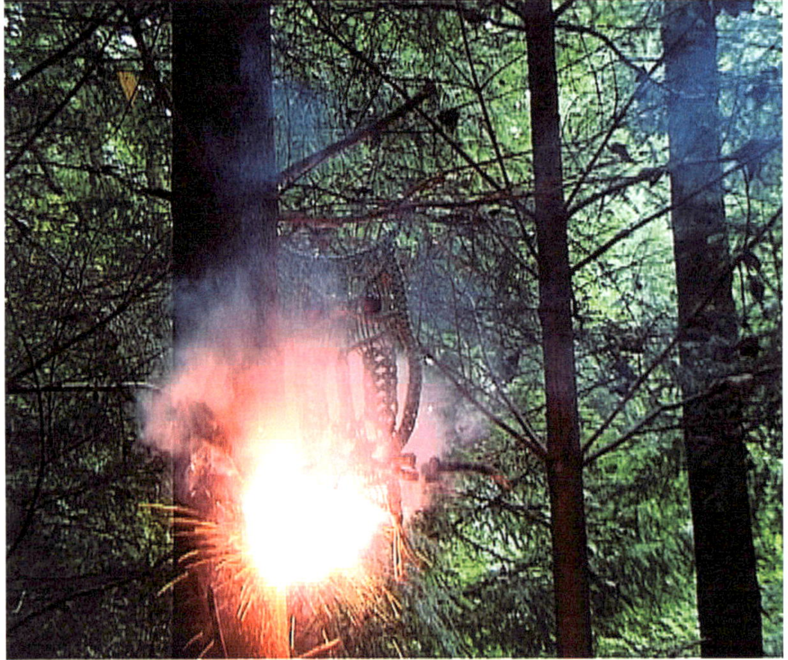

2

Video*Talk 6

mit Isabella Brančund Gabi Deutsch
Moderation: Tim Zulauf, Künstler, Autor
Die publizierten Videostills sind eine Auswahl der gezeigten Arbeiten.

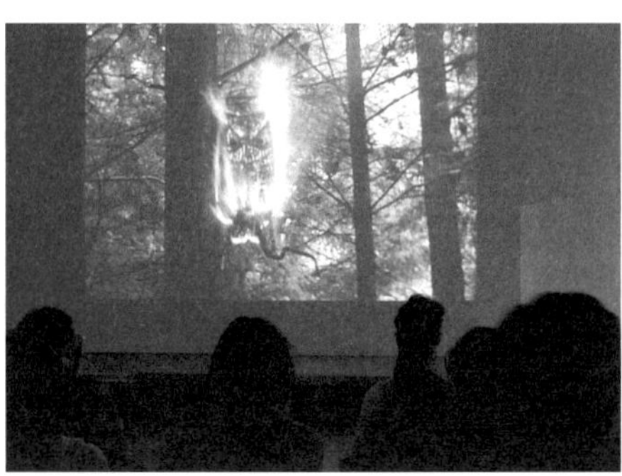

1 — Isabella Branč
   Transit-Arena, 2006
   Video, Ton, Farbe, mit Live-Gesang, 20 Min.

Bei der Videoprojektion handelt es sich um die Ansprache von Harald Szeemann
anlässlich der Eröffnung der Ausstellung *Real Presence* im ehemaligen Tito-
museum in Belgrad (2001). Während die Rede rhythmisch verändert, tonlos und
fragmentiert wiedergegeben wird, singt Isabella Brančlive das Lied: «Jedes
Vögelchen im Walde singt ein Lied…».

2 — Gabi Deutsch
   Eule, 2004
   Video, Farbe, Ton, 1 Min. 35

Wald — Entfernte Geräusche von Autos und Flugzeugen — Kamera suchend —
findet — Fokus — Zoom — auf eine Eule geflochten — Makramee — Dann ein
dumpfer Knall — Explosion — Flammen — Nacht die Eule brennt — Telefonklingeln
ring ring — die Flammen werden kleiner — es wird heller — die Eule — schwarzes
Gerüst — hängt in den Ästen — Autos Flugzeuge — im Hintergrund Kinder-
stimmen — Ende

KUNSTHALLE ZÜRICH

BEKANNTMACHUNGEN
20 JAHRE STUDIENGANG BILDENDE KUNST
SBK
DER HOCHSCHULE FÜR GESTALTUNG UND
KUNST ZÜRICH HGKZ
12. NOVEMBER 2005 – 8. JANUAR 2006

PROGRAMM

Programm Bekanntmachungen
English Translations
Index — Studiengang Bildende Kunst
Impressum / Colophone

S. 209–254

WOCHE 1	11.–20.11.05		
DATUM	ZEIT	RAUM	AUSSTELLUNG / VERANSTALTUNG
FR 11.11.05	18-21 Uhr	ERÖFFNUNG Der Strich 12.11.05–08.01.06	DER STRICH (TEIL I): KOO[illegible]eger und Till Hänel), Dominique Lämmli
		ERÖFFNUNG	AS TIME GOES BY Mit David Chieppo, Annelise Coste, Andrea Heller, Dominique Lämmli, Zilla Leutenegger, Daniel Schibli, Christoph Schreiber

	Themenausstellung 12.11.05–27.11.05		Kuratorin: Zilla Leutenegger mehr >> www.kunsthallezurich.ch, www.kunstklasse.ch
	ERÖFFNUNG Bilderstreit (Ausstellung) 12.11.05–20.11.05		**NINA WEBER** Während der gesamten Dauer der Ausstellung finden im wöchentlichen Wechsel Einzelausstellungen statt. Das jeweils ausgestellte Werk wird in einem öffentlichen Gespräch mit der Künstlerin, dem Künstler sowie Giovanni Carmine, freischaffender Kurator und Kunstkritiker, Zürich, und einer zweiten kritischen Betrachterposition erörtert.
	ERÖFFNUNG Museumsshop 12.11.05–27.11.05		**MUSEUMSSHOP** Ein Projekt der Studenten und Studentinnen des SBK. Shop 1 – Beach Shop, Installation von Georg Keller und Nora Steiner mehr >> www.kunsthallezurich.ch, www.kunstklasse.ch
MI 16.11.05	18 Uhr	Arena	**2 x 2** Doppelter Werkdiskurs über eine neue Komposition von Juhee Chung, Studentin Hochschule für Musik und Theater HMT, und über die Malerei von Nora Steiner, Studentin SBK. Mit Felix Baumann, HMT, Isabel Mundry, HMT, und Thomas Müllenbach,hgkz. Konzept: Felix Baumann und Thomas Müllenbach
DO 17.11.05	12.30 Uhr	Bilderstreit (Diskussion)	Öffentlicher **BILDERSTREIT** mit der Künstlerin **NINA WEBER** und Giovanni Carmine, freischaffender Kurator und Kunstkritiker, Zürich, sowie Oliver Kielmayer, Kurator Kunsthalle Winterthur.
	18.30-22 Uhr	Àrena	**TAGUNG: KUNST ÖFFENTLICHKEIT ZÜRICH** Eine Tagung im Rahmen des Forschungsprojekts «Kunst Öffentlichkeit Zürich» mit internationalen Referentinnen und Referenten aus den Bereichen Kunst, Wissenschaft, Wirtschaft und Politik. Der erste Teil der Veranstaltung widmet sich – in übernationaler Perspektive – der Öffentlichkeit als Konfliktmanagement sowie dem politischen Potential von Gegenwartskunst in der Demokratie, während der zweite Teil den Blick auf die spezifischen und pragmatischen Bedürfnisse der Stadt Zürich im Kontext von Kunst im öffentlichen Raum wirft. Konzept: Marius Babias, Kunsttheoretiker und freier Kurator, Berlin, und Christoph Schenker, Leiter Institut für Kunst und Medien, hgkz mehr >> www.stadtkunst.ch
	18.30 Uhr	Arena	Vorträge **Einführung:** Marius Babias, Kunsttheoretiker und freier Kurator, Berlin, und Christoph Schenker, Leiter Institut für Kunst und Medien, hgkz **Öffentlichkeit und Konfliktmanagement:** Oliver Marchart, Philosoph und politischer Theoretiker, Institut für Medienwissenschaft, Universität Basel **Die Kunst des Handelns:** Hito Steyerl, Filmemacherin, Prof. Goldsmith's College London, Berlin
	20.30 Uhr	Arena	Podiumsdiskussion **Kunst und Demokratieverlust:** Podiumsdiskussion mit Ursula Biemann, Künstlerin und Kuratorin, Zürich, Beatrice von Bismarck, Prof. Hochschule für Grafik und Buchkunst Leipzig, Kuratorin Kunstraum der Universität Lüneburg, Martin Heller, Kulturunternehmer, Heller Enterprises, Zürich Moderation: Boris Buden, Philosoph und Publizist, Berlin
FR 18.11.05	10-17 Uhr	HGKZ, Ausstellungsstr. 60 5. OG, Raum 504	Kolloquien 10.30 bis 12 Uhr **Öffentlichkeit und Konfliktmanagement:** mit Oliver Marchart und Hito Steyerl 13.00 bis 14.30 Uhr **Kunst und Demokratieverlust:** mit Beatrice von Bismarck und Marius Babias 15.00 bis 16.30 Uhr **Stadtkunst Zürich:** mit Peter Ess, Direktor Amt für Hochbauten, Stadt Zürich, Jean-Pierre Hoby, Direktor Kulturförderung, Stadt Zürich, Bessie Nager, Künstlerin, Zürich, und Christoph Schenker, Leiter Forschungsprojekt «Kunst Öffentlichkeit Zürich»
	19-22 Uhr	Arena	18.30 Uhr Einführung von Marius Babias und Christoph Schenker. **Zürichs Verspätung:** Vortrag von Philip Ursprung, Prof. Kunsthistorisches Institut, Universität Zürich 20.00 Uhr **Welche Kunst will die Öffentlichkeit:** Podiumsdiskussion mit Jean-Christophe Ammann, ehemaliger Leiter Kunstmuseum Luzern, Kunsthalle Basel und Museum für Moderne Kunst Frankfurt/Main, Prof. Johann Wolfgang Goethe Universität Frankfurt/Main, Daniel Robert Hunziker, Künstler, Zürich, Anne Keller, Head Brand Communications & Public Affairs, Swiss Re, Zürich, Martin Waser, Stadtrat Zürich, Ingrid Wildi, Künstlerin, Genf. Moderation: Gabriela Christen, Kulturredaktorin Schweizer Radio DRS, Zürich

WOCHE 2   22.–27.11.05

DATUM	ZEIT	RAUM	AUSSTELLUNG / VERANSTALTUNG
DI 22.11.05	18-20 Uhr	**ERÖFFNUNG** Bilderstreit (Ausstellung) 22.11.05–27.11.05	**ANDRÉ WILLIMANN** Während der gesamten Dauer der Ausstellung finden im wöchentlichen Wechsel Einzelausstellungen statt. Das jeweils ausgestellte Werk wird in einem öffentlichen Gespräch mit der Künstlerin, dem Künstler sowie Giovanni Carmine, freischaffender Kurator und Kunstkritiker, Zürich, und einer zweiten kritischen Betrachterposition erörtert.
MI 23.11.05	17 Uhr	Arena	**VIDEO*TALK** In Anwesenheit der Künstlerinnen und Künstler werden ihre Arbeiten gezeigt und diskutiert. Mit Judith Albert, Gabriela Gerber / Lukas Bardill. Moderation: Samuel Herzog, Kunstjournalist, Redaktor Neue Zürcher Zeitung, Zürich. Konzept: Franziska Koch, Dozentin SBK, hgkz, und Irene Weingartner, Assistentin SBK, hgkz
DO 24.11.05	12.30 Uhr	Bilderstreit (Diskussion)	Öffentlicher **BILDERSTREIT** mit dem Künstler **ANDRÉ WILLIMANN** und Giovanni Carmine, freischaffender Kurator und Kunstkritiker, Zürich, sowie Alexandra Blättler, Kuratorin Stiftung BINZ39.
	15 Uhr	Arena	**MEDIALITÄT UND KUNST** Kolloquium mit Hans Ulrich Reck, Prof. Kunsthochschule für Medien, Köln
FR 25.11.05	17 Uhr	Arena	**VIDEO*TALK** In Anwesenheit der Künstler werden ihre Arbeiten gezeigt und diskutiert. Mit MEMO (Markus Bösch und Tom Heinzer), Patrick Klötzli. Konzept: Franziska Koch, Dozentin SBK, hgkz, und Irene Weingartner, Assistentin SBK, hgkz

WOCHE 3   29.11.–04.12.05

DATUM	ZEIT	RAUM	AUSSTELLUNG / VERANSTALTUNG
DI 29.11.05	18-21 Uhr	**ERÖFFNUNG** Der Strich 29.11.05–08.01.06	**DER STRICH (TEIL II):** Dina Scagnetti, Alex Scherz, Klaus Tinkel ergänzen **DER STRICH (TEIL I)**
		ERÖFFNUNG Themenausstellung 29.11.05–11.12.05	**HOF IN HALLE – KUNSTHOF IN KUNSTHALLE** Mit Judith Albert, Sabina Baumann, Matthias Berger, Markus Bösch, Isabella Branc, Annelise Coste, Gabi Deutsch, Peter Emch, Klodin Erb, Liliana Gai, Karen Geyer, Melanie Gugelmann, Till Hänel, Urs Hartmann, Johannes M. Hedinger, Thomas Heinzer, Andreas Helbling, Cornelia Heusser, Berndt Höppner, Daniel Robert Hunziker, San Keller, Jörg Köppl, Dominique Lämmli, Zilla Leutenegger, Renée Levi, Paola Maiocchi, Tom Menzi, Barbara Mühlefluh, Thomas Müllenbach, Bessie Nager, Sabina Pfenninger, Stefan Pente, Peter Regli, Niklaus Rüegg, Dorothea Rust, Mario Sala, Markus Schaub, Alex Scherz, Daniel Schibli, Christoph Schreiber, Hildegard Spielhofer, Barbara Sturm, Ursula Sulser, Alessandra Tavernini, Klaus Tinkel, Markus Wetzel, Tim Zulauf Kurator: Markus Wetzel mehr >> www.kunsthallezurich.ch, www.kunstklasse.ch
		ERÖFFNUNG Bilderstreit (Ausstellung) 29.11.05– 04.12.05	**JASON KLIMATSAS** Während der gesamten Dauer der Ausstellung finden im wöchentlichen Wechsel Einzelausstellungen statt. Das jeweils ausgestellte Werk wird in einem öffentlichen Gespräch mit der Künstlerin, dem Künstler sowie Giovanni Carmine, freischaffender Kurator und Kunstkritiker, Zürich, und einer zweiten kritischen Betrachterposition erörtert.

ERÖFFNUNG
Museumsshop
29.11.05 – 11.12.05

MUSEUMSSHOP
Ein Projekt der Studenten und Studentinnen des SBK.
Shop 2 – Ausstellung Museumsshopvideokunst + andere angelegenheiten, Installation Patrick Graf und Sebastian Utzni
mehr >> www.kunsthallezurich.ch, www.kunstklasse.ch

19 Uhr Arena
SWEET WILDBROOK Premiere des Films von Urs Hartmann und Markus Wetzel

20 Uhr Bilderstreit
Live-Konzert mit Arkstar «The Individual Electric Pitch Çifte Modulators»

MI 30.11.05 19 Uhr Arena

SYMPOSIUM: IM KONTAKT MIT DEM MEDIUM
(Reflexion, Engagement, Medium)
Die Kunst der Gegenwart scheint von einem Bedürfnis nach Erklärung zu leben: Offensichtlich einfache, alltägliche Gegenstände erliegen dem Verdacht eines in ihm verborgenen Sinns, der den Reiz einer potentiell unendlichen Reflexion mit sich bringt. Unter der medialen Oberfläche wird eine substantielle Dynamik vermutet, die allem Weltlichen und Vergänglichen überlegen ist.

Hauptreferent: Ralph Ubl, Kunsthistoriker, Laurenz-Professur für Zeitgenössische Kunst, Universität Basel. Koreferentin: Cathérine Hug, Kunsthistorikerin, wissenschaftliche Mitarbeiterin Kunsthaus Zürich. Diskussionspartner: Berni Doessegger, Student SBK, Christian Ratti, Künstler, Zürich. Moderation: Tim Zulauf, Künstler, Autor, Zürich
Konzept: Berni Doessegger, Christoph Schenker, Conradin Wolf
mehr >> www.kunsthallezurich.ch, www.kunstklasse.ch

DO 01.12.05 18-20 Uhr Arena

MALEREI SOIRÉE
Die Besucherinnen und Besucher sind eingeladen, (ihre) Bilder mitzubringen. Ein offenes Palavern über, mit und um Malerei mit Thomas Müllenbach, Dozent SBK, hgkz.

FR 02.12.05 12.30 Uhr Bilderstreit (Diskussion)

Öffentlicher **BILDERSTREIT** mit dem Künstler **JASON KLIMATSAS** und Giovanni Carmine, freischaffender Kurator und Kunstkritiker, Zürich, sowie Edith Krebs, Kunstkritikerin und Kulturredaktorin WOZ Die Wochenzeitung.
mehr >> www.kunsthallezurich.ch, www.kunstklasse.ch

17 Uhr Arena

VIDEO*TALK
In Anwesenheit der Künstlerinnen und Künstler werden ihre Arbeiten gezeigt und diskutiert.
Mit Tom Karrer, Zilla Leutenegger, Anina Schenker. Moderation: Maja Wismer, Kunsthistorikerin, Basel.
Konzept: Franziska Koch, Dozentin SBK, hgkz, und Irene Weingartner, Assistentin SBK, hgkz

WOCHE 4   06.–11.12.05

DATUM   **ZEIT**   **RAUM**   **AUSSTELLUNG / VERANSTALTUNG**

DI 06.12.05 18-20 Uhr ERÖFFNUNG Bilderstreit (Ausstellung) 06.12.05– 11.12.05

DAVID CHIEPPO
Während der gesamten Dauer der Ausstellung finden im wöchentlichen Wechsel Einzelausstellungen statt. Das jeweils ausgestellte Werk wird in einem öffentlichen Gespräch mit der Künstlerin, dem Künstler sowie Giovanni Carmine, freischaffender Kurator und Kunstkritiker, Zürich, und einer zweiten kritischen Betrachterposition erörtert.

19 Uhr KRANKHEITSHALBER VERSCHOBEN

SYMPOSIUM: ETHICS OF THE MODEL – THE DOMINION / FIRST PART (in englischer Sprache)
Hauptreferentin: Sturtevant, Künstlerin, Paris. Koreferent und -referentin: Federico Boni, Prof. Soziologie der Kommunikation an der Università degli studi, Milano, Norma Jeane, Künstlerin, Mailand. DiskussionspartnerIn: Niels Vije, Künstler, Zürich, Mary Zurigo, Studentin SBK. Moderation:

DO 08.12.05	19 Uhr	Arena	**SYMPOSIUM: SUBVERSION ODER ENGAGEMENT: ZUR MÖGLICHKEIT DES POLITISCHEN IN DER KUNST HEUTE** (Reflexion, Engagement, Medium) Das Symposium geht der Frage nach, mit welchen Taktiken und ob überhaupt sich Subversion künstlerisch noch vollziehen lässt. Sind formelle, gesellschaftliche und symbolische Ordnungen überhaupt noch kritisierbar und angreifbar? Läuft Subversion als eine implizite Charakteristik der Kunst ins Leere des Erwartbaren? Welche Konsequenzen hat engagierte Kunst dabei zu vergegenwärtigen? Hauptreferentin: Silke Wagner, Künstlerin, Frankfurt/Main. Koreferentin: Edith Krebs, Kunstkritikerin, Redaktorin WOZ Die Wochenzeitung, Zürich. Diskussionspartnerinnen: Annatina Caprez, Künstlerin, Zürich, Yeliz Palak, Studentin SBK. Moderation: Conradin Wolf, Philosoph, Dozent hgkz. Konzept: Berni Doessegger, Christoph Schenker, Conradin Wolf mehr >> www.kunsthallezurich.ch, www.kunstklasse.ch
FR 09.12.05	12.30 Uhr	Bilderstreit (Diskussion)	Öffentlicher **BILDERSTREIT** mit dem Künstler **DAVID CHIEPPO** und Cathérine Hug, Kunsthistorikerin, wissenschaftliche Mitarbeiterin Kunsthaus Zürich, sowie Burkhard Meltzer, Assistenzkurator Neue Kunst Halle St. Gallen, freischaffender Kritiker, St. Gallen.
SA 10.12.05	14 Uhr	Arena	**A: „AUSSER DIR MACHT KEINER FÜHRUNGEN."** **B: „HM. WIE FINDEST DU DEN TITEL: IM RASTER DES FLANEURS ODER DIE PRÄSENTATION DER REPRÄSENTATION?"** **C: „KLINGT KOMPLIZIERT."** Führung mit Christian Ratti, Künstler, Zürich
SO 11.12.05	14 Uhr	Arena	**A: „AUSSER DIR MACHT KEINER FÜHRUNGEN."** **B: „HM. WIE FINDEST DU DEN TITEL: IM RASTER DES FLANEURS ODER DIE PRÄSENTATION DER REPRÄSENTATION?"** **C: „KLINGT KOMPLIZIERT."** Führung mit Christian Ratti, Künstler, Zürich

WOCHE 5   13.–18.12.05

DATUM	ZEIT	RAUM	AUSSTELLUNG / VERANSTALTUNG
DI 13.12.05	18-20 Uhr	ERÖFFNUNG Der Strich 13.12.05–08.01.06	**DER STRICH (TEIL III):** Urs Hartmann, Brigitt Lademann und Markus Schaub ergänzen **DER STRICH (TEIL I-II)** mit KOORDER und Dominique Lämmli sowie Dina Scagnetti, Alex Scherz und Klaus Tinkel. mehr >> www.kunsthallezurich.ch, www.kunstklasse.ch
		ERÖFFNUNG Themenausstellung 13.12.05–23.12.05	**EXOTIK DES REALEN. VOM AMBIVALENTEN BEZUG ZUR WIRKLICHKEIT** Mit Eve Bhend, Cedric Bobay, CASUAL (Sabina Baumann und Karin Michalski), Andreas Helbling / Željka Marušić, Frank und Patrik Riklin (Atelier für Sonderaufgaben), Ingrid Wildi. Kuratorin: Ursula Biemann, in Zusammenarbeit mit Eve Bhend mehr >> www.kunsthallezurich.ch, www.kunstklasse.ch
		ERÖFFNUNG Bilderstreit (Ausstellung) 13.12.05–18.12.05	**SAN KELLER** Während der gesamten Dauer der Ausstellung finden im wöchentlichen Wechsel Einzelausstellungen statt. Das jeweils ausgestellte Werk wird in einem öffentlichen Gespräch mit der Künstlerin, dem Künstler sowie Giovanni Carmine, freischaffender Kurator und Kunstkritiker, Zürich, und einer zweiten kritischen Betrachterposition erörtert.
		ERÖFFNUNG Museumsshop 13.12.05 – 23.12.05	**MUSEUMSSHOP** Ein Projekt der Studenten und Studentinnen des SBK. Shop 3 – Schiessbude, Installation von David Morrison, Nicole Hoesli und Berthold Stallmach mehr >> www.kunsthallezurich.ch, www.kunstklasse.ch
MI 14.12.05	17 Uhr	Arena	**VIDEO*TALK** In Anwesenheit der Künstler werden ihre Arbeiten gezeigt und diskutiert.

213

Mit Andreas Helbling / Tom Menzi, Christoph Schreiber.
(Sabina Baumann vertritt Christoph Schreiber und spricht über seine Arbeiten)
Moderation: Dr. Andreas Vogel, Kunsthistoriker, F+F Zürich.
Konzept: Franziska Koch, Dozentin SBK, hgkz, und Irene Weingartner, Assistentin SBK, hgkz

| DO 15.12.05 | 9-17 Uhr | Arena | |

TAGUNG: RULES & CHOICES
Die Hochschulausbildung unterliegt in den letzten Jahren grossen Veränderungen, die insbesondere durch den Bologna-Prozess im Zuge der New Economy hervorgerufen werden. Beim Ziel, „Europa zum wettbewerbfähigsten und dynamischsten Wirtschaftsraum der Welt" zu machen, hat man jedoch kaum an geisteswissenschaftliche Fakultäten oder an Musikhochschulen, geschweige denn an Hochschulen der Künste gedacht. Da es dabei nicht nur um eine formale Anpassung der Studienstrukturen, sondern um eine grundlegende inhaltlich-didaktische Neuausrichtung des heutigen Studienangebots geht, ist zu fragen, was dies für die Kunstausbildung bedeutet.

ReferentIn: Katharina Jedermann, Künstlerische Lehrbeauftragte Institut für Kunst im Kontext, Universität der Künste, Berlin, Andreas Spiegl, Vizerektor für Forschung und Lehre, Akademie der Bildenden Künste, Wien
PodiumsteilnehmerInnen: Sibylle Omlin, Leiterin Abteilung Bildende Kunst Medienkunst, HGK Basel, Peter Stobbe, Leiter der Abteilung Bildende Kunst, HGK Luzern, Patrick Müller, Leiter Curriculumentwicklung, Hochschule für Musik und Theater, Zürich, Anselm Stalder, Dozent des Studienbereichs Bildende Kunst, HBK Bern, Berndt Höppner, Dozent SBK, hgkz. Moderation: Giaco Schiesser, Leiter Departement Medien & Kunst, hgkz
Konzept: Berndt Höppner, Dozent SBK, hgkz
mehr >> www.kunsthallezurich.ch, www.kunstklasse.ch

| | 9-12 Uhr | Arena | Vorträge, Podiums- und Plenumsdiskussion |
| | 14-17 Uhr | Arena | Workshops |

| FR 16.12.05 | 12.30 Uhr | Bilderstreit (Diskussion) | |

Öffentlicher **BILDERSTREIT** mit dem Künstler **SAN KELLER** und Giovanni Carmine, freischaffender Kurator und Kunstkritiker, Zürich, sowie Barbara Basting, Kulturredaktorin Tages-Anzeiger.

| | 19.30 Uhr | Arena | |

SYMPOSIUM: REFLEXION ÜBER/ALS KÜNSTLERTHEORIE
"Daß ich leicht ein theoretischer Künstler werden könnte, [...] das thäte nichts." (P. O. Runge)
Reflexion ist ein integrierender Teil künstlerischer Arbeit, die Theoriebildung ein Teil der künstlerischen Forschung. Worin liegt das Spezifische der Künstlertheorie und inwiefern unterscheidet sie sich von der Kunsttheorie? Das Symposium widmet sich diesem Gegenstand, der in der Kunstwissenschaft wenig Beachtung findet, in der künstlerischen Praxis jedoch eine leitende Rolle spielt.

Hauptreferent: Michael Lingner, Prof. Staatliche Hochschule für Bildende Künste, Hamburg. Koreferent: Adrian Schiess, Künstler, Mouans-Sartoux, Frankreich. Diskussionspartner: Berni Doessegger, Student SBK. Moderation: Christoph Schenker, Leiter Institut für Kunst und Medien, hgkz
Konzept: Berni Doessegger, Christoph Schenker, Conradin Wolf

WOCHE 6   19.–23.12.05

DATUM	ZEIT	RAUM	AUSSTELLUNG
MO 19.12.05	10-13 Uhr	HGKZ/SBK, Sihlquai 125 1. OG, Theorieraum	**DAS HANDWERK DER THEORIE – SCHREIBEN ÜBER DIE EIGENE KUNSTPRAXIS** Workshop mit Michael Lingner, Prof. Staatliche Hochschule für Bildende Künste, Hamburg

Offenheit auf ein Neues hin.
Ursula Biemann, Künstlerin und Kuratorin, Zürich, geht mit Bezug auf ihre Video-Essays «Remote Sensing», «Europlex» und «Contained Mobility» der Frage nach, wie sich Grenzräume performativ konstituieren. Von illegalen und unsichtbaren Orten aus visualisiert ihre Kunstpraxis eine Gegen-Geografie und zeigt, wie sich Künstlerinnen und Künstler in diese symbolischen und materiellen Räume einschreiben können. Anschliessend Diskussion mit dem Publikum.

DATUM	ZEIT	RAUM	AUSSTELLUNG / VERANSTALTUNG
MI 21.12.05	12-24 Uhr	Arena	**PERFORMANCES VON 12 BIS 24 UHR** Mit Marina Belobrovaja, Annelise Coste, Athene Galiciadis, Karen Geyer, Gisela Hochuli, Nelson/Hofstetter/Frei, San Keller, köppl/začek, Christian Ratti, Suzana Richle, Niklaus Rüegg/Ariel Zumstein, Dorothea Rust/Leo Bachmann, Barbara Sturm, Katja Schenker, Tim Zulauf. Kurator: Peter Emch, Dozent SBK, hgkz
DO 22.12.05	12.30 Uhr	Bilderstreit (Diskussion)	Öffentlicher **BILDERSTREIT** der Künstlerin **CHRISTINE STREULI** und Giovanni Carmine, freischaffender Kurator und Kunstkritiker, Zürich, sowie Samuel Herzog, Kunstjournalist, Redaktor Neue Zürcher Zeitung.

WOCHE 7   27.–30.12.05

DATUM	ZEIT	RAUM	AUSSTELLUNG / VERANSTALTUNG
DI 27.12.05	18-20 Uhr	**ERÖFFNUNG** Der Strich 27.12.05 – 08.01.06	**DER STRICH (TEIL IV):** Patricia Bucher, COM&COM (Johannes M. Hedinger und Marcus Gossolt) und Tom Menzi ergänzen **DER STRICH (TEIL I-II)** mit KOORDER und Dominique Lämmli, Dina Scagnetti, Alex Scherz und Klaus Tinkel sowie Urs Hartmann, Brigitt Lademann und Markus Schaub. mehr >> www.kunsthallezurich.ch, www.kunstklasse.ch
		ERÖFFNUNG Themenausstellung 27.12.05–08.01.06	**RUHE IM STURM** Mit Judith Albert, Ruth Blesi, Reto Boller, Klodin Erb, Felicitas Felley, Urs Hartmann, Barbara Mühlefluh, Raoul Müller, Tobias Oehmichen, Christian Ratti, Mario Sala, Alessandra Tavernini, Klaus Tinkel, Johanna Röthlisberger, Harry Jo Weilenmann, Zaccheo Zilioli, Christina Zinsli. Kurator: Thomas Müllenbach mehr >> www.kunsthallezurich.ch, www.kunstklasse.ch
		ERÖFFNUNG Museumsshop 27.12.05 – 8.01.06	**MUSEUMSSHOP** Ein Projekt der Studenten und Studentinnen des SBK. Shop 4 – Total Ausverkauf, Installation Sabine Schlatter, Benjamin Egger und Gabriela Gründler mehr >> www.kunsthallezurich.ch, www.kunstklasse.ch
		ERÖFFNUNG Bilderstreit (Ausstellung) 27.12.05–30.12.05	**PATRICK GRAF** Während der gesamten Dauer der Ausstellung finden im wöchentlichen Wechsel Einzelausstellungen statt. Das jeweils ausgestellte Werk wird in einem öffentlichen Gespräch mit der Künstlerin, dem Künstler sowie Giovanni Carmine, freischaffender Kurator und Kunstkritiker, Zürich, und einer zweiten kritischen Betrachterposition erörtert.
DO 29.12.05	12.30 Uhr	Bilderstreit (Diskussion)	Öffentlicher **BILDERSTREIT** dem Künstler **PATRICK GRAF** und Giovanni Carmine, freischaffender Kurator und Kunstkritiker, sowie Claudia Spinelli, Kunstkritikerin, Weltwoche.

WOCHE 8   03.–08.01.06

DATUM	ZEIT	RAUM	AUSSTELLUNG / VERANSTALTUNG

DI 03.01.06	**18-20 Uhr**	**ERÖFFNUNG** Bilderstreit (Ausstellung) 03.01.06–08.01.06	**DANIEL ROBERT HUNZIKER** Während der gesamten Dauer der Ausstellung finden im wöchentlichen Wechsel Einzelausstellungen statt. Das jeweils ausgestellte Werk wird in einem öffentlichen Gespräch mit der Künstlerin, dem Künstler sowie Giovanni Carmine, freischaffender Kurator und Kunstkritiker, Zürich, und einer zweiten kritischen Betrachterposition erörtert.
MI 04.01.06	**17 Uhr**	Arena	**VIDEO*TALK** In Anwesenheit der Künstlerinnen werden ihre Arbeiten gezeigt und besprochen. Mit Isabella Branč und Gabi Deutsch. Moderation: Tim Zulauf, Künstler, Autor, Zürich Konzept: Franziska Koch, Dozentin SBK, hgkz, und Irene Weingartner, Assistentin SBK, hgkz
DO 05.01.06	**12.30 Uhr**	Bilderstreit (Diskussion)	Öffentlicher **BILDERSTREIT** dem Künstler **DANIEL ROBERT HUNZIKER** und Giovanni Carmine, freischaffender Kurator sowie Daniel Kurjaković, Kurator, Dozent SBK, hgkz.
FR 06.01.06	**15 Uhr**	Arena	**VORLESUNG – VON 15 H BIS ZUM LETZTEN WORT** Auf Einladung von San Keller wählte Christoph Schenker die «Vorlesungen und Gespräche über Ästhetik» von Ludwig Wittgenstein aus, die San Keller gemeinsam mit den Teilnehmern an einem Stück vom ersten bis zum letzten Wort laut vorlesen wird. Wer vom ersten bis zum letzten Wort an der Vorlesung teilnimmt, erhält ein von San Keller und Christoph Schenker unterzeichnetes Testat.
SO 08.01.06	**11-19 Uhr**	Arena	**BEKANNTMACHUNGEN – SCHNITTSTELLEN DES KUNSTSYSTEMS** Abschlusssymposium mit: Monica Bonvicini, Künstlerin, Berlin, Beatrix Ruf, Direktorin/Kuratorin Kunsthalle Zürich, Giaco Schiesser, Leiter Departement Medien & Kunst, hgkz, Esther Schipper, Galeristin, Berlin, Hans-Peter Schwarz, Gründungsrektor Zürcher Hochschule der Künste, Zürich, Claudia Spinelli, Kunstkritikerin, Basel. Moderation: Beatrix Ruf, Direktorin Kunsthalle, Zürich mehr >> www.kunsthallezurich.ch, www.kunstklasse.ch
PERMANENT		Archiv 12.11.05 – 08.01.06	**ARCHIV** Im Foyer stehen dem Publikum das Internet-Archiv SBK-Online sowie Audio- und Video-Stationen zur Verfügung, an denen die Vorträge, Diskussionen und Performances, die während der Ausstellung stattgefunden haben, zugänglich sind. Konzept: Sabina Pfenninger, Assistentin SBK, hgkz, und Nadia Gisler, Dozentin SBK, hgkz.
JEDEN DO	**17–19 Uhr**	Archiv 12.11.05 – 08.01.06	**SBK INFO DESK** Berndt Höppner, Dozent SBK, gibt Auskunft über den Studienbereich Bildende Kunst des Departements Medien & Kunst hgkz (Leitbild, Ausbildungsziele, Studienaufbau, Berufsbild etc.).
PERMANENT		Publikation 12.11.05 – 08.01.06	**NO CREDITS.** Themenheft zu Kunstausbildung und Repräsentation mit Beiträgen von Annatina Caprez, Un Jung Choi, Berni Doessegger, Maria Eichhorn, David Gaus, Simon Gaus, Daniel Kurjaković, Pablo Müller, Yeli Palak, Christian Ratti, Magda Stanová und Niels Vije. Herausgegeben von Annatina Caprez, Berni Doessegger, Maria Eichhorn, Yeliz Palak, Christian Ratti und Niels Vije.
PERMANENT		KATALOG	**DOKUMENT** Daniel Bolliger, Luzia Broger, Sandi Kozjek, Saskja Rosset, Magda Stanová und Stefan Sulzer fotografieren in der Ausstellung für die Publikation, welche nach der Ausstellung erscheint.

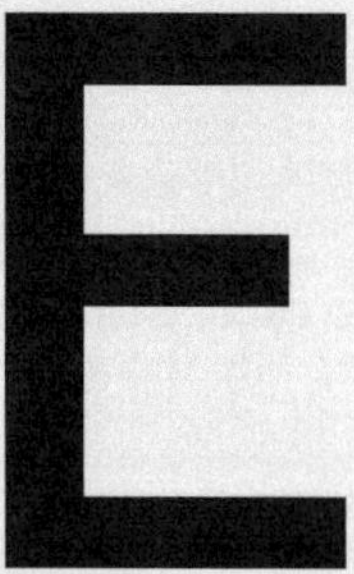

English Translations

The title *Bekanntmachungen* (announcements) stands for numerous exhibitions and events which took place from November 12, 2005 to January 8, 2006 in the Kunsthalle Zurich to celebrate the 20th anniversary of the hgkz Fine Arts Studies' Course. The exhibitions, symposia and lectures all focused thematically on important questions concerning contemporary artwork, the art industry and, above all, learning and education, which were presented in their many diverse forms—overlapping, referring to and complementing each other. One experienced the artistic work processes and their representations, the privacy of the studio and public presentations in exhibitions, learning, and the processes of selection and curating as constructed, but also constructive fields. For the whole duration of *Bekanntmachungen,* symposia, workshops, discussions, performances and video presentations took place in a vacant room called the *Arena*. A representative selection of the papers and lectures are published here.

P. 10

Bekanntmachungen

— Beatrix Ruf
Director / Curator Kunsthalle Zurich

The 20th anniversary of a course of studies dedicated to training artists is certainly an important event and a fitting occasion to celebrate.

Prior to 1979 and the founding of the F+F art school through a private initiative, no formal training in the so-called liberal arts was available in Zurich. It was in 1985 that Zurich's School of Art and Design (hgkz), which was then still known as the School of Design, initiated its first course of studies in the fine arts. A chronicle of these 20 years can be found in this book.

Since 1985 ninety-six artists have graduated from this course. One could therefore easily have created a "Best of" exhibition, reflecting on the last 20 years by showing the works of the former students who have become successful artists and play an important role in the national and international art scene.

But the exhibition project *Bekanntmachungen: 20 years of the Fine Arts Course SBK at the School of Art and Design Zurich hgkz* had no intention of merely confirming the apparently contradictory positions of the institutional context as a selection instrument and a quality-validation machine versus higher education/training as a space for creative freedom. Instead, the idea was to take a closer look at the numerous questions concerning both art education and the institutionalized art market and to allow existing prejudices to become constructive elements in the project. The initial questions posed by the curatorial construct of this project were: How does teaching function and what does it mean to the current and former art students? How does the so-called freedom inherent in art education relate to the art market and especially to how art is represented in commercial exhibition spaces? How are selection and representation justified and what does it mean in the art market? How do selection processes take place in teaching and what are the effects? What does criticism mean in both "systems" and how can it become constructive? And many more questions.

The Kunsthalle therefore proposed an exhibition concept featuring a great variety of exhibitions and presentation forms which took place simultaneously or even overlapped, and which were accompanied by just as many types of discourses and public forums addressing questions on art, education and exhibiting. All these exhibitions and events came together to form a continuously new aggregate exhibition.

An integral and central part of the exihibition was a "vacant space," the so-called "Arena," in which numerous temporary performances and theoretical events lent additional weight to the constantly changing character of the exhibition. Each element of the exhibition was realized with the curatorial input and in close co-operation with the teaching staff and the students of the Fine Arts Studies' Course.

The individual exhibition spaces reflected, through different approaches, the various selection, co-operation and representation models. The exhibition evolved as a temporary academy as well as a temporary exhibition on a multitude of levels and in several dimensions, in a temporal as well as a mental and material progression. The interfaces between process and representation, teaching and selection, privacy of the studio and public exhibiting, the discourses on education and curating—these should all be experienced in their divergence but also as constructive areas of conflict.

P. 12

The Fine Arts Studies' Course — its Development and Central Ideas

— Christoph Schenker

Twenty years ago—in what was then the Zurich School of Design—the precursor of today's Fine Arts Studies' Course was founded, peripheral to and also the only arts subject in a context of applied training for designers and art teachers. In the following years the art course was steadily enhanced and enlarged, and the school itself also changed a great deal. Today, with a view to a soon-to-be-realized *Zürcher Hochschule der Künste* (Zurich University of the Arts), it would seem that it is the art department which lends the school its distinctive profile.

In 1983 Hansjörg Budliger, at the time dean of the *Schule für Gestaltung* (School of Design), as it was then called, appointed the artists and lecturers Peter Emch and Berndt Höppner to create a concept for an art class. Two years later the course *zeichnen und Bilder* (drawing and images) was inaugurated. It was a two-year course with nine students. In the following years the artists Aldo Walker and Thomas Müllenbach, as well as the art theorist Christoph Schenker, joined the core teaching faculty. This team then developed the *Weiterbildungsklasse Bildende Kunst* (Further Education Course in Fine Arts) in 1989 within a school, which, in the meantime, had been renamed *Höhere Schule für Gestaltung Zürich* (College of Design). The art course now lasted four years and new students were at first only accepted every two years. While the six students of the two-year foundation course had their working space in the school, the advanced students worked in their private studios and were supervised by mentors. The weekly philosophy and art seminars remained compulsory for all levels.

In 1999, during the general reforms of the universities of applied sciences, the *Höhere Schule für Gestaltung* was restructured, becoming the *Hochschule für Gestaltung und Kunst* (School of Art and Design). The course faculty rewrote the course structure and redesigned the training concept for what would become the *Studiengang Bildende Kunst* (Fine Arts Course of Studies). In 2004 this course of studies was the first art course to be recognized on a national level by the Swiss Conference of the Education Directors of the Cantons (EDK). Students who successfully complete the course will now receive the title *Dipl.*

Künstler / in hgkz, Studiengang Bildende Kunst (Diploma of the Fine Arts Course of Studies).

The change and expansion of the course signifies on the one hand a diversification and improvement of the range of courses in all areas of practice, theory and pragmatics, and on the other hand, it means a significant increase in student numbers, a larger faculty and extension of the infrastructure. Now every year about 18 students begin this course while a total of 14 permanent lecturers work in nine different fields. The ratio between practice, theory and pragmatics is now about 3:2:1. Also the student profiles, especially their entry competencies, have changed. One reason for this is that art education has become established in the Swiss landscape of college and university level education making the option to study art more attractive for a wider section of prospective students. But it is also due to the entry level requirements which since 1999 consist of a *Baccalaureate* or an equivalent exam (exceptional artistic talent would constitute an exemption).

In 2001 the Art Studies' Course joined, together with the courses of studies in Photography, Film, New Media and the Theory of Art and Design, to form the Media & Art Department. Since an increasing number of students from the other faculties, where they are trained in a specific medium, choose to study art as well, the art students form a majority in this department. During the last two years, the School of Art and Design has been working on the planning and introduction of the Bachelor's and Master's system within the framework of the Bologna reforms. In addition there are plans to merge with the School for Music and Theater to form the *Zürcher Hochschule der Künste* (Zurich University of the Arts) in 2007. In 2005, a total of 111 students will have graduated from the Course of Fine Arts at the School of Art and Design. More than 150 national and international guest lecturers have taught here, from the CERN physicist Dr. Hans Bruno Anderhub to the artist Lawrence Weiner. In 2001 the Course of Fine Arts realized the first research project in the contemporary arts field to receive a research grant from the Swiss government.

The development of the fine arts course of studies during the last two decades must, among other things, be seen as part of the development of an internationally significant art scene and the general culture industry in Zurich. Much of what had started in the 1980s as alternative culture has since become an established location factor, as a creative and lucrative part of Zurich as a "Global City." The high esteem in which business and society maintain culture and art contributed to the realization that a corresponding professionalization of education was necessary. But also numerous students, graduates and lecturers of the fine arts course of studies have defined and continue to define the public sphere of the Zurich art scene directly and indirectly beyond the school, whether visibly in the exhibitions of galleries and institutions, as authors, critics and prize winners, or invisibly as initiators, founders, and curators of alternative spaces and institutions, as publishers and as members of committees.

Art education is characterized by subjective interests and individual development, by obsessiveness and forwardness. Only an open and flexible course structure can take this into account. The students decide what they want to stress in their studies' program and they acquire the competencies which they deem necessary for their work. In so far as it is logical for their work, they will also acquire knowledge and experience from outside the arts field, that is, outside the Fine Arts Course and the School of Art and Design Zurich. Art education is a genuinely cross-disciplinary, polytechnical training. Essentially, it focuses on the artistic methods of production. Artistic work is an all-inclusive, interconnected, complex and integral process. The traditional fields of education and course content are co-dependent and affect each other in the interrelated and transcending acquisitions and developments of various topics. Even if a student works exclusively in painting or video, the knowledge and methods of, for example, political philosophy or human geography can be of vital importance to work content and artistic strategy.

During art studies it is necessary to pay special attention to the development of original artistic ideas. The fostering of sensibility as well as the acquisition of an artistic foundation in method, media, technical as well as theoretical fields are closely related to this. The fundamental skills are, consequently, not actually taught as subjects—with the main exception of theory. The materialization of imagination and the media of a work are determined, methodologically, by ideal conditions. This basic principle of a training beyond media, priorizing not the media, but the conceptual quality of art, reflects a concept of post-media art and its themes. The source of the artistic problem is not the occupation with the medium, not the conflict with its specific physical qualities. To assume this would mean that an essence or something essential within the medium, in the material, is implied. But nothing is essential to the medium. Jacques Derrida did not credit architecture with a meaning, or with an inherent essence. By comparison one can say of the medium that whatever one thinks its essence, its specificity may be, these are essentially attributes, norms from an external source, which determine it from without. The medium and its implementation are a complex structure of interconnected and co-dependent technical vehicles and mutually overlapping conventions. It is heterogenous in its constitution. A post-media education is therefore about recognizing and considering what different functions and content the medium is connected with, how it can be used, and critically analyzing which external ideologies govern the media. A post-media art practice is about operating with cultural concepts which implicitly differentiate the specific features of artistic processes—not in media categories.

Art education has an antagonistic relation to tradition. It does not see itself as the conveyer of a canon. It is much more about submitting the existing rules and paradigms of the art system, that is the concept of "art," to a critical discourse. Thus, art education itself which is a part of this system will constantly and pervasively be accompanied by a critical discourse. The tradition of artistic problems is a tradition of its own permanent critique, and the antinomy inherent in art education. The freedom which is a prerequisite of the existence of the imagination is due to this critique.

Today's understanding of progress is no longer based on a chronological, linear model. Education is rather defined by a synchronous, topological structure. From a pragmatic perspective this not only means that the borders between the disciplines have fallen away; for an institution it also means that its structure is no longer oriented towards professors—in the sense of masters. The students are central. School and training are laboratories and forums where people with similar or common interests exchange ideas. They may be fascinated by different things, dissatisfied about different things and have different obsessions, but, basically, all are interested in and train the ability to experiment in uncertain terrain, in the area of values and evaluations (the non-rational areas, as Robert Musil would put it). It is an area with which the artist is never finished, the area of the relation of humans to humans and humans to things. It is the area in which art becomes manifest, it is the area, to put it simply, of aesthetics and ethics, but an aesthetics and ethics which always relate to the present, to politics, to the body, to the public, to work, to the imaginary. In the experimental system for which this school provides the necessary freedom, the functions of art are tested and changed in their relations to each other. Artistic work is not only work on products, but at the same time work on the means, strategies and contexts of production, and, finally, also work on our way of life.

Prof. Christoph Schenker, from 1999 to 2005
Head of the Fine Arts Course of Studies,
currently Head of the Institute of Arts and Media, hgkz.

P. 33

The Medium and the Arts – Reflections Based on Tacita Dean's *The Green Ray*

— Ralph Ubl

(In the context of the symposium *Contact with the Medium— Reflection, Commitment, Medium*)

It is still, or it continues to be, the case: medium specificity is a quality. But what meaning this claim could have nowadays is anything but evident. It can only improve its image against the background of an art-theoretical tradition of modernism in which it was considered self-evident that art could only continue to exist through a reflection on its mediality. In connecting art to reflection—a reflection which takes place within art itself; not as motif or theme, but in the production process and/or the appearance of a work—one usually also meant that this reflection would have to refer to the medium specific to a particular form of art.

What could this claim mean when raised in relation to Tacita Dean's *The Green Ray* (2001)? It is a looped 16mm film, which is intended to be projected in a somewhat darkened exhibition space—not in a black box. The visitor sees the extremely artificial and, in the given light conditions, somewhat dull image of a sunset, which continuously (precisely every 2 minutes) repeats itself. One also sees and hears the projector, which—instead of being hidden in the projection room—is placed in the middle of the exhibition space. If we ask what the medium-specific nature of this work is, a preliminary answer could be: the medium-specific reflection occurs in so far as the technical apparatus is also exhibited. The projector is, as a rule, a hidden condition of the filmic image. Here it is brought before our eyes so that we can see the source of the filmic image.

In order for it to develop its full intensity, such a media reflection must be provided with an explanation criticizing the ideology, and this could be something like: we, as visitors to the exhibition, don't fall for the illusion (which casts a spell on us in the darkness of the cinema) that an image, free of any kind of material support, can transmit the same immediacy and exclusiveness which we attribute to our fantasies. Rather than create such an identification, Tacita Dean places a media dispositive before our eyes

and ears, which in the cinema remains hidden in a sound-proof space—a projector and also the filmstrip as it rattles through the projector. The machine which accounts for the power of the filmic image becomes visible and is, at the same time, deprived of its power while the filmic image is reverted to its material and technical conditions, and, consequently, to its mediality.

This concept of medium-specific reflection presupposes that "medium" can also stand for "materiality." This would mean that media-reflexive art is of the type that does not just actually utilize its material qualities, but also expressly refers to these; reveals, defamiliarizes and highlights them, in order to overcome the directness of the image and to emphasize its indirectness, i.e. its mediality. This idea can be traced back to an art-theoretical position which, in the arts field, is connected to the name of Clement Greenberg, (to be precise, with the early Greenberg). In his two seminal texts *Avant-Garde and Kitsch* (1939) and *Towards a Newer Laocoon* (1940), Greenberg outlined the program of an art in which "medium specificity" means that it discovers its material basis or, more precisely, exemplifies it: "The arts, then, have been hunted back to their mediums, and there they have been isolated, concentrated and defined. It is by virtue of its medium that each art is uniquely and strictly itself. To restore the identity of an art the opacity of its medium must be emphasized. For the visual arts the medium is discovered to be physical."[1] But why does Greenberg describe this referal to the specific materiality of the medium as a movement that promises "to restore the identity of an art?" Such a salvation of art through the medium, according to Greenberg, only became necessary in a modern culture formed by capitalism, since, in such a system, art is always in danger of being confused with kitsch, i.e. the products of the entertainment industry. A return to the original medium means rejecting the media and their illusions, which all too frequently help themselves to the methods of art, but exclusively for communicative, i.e. for ideological purposes and without evidencing the opacity of the medium itself.

In a more recent contribution,[2] Rosalind Krauss undertakes a new interpretation of Greenberg, in which she takes into consideration that the situation has changed fundamentally since the 1960s, to the effect that the fine arts are no longer simply to be identified as painting and sculpture. Her argument can briefly be summarized in two points: first, that the artist does not merely happen upon a medium, but must first construct or discover it, and second, that in this construction or "discovering" the artist should primarily utilize media on the verge of becoming outmoded, and which therefore provide a special insight into the historical dynamics of capitalism. Krauss is referring here to Walter Benjamin. In his historical thinking, the function of the outmoded, as we know, is to remind us of its unfulfilled promises. Each new technology, upon its appearance, is accompanied by a series of promises. These promises do not immediately disappear when the technology becomes outmoded or obsolete, but persist and continue to refer to the fact that they remain unfulfilled. If it is so that anything outmoded holds a corrective to the ahistorical actuality of whatever happens to be new, then it would be possible to further develop the previous interpretation of *The Green Ray*. In this case the cinematographic installation would not only be seen as an exemplification of the media precondition of the cinema image, but equally, as an evocation of that promise once connected to film, a promise of which one is again becoming aware, since film, as a technology, appears to be going through fundamental changes. This interpretation is substantiated by one of Tacita Dean's texts, which relates how the work originated and, en passant, also explains its title. The green ray is a rare atmospheric phenomenon in which the last ray of the setting sun looks green. But this last farewell is only visible above the sea, in dry and completely cloudless weather conditions. So the artist takes her 16mm camera to a beach and films the sunset, but does not see the green ray. Has she missed it? Cross-checking, she studies a digital video recorded by two other filmmakers at the same location and on the same day. This confirms her fears that the green ray was never visible—at least not to the naked eye and also not to the digital recording machine. At home, after her 16mm film has come back from the lab, she discovers the green ray—on just one single frame.[3]

Before we consider our technological and media historical reading confirmed by Tacita Dean's text—a reading which would predictably end in a nostalgic celebration of the old, rattling, analogue medium—one should consider two things: that Dean's text bears all the signs of an allegorical story and that the green ray itself should not just be interpreted as a natural phenomenon, but rather as a cipher, a cipher for a promise of happiness connected with the movie. But exactly what filmic promise could be meant, which suddenly lights up again like the green ray?

When film demanded to be included in the circle of the muses, as the seventh art, it demanded more than merely permission to join as the last link in a round-dance; instead, as Hubert Damisch has convincingly argued, it designed a completely new choreography. This would change the relationship between the various existing art forms. The arrival of film made a classification of the arts—a classification system which had already been brought into disarray by photography—according to their different media, unacceptable, because film could only become an art by having music, theater and dance, architecture, painting, sculpture and, last but not least, photography work together. They collaborate neither as *media* nor *within* a medium, but, as individual art forms, and their relationships to each other are recombined, within and thanks to a new art, film.

Film does not become an art merely because it can be traced back to a particular medium, and such a limiting definition is not valid for the other art forms either. These are equally, or perhaps even to a greater extent, rather characterized by their historical and present relationships to each other than by a referral to their original medium and material. But if what constitutes a particular art form becomes visible while there is an ongoing interaction and also while the art form takes up a particular position within the arts network, one should at the same time emphasize that it has not yet been determined how many art forms there are altogether and what their names are. All this should only be decided with respect to a specific artwork, as it will tie the arts together in its very own way. And with this, the specific artwork would confront a task which, according to Hubert Damisch, film has already completed, that a single art form, whose character is still unformed, manages an inteweaving of the other arts.

If we now repeat our question about the promise connected to film as an art form (at this point it should be available for questioning) then we come up with the following answer: film has taken leave of the far too simple notion that an art form is defined by its medium and can only find salvation through a reflection on its material conditions. The reason is, that film itself only became an art by continuously redefining the relationship to and between the other arts—throughout its history. The paradigm of film also teaches the other arts that they have not acquired their special characteristics or their ability to survive due to their alleged specific mediality or even their transcendentalia, but due to their ties with all the other arts, which—and it must be said again—cannot exist and cannot be identified other than by their reciprocal interweaving or interrelating.[4]

Using the example of *The Green Ray,* it remains to be shown how one single artwork, whose form is anything but clear—let's call it a cinematographic installation—accomplishes an interweaving or interrelating of the various arts. It has the same title as a book by Jules Verne dating from 1882, an installation by Marcel Duchamp from 1947, and a movie by Eric Rohmer from 1986. In every single one of these works the green ray stands for a specific relationship of the arts to each other. In Jules Verne's tale the green ray promises a color experience, which no artist can convey, and a magical effect, connected to the happy love affair of the main female character and disputed by both science and literature. In Duchamp's installation, set up by Friedrich Kiesler according to instructions Duchamp gave over the phone, a classical painting genre (the seascape) is changed into an optical installation. The installation consists of a peep-hole which offers a view onto a sea, a sea colored green by neon light. Rohmer's movie tells the story of Delphine's difficult search for a partner during the summer holidays and the green ray is here a cipher for a kind of happiness which one can only find in the cinema, but only to be brought about with the aid of music and painting. The decisive scene, for our purposes, comes at the end of the film. Until then Delphine's summer holiday was one long attempt to avoid the expectations which are connected with this season and its social rituals, that of having to find a new boyfriend. One of the few hopeful signs is that she overhears a conversation between two pensioners concerning the green ray. Whoever sees it can then read their own and also other people's feelings, meaning that they are able to love. In the last scene Delphine is seen together with the man she had spotted at the train station just before her attempted departure. They are sitting at the shore and she is looking over the ocean, waiting for the sunset, which is visibly an artificial movie product. The appearance of the green ray transfers the film's action from the Atlantic coast back to the cinema, and takes the audience from the world of film back into that of the cinema because the film ends at this point, after the last tear has fallen on the screen and perhaps in front of it as well. This power that films possess to move us to tears, lies not only in the image, and also not only in the disposition of cinema, but is just as much due to the music which accompanies the sunset and the immediately following final credits. It was, by the way, the first time that Rohmer had included music in one of his films. But the power of music is not enough to make the green ray appear, because at the precise moment that it does light up, the music stops for a few seconds. In the credits one can read that it was necessary to hire a specialist in order to get the green ray onto the film material, probably with some retouching work, bringing painting back into the game.

With Jules Verne it is literature and painting, with Duchamp it is a peep-hole, which stages a painting, using photography, collage and neon light, with Eric Rohmer it is film, literature, music and painting. The green ray only becomes visible because of all these different interactions. But Tacita Dean has recombined the arts in a new and different way. By placing her installation in an exhibition space, she addresses a mode of spatial and sensorimotor experience. This combination of perception and bodily experience relates to a fine arts form, at least in modernism.[5] But, though it differs fundamentally from cinema films and literature, and also from Duchamp's optical apparatus, it nevertheless relates to these other forms of aesthetics. There is, for example, the narrative dimension, which Dean takes up in her own travel report about *The Green Ray,* and there is also the phantasmagoric absorption of cinema to which the visitors can abandon themselves, should they find the anticipation for the green ray sufficiently captivating. An interpretation which turns an artwork into a self-sufficient figure within the arts can avoid the medium as such—at least if we define medium as the predetermining and regenerative basis, the original productive force

of art. Material, technological and media factors are by no means insignificant, they make up the opaque insides, the secret cella or black box, which contains what is holy or art's circuitry. What a particular art does, cannot alone be defined by an archeological dig for its original material conditions; it is a topological demonstration of the arts, an unpredetermined aspect of its pluralism.[6]

1—"Perceptions and Judgments, 1939-1944," John O'Brien (ed.), *Clement Greenberg: The Collected Essays and Criticism*, vol. 1, University of Chicago Press, Chicago 1986, p. 28.
2—Rosalind Krauss, "Reinventing the Medium," Critical Inquiry 25 (1999). In my paper I have neglected to mention that Krauss attempts to assimilate Cavell and Fried, who both produced convincing critiques of Greenberg's concept of media. According to Cavell and Fried a medium does not primarily stand for a particular material or idea (as in Lessing's discrimination between spatial and temporal arts), but results from the connection of these definitions with historically relevant artistic conventions. With this, a "hard" interpretation of medium—one which alots a primordial meaning to the appearance of art—is abandoned and the concept of art or rather the pluralism of the arts is revaluated.
3—Tacita Dean, "The Green Ray," *Tacita Dean, Écrits choisis*, cat. ARC/Musée d'art moderne de la Ville de Paris 2003.
4—Compare Hubert Damisch, *Fixe Dynamik. Dimensionen des Photographischen*, Berlin 2004, p. 161 ff. and "Topology Incorporated. Laocoon au cinéma," lecture held at Museum moderner Kunst, Vienna, October 21, 2005.
5—Of fundamental importance for an understanding of the aesthetic experience of cinematographic installations: Julian Rebentisch, *Ästhetik der Installation*, Frankfurt am Main 2003.
6—More on "art and the arts:" Theodor W. Adorno, *Ohne Leitbild. Parva Ästhetica*, Frankfurt am Main 1967, p. 168-191; Thierry De Duve, *Kant after Duchamp*, Cambridge/Mass. 1993; Jean-Luc Nancy, *Les Muses*, Paris 2001; also compare the critical remarks in Rebentisch, *Ästhetik der Installation*, Frankfurt am Main 2003.

Ralph Ubl is Laurenz Professor for contemporary art at the University of Basel.

P. 51

Stay Away From Politics!

— Edith Krebs

(In the context of the symposium *Subversion or Commitment—the Possible Role of Politics in Art Today*)

Misunderstandings and prejudices abound regarding the two concepts, art and politics, or rather political art. The most common opinions are the following: "all art is political," or "art and politics are mutually exclusive." Although it might at first seem as though these statements stand in complete opposition to each other both do point in the same direction—stay away from politics! If all art is political, then a painting of a bouquet of flowers or a pastoral landscape is political. Such a political concept has been watered down to the point of complete dissolution—and is thus meaningless. The second statement, however, suggests that there are two completely separate social spheres which will never approach each other, or even overlap.

Above all, the second statement—"art and politics are mutually exclusive"—is, strictly seen, a proscription, and therefore corresponds poorly with the so-called autonomy, or rather, freedom of the arts, which is legally established—also in Switzerland –, and is one of the basic tenets of art in a democratic society. This idea of two separate social systems—art here, politics there—cannot be sustained.

The last century saw frequent reciprocal interventions by the two systems. An example is the art of the avant-garde which wanted to change life itself, society, and, with this, also politics. In return, the state has, on various occasions, intervened in the system of art, for example during the Nazi regime, but also in the Soviet Union, in which "Socialist Realism" was the only acceptable art form. In Switzerland we have recently (on the occasion of Thomas Hirschhorn's Paris exhibition) been provided with a nice example of the state intervention in the "autonomy" of art, even if it "only" resulted in a reduction of art subsidies.

System-theory also considers social systems, including, for example, economics, politics, law, science, and art as autonomous, or, as Niklas Luhmann has it—as auto-poietic systems. According to Luhmann, the fundamental difference between system and environment is the basis for the development of social systems, meaning that all systems are structurally dependent on their environment and cannot survive without it.

Although there is a border between system and environment, it is not hermetic, and, thus, open to influences from without. The systems take up these external influences, so that they become effective as "a determination to self-determination," while that which determines the structure of a system is left intact. If the environment would not be included in the system, then all self-referential processes of the systems would be tautological, and therefore meaningless, because further inclusion-measures would be impossible.

Thus exchange processes do take place between art and politics, or also between art and economics, and it therefore makes sense to intervene in one or the other system in order to influence it. An intervention by art in the political field could then lead to a change in the political system.

It is important to keep in mind the specific social and political conditions when one discusses certain developments and tendencies in art. American art of the 1980s can here serve as an example. The advent of AIDS and the failure of the Reagan administration to react to the new disease resulted in protests and in the local art scene becoming politicized, as Silke Wagner mentions. The increase in discrimination against foreigners and racism play an important role in German art becoming re-politicized in the 1990s, but the main reason is, without a doubt, the fall of the Berlin Wall in the autumn of 1989. In the post-war era, particularly during the Cold War, abstract painting (for example, American Colorfield painting)—as opposed to Socialist Realism—was "promoted" into becoming the expression of the "free West," and thus, indirectly, claimed by politics. It was only after antagonism between East and West came to an end that political art again became thinkable and acceptable in the West.

In the 1990s, Shedhalle (an exhibition space in Zurich) was one of the most prominent places of the new political art scene, with quite the same background as the German scene. But the Shedhalle was, far and wide, the only such place and could, unfortunately, not find any partners in Switzerland. In fact, during the 1990s the Shedhalle was at first greeted with scepticism and soon after totally ignored—in particular by the Zurich art scene. Its programs took place in a kind of vacuum, and only those who visited one of the numerous events or symposia were aware of the radical approaches and of the superior quality of the theoretical discussions developed and cultivated there.

For the most part it was not only the apolitical climate in Switzerland—also in the art scene—which made the Shedhalle into an alien element, but also its focus on theory. At the time, the art departments in the Swiss universities still cultivated the traditional methods of iconography and history of styles, and one could only catch a whiff of semiotics on the odd occasion, such as during events with guest lecturers. Also at the art schools there was hardly any mention of theory, only classical art history.

In recent years the situation has changed dramatically. Due to the attacks of September 11, 2001, growing economic globalization, and the rise of Blocher's SVP, or Swiss People's Party, the Swiss have finally emerged from their political lethargy, and after a delay of some twenty years, disciplines, such as gender and cultural studies have become part of the university program. Nevertheless, the type of explicitly political art practiced by Silke Wagner cannot be found in this country. We have Christoph Büchel, Gianni Motti, Fabrice Gygi and Relax. Their approaches are subversive (Motti), claustrophobic-existential (Büchel), sculptural (Gygi), or analytical (Relax). Or we have Thomas Hirschhorn, who collages sometimes nice and sometimes not-so-nice stories with an exorbitant profusion of materials. All these approaches are located on a symbolic-reflexive level. Direct intervention into social practices, as undertaken by the Austrian art group *WochenKlausur* or the Hamburg project *Park Fiction,* are still not to be found in this country.

In an article published in the *Tages-Anzeiger* in the spring of 2005, Barbara Basting criticized the tendency to produce innocuous exhibitions, and, with this, kicked off an art debate. Daniel Hauser from Relax responded, saying that art is no longer there where one thinks it is. Well, then, where is it? With a bit of good will one could consider an undertaking like *Shantytown* (summer 2005 in Zurich) as a kind of art with political intent. A group of young people, among them numerous artists, built—with extensive mass media coverage—a kind of shanty town at Zurich's Sihl river. The purpose was to protest against current city development and the neat and tidy "global Zurich." Apparently, communication with the city police and the mass media was excellent from the very beginning. The whole "subcultural" event was, so to speak, staged by both partners, and planned to the last detail with military precision. The whole thing was just sufficiently subversive or political not to have caused any real harm.

Activist movements, which borrow successfully from artistic strategies, do exist. An example is the *Pink Block,* which is able to attract the attention of the media through its carnevalesque elements, and because of its apparent harmlessness manages to get into places which remain out of reach of the *Schwarzer Block*. Or there is also the Reclaim-the-street movement, which is fighting to reclaim public space by organizing street parties.

But it is annoying that the influence that these activities have on the art system in which young artists are involved is just about zero. One can draw parallels to artists, such as Gottfried Honegger, who, though he was politically active in his day, taking strong positions on social issues, nevertheless produced abstract paintings in which one cannot—no matter how much one tries—discover anything like political intent.

At the symposium *Kunst Öffentlichkeit Zürich* (Art Public Sphere Zurich) Oliver Marchart, who teaches media studies at the University of Basle, tackled the question concerning the political nature of political art. He came to the conclusion that political art must create a public sphere, otherwise it just isn't political. A public element or sphere can only develop where hostilities, conflictual discourses ensue. According to Marchart, the public sphere is the medium, the performative act, the impact itself. It is in this sense that Silke Wagner's work *Schutzehe* is political art. The same can be said for the spray-paintings by Harald Nägeli or the Paris installations by Thomas Hirschhorn. All these have provoked conflictual discourses.

This strict definition of political art seems very compelling, but it does omit the many political art forms which do not create a public sphere in this emphatic sense. In addition, one can also question the quality of the works by Nägeli and Hirschhorn. But what is particularly problematic is that according to this strict definition, symbol-oriented political art forms, based on analysis and critique, are not political. This results in a contraproductive antagonism, because an artistic-reflexive framework does not stand in contradiction to other, activity-based art practices, but, instead, forms their necessary prerequisites. If, finally, only art which causes a scandal, a public or mass media dispute is considered political, then we have a worrying situation. Scandals are calculable: a bit of sex, a bit of religion, a pinch of politics—mix them well and the cocktail will definitely be provocative; examples abound. It is precisely Hirschhorn who demonstrates that his understanding of politics and his political attitude are highly questionable. Despite the fact that he has numerous aides and assistants who collaborate on his exaggerated installations, everything is presented in the name of Hirschhorn. This repeats itself in the construction of a library and food stand in an area predominantly inhabited by Turkish immigrants for the Documenta in Kassel. He showed little interest in the inhabitants of the area, but rather in the art cognizant public, which he personally chauffeured in a stylish Mercedes from the center of the town to his "installation."

A suggestion for a different definition of political art could be that the political dimension of an artist or of an art product cannot be determined on the basis of whether a single work causes a scandal or, at least, a conflict. What is necessary is a long-term consistency when performing on an institutional level, a correspondence between content and the location or space where something is shown. Such a focus, which is less about the effect, the éclat, the scandal, and more about the artwork's capability to be convincing in the long run is to be preferred to a purely functional definition, as presented by Oliver Marchart.

Edith Krebs is an art historian and culture editor of *WOZ Die Wochenzeitung* in Zurich.

P. 55

The Possibilities of Political Art Today – Some Noteworthy Examples

— Silke Wagner

(In the context of the symposium *Subversion or Commitment—the Possible Role of Politics in Art Today*)

The AIDS crisis and the discriminatory policies of the Reagan administration resulted in a protest movement in which also artists participated. This involvement of US artists in AIDS activism in the 1980s led to the development of an overall politically active art scene.

This scene included feminist activists, such as the *Guerrilla Girls* (founded 1985), who criticized sexism and the discrimination of women in the art world; and movements like the collectives *Gran Fury* (1988-1993) and *Group Material* (1979-1996), who were radically political in their activist concerns, publicizing their issues with flyers, posters or full-page newspaper ads.

The ACT-UP movement (AIDS Coalition to Unleash Power), an internationally active, alternative and political movement, fighting discrimination against people with HIV/AIDS, was founded in New York in March 1987. Since both artists and theorists were involved, ACT-UP was closely connected to the art world from the very start. ACT-UP was one of the most effective attempts to organize a counter-movement in the public sphere and to create a media platform from which to steer news coverage on HIV and AIDS.

Sculpture Chicago, an arts-based civic dialogue project, was initiated in 1992/93 under the title *Culture in Action* , producing artistic projects with socio-political backgrounds.

The artist group Haha (John Ploof, Wendy Jacob, Laurie Palmer, Richard House) developed the project *Flood* (1993-1995) for *Culture in Action*, a garden installation created through community initiative. Haha's idea to set up a hydroponic garden in a vacant storefront was based on research showing how important a clean, that is bacteria-free diet is to those living with HIV. The garden served as a space for food production, as a social, information and therapy center around the subject of HIV/AIDS. A number of volunteers with medical or organizational backgrounds collaborated on the *Flood* project, sharing the work in the garden and the HIV/AIDS information center. Although the artists were part of the network they had initiated, they mainly defined the concept and the framework of the project. *Flood* falls under the heading of what is called "Soziale Praxis als Kunst" in German, or "social practices as art," which will here be considered in a political context.

Town Meeting, a project by *Group Material* and Martha Rosler, co-produced with and presented in the Dia Art Foundation in New York, provided significant impulses for political art practices in the 1990s. Two project series were presented between September 1988 and June 1989: *Democracy* and *If You Lived Here…* . *Democracy*, a *Group Material* project, consisted of a sequence of four exhibitions on the subjects of education, voting politics, cultural development and AIDS. All exhibition themes were concerned with the specific differences between government policies and the issues of grass-roots democracy. A collaboration resulting between artists, various political groups and experts avoided role-specific conflicts: artistic production, journalistic documentation and theoretical contextualization, all on an equal level during the exhibition.

The second project series *If You Lived Here…*, based on an idea by Martha Rosler, was also a cooperative project and consisted of three exhibitions and four public dialogue sessions on the subjects of homelessness, housing, architecture and urban planning. Artists, squatters, homeless, political representatives, authors and other activists all had their say and presented their works.

In the 1990s *Democracy* and *If You Lived Here…* served as role-models for politically engaged art practices in the German speaking parts of Europe.

The 1990s in the German-speaking countries

The 1990s are seen as the decade in which art in the German-speaking countries became re-politicized. Compared with the image and object boom of the 1980s, the 1990s stressed institution-critical, contextualized and site-specific work areas, and the earlier, dualistic model "beautiful/ugly" seemed to have been traded for "relevant/irrelevant." Expressions like "interventionism," "social practices as art," "public art," "relational art," etc. came into use. The dispute concerning artistic definition once again transcended the traditional categories and was comparable to conceptual art's rejection of the object in the 1970s.

Xenophobia and racism in Germany

In the early 1990s the names of four German cities: Hoyerswerda, Rostock, Mölln and Solingen, became synonymous with xenophobia and racism. With the apparent approval of thousands of spectators, arson attacks and violence against immigrants occurred. This led to innumerable candle-light marches, protest pickets and other demonstrations—the so-called "uprising of the decent." But here the scope and the complexity

225

of the phenomenon were often disregarded or obscured. If one believes that racism exists only "through" individual racists, it is evident that the reproductive structures of racism in the modern world have not been taken into consideration.

As a reaction to growing xenophobia and racism in Germany, a resistance movement developed in the cultural sector during the 1990s. Public Welfare Committees (WAs) were created in Hamburg, Cologne, Düsseldorf, Frankfurt and Munich. Anti-racism alliances by critics, artists, musicians, and activists from autonomous movements developed within these committees. The activities of the WAs can be considered the starting point of a strong left movement in Germany during 1993-1995, moving freely between the areas of art, music, politics and theory, and may well also have been part of an emerging trend in the arts towards political art practices. The conviction that an art limited to traditional aesthetics does not satisfy the demands of the present is gaining acceptance between New York and Berlin, Los Angeles, Cologne and Vienna.

The growing trend towards artistic production with a social agenda led to the creation of art collectives (minimal club in Munich, BüroBert in Düsseldorf, Bismarc Media in Berlin), of interdisciplinary production sites (Botschaft in Berlin, Friesenwall 120 and Friesenwall 116a in Cologne) and of fanzines (*Artfan* in Vienna, *A.N.Y.P.* in Munich/Berlin and *Dank* in Hamburg).

Two cultural institutions which promoted the development of political art as part of their exhibition programs were the Shedhalle in Zurich, where socio-political questions took precedence over the aesthetical, and the Neue Gesellschaften für Bildende Kunst (NGBK) in Berlin, a grass-roots democratic organization, promoting artistic activity in the context of socio-political developments. Other institutions with similar programs were the Künstlerhaus Stuttgart run by Ute Meta Bauer, later by Fareed Amaly, and the Münchner Kunstverein run by Helmut Draxler.

For project art of the 1990s the question concerning its artistic status seemed irrelevant. Expanded definitions of art were no longer central, but rather a redefinition of the identity of the artist. By utilizing the infrastructure and the financial means of art institutions, new sites for action were created—sites where one could conduct dialogues with the public on relevant and pressing contemporary issues.

In Austria "WochenKlausur" stands for civically engaged artists whose activities focus on local problems and realizing possible solutions. The artist group WochenKlausur has been carrying out social interventions, using art institutional frames, since 1993. Its first project, sited in the Wiener Secession, was the intervention in medical care for the homeless. For the duration of the exhibition the group was able to organize a mobile clinic for the medical care of the homeless and then, finally, to have it established as a permanent facility. WochenKlausur has since conducted further social interventions in various European countries with a varying constellation of artists. Hardly any other politically engaged artist group in the German speaking countries of the 1990s has been as consistent as WochenKlausur in pursuing a practice then already prevalent in the USA—"community-based art." But by the mid-1990s projects like *Culture in Action* and its categorization as "New Genre Public Art" led to alarming changes in US art promotion and exhibition policies. Art funders preferred to sponsor art projects which they considered functional and beneficial to the community, i.e. generally acceptable. In Europe it was feared that WochenKlausur projects could trigger a similar development in cultural policies. But such charges against the initiative turned out to be groundless.

An artistic practice in which the content of its projects involves an intersection of aesthetics and politics is exposed to the danger of being reduced to careerism or lobbying. In such situations—as was seen in the second half of the 1990s—speculation about the credibility of the individuals or groups involved becomes central. This resulted in a confrontation between the "cultural left" (or "pop left") and the "political left," which included discussions about what forms of critique were suitable, effective, credible, permissible or outmoded. The question whether art should or can at all be political was countered by the question whether criticism should continue its fixation on politically pragmatic results.

But every cultural production may and must pursue its own interests, both artistic and private. Symbolic politics will not necessarily be devalued by individual success (i.e. the career), nor by the failure to realize its expectations on a pragmatic political level. But this alone is also no reason for an affirmative interpretation.

During the first half of the 1990s comments on and theoretical analysis of the political aspects of art projects tended to be constructive—opening perspectives—but in the latter half this changed and the participants turned against their own community, criticizing activist projects and the artists. It seemed increasingly important to call attention to errors or dead-ends and to embrace extraneous positions, while rejecting those of the community. It seemed as though everyone had had enough of political art practices, a trend expressed by dismissive questions like "Where is the art in this?" Art projects were again evaluated by those criteria which one had once so passionately rejected.

When the art market recuperated at the end of the 1990s and the interest in contextualized and critical projects diminished, it became increasingly important to position oneself.

This became evident in 1998 through an example of the loss of solidarity in the field of political art: when Dierk Schmidt, who was a participant in the exhibition *Brushholder Value— Soll Haben Schein Sein* (an exhibition organized by the Westfälischer Kunstverein together with the Siemens–Kulturstiftung), was finally rejected by the curators. Schmidt's critical analysis of the strategies and areas of activity of the Siemens company—specifically his text contribution to the exhibition catalogue—was, according to Schmidt, censored by the curators. He insisted that this act of censorship be made public and was, as a result, barred from participating in the exhibition only a few days before the actual opening.

His colleagues and co-exhibitors did nothing to prevent the censorship nor did they publicly denounce it. Worse was to come – showing how far it was from the days of active group solidarity; there was even speculation among the participants to the effect that Schmidt may well have provoked his expulsion in order to maneuver himself and his work into the center of the media coverage.

Frequently so-called critical exhibition projects organized and/or financed by institutions evidence the difference between actual attempts at political interventions by artists and that which comes neatly package as "political art."

On the project "Schutzehe – Heiraten zum Zweck der Aufenthaltssicherung"

In my project *Schutzehe – marrying for the purpose of attaining residential security*, which I initially developed in the form of a brochure for the Kunstverein Wolfsburg, marriage is presented as a possibility to prevent someone from being expelled from a country and to provide him or her with a permanent residency. The reasons for such marriages are solidarity and to aid refugees and immigrants. The texts provide an introduction to the subject of "Schutzehe" or "protective marriage" and should serve as an aid to all those who are considering such a marriage. The brochure was produced for the Kunstverein Wolfsburg in the beginning of 2002 in the context of the one-year project *exotika—Projekte im öffentlichen Raum* (exotica—projects in the public sphere). The purpose of the exhibition series was to investigate the mechanisms of social allienation and everyday exoticisms. My contribution to the exhibition consisted in a critical examination of the immigration policies of that time. I placed the main emphasis on the central theme of so-called sham marriages, and the results of my research were collected in brochure form. The presentation of the brochure was to take place in connection with a discussion between the curator and myself in the Kunstverein itself. At the same time it was to be sent out and displayed in Wolfsburg and all over the country in institutions, associations, and community and information centers. But within 24 hours after the first distribution of the brochure in Wolfsburg, the Kunstverein received a call from the city, informing them that the brochures on display had been withdrawn. At the same time the curator was requested to call back all the brochures which, according to the

city council, were an incitement to a criminal act—aiding and encouraging sham marriages—and the city's legal department threatened legal action.

As a result the Kunstverein withdrew the complete edition of the brochure. In the subsequent press release, the curator of the Kunstverein, Doris Berger, wrote "as a government-sponsored association the Kunstverein finds itself in a check-mate position between funders and artistic freedom[...]. Considering that the Kunstverein is dependent on the good will of the city, the obvious conclusion was to withdraw the complete edition." If it had not been for this official statement by the Kunstverein, there would never have been a public discussion in Wolfsburg about the issue. In a further stage of the dispute the Kunstverein's committee disassociated itself not only from the project but also from its curator, Doris Berger: they retracted and even contradicted what she had declared in the above-cited press release. Two independent legal offices reviewed the brochure's text and both came to the conclusion that the content was not illegal. In 2003, within the context of the exhibition *niemand ist eine insel* (no one is an island) in Bremen, the text of the brochure was translated into six languages and published as a website "www.schutzehe.de." The website is still active, as the project was not linked to the end date of the exhibition.

The more the politically active art scene involves itself in subjects of general interest, the more they inexplicably cut themselves off; this, despite the fact that content work, critique, raising important issues—such as withheld facts and unintelligible contexts—for civic dialogues are as necessary and pressing as ever. Currently it seems as though art institutions are generously allowing more freedom in the choice of subject matter and strategies, but only so that they can, in turn, better control and invalidate them.

Then as now practices which are explicitly political, forcefully attack repression and its symbols, dissect power discourses and demand a say—be it on the art system itself or sociopolitical subjects—are hardly likely to be included in costly exhibition projects organized by larger institutions. Critique and politics in art are only acceptable if certain people or groups approach certain subjects and present projects which remain representative and symbolic.

Less manageable practices which focus on real political issues will only rarely be included in such circles. With the exception of a few institutions their only venues are the art scene's subculture. A few institutions which attempted to counteract this were—aside from the above-mentioned NGBK and Shedhalle—the Kokerei Zollverein | Zeitgenössische Kunst und Kritik from 2001-2003, located in the northern part of Essen, and Depot in Vienna.

In October 2000 a series of workshops on the subject of "direct action in the fine arts" were held in the Museum of Contemporary Art in Barcelona. Several political projects resulted from these workshops, such as the border camp at the southern tip of Spain—the first point of arrival for many of the refugees from Africa—organized by *kein mensch ist illegal* in 2001. *Indymedia Barcelona* was then founded and a group came together which participated in the protests against the planned, but finally cancelled, World Bank meeting. Projects which implement the forms and methods of the *Kommunikationsguerillas* (communication guerrillas) often emerge from such events. These forms or structures can equally stimulate the use of art-based methods in political work as well as politically effective strategies in art projects

This is only possible when language is not used as a medium of power and exclusion. It is important to break up the existing conditions and not exclude anyone through the use of incomprehensible, technical language. If this were more often the case in intellectual and art practices, then an exchange of knowledge and social critique, which is not exclusively aimed at the professionals of the "scene," could develop.

In the description of *kein mensch ist illegal* (no one is illegal) one can read, the campaign "combines radical political expectations with a tactical use of media and a presence in the art discourse." This practice combines art, media and politics. *Kein mensch ist illegal*, an anti-racism network, was founded in 1997 during the Documenta X in Kassel. Since its beginning, political activists, theorists, people working in the media, artists, musicians and designers have been working together in the campaign. The significance of *kein mensch ist illegal* results from the interaction of the varied experiences and specialized skills of the participants.

Frequently placing art in the context of political activism finds acceptance for the reason that, with this label, it will receive backing in the art institutions or financial support. The problem with this idea is that one has failed to examine the contents of aesthetic production and the conditions of the art institutions. This kind of reasoning assumes that art and politics are separate. This is why it was always the aim of the hybrid practice of *kein mensch ist illegal* not to work with pre-determined identities, but, instead, to find intersections, transitions, disintegrations, tactical mutualities—or, at least, productive misunderstandings.

Summary

All cultural production can be exploited by the culture industry and absorbed by the mainstream, but, at the same time, such exploitations also create public spheres and, thus, opportunities for political processes. The apparent lack of alternatives to the culture industry to reach a broader public on the subject of symbolical politics, should not be a reason to avoid it. The more the world loses its political diversity and social identity, the greater the importance of sites for cultural production, where information can be exchanged, social integration cultivated, autonomous organizations and varied forms of political expression promoted.

—Holger Kube Ventura, Politische Kunst Begriffe – in den 1990er Jahre im deutschsprachigen Raum, edition selene, Vienna 2002.
—Marius Babias (ed.), Im Zentrum der Peripherie. Kunstvermittlung und Vermittlungskunst in den 90er Jahren, Verlag der Kunst, Dresden 1995.
—Stella Rollig, "Das wahre Leben – Projektorientierte Kunst in den neunziger Jahren," Marius Babias and Achim Könneke (eds.), Die Kunst des Öffentlichen – Projekte/Ideen/Stadtplanungsprozesse im politischen/sozialen/öffentlichen Raum, Amsterdam-Dresden 1998.
—Autonome A.F.R.I.K.A. Gruppe, "Kommunikationsguerilla – Transversalität im Alltag," Gerald Raunig (ed.), Transversal – Kunst und Globalisierungskritik, Turia + Kant, Vienna 2003.
—Ralf Homann, "Immerwährender Neustart. Zur hybriden Praxis von kein Mensch ist illegal," Gerald Raunig (ed.), Transversal – Kunst und Globalisierungskritik, Turia + Kant, Vienna 2003.
—Brigitte Franzen, Die vierte Natur – Gärten in der zeitgenössischen Kunst, Walther König, Cologne 2000.
—Florian Waldvogel, "Glück auf!," Marius Babias and Florian Waldvogel (eds.), arbeit essen angst, Kokerei Zollverein, Essen 2001.

Silke Wagner is an artist and lives in Frankfurt and Rotterdam.

P. 62

The Aesthetics of the Real – An Extended Field of Artistic Practice in a Globalized Context. Two video projects

— Ursula Biemann

(In the context of the symposium *Subversion or Commitment—the Possible Role of Politics in Art Today*)

My art practice deals with the geopolitics of globalization and is an attempt to develop an aesthetic form which could do justice to the central themes of migration and border movements, both in real and digital landscapes. This venture places my video work in the context of documentary forms of expression, which, during recent years, have become increasingly important in the field of art. One cannot miss noticing that documentary aesthetics now distinguish biennials and thematic exhibitions with the intent of showing—in the arts—the social reality of different societies, and thereby creating a global, political conscience, as the art theorist Jan Verwoert states in his text on the expanded field of documentary production.[1] Documentary aesthetics has become a kind of lingua franca: a visual language which is understood all over the globe, and which already contains the media critical discourses, and expands on the areas of expression and activities in artistic practice.

Accelerated migration since the end of the Cold War in 1989, and the implementation of border mechanisms to regulate these movements are two closely related characteristics of globalization which contribute largely to defining Europe's identity. This is why I have decided to make border regimes and the parallel and ongoing expansion of transnational zones the subject of my artistic research. A special focus is given the gender-specific effect on the economics of movements caused by globalization. My video-essays look from different perspectives at the subjects of borderlands, free-trade zones, exported work ghettos, military entertainment districts, enclaves and tourist resorts, places of exception, not subject to the local cultural, or the social and legal structures. In contrast to the usual images and the relentless flood of information and capital in the global world order, I have concentrated on the areas of delimitation. The first project I would like to present here is the video *Europlex*, made in collaboration with the visual anthropologist Angela Sanders in 2003. It investigates the different uses of the Spanish Moroccan borderland and examines the varied needs for mobility. It is only through being crossed that the area acquires its cultural meaning: the container ships from West Africa on their way to the Mediterranean, the dangerous nocturnal boat journeys undertaken by immigrants, the border police's helicopter patrols, the itinerant plantation workers who pick vegetables for the EU market, the commuting housemaids or "domesticas," the bussing of Moroccan women who peel imported shrimps in Dutch factories in Tangier, the pirates selling their wares on the blackmarket in the enclaves, the smuggling women who then carry these wares into the Medina, tied under their long skirts. This is the mobility that we are concerned with, an everyday, local phenomenon. It produces complex, intermeshed micro-geographies, reflecting global dimensions.

We call these videographic recordings "border logs." *Europlex* is made up of a prologue, three border logs and an epilogue. The term "log" is used here to connect the logbook of ethnographers and navigators to video editing, in which the log, the chronological listing of filmed material, is considered an indispensable preparation for the montage. In this way the video makes the actual observation process visible.

Border Log I is a concise record of the smuggling activities around the border of Ceuta. Filming is strictly prohibited there, so that images can only be made under difficult circumstances, meaning constant interruptions, working with a hidden camera or filming from a greater distance. Activities start at six o'clock in the morning when the gates open to the crowd of impatiently waiting Moroccans and continues the whole day. Smuggling takes place in broad daylight in front of the eyes of the border guards and is an integral part of the everyday culture. The smuggling women tie shirts and clothes around their bodies, layer upon layer, until they double in volume. This appears to be a method only employed by women. Each additional item will raise their profits. The economic logic is engraved in every layer of the mobile, female body.

Border Log II follows the daily journey of the domestic employees on their way to work from the Moroccan city of Tétuan to Ceuta. The focus is not on the difficult conditions which the young women face when they enter the European job market; we are more concerned with the unusual fact that the daily commute is a journey between Moroccan and European time zones. Since the two bordering territories are located in different time zones—with a two-hour time difference—the domestic worker turns into a permanent time traveller. The rhythm of her life is "off beat," and alternates between deceleration and acceleration in relation to her social environment. A constant time shift determines her cultural position.

Border Log III enters the transnational zone near Tangier where Moroccan women do finishing work on products for European subcontractors. The border these women cross every day is not as visible as the fortified one around Ceuta, which is passed daily by smuggling women and domestic workers. Nevertheless, upon entering the transnational zone the workers experience a strong sense of dissociation from their cultural environment. Technically, this is shown in the workers' portraits by means of a sudden frame-freeze on their faces, which remain in focus while the backround gradually dissolves, becoming coarse-grained and unrecognizable. The very presence of the worker is decontextualized, her body completely technologized.

These log journals describe three different practices which transform the larger borderland into a translocal reality. What the border recordings should show and accomplish is not the consolidation of national unity, but its permeability and constant subversion. Television reports about clandestine boat passengers do the same, but what is important is that the shadowy and partly subversive conditions of these border passages are not just assimilated into the idea of a disciplined national order, in which the intervening state forces play the leading role. Instead, it should be possible to cultivate an alternative image based on translocal existences and their cultural practices. The focus is not on the global players, not on a deconstruction of power, but on the exact observation of counter-geographies and subversive practices, mostly semi-legal, often invisible. The intention is to create an awareness of how the border circulations work and what their purpose is, how their discursive repetition functions, and how the documented border crossers define the space they use and how they invest it with meaning.

Migration is also the subject of my second work: illegal migration and the attempts to control it with highly developed technology. *Contained Mobility* is a video installation which was produced for the *Liverpool International 04.* It traces the navigation routes of ships' containers and their cargo. The paradox title is made up of the implicitly contradictory words "contain," meaning to hold, control, enclose, restrain and "mobility," implying movement and availability. The border regimes in Europe and elsewhere operate, I believe, within this area of conflict. In order to control something, one must first make it visible. Huge sums were invested in the last years to make legal and illegal movements of goods and humans on land and sea routes visible. The video work is a critical analysis of current types of TV reality programs and these new imaging systems. It is characteristic for documentary videos shown in an art context that they include media critical discourses. Also, they do not restrict themselves to the TV genre, but include all image-producing institutions.

In two video sequences, running parallel to each other, *Contained Mobility* shows the maritime control room with its digital transportation and navigation systems on one side, and, on the other side, the hidden living quarters of illegal passengers in piled-up containers. The latter installation shows a Belarusian refugee, Anatole Zimmermann, in a specially prepared container. In a series of talks we reconstructed Zimmermann's authentic and extremely complicated escape from his place of birth in a labor concentration camp (Gulag), all the way to a refugee accommodation in Liverpool. From his biography one can see that the modern migration stories no longer occur in the traditional sequence of emigrating, settling down and building a community, but turn into a permanent movement, and a never arriving. Traditional theories of forming an identity have lost their validity in this migration system. Anatole represents the "itinerant body," a body constantly on the move, crossing innumerable territories and yet never reaching a final destination. *Contained Mobility* is about this suspended time-space of the translocal life, which is isolated from the social and cultural context. The video looks at the conditions resulting from the regulation of movements into the "Schengenland," which are continuously growing stricter since September 11, 2001. Theoretically, the European countries do uphold the human right to assylum, guaranteed by the Geneva Convention, one of the fundamental contracts of humanist culture. To my knowledge, no nation has, to date, publicly distanced itself from or ever left the human rights convention. De facto, though, in many places legal and other measures are being implemented to make these rights inaccessible—thereby breaking the contract. The current border conditions of the EU are to be considered post-human and post-humanistic. *Contained Mobility's* intention is not to afix people to their status or to complain about their fates. Instead, it is more about capturing the transformative moment and understanding the forces and conflicts of migratory autonomy. Thus, the artistic work focuses on the cunning methods and technologies which have developed on both sides: the state attempts to discipline the movements of humans and things and the passengers attempt to overcome the restrictions in order to gain mobility and security. There is a constant struggle between the disciplining of mobility and the desire for self-determination. *Contained Mobility* describes the two situations and shows how they mutually affect each other. The ship container becomes a symbol for the contradictory concepts, as both the "containing" quality of the container and also its systematized, worldwide mobility. What one now sees is the staging of a self-determined migration attempt by a translocal and extremely well-informed individual.

1—Jan Verwoert, "Das erweiterte Arbeitsfeld dokumentarischer Produktion," Sabine Schaschl-Cooper and Bettina Steinbrügge (eds.), *The Need to Document,* Kunsthaus Baselland, 2005.

Ursula Biemann is an artist and curator, Zurich.

P. 71

Reflections on/as Artists' Theories

— Michael Lingner

(In the context of the symposium
Reflection on/as Artists' Theories)

"That I could easily become a
theoretical artist … it wouldn't matter."
P. O. Runge

That artists' theories could develop in modernism is mainly attributable to the fact that, after the French Revolution, Romantic art emerges as a completely new and self-determined form of experience for the ascending middle-class. The unprecedented autonomy gained by the arts is not so much a result of the drive for independence, which it has always had, as it is of the revolutionary changes in society preceding Romanticism, because, even if the French Revolution with its socio-political objectives initially failed, and so cruelly betrayed its own progressive humanistic ideals, the earlier secular and spiritual domination by nobility and clergy had nevertheless been forever eliminated.

It was this wide-reaching loss of an inherited frame of reference which contributed substantially to art becoming autonomous and not so much its characteristic pursuit of freedom.

In any case, an art which has finally freed itself of its clerical and feudal shackles—at the beginning of the middle-class era of secularization and democratization—cannot and no longer desires to function as an instrument of religious doctrines or the dictates of ruling classes and is therefore not excluded from the circle of the useful arts.[1] Divested of their function, be it as an altar painting or the portrait of a noble, pictures can only make sense or, even more, have a value, when they can, in every sense, hold their own *as art*. Having lost its function, art could, according to the art historian Martin Warnke, "like other manual skills [...] as a result, have died out" had it not been able to make this *non-functionality* into an integral, vital part of its aesthetic development.[2]

On the one hand, the arts are liberated, attain greater functional, institutional and economic independence, through their *social* autonomy, but, on the other, the result is a profound loss of a sense of purpose. Robbed of the former spiritual authority and secure financial foundations, all the expectations which had been directed at art prove themselves non-binding and, lastly, unfounded. Freed of its traditional ties and obligations, everything in art, whatever it wants to be or become, must be invented and justified out of itself. Thus the social autonomy of art, which was made possible by the revolutionary political changes, requires that the acquired formal and, initially, merely abstract freedom now be given a definite form through the self-determination of artistic decisions.

In the previous centuries the "what" of art was extensively predicated, and all that the artists had at their disposal was a traditionally defined "how." In order to make use of a new, constitutionally guaranteed freedom of art, it became necessary to create from nothing, both content and form, and, in addition, also to justify the sense and value of this activity. Theodor W. Adorno introduces his *Aesthetic Theory* with an apt description of the modern artist's situation: "It became self-evident that nothing concerning art is self-evident anymore, not within it and not in its relationship to the whole, not even its right to exist."[3]

One can well understand that artists no longer believed that they could manage in their traditional field of work, given the enormous innovation and justification pressure, combined with existential anxiety, and that they would then have to take recourse to the medium of language to express the thinking process. Considering the complexity of the problem they faced, their thinking, with the application of reason, inevitably developed into full-fledged theory-like constructs. The phenomenon of the artists' theory in its modern form was born and has, in various ways, shaped the work of most of the important modern and avant-garde artists.[4] But their lives were also affected, since theorizing also functioned as an instrument with which one could emancipate oneself from the new social expectations and demands directed at the artists, that is to say, the conventions of the middle-class.

Since autonomy can certainly never be realized through anything but a process of "self-governance through reason,"[5] a more rational and conceptual structure had to be developed in the arts parallel to the growth of autonomy. Once the process has started to think itself, there is no escaping from it, because reason, through its own tendency to be self-reflective and to generalize, must continuously refer to everything, even to itself. That reason has this tyrannical[6]—according to Adorno—totalitarian structure, condemned art to continuously develop its aesthetic autonomy. This, in its turn, compels art to continue the process of intellectualization, so that the processes towards aesthetic autonomy and the rationalization of the aesthetic mutually necessitate and strengthen each other. The ultimate conceptualizing of art in the so-called Concept Art of the 1970s is therefore a logical result. Or, to formulate it with a quote from Thomas Lehnerer's (an artist/theorist who, sadly, died young) postdoctoral thesis relevant to artists' theories, "The degree of art's social autonomy stands in proportion to the fundamental idea of the related artists' theories."[8]

The plausibility of this thesis was, not least, confirmed by the fact that the beginning of post-modernism in the 1980s—to jump ahead somewhat—marks the end of artists' theories. The post-modernist program, still paradoxically caught in the logic of modernism, autonomously, that is, independently managed to free itself of the previous avant-gardistic *forced* autonomy, which had also been cultivated in relation to its own (art-)history. This led to a reduction in innovation and justification pressure, and existential anxiety. Even if these pressures, objectively, continued to exist as artistic production conditions, the artists maintained the illusion that they could completely overcome them by means of irony or by ignoring the situation. Thus, any further efforts concerning artists' theories to overcome the risks of modern art production seemed superfluous, and artists' texts began increasingly to serve self-marketing rather than self-reflection.

General aspects
————————

The initially described type of artist's theory, which grew out of art's autonomy process, should be seen as a form of—to use an expression by Wolfgang Welsch—"aesthetic thinking." Ideally, this thinking is aesthetically defined according to its content and purpose, but also its *form*, and from it one should be able to infer the work's inherent art conception. In any case, since Romanticism, artists' theories are an implicit or explicit precondition of artistic practice and have therefore, at least for modernist and avant-garde art, become an essential *production factor*. Artists' theories can also be defined in general terms, focused on their own artistic practice with productive intentions, i.e. thoroughly *pragmatic*, conceptualized reflections. They appear theoretic in so far as they more or less discursively form a connected statement.

Artists' theories can differ greatly in, for example, their reflectivity, systematics and intersubjectivity, so that "in the form of theory" does not necessarily mean "theoretical" in the sense of "academic/scientific." But artists' theories can help themselves to the corpus of academic knowledge without having academic ambitions. Although even academic theory has meanwhile come to the conclusion that the criteria for what is considered to be scientific rationality is in the end subject to aesthetic options.[9] The minimal criteria for each theoretical claim are that the statements do not merely exhaust themselves in the deictic (pointing) or descriptive, appellative or apodictic and rhetorical or even redundant use of language—to characterize just a few of the dangers of the usual artistic usage of language. And even if one accepts a very broad concept of theory there must be a recognizable purpose and a willingness by the theorizing artist to allow for *general* statements.

By nature, artists tend to stress the particular aspect, yes, the uniqueness of their ideas, to accentuate their art designs or personal achievements. Unlike the classics of modernism, who frequently operated with sometimes disastrous absolute positions, many later artists find it difficult to relate to a form of discourse whose subject is the general aspect of their work, for example their concept of art. For this reason, statements intended as artists' theories—in content and form—cannot avoid subjectivity, even if the author tries to make them appear objective through general philosophical, ideological or also academic re-insurances.

The subjective, self-confessional character of theoretical statements by artists is the main reason that one has various reservations about it. The spectrum covers the general suspicion that its only purpose is to advertise the artist's own work; to academic scepticism that maybe it should be considered as a completely separate and independent parallel phenomenon to the work, which, according to Hans Gadamer, perhaps requires as much interpretative work as the art works themselves. The result of such scepticism is a disinterest on the part of the unprofessional public and a prevailing ignorance amongst the experts on the subject of artists' statements. Academic philosophy mostly ignores artists' theories, considering them mere "surrogate forms of aesthetics,"[10] and academic art history mostly relativizes them, as one of the many available historical sources. This situation is also the reason why philosophical aesthetics, according to Dieter Henrich, "has not succeeded in reaching the peak of the philosophical consciousness of the times without contradicting the self-image of their artists."[11] This is the case for most art historical interpretations of contemporary art. It is these who suffer the strange condition of a latent competitive relationship to whatever artists express with language. One of the consequences of academic disinterest and ignorance about artistic thinking is that there is hardly any art criticism honed by art academics, instead it is characterized by market conformity and those who want to make a name for themselves. And that the post-modern artists have no interest in subjecting themselves to these intellectual exertions is quite understandable.

The artists' continued need to theorize means that it is necessary to see this as a decisive factor in artistic productivity, making Adorno's demands all the more important: "if artists are forced to a permanent reflection, then one must prevent it from being contingent, so that it will not end in random and amateur pseudo-hypotheses, justifications for handicrafts, or in non-binding ideological declarations about intentions."[12] In order to protect theoretical thinking by artists from such deficits and to promote its cultivation, I would like to engage an idea of the art historian Hans Belting. He challenges the academics working in the field modern art to become "partners of the artist's historical voice [...] (and) take on certain functions of the artist."[13] A new, cooperative type of artist's theory could develop under certain methodical and humane preconditions, if one could succeed, for example, through dialogue to reformulate and/or reappraise the artists' statements, without sacrificing authenticity, so that they can be useful and reliable sources for the comprehension of the respective art concepts. In 1985, together with F. E. Walther, I launched, in book-form, what was probably a first attempt—in direct cooperation between artist and art academic—to formulate an artist's theory which would satisfy these criteria.[14] The fact that this book became a kind of bible amongst those interested in Walther, makes our undertaking as much a success as a failure.

Raised to an academic level, the artist's theory can also develop into a form of, and foundation for, artistic research if it can identify new developments in the arts, not only nominally, *as art*, that is, making their essential aesthetic difference to tradition recognizable, and thus real. If art must above all be contemporary, whether in a modern or post-modern terms, then the traditional artistic methods of passing things down, such as the "copying" of the great works, or "succession," that is, following on after a great master, no longer suffice. All the same, a certain amount of continuity and historical reference remain indispensable. This is the only way to keep artistic innovation from merely becoming, or being seen as fashionable, that is, as abstruse novelties or mere witnesses of the Zeitgeist.

Only from an historical positioning can the artist afford to formulate independent ideas which do not fall short of the most advanced positions in the history of aesthetic ideas. For this the artist must reconstruct at least the outline of a *thematic history* (based on traditional developments in art and individual works) of the aesthetic ideas relevant to him and his work. If this necessarily subjective attempt at reconstruction should not omit rationality and validity from the start, then the artist must subject his thinking to *scientific research standards*, because only then, when the historical development of aesthetical ideas are analyzed with sufficient stringency, and their meaning analyzed critically according to current standards, can ideas on aesthetics be defined as such and also be exonerated from the accusation that they are subjectively arbitrary and historically inadequate.

Aesthetical ideas thus won, and formed into an artistic concept, can then serve as specific hypotheses for further individual artistic research. The testing of these, undertaken on its many concrete forms of expression, earns the privilege to be called an *experimental art practice*. The obvious objection that no actual artistic materialization could ever be even nearly congruent to a previously, ideated, hypothetical concept of art, misses, above all, the inspirational function and the special quality of *artistic* research. It was Marcel Duchamp who called the differences between artistic intention and its material realization "art coefficients," and declared the magnitude and type of deviation as the decisive marks of the quality of a work. He no longer considered such structural differences to be unique or deficient, but, basically, as a given and even as highly productive. Above all, he took up this challenge in his own artistic research practice, especially with the ready-mades.

Let us change perspectives and finally look at the artists' theories themselves, as the object of scientific-analytical research, and study individual forms in detail. Thus we clearly enter the field of *art theory*. It should be studied, keeping the following aspects and questions in mind:

1 — Can one recognize an art idea and a personal art conception in the different artists' theories?
2 — How stringent and coherent are the arguments in the different artists' theories?
3 — Has an historical positioning taken place in the different artists' theories?
4 — Can one discover an historical difference with respect to the explicated or reconstructed art concept?
5 — What value can one attach to this historical difference, and according to what criteria?

Discussing these questions can lead to a better understanding and to a sounder assessment of artists' theories, art concepts and art conceptualization. But one should not assess the work itself, neither positively nor negatively, rather not at all, based on these results. What is instead required is an examination of how the individual works relate to a particular artist's theory. A possible agreement between the artist's theory and work(s) is not necessarily to be taken as a sign of quality—neither for the theory, nor for the work. This must be subjected to an individual, intrinsic analysis, taking into account the information one has gained from the artist's theory.

It would be a mistake to think that the quality of art can be *proven* by means of such a differentiated discourse, no matter how discerning. That one should substantiate this in a better and more rational way and not leave it to individual caprice, would be of great cultural importance to society, but also of substantial methodic value, for example, to the art academics, who would then no longer need to omit the question of artistic quality. But this leaves us with one last unsolvable question: How does (scientific) rational judgement relate to the sensual experience of a particular work? Art reception becomes more enjoyable and aesthetics more adequate and productive the further one enters in upon the adventure of this interplay.

Typical functions

The program I have presented above, concerning the research of particular artists' theories, will now be followed by a general analysis of how the *changes in type and function* of artists' theories have developed historically, on the basis of three examples. First, an example dating from Romanticism, when artists' theories first appeared. It serves to introduce the basic functions and types of artists' theories in modernism. The artist is P.O. Runge (1777–1810), who is a particularly suitable example, as *two volumes of writings* have come down to us, from which one can reconstruct the characteristic artistic revolution of the times.

A — Runge's artistic development was initially shaped by the spirit of classicist art ideals[15]: "One of the perfect signs of art's decay is the mixing of its different genres. Art itself and its forms are related to each other. They possess certain tendencies to converge, even to lose themselves in each other, but precisely therein lies the duty, the merit and the honor of the true artist – that he can keep the art field in which he is working separate from the others, that he knows how to make every art and art form self-sufficient and, as far as possible, to isolate them."[16] In this introduction to the 1798 first edition of the art publication *Propyläen*, Goethe, who was also the publisher, formulated one of his basic ideas based on the renewal of classical art. His ideas were to receive a practical validity through the annual "Weimarer Preisaufgabe" in which visual artists competed for a prize. The meaning that such prescriptions, coming from the artist who wrote "Nature and Antiquity," could have on Runge is seen in a letter to his brother Daniel, written in Dresden in 1801, while Runge was still at the Academy in Copenhagen. Runge responded to his brother's question concerning his artistic goals with "To practice the ideals which Goethe propagates in his Propyläen."[18]

After Runge had thought about the theme of the 1800 "Weimarer Preisaufgabe" and happily concluded that his ideas "were quite similar to those of the best competitors,"[19] his decision to take up the challenge set by the established standards, and "join the race for the prize in the following summer"[20] seemed well-founded.

Runge finished *Achill und Skamandros,* his drawing on the twenty-first song of the Iliad, the theme of the 1801 competition, after he had "almost become ill with the work"[21] on his numerous designs. He hoped that recognition from Weimar would confirm to him and his brother, Daniel, who supported Runge's artistic career financially up to Runge's death, "that upon which our choice had fallen, and which we had through our own experience found suitable, was indeed the right thing."[22]

As early as February 1802, barely six months after receiving the negative decision from Weimar, Runge freed himself of the standards set by the classicist art ideals, as represented by Goethe.[23]

This was a bitter experience,[24] during which he undertakes a total re-evaluation of his reflections on the historical determination of art: "The art exhibition in Weimar and the whole procedure there is taking a wrong direction, in which it is impossible to create anything that is good [...]. *Achill und Skamander* and all the things related to how it should be brought to completion was in the end all in vain: we are no longer Greeks, cannot feel things in the same way when we see their perfect art works, even less ourselves create them. How could we ever have had the unfortunate desire to reawaken the old art?"[25]

Runge finds further arguments against "all the poppycock in Weimar,"[26] for which he certainly did not so much blame Goethe as his Roman friend, the so-called "Kunstmeyer," [27] in an idea inspired by Ludwig Tieck, which reconstructs the evolutionary stages of art in their dependence on the history of the religions[28]: "The Greeks brought the beauty of form and design to the highest level at the time when their gods perished. The new Romans brought historical art the furthest when Catholic religion perished; and something is perishing in our world. We are standing at the border of all religions which emerged from Catholicism [...]."[29] With the fall of the old myths, Runge recognizes not only that a revival of antique art has become impossible, but he also considers any connection to Christian art as lost. Consequently, he considers a totally new start in the arts to be necessary. In 1802 Runge considers the break with tradition in such radical terms that he "sees absolutely no other means" than "a great war, which could turn the whole world around,"[30] yes, he even considers it "most fortunate for art"—as Quistorp, C.D. Friedrich's teacher, interprets one of his letters—"if all art works were to be destroyed in one stroke and art would have to start again from the very beginning."[31] This awareness of a crisis in his own era will be politically confirmed through Napoleon's campaigns (1805 battle of Austerlitz, 1806 battle of Jena and Auerstedt) and his victory over Prussia/Russia, which will cause radical changes to Europe.

His decided rejection of historical imitation, based on the realization that the art of the past is irretrievable, provides Runge with the decisive impulse to anticipate a new art: "I hardly imagine that something so beautiful as historical art, when it was at its greatest, could ever happen again, [...] it would then have to come about in a completely different way, and this lies quite clearly before us, and maybe the time will soon come when quite a beautiful art could arise again, that is in landscape."[32] The term "landscape" merely serves to provide Runge with a provisional title for the outline of an anti-classicist program, and does not signify any intention to further develop landscape painting or promote its academic form to a better position. Already in 1802, at a time when he is just developing his new art concept, Runge speaks disparagingly of "Landscapery, if you so will"[33] and that "we must see landscape as something quite different."[34] This is the last time that he will use the programmatic term landscape. The idea of the unity of the arts will take precedence.[35]

It is quite likely that his meeting with Ludwig Tieck in November 1801, which would soon turn into a friendship, was the decisive impulse for Runge's transition to Romanticism.[36] Though the actual extent of Tieck's personal influence on Runge is unknown, as there are insufficient testimonials to verify this, their friendship cannot be overestimated, as it was through Tieck that Runge evidently discovers the most important Early Romantics and their philosophy. Tieck's literary influence is in any case undisputed. "Nothing has ever so deeply affected me to my very soul as this book which good Tieck, I think, rightly, calls his favorite child,"[37] Runge wrote enthusiastically to his friend Besser. This book, the here already quoted novel *Franz Sternbalds Wanderungen* (publ. 1798), formulates—as did *Atheneum* published in the same year by the Schlegel brothers—the essential Romantic ideas, and evidently influenced Runge's broad Romantic idea of landscape, which was clearly the key element in his rejection of classicism.

"I do not want to copy trees and mountains; but my feelings, my moods, which move me at this moment, it is these I wish to hold on to and to communicate to all those who understand."[38] This firm resolution by Tieck's Sternbald, the painter, serves to characterize the belief that the Romantic concept of landscape manifests itself as an "artwork of the mind."[39] Runge takes this up and makes it his own: "Just as the philosophers have concluded that one imagines everything out of oneself, we also see or should see in every flower the living spirit which man puts into it, and this is how the landscape will develop, as all flowers and animals are only half present, unless man does his part. Thus man forces his own feelings onto the objects around him, and through this all acquires meaning and a language."[40] "I believe that I can now understand you a bit, what you actually mean by landscape,"[41] Runge writes to Tieck at the beginning of December 1802, when he discloses his perspective for the successful Romantic transition with this apt description of his own concept of landscape. By investing landscape with sense and meaning through the exaggeration of emotions, Runge discovers the possibility of a completely new beginning for art and for himself as an artist. "No ' landscaper ' ever existed who has brought any real meaning into his landscapes, who has managed to put allegories and clearly beautiful thoughts into a landscape."[42]

In further theoretical writings, Runge generalizes the landscape concept, making it a nature concept, and finds in its principle of "becoming and passing" his actual subject, which will occupy him in the various versions of his main work, the *Vier (Tages)Zeiten*, until the end of his life.

The essential and clearly recognizable meaning which Runge's theorizing has for his art practice can best be characterized as *"constitutive function."* This, to a greater or lesser extent, is also valid for most of the artists' theories in modernism. But in Runge's case it is not only particularly strong, there is also the classical case of theory taking absolute *temporal precedence* in relation to artistic practice.

B — A second example—moving about one hundred years forward—is Adolf Hölzel (1853–1934), a representative of a classical modernist position, and a particularly fitting choice as an extensive *theoretical literary estate* exists, edited by myself.[43] Hölzel was not only one of the first "conceptional" type artists, which was at the time misunderstood and for which he was criticized as being "too pedagogical," but his was also an artistic practice in which manual exercises, researches in painting and drawing as well as conceptual work are continuously combined and interrelated with each other. Hölzel, and later Paul Klee, gave this process the seemingly paradox but absolutely fitting name of "artistic thinking" or rather "imagist thinking," thereby formulating an artistic credo which would remain valid for decades. Artistic theory and practice are here no longer separate concepts, but are somehow carried out simultaneously.

On the one hand, Hölzel demanded that one allow the "necessary intellectual" aspects to "precede"[44] the work, and on the other hand he equally considered the mastery of "artistic elements" as an important prerequisite for creating art, and he dedicated much time to the practical aspects. For decades he began his working day with "manual exercises," the "daily thousand lines," which he executed with brush, pen or pencil, for the most part on wastepaper. This training, which can be compared to the finger exercises of a pianist, not only served to make his hands more skillful, but was in its different manifestations the foundation and the very core of his art. His artistic practice and, surprisingly, also his theoretical reflections both originate in this basic training.

These exercises which were initially just carried out to improve Hölzel's manual dexterity, consisted in a more or less steady, parallel, rhythmic swinging motion of the drawing hand. It was important for him that he move in harmony with his anatomy, that this sensation help him express "the soul of the hand" and thereby also "the completely personal."[45] This also explains the cathartic function, which he attributed to his "scribblings." "When I want to free myself of all the worldly, and the painful and negative thoughts, then I begin with my exercises. And then it quickly seems as though all earthly things fall away and only artistic thoughts stream forth [...]. I recommend this daily spiritual bath."[46]

Reports on Hölzel's "notoriously strange habit, while thinking through something or entering into a mood to accompany his rhythmic process with drawn lines"[47] go all the more to show that he did not carry out his exercises in a merely mechanical manner, nor were they artificial displays. Quite the contrary, it was actually a *way of life,* and this usually ignored existential aspect is what makes his exercises so special. Body and soul, feelings and intellect are involved in a natural way, so that the exercises are practically predestined to function as a medium of "artistic thinking," in which one almost incidentally succeeds in making amazing formal discoveries.

Drawings dating from the beginning of the century exist in which the spontaneous, endlessly circling drawing motions already result in suggestive linear constructs. When the continuous flow of the ink has reached a certain intensity, one can already see signs of a method later created by the Surrealists: "automatic writing," and sometimes almost similarly bizarre and archaic figurations ensue. But there are drawings even from before 1900, in which the linear traces of motion turn into completely abstract, but extremely suggestive combination of signs. These "abstract ornaments" initially had a Jugendstil appearance, taken directly from figurative designs or typography. And Hölzel would soon stop seeing these ornaments as isolated shapes, but as free forms in an interplay between figure and background, in relation to the whole surface, thereby achieving an imagery which goes beyond all conventional calligraphic design.

As abstract pictures gradually develop out of the autonomous ornaments, Hölzel distances himself also in his own main work from any kind of figurative art and introduces the "epoch of great spirituality"[48] in art before Wassily Kandinsky. No later than 1905, with his *Composition in Red,* Hölzel finally achieves artistic abstraction and discovers painting as a means of expression completely free from any kind of perceptual intentions. As a consequence, the object loses its erstwhile "harmonizing" function, previously necessary for the formal design of a picture. That Hölzel has mainly conducted his exercises on used paper, which has already been written or printed on, helps him in his search for a compositional solution equivalent to that of representational art. The continued overlayering in the drawings produced a confusion of lines, which he used to conduct formal reductions and accentuations with the help of transparent paper and tracing technique. In this way he created his varied constructive scaffolding—what he called "concepts"—which became the basis for his abstract picture compositions.

Just as Hölzel's exercises—beyond their educational and therapeutic function—on the one hand, as surreal "scribblings," open the door to the subconscious and enable both abstract designs and structural picture concepts, on the other hand they are also the source for the very "conscious" and theoretical statements by the artist. While the hand usually moved over the picture surface row by row, the free, circular swinging of the line often turned into actual writing movements, which sometimes also dissolved into drawing movements. Hölzel described such processes in detail—in which the letters of the alphabet cropped up and even took the shape of coherent words and statements. "The pen glides on, not how you want it to, but how it wants, often further than you imagine, and suddenly there are complete word combinations, about which you don't know who or what they are until a word ignites and leads your spirit into other regions [...] and so sentences might be formed [...] it is poetry even in the prose which comes as much from feelings as the intellect."[49]

Hölzel's drawing exercises put a medium at his disposal which enable a continued, yet gradual transition from the manual exercise, via the poetics of drawing, to the prose of conceptual thinking. This is how the "daily thousand lines" come about and also the notes on his theoretical reflections, concerning the phenomenon of the image. Organically integrated in Hölzel's daily art work, they are—also for this reason—of such a large quantity that they have become part of an extensive literary estate. But of the whole collection, only the *theoretical estate* remains as complete bundle. What Hölzel has written over the decades is not in the traditional sense a literary collection and does not contain a coherent theory or even teachings, despite all the art theoretical content. It is rather about an individual, a different form of artistic practice, which, in the drawings with a writing pedestal, has even developed into special form of work. Between manual-mechanical exercises on the one hand and aesthetic-creative experiments on the other, the art theoretical reflections have an *integrating* function.

C — The last example, some 50 years later, is the American artist, Joseph Kosuth born, by his own account, in 1945. His work evidences a more far reaching integration of artist's theory and practice. Not only has he declared his programmatic texts, such as *Art after Philosophy* to be art, but in his later development, work and theory actually become identical and are presented as one. Just as the theoretical concept determines a work's form, the work also presents the theoretical content. When functioning in this way, the artist's theory must be characterized as *performative*.

Conceptual art is—as far as one can see—the last art form which seamlessly fits into the historical development of 20th century avant-garde art. Avant-gardist art was about the continuous attempt to redefine art. In the continuation of this tradition it is only consistent, if finally the medium of painting or sculpture no longer seems predestined for the self-definition of art, because for this purpose the more precise, more suitable medium is language with its abstract conceptualization, which is therefore a preferred medium of conceptual art. It uses this medium in a consciously "unartistic," functional way, in order to define itself as art beyond all material expression, purely conceptual. Avoiding all morphological similarities with conventional art forms, concept art originally aimed for a purely language-based definition of art, indifferent to the aesthetics of material.

In the course of time it became evident that the very rejection of aesthetic materials was a formal stylistic feature, emitting a power of definition at least as strong as what came from all conceptual operations. The "neo-conceptual" art movement of the '80s (compare for example Haim Steinbach), and also J. Kosuth (even earlier) reacted to this, taking the role of the aesthetics of the material into consideration. Exemplary for this further development in conceptual art is the project *modus operandi*. This work sequence, realized by Kosuth in various locations, differs from his earlier work exactly in that, beyond the purely conceptual meaning, now the specific materiality of an art statement is also reflected. Nevertheless, also this work attempts to provide a self-definition and justification of art, making the basic conditions under which art is still possible, or can still be defined as such, into its central theme.

Having become autonomous, the arts—as previously shown—are from the very beginning, subject to an extreme self-justification compulsion, which explains the tendency of most modern artists to theorize. Among the numerous theoretical artists' writings which have led to a general conceptualizing of art, Friedrich Hölderlin's remarkable and incomparably profound attempt to fathom from the "method of the poetic mind"[50] the conditions in which art is possible, is particularly noteworthy. Even if it is a famous text, and there are surely good reasons for its continued relevance, it is nevertheless astonishing when Kosuth today also considers the "modus operandi," that is to say, one of its specific procedures, to be a determining factor for art. But Kosuth does not provide a primarily conceptual explanation concerning the actual make-up of this "modus operandi."

Unlike Hölderlin and his own earlier works, Kosuth refuses any linguistic, detailed explanations of the actual procedures. Instead, he gives a more precise definition and demonstration of the "modus operandi" in a formal and material way, with the typography itself, by placing it in different contexts and varying the typography accordingly. Through the manner in which the wording is made concrete, that is how one deals with it as a text form; in a select spatial and social context, one can clearly see what the procedure is. The work *modus operandi* not only presents a nominal and hypothetical art definition, but carries it out on itself, realistically and factually, in such a way that the meaning and formal appearance of the text reciprocally elucidate and substantiate each other. "Modus operandi," as a general, conceptual definition *of* art, also defines its formal, material particularities *as* art.

The two basic directions of concept art: methodical planning and the more concept-defining directions, are here expanded upon by the aspect of a contextualization of its operations, which at the same time means a high point and a turning point of the self-referential nature of art.

1—Cf. M. Warnke: "The arts did not become autonomous because they always wanted [...] to, but probably because they were no longer useful in their traditional roles." M. Warnke, "Kunst und Verweigerungspflicht," *Kunst im öffentlichen Raum. Skulpturenboulevard Kurfürstendamm*, Berlin 1987, p. 29.
2—Warnke, "Kunst und Verweigerungspflicht," p. 29.
3—T. W. Adorno, *Ästhetische Theorie*, collected works, vol. 7, Frankfurt 1970, p. 9.
4—Michael Lingner points out that, although he has used the masculine form of "artist's theory," that is "Künstlertheorie," throughout the original German version of this text, he does mean the term to refer to both men and women. He also thinks that it could well be an interesting subject for gender studies to investigate if and how artists' theories by men and women differ.
5—J. Ritter, *Historisches Wörterbuch der Philosophie*, vol. 1, Darmstadt 1971, p. 707.
6—There where reason takes one, when it has been abandoned by feeling, is described by G. Forster, 16 April 1793: "[...] rule by, or rather tyranny through reason; perhaps the strictest of all, is still to come." With this idea Forster proves himself an early Romantic. After W. Hofmann, "Wahnsinn und Vernunft," *Europa 1789*, Kunsthalle Hamburg 1989.
7—Adorno, *Ästhetische Theorie*, p. 24.
8—T. Lehnerer, *Die Methoden der Kunst*, post-doctoral thesis, Wuppertal 1992, p. 23.
9—Cf. W. Krohn and G. Küppers, *Die Selbstorganisation der Wissenschaft*, Frankfurt 1989, p. 18.
10—R. Bubner, "Über einige Bedingungen gegenwärtiger Ästhetik," *Neue Hefte für Philosophie*, n° 5 (1973), p. 39.
11—D. Henrich, "Kunst und Kunstphilosophie der Gegenwart. Überlegungen mit Rücksicht auf Hegel," W. Iser (ed.), *Immanente Ästhetic – Ästhetische Reflexion. Lyrik als Paradigma*, Munich 1966, p. 524.
12—Adorno, *Ästhetische Theorie*, pp. 507-508.
13—"The art historian should become the partner, the historical voice of the artist, who commissions him. There is only a small step missing in this concept (by H.Belting, *Das Ende der Kunstgeschichte*, Munich 1983) to the conclusion that the art historian becomes an artist himself, or at least takes on certain functions of the artist." From Martin Warnke, "Ästhetik. Eine Kolumne," Merkur Heft, n° 5 (1984), p. 566.
14—M. Lingner, *Zwischen Kern und Mantel*, F.E.Walther and M. Lingner art talks, Klagenfurt 1985.
15—On the definition of "classics" compare J. Ritter (ed.), *Historisches Wörterbuch der Philosophie*, vol. 4, Darmstadt 1976, p. 854 f.
16—J.W.Goethe, *In Goethe's Werke*, vol. 12, Hamburg edition 1953, p. 49.
17—W. Roch, *Ph.O.Runges Kunstanschauung*, Strassburg 1909, p. 2.
18—Ph.O.Runge, *Hinterlassene Schriften*, vol. 2, Göttingen 1965, p. 92. (additional quotes will here be referred to as HS I/ or HS II/)
19—HS II/ p. 63.
20—HS II/ p. 63.
21—HS II/ p. 80.
22—HS II/ p. 63.
23—In a covering letter one can also read: "We recommend the author to study antiquity and nature, as the ancients saw it. But most important would be the study of the works of the great artists of all time, with respect to their thoughts." HS II/ p. 514.
24—HS II/ p. 173 "With all his accursed stuff, Goethe has nearly led me to the brink."
25—HS I/ p. 5 f.
26—HS I/ p. 14.
27—HS II/ p. 120 "...it isn't Goethe who wants the wrong things; the good things to be found in Weimar, we certainly have him to thank for."
28—Cf. Schlegel's "Gemälde-Gespräch" in *Athenaeum*
29—HS I/ p. 7.
30—HS I/ p. 8. Runge's scepticism concerning the validity of the "old forms," was not only in reference to art, but also to the political conditions, "If the Prussians will be so mad as to continue with the same old story in their economy and same old bogey military state, how should the people in such a state come to their senses [...]. Should we not have realized that the old forms are no longer valid, that they are crumbling and collapsing?" HS II/ p. 347.
31—HS II/ p. 235.
32—HS I/ p. 14 f.
33—HS I/ p. 7.
34—HS I/ p. 16.
35—This is why he (Ph.O.Runge, Berlin 1940) rightly says that one should not see C.D.Friedrich's art as the fulfillment of Runge's concept, one in which Runge himself failed.
36—This is why the discussions concerning the Runge-Tieck relationship are often controversial. J. Traeger, *Ph.O.Runge und sein Werk*, (Munich, 1976) p. 18 f. mentions three different versions.
37—HS II/ p. 9.
38—L. Tieck, "Franz Sternbalds Wanderungen," Marianne Thalmann (ed.), *Ludwig Tieck, Werke in vier Bänden*, based on the text as it appeared in *Schriften* from 1828-1854, and with reference to the first editions, vol. 1, Darmstadt 1973, p. 894.
39—H. Rehder, *Die Philosophie der unendlichen Landschaft*, phil. thesis, Heidelberg 1929, p. 144.
40—HS I/ p. 16.

41—HS I/ p. 24.

42—HS I/ p. 6.

43—M. Lingner, "Die Praxis der Theorie." The artistic origin of Adolf Hölzel's "theoretical works" and the history of the editing work can be found in "Adolf Hölzel - Der kunsttheoretischer Nachlass" in the series PATRIMONIA 155, Staatsgalerie Stuttgart 1988. HYPERLINK "http://ask23.hfbk-hamburg.de/draft/archiv/ml_publikationen/kt98-1.html"

44—A. Hölzel quoted from W.Hess, "Zu Hölzels Lehre," C. Haenlein (ed.), *Adolf Hölzel Bilder, Pastelle, Zeichnungen, Collagen,* Kestner-Gesellschaft, Hannover 1982, p. 112.

45—A. Hölzel, "Aufbruch zur Moderne," cat. Museum Villa Stuck, Munich 1980, p. 22.

46—A. Hölzel quoted from W. Venzmer, *Adolf Hölzel. Leben und Werk,* Stuttgart 1982.

47—A. Hölzel quoted from A. Roessler, "Das abstrakte Ornament ...," C. Haenlein (ed.), Adolf Hölzel. Bilder, Pastelle Zeichnungen, Collagen, Kestner-Gesellschaft, Hannover 1982, p. 79.

48—W. Kandinsky, *Über das Geistige in der Kunst,* Berne 1952, p. 143.

49—A. Hölzel quoted from Venzmer, *Adolf Hölzel. Leben und Werk,* p. 97.

50—F. Hölderlin, "Entwürfe zur Poetik," *Sämmtliche Werke,* vol. 14, Frankfurt 1984.

This translation has not been commissioned by the author.

———

Michael Lingner is Professor of Art at the Hochschule für Bildende Künste, Hamburg.

P. 91

Art – Context – Credit Points

—Katharina Jedermann

(In the context of the symposium *Rules & Choices*)

———

The Bologna process is the subject of heated discussions at German art and music universities. The positions vary from total rejection to the idea that one must seize "the opportunity of a century to reform higher education." Such topics as the professional orientation and the positioning of artists are being discussed at the Universität der Künste in Berlin (UdK), based on the experiences of the course *Art in Context.*

Art in Context, a further education course at the UdK, where I teach, received its four-year accreditation in 2002 as a post-graduate Master's course. Ours was the second Master's course at a German art university which managed to pass the accreditation procedures well. But it is only valid until 2006. We were the last ones to be evaluated by the German accreditation council itself, and not by an agency. In the meantime this accreditation council has become a control body for different private companies which are hired as evaluation agencies.

At present we are interviewing our graduates, students and ourselves, the staff, regarding the experiences of the last three years, and considering possible changes to the course structure in order to prepare for our re-accreditation application in spring. This time it will be conducted by a private company. The existence of these companies has, in the meantime, become a familiar indication of neo-liberal restructuring and the privatization of our education and university system. Of these, one of the most influential is the Bertelsmann company, with its Centrum für Hochschulentwicklung (CHE, http://www.che.de), founded in 1994 in collaboration with the German Conference of University Rectors in 1994.

Context Berlin

———

Fifteen years after the reunion of the two Germanys, the disintegration of the former social security system has had dramatic effects, which are most evident in Berlin. The city has debts amounting to €60 billion, unemployment and poverty are visibly growing. Berlin's unemployment rate of 18.1% is significantly higher than in all other German Bundesländer (in certain quarters of Kreuzberg it has meanwhile almost reached 30%). These are the figures from November 2005. "Compared with the previous year, it increased by 1.0%. Most of the job losses were in the construction sector, in education, as well as in the processing industry. Only the employment figures of the catering trade showed a slight improvement."[1]

But at the same time, there is no other place in Germany with a comparable amount of creative activity, artistic projects, international artists—a fascinating project scene in all fields. As a member the Hauptstadtkulturfond (culture foundation of the city) jury, one of the few organizations which still allocates funds for artistic production (almost € 10 million annually), I read through more than 600 applications in which the lively cultural scene presented itself with all its vitality, but also with its existential problems. Berlin is not the only place where artists are specialized in living and working under very difficult conditions. Already in 1999 a study by Carroll Haak, who analyzed the job market of artists and writers at the Wissenschaftszentrum Berlin für Sozialforschunng (the social research center in Berlin), concluded that "In the future work will become more self-determined and competitive, employment will be increasingly subject to change in respect to type and volume, more project and team oriented and increasingly integrated in networks instead of in companies."

"Low income sector," "new self-employed," "third sector;" these expressions come up with increasing frequency in discussions concerning the future of work. The study is based on the theory that the many different forms of employment and payment already being implemented in the artists' and writers' markets, will also apply to the many employees who are now still working under normal (full-time, unlimited employment) conditions. The analysis focused on the questions: What can be learned about the organization of future job markets? Where are specific deficits, which indicate that the job market policies need to be reformed? The education levels and the readiness to earn qualifications are above average among artists and writers. Work assignments which are diversified and often change may encourage life-long learning, but are at the same time connected to irregular payment or compensation. The individual risk-management strategies against job insecurity, relegation risks, self-exploitation and new inequalities will not suffice for social security. In comparison to the other professions with similar levels of education, artists and writers have significantly lower incomes. The income is often very irregular and the amount varies a great deal. A growing number of patchwork job biographies result, which have little in common with straightforward, easily planable and steerable job biographies. Phases of unemployment occur frequently, several sources of income are combined, and some of the work is uncompensated personal work. This has a profound effect on the private sphere."[2] These then are the results of Carroll Haak's study, which is now frequently cited when one wishes to show that the artists, due to their living and working conditions, are something like the forerunners of a new, flexible individual, mobile, poorly recompensed but highly motivated.

The most recent survey of the artists' insurance organization confirms this result anew. The average income of the artists registered with this service is € 11,000 per annum.

In the meantime "precariousness" has become a constant issue—not only in the culture sector. With increasing frequency the precariously employed of the culture sector and other sectors of the population who live with insecure work conditions are forming joint ventures and solidarity movements—especially in France and Italy. Joint demonstrations have been taking place since 2002 on "Mayday," and www.republicart.net, the Austrian-based website for democratic culture policies around Gerald Raunig, has dedicated much space to this discussion for about one year, and has introduced the term "prekariats" into the German language discussion, an expression which I find precarious, after the send-off given "proletariat."

Context University
———————

Since the beginning of December the students in Berlin are once again on strike. In a general assembly on December 7, 2005 they adopted the following resolution:

"Free and flexible studies, according to one's personal interests, and the access to these have become impossible through a wide-scale introduction of the Bachelor's, and, especially, with the introduction of centralized campus management and the threatened introduction of tuition.

Considering the continued re-evaluation of many public sectors, based purely on economical factors, we believe that freedom and self-determination in learning and research are threatened. Our endeavours concern society as a whole. The increasing delimitation of self-determination at the university is directly connected to a tendency in society as a whole to sacrifice self-determination to economic pressure. We declare our solidarity with protests in other universities and other social movements."[3] It took a long time before a visible student movement took a stand against the Bologna Process, because the reforms seemed to promise a real alternative in the face of over-filled, poorly organized mass-universities.

Maybe it is typical—and this would correlate with Richard Sennett's analysis in his most recent book about "the culture of new capitalism"[4]—that protests will only come about after the bureaucratic implementation, evidenced in campus management, because it is the most obvious demonstration of how the public-private partnership functions as a control instrument.

The growing, computer-supported, bureaucratic jumble, which cannot be influenced by the university employees who use it, is the most evident result of restructuring. Falling short in payments, delays, etc. can quickly endanger one's studies. The employees can no longer decide flexibly, from case to case, within such a system.

Context Art Universities

Other opinions on the Bologna Process do exist, also in our field. One example is that of the dean of the music faculty and vice-president of the UdK, Patrick Dinslage. In June 2005 the Bologna service department of the German Rector's Conference invited representatives from art, music and theater courses to discuss what the Bologna Process could mean for these subjects.

Professor Dislage opened his introductory speech with the following words: "The Bologna train is rolling! It is not without a certain amount of pride that I say this. In order not to anger you from the very start, I would like to add the introductory motto with which I often open discussions, meetings and conferences: 'Bachelor's and Master's are not the devil's work.' It is my absolute conviction that adapting the education structure to a tiered system is the chance of a century to reform education—an opportunity as comprehensive as this is unlike anything we've had in the last one hundred years and most likely we will not encounter again in the next hundred years [...]."[5]

The music schools have achieved something which could also be applied to the fine arts courses, if—as many hope—they could finally give up their negative attitude: it is possible to introduce a six-year multi-level structure in art and music schools: four years for a Bachelor's, two years for a Master's, but with the proviso that only half of the students are accepted to the second tier, to the Master's, according to the so-called bottleneck principle for cost reasons. To quote professor Dislage once more: "Half of the students take their exams before they start working in their profession, a year earlier than before, when it was after four years—this takes the orchestral violinists into consideration—the other half specializes during the two years required for the Master's, for example, to become soloists or chamber musicians."[6]

In 1975 the art and music colleges merged and became the Universität der Künste, and in 1981 the art teaching departments of the teacher-training college were included, so that now, in the largest art university in Europe, as one likes to stress, the four faculties: fine arts, design, music and the performing arts are united under one roof—each with a different position on the Bologna Process. The "fine arts" faculty is the spearhead at the conference of art college rectors for those who are most decidedly against the introduction of the Bachelor's and Master's system. The teacher-training courses have already, under pressure from the Berlin senate and the forced cooperation of some of the teachers in higher education, converted to BA and MA. The rejection of the BA and MA by the fine arts sector has resulted in an unwanted alliance between traditional art college professors, who defend the "class principle," and critical students. They can fall back on the renewed resolution of the German conference of art college rectors: "The presidents and rectors of the German art colleges at the Bremen conference from June 1 to 2, 2005 unanimously passed the following resolution on the introduction of the Bachelor's and Master's in the arts courses. The conference of art college rectors confirms, emphatically, its resolution of May 13, 2004. The studies which have a definite artistic orientation from the start, focus on the individual and the individual development of his/her practical and artistic abilities. Accordingly, in Germany this, as a rule, takes the form of individual lessons and/or classes. Therefore art education cannot take a modular form nor can it be internationally standardized. With this unanimous resolution of the conference of art college rectors all art colleges are required to implement their course structures, that is, to continue with them."[7]

This structure, which not only the fine arts professors in Berlin want to keep (including the few existing female professors), is characterized by Dieter Hacker in his book *How Does One Survive as an Artist?*: "The fundamental idea of an art college like our HdK is that it is best for future artists to learn from other artists. Recognition by society is the measure by which it is decided whether an artist is good, or not. The German universities tap the reservoir of recognized artists in order to complete their teaching faculty needs—ideally a balanced combination of younger and older well-known artists. The idea of this model would be that you as a young artist, who is just starting at the university, examine what is available. That means you inform yourself, while you are in the foundation course, what the individual courses are like, who the professors are, which artists work there, to then find out, what would be exemplary and interesting for you and with whom you would like work in the following years. So you make your choice and then arrive at the first hurdle, that the chosen professor may not just want to take you. Then you must fight for it. That is also a principle, that the student will not be given everything, but will in a sense have to fight for it: to get a place in a class, to inform him or herself in advance, to follow a class teacher and make oneself interesting to him or her, so that the teacher will want to accept you in the class (the interest must be reciprocal). And then, for the whole duration of the studies, i.e. six years, you have someone with whose positive and negative sides you must deal."[8]

Just about all German art universities, with a fine arts program, currently function according to this principle of "class struggle." That art cannot be taught is still often written in the study guides and course descriptions. "Art has no curriculum" is still a much-liked phrase, which is often used as an argument in the discussion on the introduction of the Bacherlor's and Master's at the art colleges in the confrontations with the ministerial bureaucracy.

But currently there is an ongoing alternation of generations at the German art colleges, something which can lead to changes. The fights are hard. Every aspect of the professional affects—spoken or unspoken—the very foundation of the old academic structure. A generation change does not necessarily mean restructuring. One does not have to be old to be a member of the old boys' network. Artists and art academics who have new teaching concepts remain hotly contested exceptions. Changes tend to begin at the perimeters: the institutionalized equal rights representatives, mentoring programs and jobs created with funds from equal opportunities promoters, which need not, or only minimally, be financed out of the university budget. The setting up of career centers may result in new networks and course offers for the students— in cultural, post-colonial and gender studies as well as project-management and self-management, etc. But this remains possible, for the time being—together with student initiatives for open classes and artist talks, guest lecturers and visiting professors—a supplementary offer, which will only be integrated into the existing "class system" through the initiatives of individual teachers.

Privatization

The open class at the UdK was reintroduced last year. In a seminar series *Neo-Liberal Image Policies* are studied and, in this connection (with the title *My Academy*[9]) such tendencies at the UdK are analyzed and, with different activities, made public. For example, the new university library, a construction realized by the UdK and TU together and sponsored by Volkswagen AG to the amount of € 5 million, must now, even though the amount only covered about 10% of the construction costs, bear the name Volkswagen University Library—the name, prominently mounted on the building in neon lights, is visible from afar. Another example of a cooperation with private donors at the Berlin UdK is the Master's course *Leadership in Digital Communication*. This is a cooperative project of the Universität der Künste Berlin, the Institute of Electronic Business and the MCM Institute of the University of St Gallen. The course fees for this program are very high. The fee is € 1,500 per module (lasting 6 weeks), that is, € 3,000 for a Master's thesis (lasting 12 weeks). A course consisting of 10 modules plus a double module, and lasting three semesters, amounts to € 18,000 for the whole course.[10]

Art in a Context

In contrast, our course is still free of charge, something which certainly also contributes to its growing popularity, internationally. About 90 art students, designers and art teachers are currently studying at the institute, the majority being art students. More than a third of the students are of non-German origin, and most of these have not completed their initial studies at a German art college or university. Five full-time teachers and about ten lecturers from different fields work at the institute. The course-offers— with more than thirty lectures per semester, the course covers a greater area than other post-graduate courses for artists and include a wide choice of theory and praxis. That the students come from many different countries has influenced the course-offers and the course structure, as have the activities of the lecturers from England, Lithuania, Austria and USA. The course aim is to raise and add to the level of artistic competency towards professional qualifications which measure up to the demands and possibilities of an open and complex professional field. The course-offers are based on the question, how one can add communcations competencies to the artistic qualifications, theoretically and practically.

Theoretically—in that art themes are made available to social and cultural discourses.

Practically—in that projects involving a great variety of cultural and social fields and varied forms of communication are planned, carried out and analyzed.

Modules

The course structure consists of five foundation modules—public art, the economy of the cultural field, anthropological foundations of aesthetic learning and communications' processes, media theory and practice, gender studies— and five profession-specific modules: children and youth culture work, culture education for adults, art and psychology/cultural minorities, museum and exhibition work, community arts. Profession-specific orientation is an important element of the continued and complementary education, though the aimed-for praxis is not about clearly defined professions, but about expanding upon the artistic field of activity in different social areas—also outside the art institutions. Projects and theory praxis seminars are organized in cooperation with organizations outside the university. Contacts made by the students should help them create long-term cooperations. The openness of the curriculum means that the course can allow for new impulses and react to new developments. The subjects of the lectures and the project content reflects current discourses. Guest lectures supplement and modernize the teaching program. The new developments in the different areas of work, such as the forced introduction of all-day schools in Germany after the Pisa shock, are included in the lectures and led, for example, to a review of the "artists in schools" subject. Artistic work also includes designing the setting of a project, selecting locations and persons or institutions and winning them for a project, developing work and time concepts, and the acquisition of funds. What one expects from the artists is a central theme and this is compared with one's own project ideas. Documenting and evaluating project work in project reports and Masters' papers is a required component of the course.

The re-accreditation of the course will be applied for by March 2006. The course is currently undergoing an evaluation process which has already led to a re-designing of the course structure and a modification and streamlining of the modules. The results of the interviews of the course graduates are not yet available. Grading will not be introduced, the Master's certificate, which is handed out after the exam has been passed, contains a detailed written evaluation, honoring individual achievements.

For further information see:
http://www.kunstimkontext-udk-berlin.de.

1—*Berliner Zeitung*, November 3, 2005.
2—Vom Beruf zum Job: *Selbstbestimmter, vielfältiger, anstrengender. Arbeitsmärkte für Künstler und Publizisten als Trendsetter* (Wissenschaftszentrum Berlin für Sozialforschung GmbH, December 21, 1999 - idw, quoted from HYPERLINK "http://www.uniprotokolle.de/nachrichten/text/55030/," Dec. 2005.
3— HYPERLINK "www.streikzentrale.tk/" (December 8, 2005).
4—Richard Sennet, *Die Kultur des neuen Kapitalismus*, Berlin Verlag, Berlin 2005.
5—HYPERLINK "http//www.hrk.bologna.de/bologna/de/download/dateien/Dinslage_Einführung(1).pdf" (December 2005).
6—Dinslage, ibid.
7—Cf. Dinslage, ibid.
8—Dieter Hacker (ed.), *Wie überlebt man als Künstler?* Berlin 1998, p. 22 f.
9—See HYPERLINK "http//www.meineakademie.tk/"
10—HYPERLINK "http//ebcrew.ieb.net/~masterweb/"

———————

Katharina Jedermann is an art lecturer at the Institut für Kunst im Kontext, Universität der Künste, Berlin.

P. 99

Geniuses and Specialists in Bologna

— Andreas Spiegel

(In the context of the symposium *Rules & Choices*)

———————

One might get the impression that the Bologna debate about the multi-level structure for art education in the German speaking countries is being conducted with such fervour because it takes issue with an art concept which has been in a crisis for years, and whose legitimacy is now being provocatively questioned. No matter how the decision of the art universities will fall—for or against the Bologna model—the fact that the structures of education are being discussed and confronted by options has already brought positive results. What has been lost is a habitual validation deficit in education, in other words, a leadership practice in art education which considers it unnecessary to reflect upon its basic principles—because art has always been produced by artists and artists are not so much educated towards this, but rather provided with a natural talent. Symptomatic for the rejection of a multi-level educational structure are two objections, whereby the first objection is often presented as a product of the second one.

The diploma system of studies, which predominate in the German speaking areas, is being advocated with a reference to time, the time which a young, developing artist needs in order to mature. If the duration of diploma studies vary, depending on the course offers, between a four- and five-year maturation, then the three years, planned for a Bachelor's are basically not enough, or, more precisely, too short. What is usually not mentioned is that a two-year Master's course can be added. We are left with a shortened version of an education reduced just to the Bachelor's, which can bring forth much, but not mature art personalities. The contents and curricula of the available studies are rarely discussed, and then only summarily. From this one could gain the impression that many art studies only consist of one subject, named after the medium which it cultivates, and from the time which one can dedicate to this medium, with or without guidance.

The second objection to the impossible maturing process in the Bologna model uses a term which, ideologically, should conceal more than it criticizes: this is over-education, about which no one can say what it relates to on account of the inexistent curricula. But what it should conceal is an implicit assumption: that is, the fact that one cannot really be trained to become an artist, but that one must already be born as such. Accordingly, the admission process for art studies has the tendency to filter out—from the applications—those who are already artists in their very being. In other words, the artists who opt for studies, are not just to be educated, but should primarily be discovered. This is something like a second confirmation of their birth by the art institution. The acceptance to studies means that an institutional qualification, confirming artist status, has been achieved. That this confirmation is also satisfying for the students is understandable and should not be criticized if this status contributes to a self-awareness. What results is an artist for whom time and infrastructure are provided. After four or five years of more-or-less tutored experimentation, one establishes how successful this waiting for the maturing process has been. This process would correspond to a third confirmation of birth, one which establishes whether the institution has or has not erred in its second confirmation. The question as to how many good or bad artists leave the institution is irrelevant, as the problem is relegated back to all the good and to the bad. If an excellent artist emerges from this, it is anyhow clear and confirms the institute's reciprocal subjectiveness, and if bad artist emerges, then one could in any case not really have prevented it—in this case it is the graduate who has failed and not the education system. What one holds against over-education on the one hand, seems on the other, to confirm that art is a destiny.

It remains unsaid that this institutional self-definition is based on the concept of the genius.

The curriculum and the lessons make up the conditions for the self-development of the genius, whom one provides with time and infrastructure needed to find himself/herself and the corresponding medium. Parallel to this there is a master-artist, who equally represents self-development of a personality and the medium. The class around the master is the logical conclusion of an education which confirms the process of finding oneself as a social and cultural duty. The idea of the Bologna model that the studies consist of modules and a choice between different study options and locations is diametrically opposed to this, as they implicitly question an all-encompassing function of a personality and an institution. Alone the notion that a master and his institution are insufficient is provocative—for the genius, which exists, alone and original, within the indivisible individual, and which can never recognize itself in the product of a collection of choose-able segments. The genius has no choice, because in choosing, he or she would be in danger of making its innermost and individual core dependent on social or cultural and historical variables. It is in this sense that the genius is an ahistorical figure. Its history maintains a tentative relationship with the surrounding history—one could say, an amorous relationship, based on the fact that the genius and his/her history have always actually betrayed history. The genius is permitted to be quasi unfaithful to history, because he/she cannot be faithful to the history of his/her own time. The geniuse's cultural power lies in the exception which it represents. This function, as exceptional being, makes the genius at the same time popular and despised. As an exception, it is the pure version of an individual concept of identity on the social horizon. The current productions in the so-called Mozart year evidence how important this public need for exceptional beings is. Mozart as a genius and amorist is not only the perfect representative for a culture which is not only desperately on the look-out for the individual subject, but also the blockbuster model for the ideological subtext, which stands to discussion. The suposition that the Bologna model from the Bachelor's to the Masters would not really have been suitable for Mozart must be taken one suposition further, in that also the diploma studies would only have been of limited use to Mozart. And yet, in their core, the ongoing discussions, concerning diploma studies for future Mozarts, address those who should profit from institutional care.

This is not the place to analyze the Mozart year's ideological implications, but I will allow myself to point out that in the case of Mozart it, incidentally, concerns a man who is being "instrumentalized" for politico-cultural purposes—one is tempted to say, re-tuned. What is being addressed here is nothing other than the gender question.

Ahistorically, the implicit referal to the genius as a natural phenomenon, only requiring promotion, also means that the historically uncared-for geniuses, who were fated not only to be born as a genius but also as a woman are left out. It is a feminist discourse, lasting over a century, which has attempted to throw doubt on an individual's nature-given scope of action. The idea of considering an individual also as a subject, confronted by social and cultural conditions and expectations, leads to other questions and to other curricular structures. Unlike the genius, who in any case has no choice but to develop himself or herself according to his or her own nature, the introduction of the subject implies a political discourse. This political discourse is based on the idea that the social and cultural conditions are not a natural product, but the consequences of power structures, themselves a construct, which could be constructed differently, and are therefore mutable.

If one expects the genius to have a more or less incongruent relation to everyday society, as an exceptional phenomenon, then one can also expect such an incongruence in a political discourse, which critically disagrees with the status quo. Unlike the genius, the political discourse does not primarily justify its incongruence with the nature or the natural abilities of a subject, but considers its abilities to be dependent on the given conditions, which either promote or hinder these. If one associates artistic practice with a critical detachment to the status quo—irrespective of whether geniuses have provided an historical example—then it would seem reasonable to impart, as part of the art training, information and discourses reflecting the various coordinates and media of this power structure. This would make them available for an artistic analysis. In this model artistic practice is implicitly tied to political agendas. Unlike the genius, who is his or her own model for further development, the artistic subject is confronted by models, which not only represent the conditions of his existence but are also the theme. The corresponding curricula for art education is symptomatic for this discrepancy. The genius model argues not only for self-development, lasting several years and led by a master, but it is also critical of critique—meaning that the curriculum only contains a limited amount of theory and discourse. Only the very minimal and unavoidable common factor is found to be just about acceptable, and so, it is really about more or less additions or superfluous modifications to the state of the art. This is the source of the over-education criticism, unconnected to the Bologna model. Concerning the genius model, it suffices to point out that the genius, on account of his/her incongruence to everyday society, has already fulfilled his/her political assignment—the rest is theory, and, practically, for those who really want it, an optional subject. Every attempt to integrate additional elements of theory and discourse teaching into this model's curriculum gives rise to the suspicion that nothing is actually being added to art education, but rather that something is being cut off. Curricula which consider a political core implicit to artistic practice view this relationship differently. In practice, this does not necessarily mean more theory, but another understanding of the connection between discourses, critical of the methods, and artistic practices, which are confronted by a reality whose variables and power structures can be perceived, described, formed and changed. Art education, in this case, also means creating an awareness for the power structures and the politico-cultural mechanisms, and, at the same time, providing possibilities for individual reflections and interpretations.

The question now arises, if these requirements or perspectives are foreseen for the Bologna model, or even already included. The answer to this is easy: yes and no. No, because the Bologna model with its multi-level education structure does not just want to be an immitation of the Anglo-American model, but it also has other goals, some of which are very banal. Essentially, an education hierarchy is represented with a level by level selection process, concluding with a Bachelor's, an institutional answer to the public wish for education. The universities are forced into a spectrum made up of a right to education and a buffer zone to the job market. The significant and, at the same time, problematic term for this is "job qualification." That is, one qualifies quasi for a profession, which one most likely must only then learn—not necessarily at the university, but in the free market, where the application of know-how counts. The practical side-effect of this is a reduction of the drop-out numbers and the possibility of completing university studies, even without a diploma. The aim of the suggested Master's program specifications is again a practice-oriented education—at the cost of an insistence on a diversified cultural knowledge concept. What is intended for Bologna is a focusing on fields of specialization and their specifications. To return to the genius metaphor, in the Bologna model the genius would be an exceptional specialist; one whose behaviour is inconsistent with the status quo on account of his or her abilities. In this sense specialists are secularized geniuses, who should then climb the ladders of doctoral and research programs. What a delimitation of specialisation cannot achieve is delegated to a demand for institutional partnerships in research programs and interdisciplinary networks. One wants to combine different areas, areas which were removed from the original content of the specialized individual's profession. Geniuses are turned into specialists with the social competence of being able to work in a team, producing excellent results and financial profit. What is meant by this is not only connecting education, research and the market, but also the development of a European education market. Aside from their educational responsibilities, universities are considered to be businesses, which must also develop their politico-cultural and social achievements according to economical aspects. Questions which do not pay off in the short or long run, will not be asked and should they anyhow be asked, they will remain economically unanswered. It is not necessary to explain how difficult these ideological perspectives are for sectors and institutions, which, on account of their methods and subjects, avoid pure research with a view to the applicability and the commercialization of their results. With regard to this, any ideological differences between the education and the research institutions are cancelled or made irrelevant by this demand for an economical compatibility of the education market. By implication, the idea behind this is the wish to recognize the economy as an ideologically indifferent matrix. It is rather difficult to imagine that an institution which is dedicated on account of its agenda to a critical view of social and economical issues, must evidence economical profit perspectives. It has little to do with questions concerning time and the naturalized production forces of the genius. Criticism of the Bologna model must use other parameters. And this is the place to point out the opportunities, in context of the Bologna model, which result from a multi-level architecture for the studies and the modular version of the curricula. What is meant here are two subjects which are important issues for art since modernism: the construction of an individual, who disagrees with the existing power structures, and the critique of the institution.

To the political aspects of the concept of the individual, already mentioned in the context of a feminist debate, should be added that this individual will find it easier to free him or herself from the domination of an institutional structure if it has a multi-level system instead of a framework which is continuous, as it is in diploma studies. Unlike the uninterrupted studies model, which binds the individual to an institution by means of the curriculum in a more varied or simplistic way, the modular system proposes a differentiation of the studies and the study options. In this differentiation lies a potential which must not just strive for specialization, but it can also reduce the influence of a higher defining power on a studies subject. In other words, here differentiation implies a particularism which can hardly be turned into a universalism. Knowing this about particularism, allows a relationship to the institution which only affects the political and ideological core of studies in the context of alternatives. These alternatives not only touch upon the different curricula, but also, if and how one poses questions concerning gender, cultural hegemony, the concept of medium and the individual, the disciplines and institutional disciplining. As absurd as it may sound, herein lies one of the qualities of an abbreviated term of studies, to be evaluated relatively: a shorter version of the Bachelor's and Master's studies prevents the naturalization of the individual to whom art has been alloted as a destiny. Shortening the duration of the studies means that one does not have to wait so long for the individual expression of this destiny. The choice of a specific option also means confronting the belief in destiny, as determined by nature, with a politically defined education option. This does not primarily mean getting to know the nature of one's own destiny during the studies, but learning about the artistic potential for change and development within social and cultural coordinates.

The multi-level architecture of studies allows the individual to free him or herself from institutional bonds. And this is not only because one can transfer to another institution after having finished a level, but also because it is easier to interrupt one's studies to pursue personal interests outside the university system. It provides one with greater scope for action, and one can, then, return to one's studies with different perspectives and expectations, than what the university has to offer.

The result is in every case a particularized and differentiated concept of the institution, making it difficult to completely subsume an individual in the institution; in other words, to institutionalize an individual by making him or her into the sole product of an institution. Nowadays one would speak of an institutional branding of the individual, comparable to the model for graduates of Oxford, Harvard, etc. For many courses of studies this might make sense, but for artistic studies these identity concepts seem questionable. The flexibility of the study offers and locations in the Bologna model implies a fragmentation of the institution. It must recognize that it has limited opportunities to offer comprehensive identity concepts. Structurally, the Bologna model delegates the shaping of an identity to the individual, who can put together his or her own training profile according to personal interests and qualifications, to represent something different to graduating from an institution. If one wants to associate art and artists with an incongruent relationship to the existing power structures, then, paradoxically, the Bologna model is more suited to prevent the institutionalization of an artist biography—beyond genius and specialization.

———————

Andreas Spiegl is Vice-Director for Research and Instruction at the Akademie der bildenden Künste, Vienna. He is an art critic and regularly contributes to *afterall*, *springerin*, *camera austria*, *inter alia*.

Index

Studiengang Bildende Kunst SBK:

Leitungsteam,
Dozentinnen /
    Dozenten,
Assistenzen,
Dozentinnen /
    Dozenten
    1985 – 2005,
Studentinnen /
    Studenten,
Gastdozentinnen /
    Gastdozenten,

Kunsthof Zürich,
PARK,
Goldbarren,
Kunst am Bau Projekte,

Publikationen SBK,
Diplompublikationen,
Ausstellungskataloge,
Publikationen
    Forschung,
Publikationen
    Kunsthof.

Leitungsteam

Prof. Peter Emch
Prof. Berndt Höppner
Franziska Koch
Prof. Thomas
    Müllenbach
Prof. Christoph
    Schenker (– 2005)

**Dozentinnen /
Dozenten**

Dr. Laura Arici,
    Kunsthistorikerin
    Zürich
Maria Eichhorn,
    Künstlerin, Berlin
Prof. Peter Emch,
    Künstler, Zürich
Prof. Nadia Gisler,
    Künstlerin, Zürich
Dr. Ulrike Groos,
    Kunsthistorikerin,
    Künstlerische
    Leiterin Kunst-
    halle Düsseldorf
Prof. Berndt Höppner,
    Künstler, Biel
Bethan Huws,
    Künstlerin, Paris
Franziska Koch,
    Künstlerin, Zürich
Daniel Kurjaković,
    Kunsthistoriker,
    Kritiker, freier
    Kurator, Zürich
Prof. Thomas
    Müllenbach,
    Künstler, Zürich
Prof. Dr. Dagmar
    Reichert, Kultur-
    geografin,
    Zürich
Prof. Christoph
    Schenker, Kunst-
    theoretiker,
    Zürich
Prof. Conradin Wolf,
    Philosoph, Zürich

**Assistenz
Administration**

Susanne Schiesser
    Zürich

Assistenz Lehre

Sabina Pfenninger
    Künstlerin, Zürich
Irene Weingartner
    Künstlerin, Zürich

Assistenz Technik

Eve Bhend
    Künstlerin, Zürich

**Wissenschaftliche
Mitarbeiter Forschung**

Tim Zulauf
    Künstler, Autor,
    Zürich
Jörg Köppl
    Künstler, Zürich

**Dozentinnen /
Dozenten 1985 – 2005**

(in ihrer damaligen
beruflichen Funktion)

Luigi Archetti,
    Künstler, Musiker,
    Zürich
Dr. Carl-Peter
    Braegger,
    Kunsthistoriker,
    Zürich
Monica Klingler,
    Künstlerin,
    Zürich / Brüssel
Irene Schubiger,
    Kunsthistorikerin,
    Basel
Hildegard Spielhofer,
    Künstlerin, Basel
Dorothea Strauss,
    Leiterin Kunst-
    halle St. Gallen
Aldo Walker,
    Künstler, Luzern

Kunsthof Zürich

Limmatstrasse 44,
CH-8005 Zürich

Der Kunsthof Zürich
ist eine Ausstellungs-
institution für
Gegenwartskunst im
Aussenraum und wird
vom SBK betreut.

2005

5.11. – 9.12.
Jörg Köppl, Mirjam
Bürgin
hier ist niemand

16.7. – 28.8.
Isabella Branč,
Arena

21.6.
Der längste Tag,
16-Std.-Non-Stop-
Performance
kuratiert von
Dorothea Rust und
Peter Emch

20.5. – 12.6.
Stefan Burger,
Claudia Caprez,
Heike Döscher, Ina
Ettlinger, Heiko
Hoffmann, Erika
Krause, Stefan Meier,
Cora Piantoni,
Claudia Wieser
Invasionswetterlage

2.4. – 8.5.
Matthias Rüegg,
Nische

2004

25.10. – 6.11.
Ursula Sulser
Ample Sample

1.7. – 18.8.
Peter Regli
*Reality Hacking
Nr. 221*

21.6.
Der längste Tag,
16-Std.-Non-Stop-
Performance
kuratiert von
Dorothea Rust und
Peter Emch

3.5. – 22.5.
Les Complices*,
*Another brick in the
wall*
CBS Crew, Mickry 3,
Soeren Berner,
Zaccheo Zilioli,
Jean-Claude
Freymond-Guth

2003

15.12. – 4.8.2004
Niklaus Rüegg
*Monument für
Boris Groys*

22.10.
Regula Engeler &
Sven B.
Subpolar Lines
Super-8-Filme mit
Live Performance

31.8. – 12.10.
Marie José Burki
*Where was I born
and what is my name*

18.7. – 23.8.
Niklaus Rüegg
*Kollektivhypnose
Kindergeburtstag*

27.6. – 10.7.
MEMO (Markus Bösch
und Tom Heinzer)
*Sondierungen ins
Nirgendwo*

10.5. – 16.6.
Hildegard Spielhofer
*Wirf einen kühlen
Blick*

2002

29.6. – 15.9.
Michael Pfrommer,
Mandla Reuter,
Alexander Wolf
Ohne Titel

7.6. – 23.6.
Mariano Javier Gaich
Ingràvidos

22.1. – 2.3.
Muda Mathis / Sus
Zwick
Bad

2001

1.6. – 30.6.
Andreas Helbling
Ohne Titel

25.5. – 30.6.
Sam Durant
*Consciousness
raising historical
analysis, pain plus
time separated
and ordered with
emphasis on
reflection*

30.3. – 12.5.
Klodin Erb
Cerberus

2.12. – 28.2.
Urs Hartmann /
Markus Wetzel
Wildbrook

2000

14.6. – 13.9.
Katrin Freisager
Unprotected

30.3. – 13.5.
Roman Ondàk
Room Extension

7.2. – 25.2.
Monika Günther
*Ich wollte immer
schon nach...*

1999

20.11. – 15.1.2000
Georgia Creimer
*Wir sind es, wir sind
es wirklich!*

25.10. – 5.11.
Peter Emch
Tableau Vivant

8.7. – 28.8.
Fabrice Gygi
Free Market

30.4. – 26.6.
Sabina Baumann
05.06.50783

13.2. – 11.4.
Bob Gramsma
Spanner

1998

19. und 20.12.
Markus Schaub
Walls
Projekt beim Hotel
Castell, Zuoz

15.11. – 24.1.1999
Berger, Coste,
Deutsch, Gai, Hänel,
Hedinger, Helbling,
Menzi, Leutenegger,
Maiocchi, Pfenninger,
Purkathof, Tavernini,
Schaub, Senn, Zulauf

19.9. – 1.11.
Daniel Schibli
Becken

21.3. – 30.8.
Adrian Schiess
Malerei

21.3.
Karin Wälchli /
Guido Reichlin
Pattern

16.2. – 18.3.
Markus Weiss
Plug and Play

1997

14.11. – 17.1.1998
Thomas Hirschhorn
*7 / 7, 24 / 24, blauer,
schwebender Raum*

11.9. – 25.10.
Berndt Höppner
Raum²

5.8. – 16.8.
Jos Näpflin
Lache

21.12.1996 – 20.4.
Sol LeWitt
Three Sided Tower

1996

11.9. – 9.10.
Urs Hartmann /
Markus Wetzel
*11. Sept. – 9. Okt.
1996*

10.8. – 8.9.
Max Bühlmann
Die Malerkapelle

3.7. – 14.7.
Marcel Biefer / Beat
Zgraggen
*Kulturbeförderung
(Eine Lektion aus
dem Telekolleg
Kunst)*

28.6. und 29.6.
Matthias Bosshart
*Es ist sehr schön,
was du gemacht h*

14.6. – 24.6.
Peter Regli
Bänke

17.4. – 23.6.
Christoph Rütimann
Mögliche Farben

3.2. – 16.3.
Klaus Tinkel
Hofzeichnung

1995
—
25.11. – 13.1.1996
Ariane Epars
(tsîgelrôt')

24.9.
Edu Haubensak
*Idiorhythmische
Studie (Klang-
installation), Gestes
(Komposition für
Saxophon und
Schlagzeug)*

13.9. – 25.10.
Barbara Mühlefluh
Made

17.7. – 13.9.
Lawrence Weiner
*To the Lake / On the
Lake / From the Lake /
At the Lake /
Bordering the Lake
(Permanent von
1995 – 2000)*

22.4. – 11.6.
Franz Wanner
Silenen

1994
—
3.12. – 14.1.1995
Judith Albert,
Resther Hartmann,
Urs Hartmann,
Daniel Hunziker,
Daniel Schibli, Alex
Scherz, Christoph
Schreiber, Markus
Wetzel
Eine Klasse für sich

3.10. – 22.10.
Dominique Lämmli
*IOOOOOOOOO-
OOOI*

2.8. – 3.9.
Daniel Zimmermann
Camping

6.6.
Lucinda Santos
(Tanz), Niki Good
(Tanz), Daniel
Schibli (Film)
Sinngemäss

5.6.
Stefan Banz
*Das Dilemma der
Kriterien*

3.6.
Edu Haubensak
*Message (Eine
choreographierte
Musikperformance
für 4 Schlagzeuger,
Uraufführung)*

1.7.
Roswitha Marien
Filmperformance

18.3. – 29.7.
Bessie Nager
Sammelplatz

1.7. – 31.7.
Gerwald
Rockenschaub
Projekt Kunsthof

1993
—
10.10. – 31.12.
Renée Levi
Blauen

22.9. – 6.11.
Thomas Müllenbach
*Ohne Titel (Castel
Burio 1991)*

21.9.
Monica Klingler
*Drei Bewegungs-
stücke*

4.8. – 18.9.
Urs Frei
Hinter den Geleisen

14.6. – 17.7.
Mario Sala
Bella Vista

3. – 12.6.
Stefan Pente
Nichts dahinter

PARK
—
Ein Projektort im
Aussenraum für die
Studentinnen und
Studenten des SBK.
Pfingstweidstrasse 6,
8005 Zürich
beim Hintereingang
des Restaurants
Les Halles.

2006
—
26. 1. – 30. 3
Sandra Bienek
Park-Gespräch

2005
—
4.11. – 15.1.2006
Andrea Gerber
Blei Lachen

14.7. – 27. 10.
Eva Razz
Andate-Ritorno

3.6. – 3.7.
Nina Weber
Baracca

28.4. – 27.5.
Silvia Hildebrand,
Annatina Caprez
Hier ist kein Park

21.1. – 3.3.
Gianin Conrad
PARK-Anlage

2004
—
29.10. – 16.12.
Georg Keller
*Louis Vuitton
Flagshipstore*

2003
—
27.6. – 12.7.
Andreas Widmer
unterm Kirschbaum

2002
—
24.10. – 13.3.2003
Gabriela und Lukas
Gerber-Bardill
Lifting

18.7. – 17.10.
MEMO (Markus Bösch
und Tom Heinzer)
Theke

10.5. – 4.7.
Jason Klimatsas
Fahnen

22.3. – 18.4.
Dorothea Rust
Schöne Aussicht

2001
—
19.1. – 22.3.
Andreas Helbling
svemir 3*

30.3. – 25.5.
Christine Streuli
Stromquelle

20.7 – 18.10.
Alex Herter
PARK

26.10. – 15.1. 2002
Karen Geyer
Aquaedukt

2000
—
27.10. – 15. 12.
Barbara Sturm,
Johanna
    Röthlisberger
chicks are in town

22.7. – 19.10.
Gabriela Frei
Josefine

1.6. – 16.7.
Niklaus Rüegg
Plötzlich

Goldbarren

Sihlquai, Höhe
Gasometerstrasse,
8005 Zürich

Der *Goldbarren* im
Zürcher Stadtkreis 5
wurde im Rahmen
einer künstlerischen
Intervention des SBK
realisiert. Er steht
seither der Öffentlich-
keit zur Verfügung
und wird vom SBK in
loser Folge bespielt.

28.9.2002
Performances
Gisela Hochuli, Sheila
C. Mullooly, Johan
Herak, Gian Cosimo
Bore, Barbara Sturm,
Karen Geyer,
Müzlekid

17.5.2002
Performance
Barbara Sturm
Tanz
Dorothea Rust

2.6.2002
Performance
Christina Bänninger,
Michael Blättler,
Dorothea Rust,
Barbara Sturm

3.7.2000
Concert
Luigi Archetti, Guitar

2.7.1999
Performance
Köppl / Začek,
Začek / Köppl

20.5.1999
Einweihung *Gold-*
barren durch Rudolf
Schilling und Thomas
Müllenbach, Konzert:
Barbara Bretscher,
Markus Lauterburg,
Moritz Müllenbach

Kunst am Bau Projekte
der Studentinnen /
Studenten

2004

Karen Geyer
Schulhaus Schanz
8630 Rüti / ZH
—
Silvia Hildebrand
Schulanlage Rüsler
Niederrohrdorf

2003

Eve Bhend, Andreas
Widmer, Tobias
Oehmichen, Cornelia
Heusser, Vera Müller,
Christina Zinsli,
Christian Ratti,
Marina Klinker
Waidspital Zürich
Tièchestrasse 99
8037 Zürich

2001

Isabella Branč
Psychiatrie Zentrum
Schaffhausen

Gabriela Frei
Kirche Heilig Kreuz,
Zürich
Saumackerstrasse 83
8048 Zürich-
Altstetten

2000

Niklaus Rüegg,
Antonio Pate,
Gabriela Frei,
Gabriela Gerber-
Bardill, Johanna
Röthlisberger, Karen
Geyer, Alexander
Herter, Isabella
Branč, Christoph
Götschi, Cedric
Bobay
Churrasco
Grill-Restaurant
Glockengasse 9
8001 Zürich

1998 / 99

Markus Schaub
Verein Zürcher
Jugendwohnung
Sihlhallenstrasse 33
8005 Zürich

Tom Menzi, Andreas
Helbling / Željka
Marušić
angekaufte Projekte:
Johannes M.
Hedinger / Mario
Purkathof, Antonio
Pate
ABZ Hauptgebäude
Gertrudstrasse 103
8003 Zürich

Thomas Müllenbach
(ausgeführt durch
Studierende und
Schlosserei Walter
Nennniger)
Goldbarren
Sihlquai /
Gasometerstrasse
8005 Zürich

1995 / 96

Ingrid Wildi
ABZ Wohnungen
Gustav Heinrich-W. 6
8038 Zürich

1995

Zilla Leutenegger
Diener AG
Lagerhalle
Asylstrasse 77
8030 Zürich

Urs Hartmann,
Markus Wetzel
(nicht ausgeführt)
Institut für
Präventivmedizin
Sumatrastrasse 30
8006 Zürich

1993

Markus Wetzel
Feldpausch Zürich
Bahnhofstrasse 88
8001 Zürich

1992

Brigitt Lademann
BCG – Boston
Consulting Group
Zollikerstrasse 164
8008 Zürich

1992

Klodin Erb
Amt für Berufsbil-
dung des Kantons
Zürich
Ausstellungs-
strasse 80
8005 Zürich

1989

Sabina Baumann
(ausgeführt aber
nicht installiert)
Telekurs AG Zürich
Hardturmstrasse 201
8005 Zürich

1986 / 87

Eva Ducret, Max Frei
Pädagogisches
Seminar des Kantons
Zürich
Rämistrasse 59
8001 Zürich

Publikationen
Studiengang
Bildende Kunst

Kunstklasse. Inserts
Texte Statements
Studiengang Bildende
Kunst
Hochschule für
Gestaltung und
Kunst Zürich (Hg)
edition fink
Zürich 1998
(vergriffen)

Der Kurs zeichnen
und Bilder. *Zwischen-*
bilanz einer
künstlerischen
Ausbildung
Höhere Schule für
Gestaltung Zürich
Schriftenreihe Nr. 6
Zürich 1986

Diplompublikationen

Ohne Titel.
Diplompublikation
2005
Studienbereich
Bildende Kunst
Hochschule für
Gestaltung und
Kunst Zürich
edition fink
Zürich 2005

Dipl. 04
Studiengang Bildende
Kunst
Hochschule für
Gestaltung und
Kunst Zürich
Zürcher Fachhoch-
schule (Hg)
edition fink
Zürich 2004

Diplomzeitung
Studiengang Bildende
Kunst
Hochschule für
Gestaltung und
Kunst Zürich (Hg)
edition fink
Zürich 2003

Diplompublikation
2001
Studiengang Bildende
Kunst
Hochschule für
Gestaltung und
Kunst Zürich (Hg)
edition fink
Zürich 2001

Publikation Diplom
1999
Studienbereich
Bildende Kunst SBK
Hochschule für
Gestaltung Zürich
HGKZ (Hg)
Zürich 1999

Diplompublikation
1997
Studienbereich
Bildende Kunst
Höhere Schule
Gestaltung und
Kunst Zürich (Hg)
Zürich 1997

dipl.
Publikation zur
Diplomausstellung
der Weiterbildungs-
klasse Bildende Kunst
Höhere Schule für
Gestaltung Zürich
24.6. – 12. 7.1995
Zürich 1995

Künstlerheft
anlässlich der
Diplomausstellung
der Weiterbildungs-
klasse Bildende
Kunst, Höhere Schule
für Gestaltung Zürich
in der Kunsthalle
Winterthur vom
31.7. – 7. 9.1991
Zürich 1991

Ausstellungskatalog

Ort der Ausstellung
oder: die Erst-
besteigung des
fünfhundertjährigen
Waaghauses
Kunsthalle
Winterthur
14.10. – 1.12.2001
Ein Ausstellungs-
projekt der Studien-
bereiche Bildende
Kunst und Theorie
der Gestaltung und
Kunst Zürich Hoch-
schule für Gestaltung
und Kunst Zürich
Zürich 2001

Publikationen
Forschung

Kunst Öffentlichkeit
Zürich
Michael Hiltbrunner,
Christoph Schenker
(Hg)
JRP | Ringier
Zürich 2006

Public Plaiv. Art
Contemporauna illa
Plaiv Gegenwarts-
kunst im Lanschafts-
und Siedlungsraum
La Plaiv, Oberengadin
Christoph Schenker
(Hg)
Museum für
Gestaltung Zürich
Zürich 2002

Publikationen
Kunsthof

Invasionswetterlage
Publikation anläss-
lich der Ausstellung
Invasionswetterlage
im Kunsthof Zürich
vom 20.5. – 12.6.2005
Kunsthof Zürich (Hg)
Zürich 2005

Jos Näpflin
Lache
Kunsthof Zürich
1997
Memory / Cage
Editions
Zürich 1998

Dominique Lämmli
Eine Installation
im Kunsthof Zürich
Kunsthof Zürich,
3. – 22.10.1994
Memory / Cage
Editions
Zürich 1996

Die Publikation *Bekanntmachungen* erscheint anlässlich der Ausstellung/
The publication *Bekanntmachungen* is released on occasion of the exhibition

*Bekanntmachungen. 20 Jahre Studiengang Bildende Kunst SBK
der Hochschule für Gestaltung und Kunst Zürich, hgkz*
12. November 2005 – 8. Januar 2006, Kunsthalle Zürich

Ausstellung/Exhibition

**Kuratorisches Gesamtkonzept/
Overall Curatorial Concept:**
Beatrix Ruf

in Zusammenarbeit mit dem
Studienbereich Bildende
Kunst/Departement
Medien & Kunst, hgkz

**Kuratorinnen, Kuratoren/
Curators**

Archiv:
Nadia Gisler,
Sabina Pfenninger

Bilderstreit:
Samuel Leuenberger,
Beatrix Ruf

Malereisoirée und 2 x 2,
Doppelter Werkdiskurs:
Thomas Müllenbach

Museumsshop:
Benjamin Egger,
Patrick Graf,
Nicole Hoesli,
Georg Keller,
David Morrison,
Sabine Schlatter,
Berthold Stallmach,
Nora Steiner,
Sebastian Utzni

No Credits. Themenheft
zu Kunstausbildung und
«Repräsentation»:
Annatina Caprez,
Berni Doessegger,
Maria Eichhorn,
Yeliz Palak,
Christian Ratti,
Niels Vije

SBK Info Desk:
Berndt Höppner

12-Stunden-Performances:
Peter Emch

**Symposien/
Symposia:**
*Im Kontakt mit dem Medium,
Subversion oder Engagement,
Reflexionen über/als
Künstlertheorien*
Berni Doessegger,
Conradin Wolf,
Christoph Schenker,
Institut für Kunst
und Medien, hgkz

Tagungen/
Conferences:
*Kunst Öffentlichkeit
Zürich*
Marius Babias,
Christoph Schenker,
Institut für Kunst
und Medien, hgkz
Rules & Choices
Berndt Höppner
*Bekanntmachungen –
Schnittstellen des
Kunstsystems*
Beatrix Ruf

Themenausstellungen/
Thematic Exhibitions:
As Time Goes By
Zilla Leutenegger
*Exotik des Realen –
Vom ambivalenten Bezug
zur Wirklichkeit*
Ursula Biemann,
Eve Bhend
*Hof in Halle –
Kunsthof in Kunsthalle*
Markus Wetzel
hier ist niemand
Sabina Pfenninger,
Daniel Kurjaković
Ruhe im Sturm
Thomas Müllenbach

Video*Talk:
Franziska Koch,
Irene Weingartner

**Projektleitung SBK/
Project Coordination
Fine Arts Studies' Course:**
Sabina Pfenninger

Projektleitung
Kunsthalle Zürich/
Project Coordination
Kunsthalle Zürich:
Samuel Leuenberger,
Alfonso Negri,
Beatrice Steiner

Technik /
Technical Assistance:
Silvan Goette,
Claudia Hausfeld,
Boris Knorpp,
Basil Kobert,
Flavio Morganti,
Attila Panczel,
Derek Uttley,
Nina Weber

Gestaltung Archiv/
Archive Design:
Urs Lehni & Lex Trüb

Audiodokumentation/
Audio Documentation:
Flavio Morganti,
Derek Uttley
unter Mithilfe von
Benjamin Egger,
Andreas Marti,
Suzana Richle,
Urban Schwegler

Fotodokumentation/
Photo Documentation:
A. Burger, Zürich
Magda Stanová, Zürich

Videodokumentation/
Video Documentation:
Seline Baumgartner,
Miriam Gmür,
Patrick Graf,
Franziska Neff,
Stefan Sulzer

Kasse/
Ticket Office:
Rahel Blättler,
Daniela Dietz,
Mia Holz,
Anna Leuenberger

Publikation / Publication

**Herausgeber /
Edited by:**
Studienbereich
Bildende Kunst /
Departement Medien &
Kunst der hgkz und
Kunsthalle Zürich

**Konzept /
Concept:**
Nadia Gisler,
Franziska Koch,
Samuel Leuenberger,
Nadine Olonetzky,
Sabina Pfenninger,
Beatrix Ruf,
Christoph Schenker

**Redaktion /
Copyediting:**
Nadine Olonetzky
www.kontrast.ch

**Redaktioneller Beirat /
Copyediting Advisor:**
Christoph Schenker

**Konzept und Gestaltung /
Graphic Design:**
Urs Lehni & Lex Trüb
www.lehni-trueb.ch

**Korrektorat /
Proofreading:**
Karina Wisniewska

**Übersetzungen /
Translations:**
Ann Nelson
(Deutsch – Englisch /
German – English)

**Fotonachweis /
Photo Credits:**
A. Burger, Zürich
S. 146 – 194
Magda Stanová S. 18 – 30,
126, 127, 130 – 138,
s/w 181 – 207
Daniel Bolliger S. 88

Es wurde erfolglos ver-
sucht, mit allen Bild-
rechtinhabern Kontakt
aufzunehmen.

**Druck /
Printing:**
Vögeli AG,
Langnau

**Buchbindung /
Binding:**
Schumacher AG,
Schmitten

**Lithographie /
Colour Separation:**
Nievergelt.pps AG,
Zürich

**Papier /
Paper:**
Dominant Plus 100 gm^2,
Dominant Plus 300 gm^2

**Schrift /
Typeface:**
LT John One

**1. Auflage /
First Edition:**
2000 Ex.

Vertrieb / Distribution

JRP | Ringier
Letzigraben 134
CH-8047 Zürich
T +41 43 311 27 50
F +41 43 311 27 51
info@jrp-ringier.com
www.jrp-ringier.com

ISBN 10: 3-905701-84-7
ISBN 13: 978-3-905701-84-5

Bücher von JRP | Ringier sind
weltweit in spezialisierten
Buchhandlungen erhältlich
und werden von den unten
aufgeführten Distributions-
partnern vertrieben /
JRP | Ringier books are available
internationally at selected
bookstores and the following
distribution partners:

**Schweiz /
Switzerland:**
Buch 2000
AVA Verlagsauslieferung
Centralweg 16
CH-8910 Affoltern a.A.
buch2000@ava.ch
www.ava.ch

**Deutschland, Österreich /
Germany, Austria:**
Vice Versa Vertrieb
Immanuelkirchstr. 12
D-10405 Berlin
info@vice-versa-vertrieb.de
www.vice-versa-vertrieb.de

**Frankreich /
France:**
Les Presses du réel
16 rue Quentin
F-21000 Dijon
info@lespressesdureel.com
www.lespressesdu reel.com

**Grossbritannien /
United Kingdom:**
Art Data,
12 Bell Industrial Estate
50 Cunnington Street
UK-London W4 5 HB
info@artdata.co.uk
www.artdata.co.uk

USA:
D.A.P./ Distributed Art
Publishers
155 Sixth Avenue
2nd Floor, USA-New York
NY 10013
dap@dapinc.com
www.artbook.com

**Restliche Länder /
Other countries:**
IDEA Books
Nieuwe Herengracht 11
NL-1011 RK Amsterdam
idea@ideabooks.nl
www.ideabooks.nl

Eine aktualisierte Liste unserer Partnerbuchhandlungen und weitere Informationen
über unser Programm finden Sie unter www.jrp-ringier.com. /
For a list of our partner bookshops and general questions, please contact JRP | Ringier
directly at info@jrp-ringier.com.

Dank / Acknowledgments

Die Kunsthalle Zürich dankt /
For their continuous support
Kunsthalle Zurich would like
to thank:
Präsidialdepartement
der Stadt Zürich,
Luma Stiftung,
Swiss Re,
Kanton Zürich,
Eichhof AG

Spezieller Dank an /
Special thanks to:
National Versicherung

Der SBK dankt /
The Fine Arts Studies'
Course thanks:
Videocompany
Zofingen IBZ,
Industrie AG, Adliswil,
3M (Schweiz) AG,
Rüschlikon

Spezieller Dank an /
Special thanks to:
Alle ehemaligen und
derzeitigen Studierenden
des SBK /
All former and current
students at the Fine Arts
Studies' Course
Claude Brauchli,
Ursi Schachenmann,
Susanne Schiesser

Das Themenheft *No Credits.*
ist einer Teilauflage dieser
Publikation beigelegt
und kann kostenlos über das
Sekretariat des Studien-
bereichs Bildende Kunst
bestellt werden. /
A limited number of copies
of the thematic catalog
No Credits. accompany this
publication. Copies can be
ordered free of charge from
the Course of Fine Arts
administration.

Kunsthalle Zürich
Limmatstrasse 270
CH-8005 Zürich
T +41 44 272 15 15
F +41 44 272 18 88
info@kunsthallezurich.ch
www.kunsthallezurich.ch

Hochschule für Gestaltung
und Kunst Zürich
Departement Medien
& Kunst / Studienbereich
Bildende Kunst
Sihlquai 125 / Postfach
CH-8031 Zürich
T +41 44 446 31 82
F +41 44 446 45 25
bildende.kunst@hgkz.ch
http: //sbk.hgkz.ch
http: //dmk.hgkz.ch

hgk _ **Z**

Das Departement Medien
& Kunst / Studienbereich
Bildende Kunst ist Teil der
Hochschule für Gestaltung
und Kunst Zürich, Mitglied der
Zürcher Fachhochschule.
Verantwortlich / Responsible:
Prof. Dr. Hans-Peter Schwarz,
Rektor der hgkz.
Herausgeber der Reihe
Jahrbuch DMK: Prof. Giaco
Schiesser, Leiter Departement
Medien & Kunst, hgkz.